國家出版基金項目
NATIONAL PUBLICATION FOUNDATION
陝西出版資金資助項目
「十二五」國家重點圖書出版規劃項目

關學文庫　總主編　劉學智　方光華

文獻整理系列

牛兆濂集

〔清〕牛兆濂　著
王美鳳　高華夏　牛銳　點校整理

西北大學出版社

牛兆濂先生

牛藍川夫子像贊

清明在躬，氣志如神。學修道立，德厚行敦。
和而有節，恭而能溫。乾坤命脈，係此一身。

受業李銘誠拜贊

牛兆濂講學合影照片

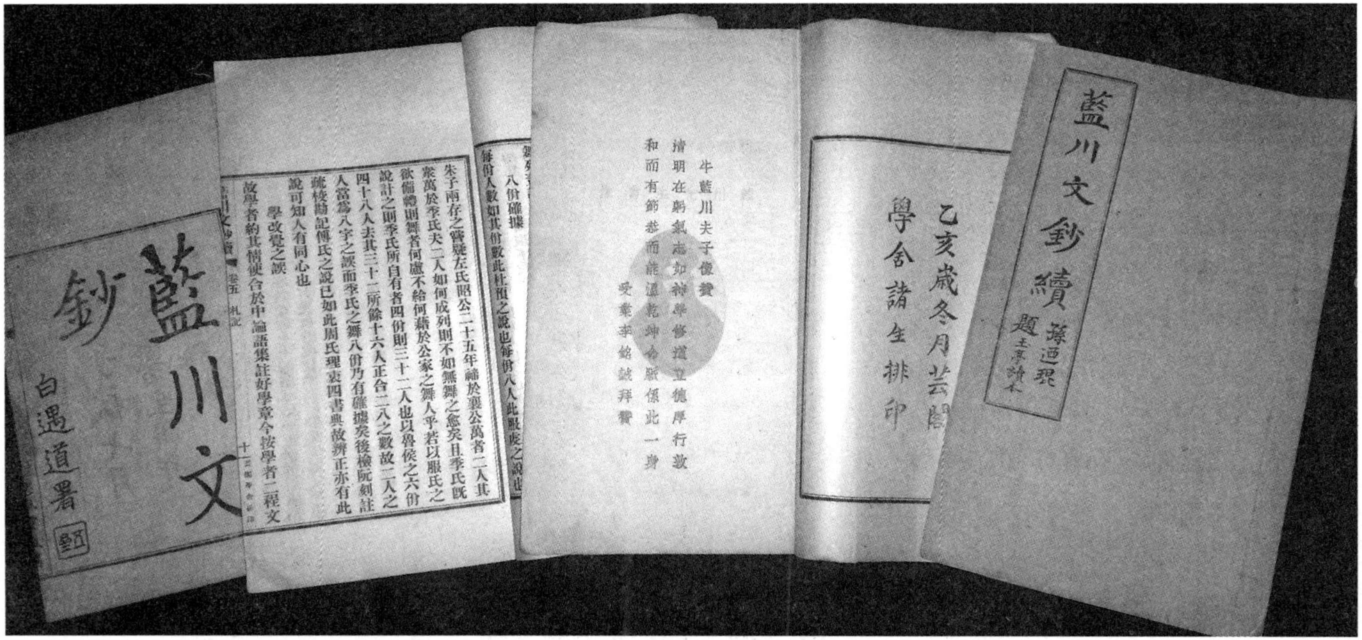

書影

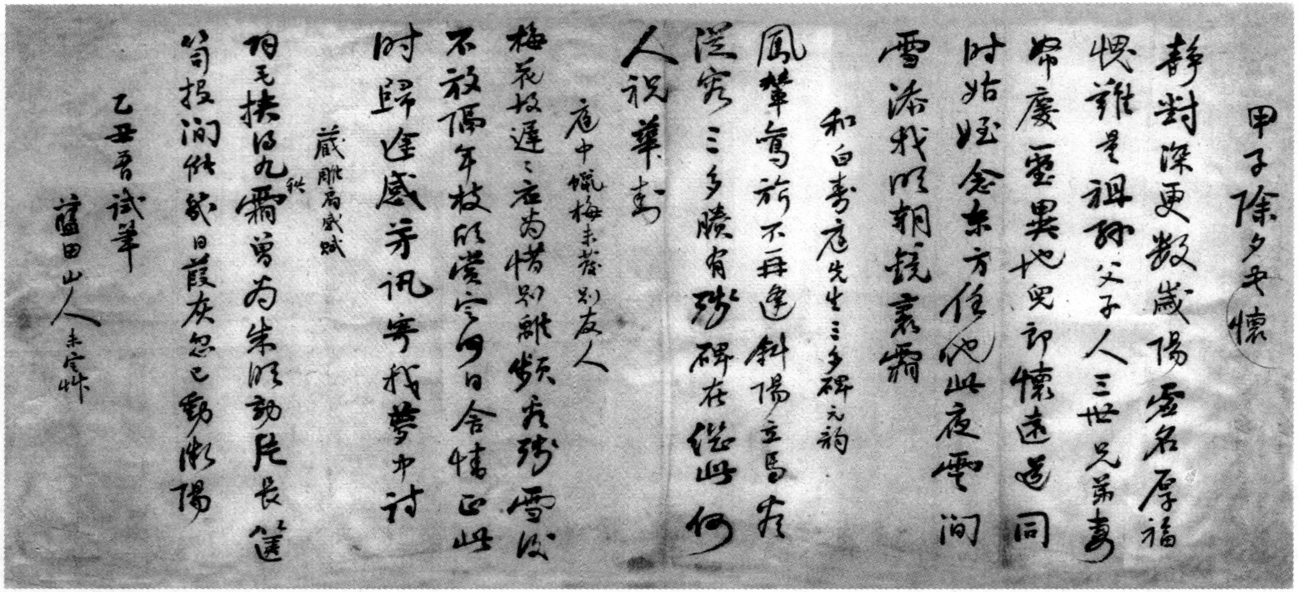

牛兆濂詩作

總序

張載（一〇二〇—一〇七七），字子厚，宋鳳翔府郿縣（今陝西眉縣）人，祖籍大梁，宋仁宗嘉祐二年（一〇五七）進士。張載出身於官宦之家。祖父張復在宋真宗時官至給事中、集賢院學士，死後贈司空。父親張迪在宋仁宗時官至殿中丞、知涪州事，贈尚書都官郎中。張迪死後，張載與全家遂僑居於鳳翔府郿縣横渠鎮之南。因他曾在此聚徒講學，世稱横渠先生。他的學術思想在學術史上被稱爲横渠之學，他所代表的學派被後人稱爲「關學」。張載與程顥、程頤同爲北宋理學的創始人。可以説，關學是由張載創立并於宋元明清時期，一直在關中地區傳衍的地域性理學學派，亦稱關中理學。

關學基本文獻整理與相關研究不僅是中國思想學術史的重要課題，也是體現中華思想文化傳承與創新的重要舉措。關學文庫以繼承、弘揚和創新中華文化爲宗旨，以文獻整理的系統性、學術研究的開拓性爲特點，是我國第一部對上起於北宋、下迄於清末民初，綿延八百餘年的關中理學的基本文獻資料進行整理與研究的大型叢書。這項重點文化工程的完成，對於完整呈現關學的歷史面貌、發展脈絡和鮮明特色，彰顯關學精神，推動傳統文化創造性轉化、創新性發展無疑具有重要意義。在關學文庫即將出版發行之際，我僅就關學、關學與程朱理學的關係、關學的思想特質、關學文庫的整體構成等談幾點意見，以供讀者參考。

一、作爲理學重要構成部分的關學

衆所周知，宋明理學是中國儒學發展的新形態與新階段，一般被稱爲新儒學。但在新儒學中，構成較爲複雜。比較典型的則是程朱理學與陸王心學。南宋學者呂本中較早提到「關學」這一概念。南宋朱熹、呂祖謙編選的近思録較早地梳理了北宋理學發展的統緒，關學是作爲理學的重要一支來作介紹的。朱熹在伊洛淵源録中，將張載的「關學」與周敦頤的

「濂學」、二程（程顥、程頤）的「洛學」并列加以考察。明初宋濂、王禕等人纂修元史，將宋代理學概括爲「濂洛關閩」四大派別，其中雖有地域文化的特色，但它們的思想內涵及其影響并不限於某個地域，而成爲中華思想文化史上重要的一頁，即宋代理學。

根據洛學代表人物程顥、程頤以及閩學代表人物朱熹對張載關學思想的理解、評價和吸收，張載創始的關學本質上當是理學，而且是影響全國的思想文化學派。過去，我們在編寫中國思想通史第四卷、宋明理學史上冊的時候，在關學學術旨歸和歷史作用上曾作過探討，但是也不能不顧及古代學術史考鏡源流的基本看法。

需要注意的是，張載後學，如藍田呂氏等，在張載去世後多歸二程門下，如果拘泥門戶之見，似乎張載關學發展有所中斷，但學術思想的傳承往往較學者的理解和判斷複雜得多。關學，如同其他學術形態一樣，也是一個源遠流長、不斷推陳出新的形態。關學沒有中斷過，它不斷與程朱理學、陸王心學融合。明清時期，關學的學術基本是朱子學、陽明學的傳入及與張載關學的融會過程。因此，由宋至清的關學，實際是中國理學的重要組成部分，它是一個動態的且具有包容性和創新性的概念，它開啓了清初王船山學術的先河。

關學文庫所遴選的作品與人物，結合學術史已有研究成果，如宋元學案、明儒學案、關學編及關學續編、關學宗傳等，均是關中理學的典型代表，上起北宋張載，下至晚清的劉光蕡、民國時期的牛兆濂，能够反映關中理學的發展源流及其學術內容的豐富性、深刻性。與歷史上的關中叢書相比，這套文庫更加豐富醇純，是對前賢整理文獻思想與實踐的進一步繼承與發展，其學術意義不言而喻。

二、張載關學與程朱理學的關係

佛教傳入中土後，有所謂「三教合一」說，主張儒、道、釋融合滲透，或稱三教「會通」。唐朝初期可以看到三教并舉的文化現象。當歷史演進到北宋時期，由於書院建立，學術思想有了更多自由交流的場所，從而促進了學人的獨立思考，使他們對儒家經學箋注主義提出了懷疑，呼喚新思想的出現，於是理學應時而生。理學主體是儒學，兼采佛、道思想，研究如何將它們融合爲一個整體，這是一個重要的課題。從理學產生時起，不同時代有不同的理學學派。譬如，在「三教融合」過程中，如何理解「氣」與「理」（理的問題是迴避不開的，華嚴宗的「事理説」早在唐代就有很大影響）的關系？理學如何捍衛儒學早期關於人性善惡的基本觀點，又不致只在「善」與「惡」的對立中打圈子？如何理解宇宙？宇宙與社會及個人有何關係？君子、士大夫怎麼做才能維護自身的價值和尊嚴，又能堅持修齊治平的準則？這些都是中國思想史中宇宙觀與人生觀的大問題。對這些問題的研究和認識，不可能一開始就有一個統一的看法，需要在思想文化演進的歷史進程中逐步加以解決。宋代理學的產生及不同學派的存在，就是上述思想文化發展歷史的寫照，因而理學在實質上是中華思想文化的傳承創新，具有重要的歷史意義。

張載關學、二程洛學、南宋時朱熹閩學各有自己的特色。作爲理學的創建者之一，張載胸懷「爲天地立心，爲生民立命，爲往聖繼絕學，爲萬世開太平」的學術抱負，在對儒學學説進行傳承發展中做出了重要的理論貢獻。北宋時期，學者們重視對易的研究。易富於哲理性，他通過對易的解説，闡述對宇宙和人生的見解，積極發揮禮記、論語、孟子等書中的義理，并融合佛、道，將儒家的思想提升到一個新的高度。

張載與洛學的代表人物程顥、程頤等人曾有過密切的學術交往，彼此或多或少在學術思想上相互產生過一定的影響。宋仁宗嘉祐元年（一〇五六），張載來到京師汴京，講授易學，曾與程顥一起終日切磋學術，探討學問（參見二程集河南程氏遺書卷二上）。張載是二程之父程珦的表弟，爲二程表叔，二程對張載的人品和學術非常敬重。通過與二程的切磋與交流，張載對自成一家之言的學術思想充滿自信：「吾道自足，何事旁求！」（呂大臨橫渠先生行狀）

因爲張載與程顥、程頤之間爲親屬關係，在學術上有密切的交往，關學後傳不拘門戶，如呂氏三兄弟呂大忠、呂大鈞、呂大臨，蘇昞、范育、薛昌朝以及种師道、游師雄、潘拯、李復、田腴、邵彦明、張舜民等，在張載去世後一些人投到二程門下，繼續研究學術，也因此關學的學術地位在學術史上常常有意無意地受到貶低甚至質疑（包括程門弟子的貶低和質疑）。

事實上，在理學發展史上，張載以其關學卓然成家，具有鮮明的特點和理論建樹，這是不能否定的。反過來，張載的一些觀點和思想也影響了二程的思想體系，對後來的程朱學說及閩學的形成也有重要的啓迪意義，這也是客觀的事實。

張載依據易建立自己的思想體系，但是，在基本點上和易的原有内容并不完全相同。他提出「太虚即氣」的觀點，認爲沒有超越「氣」之上的「太極」或「理」世界，換言之，「氣」不是被人創造出的產物。又由此推論出天下萬物由「氣」聚而成；物毁氣散，復歸於虚空（或「太虚」）。在氣聚、氣散即物成物毁的運行過程中，才顯示出事物的條理性。張載說：「太虚不能無氣，氣不能不聚而爲萬物，萬物不能不散而爲太虚，循是出入，是皆不得已而然也。」（正蒙卷一）他用這個觀點去看萬物的成毁。這些觀點極大地影響了清初大思想家王船山。

張載在西銘中說：「乾稱父，坤稱母。予兹藐焉，乃混然中處。故天地之塞，吾其體；天地之帥，吾其性。民，吾同胞；物，吾與也。」天地是萬物和人的父母，人是天地間藐小的一物。天、地、人三者共處於宇宙之中。由於三者都是氣聚之物，天地之性就是人之性，所以人類是我的同胞，萬物是我的朋友，歸根到底，萬物與人類的本性是一致的。進而認爲，人們「尊高年，所以長其長；慈孤弱，所以幼其幼。聖，其合德；賢，其秀也。凡天下疲癃殘疾、惸獨鰥寡，皆吾兄弟之顛連而無告者也」。這裏所表述的是一種高尚的人道主義精神境界。

二程思想與張載有別，他們通過對張載氣本論的取捨和改造，又吸收佛教的有關思想，建構了「萬理歸於一理」的理論體系。在人性論方面，二程在張載人性論的基礎上進一步深化了孟子的性善論。二程贊同張載將人性分爲「天地之性」和「氣質之性」。但二程認爲「天地之性」是天理在人性中的體現，未受任何損害和扭曲，因而是至善無瑕的；「氣質之性」是氣化而生的，也叫「才」，它由氣禀決定，禀清氣則爲善，禀濁氣則爲惡，正因爲氣質之性不可避免地受到了「氣」的侵蝕而出現「氣之偏」，因而具有惡的因素。在二程看來，善與惡的對立，實際上是「天理」與「人欲」的對立。

朱熹將張載氣本論進行改造，把有關「氣」的學說納入他的天理論體系中。朱熹接受「氣」生萬物的思想，但與張載的氣本論不同，朱熹不再將「理」看成是「氣」的屬性，而是「氣」的本原。天理與萬事萬物是一種怎樣的關係？朱熹關於「理一分殊」的理論回答了這一問題。他認爲：「太極只是個極好至善的道理。人人有一太極，物物有一太極。」又說：「太極非是別爲一物，即陰陽而在陰陽，即五行而在五行，即萬物而在萬物，只是一個理而已。」（朱子語類卷九四）「理一分殊」理論包括一理攝萬理與萬理歸一理兩個方面，這與張載思想有別。

總之，宋明理學反映出儒、道、釋三者融合所達到的理論高度。這一思想的融合完成于兩宋時期。張載開創的關學爲此做出了重要的學術貢獻。正如清初思想家王船山所說：「張子之學，上承孔孟之志，下救來兹之失，如皎日麗天，無幽不燭，聖人復起，未有能易焉者也。」（張子正蒙注序論）船山之學繼承發揚了張載學說，又有新的創造。

三、關學的特色

關學既有深邃的理論，又重視經世致用。這可以概括爲以下幾個方面：

首先，學風篤實，注重踐履。黄宗羲指出：「關學世有淵源，皆以躬行禮教爲本。」（明儒學案師說）躬行禮教，學風樸質是關學的顯著特徵。受張載的影響，其弟子藍田「三吕」也「務爲實踐之學，取古禮，繹其義，陳其數，而力行之」（宋元學案吕范諸儒學案），特別是吕大臨。明代吕柟其行亦「一準之以禮」（關學編）。即使清代的關學學者王心敬、李元春、賀瑞麟等人，依然守禮不輟。

其次，崇尚氣節，敦善厚行。關學學者大都注意砥礪操行，敦厚士風，具有不阿權貴、不苟於世的特點。張載曾兩次被薦入京，但當發現政治理想難以實現時，毅然辭官，回歸鄉里，教授弟子。明代楊爵、吕柟、馮從吾等均敢於仗義執言，即使觸犯龍顔，被判入獄，依舊不改初衷，體現了大義凛然的獨立人格和卓異的精神風貌。清代關學大儒李顒，在皇權面前錚錚鐵骨，操志高潔。這些關學學者「窮則獨善其身，達則兼善天下」，體現出「富貴不能淫，貧賤不能移，威武不能屈」的「大丈夫」氣節。

最後，求真求實，開放會通。關學學者大多不主一家，具有比較寬廣的學術胸懷。張載善於吸收新的自然科學成果，不斷充實豐富自己的儒學理論。他注意對物理、氣象、生物等自然現象做客觀的觀察和合理的解釋，具有科學精神。後世關學學者韓邦奇、王徵等都重視自然科學。三原學派的代表人物王恕以治易入仕，晚年精研儒家經典，強調用心求學，求其「放心」，用心考證，求疏通之解，形成了有獨立主見的治國理政觀念。關學學者堅持傳統，但并不拘泥於傳統，能够因時而化，不斷地融合會通學術思想，具有鮮明的開放性和包容性特徵。由張載到「三呂」、呂柟、馮從吾、李顒等，這種融會貫通的學術精神得到不斷承傳和弘揚。

四、關學文庫的整體構成

關學文獻遺存豐厚，但是長期以來沒有得到應有的保護和整理，除少量著作如正蒙、涇野先生五經說、少墟集、元儒考略等在清代收入四庫全書之外，大量的著作仍散存於陝西、北京、上海等地的圖書館或民間，其中有的在大陸已成孤本（如韓邦奇的禹貢詳略、李因篤的受祺堂文集家藏抄本），有的已殘缺不全（如南大吉集收入的瑞泉集殘本，現重慶圖書館存有原書，國家圖書館僅存膠片；收入的南大吉詩文，搜自西北大學圖書館藏周雅續）。即使晚近的劉光蕡、牛兆濂等人的著述，其流傳亦稀世罕見。民國時期曾有宋聯奎主持編纂關中叢書（邵力子題書名），但該叢書所收書籍涉及關中歷史、地理、文學、藝術等諸多方面，內容駁雜，基本上不能算作是關學學術視野的文獻整理。二十世紀七十年代以來，中華書局將張載集、藍田呂氏遺著輯校、關學編（附續編）、涇野子內篇、二曲集等收入理學叢書陸續出版，這些僅是關學文獻的很少一部分。全方位系統梳理關學學術文獻仍係空白。

關學典籍的收集與整理，是關學學術研究的重要基礎，文獻整理的嚴重滯後，直接影響到關學研究的深入和關學精神的弘揚，影響到對歷史文化的傳承和中國文化精神的發掘。

現在將要出版的關學文庫由兩部分內容組成，共四十種，四十七冊，約二千三百餘萬字。

一是文獻整理類，即對關學史上重要文獻進行搜集、搶救和整理（標點、校勘），其中涉及關學重要學人二十九人，編訂文獻二十六部。這些文獻分別是：張子全書、藍田呂氏集、李復集、元代關學三家集、王恕集、薛敬之張舜典集、馬理集、呂柟集涇野經學文集、呂柟集涇野子內篇、呂柟集涇野先生文集、韓邦奇集、南大吉集、楊爵集、馮從吾集、王徵集、王建常集、王弘撰集、李顒集、李柏集、李因篤集、王心敬集、李元春集、賀瑞麟集、劉光蕡集、牛兆濂集以及關學史文獻輯校。

二是學術研究類，其中一些以「評傳」或年譜的形式，對關學重要學人進行個案研究，主要涉及郿縣張載、藍田呂大臨、高陵呂柟、長安馮從吾、朝邑韓邦奇、盩厔李顒、郿縣李柏、富平李因篤、鄠縣王心敬、咸陽劉光蕡等學人，共十一部。它們分別是：張載思想研究、張載年譜、呂大臨評傳、呂柟評傳、韓邦奇評傳、馮從吾評傳、李顒評傳、李柏評傳、李因篤評傳、王心敬評傳、劉光蕡評傳等。此外，針對關學的主要理論問題與思想學術演變歷程進行研究，共三部。這些著作分別是關學精神論、關學思想史、關學學術編年等。

在這兩部分內容中，文獻整理是文庫的重點內容和主體部分。

關學文庫係「十二五」國家重點圖書出版規劃項目、國家出版基金項目、陝西出版資金資助項目，得到了中共陝西省委、陝西省人民政府和國家新聞出版廣電總局的大力支持。本文庫歷時五年編撰完成，凝結著全體參與者的智慧和心血。總主編劉學智、方光華教授，項目總負責徐曄、馬來同志統籌全書，精心組織，西北大學、陝西師範大學、中國人民大學、華東師範大學、鄭州大學等十餘所院校的數十位專家學者協力攻關，精益求精，體現出深沉厚重的歷史使命感和復興民族文化的責任感； 他們孜孜矻矻，持之以恒，任勞任怨，樂於奉獻，以古人爲己之學相互勉勵，在整理研究古代文獻的同時，不斷錘煉學識，砥礪德行，努力追求樸實的學風和嚴謹的學術品格。出版社組織專業編輯、外審專家通力合作，希望盡最大可能提高該文庫的學術品質。我謹向大家卓有成效的工作表示衷心的感謝。由於時間緊迫、經驗不足等原因，文庫書稿中的疏漏差錯難以完全避免。希望讀者朋友們在閱讀使用時加以批評指正，以便日後進一步修訂，努力使該文庫更加完善。

張豈之
二〇一五年一月八日
于西北大學中國思想文化研究所

前言

清末民初是中國社會的重要轉型期，尤其是戊戌維新之後，中西文化的交匯碰撞更爲加劇，傳統理學漸趨衰落，關學作爲理學的重要派別，在經歷了八百餘年的發展與流變後，面臨着新的抉擇。這一時期以賀瑞麟（一八二四—一八九三）爲代表的關學學人，力求挽回理學發展的頹勢，毅然肩負起捍衛傳統學術的神聖使命。他們嚴守程朱理學，批判漢學與陸王心學，表現了對傳統理學的維護。以柏景偉（一八三〇—一八九一）、劉古愚（一八四三—一九〇三）爲代表的關學學人，一面繼續承傳孔孟之道，高揚陽明良知之教，一面又積極回應時代的挑戰，接受西方新思想、新觀念，表現出關學與西學結合的傾向。他們積極支援和參與康、梁的維新運動，持守從傳統學術向新學轉變的立場。可見，關學在清末民初呈現出兩條不同的學術路徑。

作爲賀瑞麟門下，牛兆濂（一八六七—一九三七）極力維護師說，毅然以身倡道，恪守程朱，繩尺不越，肩負起了「爲往聖繼絕學」的神聖使命；同時，繼承了張載以來關學重視禮教的傳統，畢生致力於復興三代之禮。此外，牛兆濂亦秉承了關學救世濟民的經世思想，對深陷災難的窮苦大衆寄予無限同情與關切，竭盡全力爲民衆利益奔走呼號，用實際行動詮釋了關學「爲天地立心，爲生民立命」的經世思想。因此，牛兆濂作爲關學衰微之際最堅定的守護者，體現了關學學人崇高的節操與堅定的信念，成爲在新舊社會轉型背景下順應民心、積極有爲的關學學人的典型代表。

一、牛兆濂及其學術生涯

牛兆濂字夢周，號藍川，陝西藍田縣人。生於同治六年（一八六七）。自幼穎異，十歲讀大學、孝經、論語，十一歲讀四書集注及詩經，漸及書、禮、易經，十七歲補郡庠博士弟子員，十八歲肄業關中書院，以詩文延譽關輔，有「才子」之名。一八八七年，柏景偉先生主講關中書院，牛兆濂得聞濂洛關閩之旨，開始接受理學思想的浸潤。同年，觀察使黄小魯創辦魯齋書院，延請理學大師賀瑞麟（字復齋）會講，牛兆濂聞其講論，心慕不已。一八八八年，牛兆濂應鄉試，中試第二十八名舉人。適值其父病逝，母親悲痛失明，牛兆濂親自奉養，承歡膝下，雖詔命三至，不赴公車。陝西巡撫端方以其孝聞於朝廷，兩宫嘉其賢孝，賜内閣中書銜，牛兆濂向闕遥拜，堅辭不受（見辭加内閣中書銜稟）。他一生甘貧守道，不慕榮華，淡泊名利。一八九三年三月，牛兆濂遵從賢母「學爲好人」的訓戒，拜賀復齋先生爲師，藉識指歸，奉程朱爲圭臬，由此潛心聖賢爲己之學。一八九八年，牛兆濂主持藍田縣里衛局工作，親自製定局規，整肅風氣。一九〇〇年主持縣賑恤局工作，適逢陝西發生災荒，牛兆濂作呼賑詩數首，得江南義賑會捐贈，全活甚衆。一九〇八年陝甘總督升允薦舉赴京召對經濟特科，並饋驢促行，牛兆濂堅辭不就。一九一〇年膺選陝西諮議局常駐議員，爲陝西籌賑、禁煙等工作獻計獻策。辛亥革命爆發後，陝西作爲最早響應的省份之一，革命軍與清軍展開了激烈戰鬥。陝西巡撫升允率部逃亡甘肅，後集結清軍急攻咸陽，兩軍對峙，人心惶恐，戰爭一觸即發。革命軍敦請牛兆濂見升允議和。爲免生靈塗炭，牛兆濂答應出面議和，經過牛兆濂調停，雙方罷兵息戰，千萬生民免於戰火。一九一八年時任陝西督軍陳樹藩、省長劉鎮華因慕先生名，先後帥兵弁具厚幣造廬往謁，藍川飯以脱粟，卻其贄幣，視名利爲浮雲。一九二三年康有爲到陝，達官貴人及文人學士莫不致迎，劉鎮華遣使敦請牛兆濂赴省陪同，他卻托疾辭避，不與交接。一九三〇年，陝西省主席楊虎城厚禮聘請爲顧問，他亦婉言謝絶。九一八事變後，面對「當事者尚不能破除意見，以坐視吾國之亡」的政治局勢，牛兆濂作鬩牆詩：「鬩牆兄弟本非他，外侮急時願止戈。萬事到頭須自悟，算來畢竟不如和。」以此表達自己的心願和主張，並盡力呼籲國、共兩黨和各民主黨派消除政見，共同抗日；呼籲全中國同胞「同心協力，喋血東洋，誓決一死」（見覆牛溫如），顯示了其熾烈的民族情懷與誓死捍衛國家主權的英勇鬥志。一九三三年，六十七歲的牛兆濂致書陝西民政廳長王幼農，爲藍田縣免征煙款呼籲，以救民於水火。一九三七年七月盧溝橋事變爆發，北平失守，牛兆濂在極度悲忿中逝世，享年七十一歲。

牛兆濂一生主要致力於講學活動。從一八九〇年開始，他先後在白水彭衙書院、陝西師範學堂、魯齋書院、正誼書院、芸閣學舍等擔任主講，其設教近師清麓，遠紹程朱，課程一以小學、近思録、四書集注爲命脈，使孔孟之學日再中天，挽關學命脈於不絕。牛兆濂的講學活動大致可分爲兩個階段：

（一）以經學傳授爲主的講學階段

牛兆濂早年致力於舉業，潛心於經學研究，造詣高深。光緒十四年（一八八八）鄉試中舉後，雖未出仕，但氣節高名遠播，受到關中學者的青睞。光緒十六年（一八九〇），受高陵白五齋先生之薦執教白水彭衙書院。藍川文鈔續卷五高陵白五齋先生九秩壽言記載：「濂自光緒庚寅奉贄先生之門，旬月中蒙薦，主講彭衙，越二年。」據張元勛所撰牛藍川先生行狀記載：「高陵白五齋先生主關中書院講席，稔先生賢，薦充白水彭衙書院山長。歷二年，諸生多循循雅飭，有蘇湖安定之風。」（見附録）二十四歲的牛兆濂，以其出衆的才華，出任彭衙書院山長，一遵北宋初期教育家、理學先驅人物胡瑗（安定先生）開創的蘇湖教法，内容以經學與時務爲主。

蘇湖教法是胡瑗教授吳中時所創立，其一反隋唐以來文人學士多重辭賦的學風，而以經義和時務爲重。設立「經義科」學習六經，並以探索六經義理代替過去繁瑣的考證，旨在引導學人實現希聖求賢的理想；設立「治事科」以探究致用之學，其重實行、重心性修養和道德踐履的教法，促使學生學以致用。胡瑗的教學方法後來對扭轉宋代學風，乃至對宋明理學的產生起了先導作用。

牛兆濂在早年教學實踐中，自覺採用蘇湖教法，以經義治事，摒棄了漢唐以來重辭賦不重義理的片面做法，回歸宋學的治學路徑，通過傳授六經，深入挖掘儒家經典的深奧義理，啓發學子們樹立崇高的理想和堅定的志向，求做聖人、賢人，不以科舉爲目的，從而真正發揮儒家道德教化作用。與此同時，強調學以致用，提倡躬親踐履，面向現實生活，實現内聖與外王的結合。雖然牛兆濂在彭衙書院的講學時間僅有二年，但初步形成了他的講學宗旨與教學風格。

（二）以理學傳授爲主的講學階段

一九〇一年，清廷宣佈行新政，興辦新式學校，通令全國各地改書院與官辦學校爲學堂。一九〇二年，陝西巡撫升允奏請開辦陝西大學堂，很快御批獲准。次年，升允又奏準將關中書院改建爲陝西師範學堂。至此，關中傳統教育體系逐漸被近代新式學校和新式教育所取代。牛兆濂應陝西巡撫升允屢請，於光緒二十九年（一九〇三）執教於陝西師範學堂，出任總教習。而他前往陝西師範學堂的目的是爲了振興理學，恢復理學的正學地位。故他與當局約定，專講程朱理學。然任教不及三月，因諸生有違程朱之言，遂辭去總教習職務。他在告先考妣文中説：「（余）今年三十七歲，反己自問，毫無心得。存心處事之際，常多愧怍。」今既「以兆濂充總教習之任，惟有自竭愚誠，集思廣益，以期少副上臺折節下士、力扶正學之至意於萬分之一」。學友孫迺琨曾提及此事説：「升中丞允巡撫陝西，爲師範延教習，必欲得藍川，藍川聞命堅辭。復使毓觀察即其家，敦請藍川，預約必守先師規矩，乃允其請。就職無多日，旋以與藩憲不合即辭去。」（見藍川文鈔續序）表明其捍衛程朱理學的學術立場，説明此時牛兆濂已系統接受理學思想的熏陶。受賀瑞麟「程朱是孔孟嫡派，合於程朱，即合於孔孟；不合於程朱，即不合於孔孟」（見記清麓問學本末）思想的影響，他以近思録、小學爲階梯，以程朱爲指歸，系統地潛研和教授理學著述。他曾説：「僕野人也，少從事於帖括而不足言文。既乃聞清麓之訓，始知爲己務實，有厭文敝、從『先進』之意。於詩古文辭，又慮其奪志而害道也，且務外爲人以自表暴也，則切切以爲戒。」（見藍川文鈔序）可見其理學思想已於此時初步確立。在陝西師範學堂期間的講學活動，可視爲牛兆濂理學實踐的先期階段。

光緒三十年（一九〇四），牛兆濂執教於魯齋書院。魯齋書院爲元代儒臣許衡講學之所，光緒十一年，漢陽黄嗣東捐資重修，襲魯齋舊名，聚生授課，延三原賀瑞麟講學於此，習鄉飲酒禮，關學之風丕振一時。牛兆濂接續前賢，主講書院，一遵賀瑞麟以來持守的張載關學與程朱理學路徑，將之與「爲往聖繼絶學」、恢復綱常名教的理想抱負結合在一起，全身心地投入到書院的實踐活動中。魯齋書院的講學活動使「關學之興，於時爲盛，蓋閲數百年而僅見也」。（見重修魯齋祠落成並祭黄小魯觀察啓）

在晚清理學已經走向全面衰微之際，關學尚存一席之地，不得不歸功於牛兆濂等人對理學的持守。牛兆濂在魯齋的講學活動爲時不久，即因咸寧令擬改魯齋書院爲新式學堂而受到干擾。他曾上書陝西教育總會極力抗爭，指出「省垣之

大，何所不容，而獨不使孔孟程朱之緒論留咫尺地以爲講習，亦主持名教者之恥也！」（見致教育總會書）

民國二年（一九一三），牛兆濂講學於三原正誼書院。正誼書院是由清麓精舍改建而成的。清麓精舍創建于同治九年（一八七〇），光緒七年（一八八一）改名爲正誼書院。書院以「正其誼不謀其利，明其道不計其功」爲辦學宗旨，專研程朱義理之學。正誼書院爲民間書院，戊戌變法後，陝西境內大部分書院改爲學堂，傳授西學課程，而正誼書院獨樹一幟，只講習理學，不隨時俗，在關中地區學術影響頗大。之後，牛兆濂榮膺正誼書院主講，力維先師門户，「遠接紫陽之續，近恢清麓之傳」，使孔孟程朱之學絶而復續，再現盛況。牛兆濂在正誼書院的講學活動長達五年，其「待後守先」的學術操守，擴大了正誼書院在清末陝西書院中的影響。

雖然賀瑞麟、牛兆濂等在關中大倡程朱之學，但時代巨變，程朱理學被視爲僞道學，關學發展亦遠不及清代前中期興盛，牛兆濂以理學作爲挽救世道人心的主要武器，堅守「舍聖賢而他適，非空即泛」的思想宗旨，在當時社會下近乎絶響。民國戊午年（一九一八），牛兆濂主講芸閣學舍。芸閣學舍是爲崇祀先賢呂大臨而興建的祠宇，歷宋越明，多次修葺。牛兆濂在此收授門徒，他清醒地意識到當時關學命脈已懸於一線的危急處境，遂堅定地「抱孔子之經，日夕熟誦而身體之，以淑諸身，以教諸人」（見芸閣學舍記），芸閣學舍成爲牛兆濂捍衛理學、弘揚關學的最後陣地。

牛兆濂一生著述甚豐，據張元勛所撰牛藍川先生行狀記載，主要有呂氏遺書輯略四卷，芸閣禮記傳十六卷，讀近思録類編十四卷，禮節録要、秦關拾遺録、續修藍田縣志各若干卷，藍川文鈔十二卷，續鈔六卷等，這些爲研究牛兆濂的學術思想及清末民初轉型期關學的發展演變提供了比較翔實的資料。

二、牛兆濂的學術思想及其社會實踐

（一）理學思想及其實踐

牛兆濂的思想大致可以分爲理學、禮學及實學三個方面，結合其平生社會實踐活動，可概括爲以下幾點：

牛兆濂的理學思想，首先體現在他對張載與程朱本體論和心性論的繼承與發揮上。在答趙琢之一書中，他提出「理氣本不相離，無氣則理無所寓，昏則俱昏，明則俱明」；「須知理之與氣本不相離，亦不相離。氣昏理明，卻是離而二之」。認爲理氣二者相依共存。強調「理一分殊」，認爲「理無不善，而氣則有善有不善，所謂本同而末異，理一而分殊也」。同時，牛兆濂對朱子論人性「但爲氣稟所拘，人欲所蔽，則有時而昏。然其本體之明，則有未嘗息者」的觀點加以發揮，認爲「雖有昏蔽之時，而終無滅絕之理，未嘗言氣昏而理自明也」。「知偏乃氣之所爲而足以害理，則所以致養乎氣者，其功不容緩矣。知理之主乎氣而有時爲氣所動，則不敢恃吾性之本善而不加省察矯揉之力矣」。（見答南孝九）在肯定「性即理」的基礎上，又認爲善的本性嘗「爲氣所動」，會有「昏」而不明的情況出現，最終導出關學開派以來一以貫之的重視後天省察之力的踐履理論，從而體現了關學篤本尚實、精思力行的學術特徵。

牛兆濂對孟子在邪說橫流之際，只提「性善」而不及「氣稟」進行了討論，認爲「蓋以紛紛之論，皆由氣質而生，愈辨愈費詞說，故探源立論，提得『性善』確切分明，則羣喙自息，不妨以『氣質』二字留待後人補之也」。（見覆白壽庭）牛兆濂所說的「後人」，當指對孟子理論進一步發揚光大，將「性」剖析爲「天地之性」與「氣質之性」，從本體論上解決了性氣紛擾的張載、二程和朱熹等。在書新安劉和卿先生論未發說後一文中，牛兆濂對孔孟以來儒家心性論學說發展歷程進行了概括：「論性之說，程子三言盡之，曰：『論性不論氣不備，論氣不論性不明，二之則不是。』孟子發明性善，原本於孔子所謂『繼之者善也，成之者性也』，子思『中也者，天下之大本也』。朱子所謂『未是論聖人，衆人都一般』等語，此主理而言，言性之本然者然也。張子、程子發明氣質之性，原本於孟子『君子不謂性也』、孔子『性相近也』，朱子語類所答『未發而不中』等語，此主氣而言，言性之墮於氣質者然也。」從主理與主氣兩種理論入手，對孔孟程朱在心性論上不斷深入發展的理論進階及相互關係予以系統總結。在答孫仲玉一文中，牛兆濂對朱熹的性氣論加以概括：「夫朱子之言性，他無論已，即以中庸章句言之，則性道雖同而氣稟或異，一也；蓋人之性無不同而氣則有異，二也；均善而無惡者，性也，人所同也；昏明強弱之稟不齊者，才也，人所異也，三也。」此將朱熹構建的心性論體系準確地凝煉爲三句話，提綱挈領，令人耳目一新。

值得注意的是，牛兆濂關於性、氣關係的論述，不僅與張載、朱熹的心性論相通且有不少發揮。牛兆濂指出：「氣質害不了性之本善，所以學以變化氣質爲要。若害著，聖人可無事於學矣。」強調「變化氣質」對於爲善去惡的重要性。「朱子言氣質所稟雖有不善，而不害性之本善。性雖本善，而不可無省察、矯揉之功。」（答焦東溟書）他一面堅守孟子的性本善論，一面發揮張載、朱子的「氣質之性」和「變化氣質」的思想，此成爲其畢生致力於希聖希賢的道德實踐活動的理論依據。牛兆濂畢生所從事的講學活動，旨在喚醒世道人心，通過變化氣質，存養善性，達致儒家理想人格的實現。

對於理學史上的程朱、陸王之辨，牛兆濂一方面嚴守程朱理學立場，一方面對清末民初一度有影響的陸王心學展開了批判。在答李薈堂一文中，牛兆濂指出李氏有「偏處」，此即指李氏在學術上對二曲心學的私袒，進而指出程朱之學與陸王心學的區別：「詳足下之意，以爲程朱之庸平，不若陸王之新奇也；程朱之中正，不如陸王之神妙也。」（答李薈堂）他認爲「程朱之所以爲程朱，而決非陸王之所可比擬者歟！」關鍵在於他認爲程朱「忠厚樸實」，故「權謀術數，機械變詐，程朱之所深闢而陸王之所取也」。牛兆濂義正辭嚴地批判陸王心學之末流最大之弊，在於其「權謀術數，機械變詐」會成爲一些人謀取功名利禄的手段；同時又指出程朱理學比較中正、庸平，其作爲天下正學，志在匡扶禮教，嚮往希聖希賢的理想境界，此非謀求事功者所可比。牛兆濂明確地表示了自己「寧學程朱而未至，猶不失爲聖人之徒。若一入功利，便墮落坑塹，其害道也必矣」的朱子學學術立場。

針對有人提出「何必程朱，何必陸王，但學孔子可矣。況陸王易而程朱難，何必舍易而求難乎」的問題，以及「陸王有弊，程朱亦有弊，弊一也。有末流之弊，有立法之弊，程朱之弊，末流之弊也；陸王之弊，立法之弊也」的言論，牛兆濂予以嚴肅地批判。他認爲上述言論混淆了人們思想防線，導致「學陸王者，每自謂與程朱同，而學程朱者，則自謂與陸王異」的現象。指出這些人從表面上看，試圖調和程朱與陸王的門戶之見，實則左袒陸王。牛兆濂承繼賀瑞麟「論人宜寬，論學宜嚴」的學術精神，對陸王心學離經叛道的空疏風氣予以批判。

總之，牛兆濂在維護張載及程朱理學思想及批判陸王心學的過程中，對理學家長期討論的性與理、性與氣、心與性等理學基本命題逐層予以辨析，對張載、二程、朱子以來的心性論思想進行了系統梳理，說明其理學思想漸趨成熟。但是由於理學的時代已趨於沒落，所以從一定的意義上說，牛兆濂的這種努力已很不合時宜，所以必然爲時代所淹沒。

（二）禮學思想及其社會實踐

隆禮重教是張載關學的重要特徵。張載極力宣導和推行古禮，一生致力於「漸復三代之禮」的社會實踐，其弟子藍田呂氏昆季制訂鄉約，確立了「德業相勸，過失相規，禮俗相交，患難相恤」十六字綱領，促使藍田世風爲之丕變。明代以王恕、王承裕爲代表的三原學派繼承關學隆禮重教的傳統，創辦弘道書院，宗程朱以爲階梯，祖孔顔以爲標準，冠婚喪祭必率禮而行。其後，關中隆禮之風代代延續，以馬理、呂柟、南大吉、馮從吾以及李二曲、李元春、賀瑞麟等爲代表的一批關中學者接續横渠以來「以禮爲教」的關學宗風，使關中地區長期保持了純樸典雅的古禮風尚。

牛兆濂秉承了關學隆禮重教的傳統，十分重視禮法的教化作用。認爲禮法事關名教世風，關乎世道人心，是正倫理、篤恩義、明禮教、厚風俗的根本法器。他說：「先王之所以緣情而制禮，以養廉恥於匹夫匹婦，而峻名教之大防也。」反復強調「須以此身任綱常之責，整躬率物，恪守禮法，勿徒以口舌文字爲明道化俗之具，庶乎其可也。」要求人人在現實生活中遵守禮法，而不是徒以口舌文字等虚假禮儀粉飾太平、裝點門面，強調「一動一靜，必恭必正。當爲則爲，不可幹以私。雖欲強之，孰得而強之。非禮不動，吾於是觀勇」。（見手銘）將禮法看作是一個人動靜舉止必須遵循的行爲準則。

牛兆濂十分推崇古禮，認爲行先王之道，必當遵循古代儀禮。他不僅將禮法視爲修身齊家與設教講學的根本大法，還視之爲人禽之辨的評判標準。在示仲子清謐一文中，牛兆濂諄諄囑示其子依禮而行，循禮而動：「其實這禮是人生日用，無一時、無一處、無一人、無一事可以離得他底。有禮則安，無禮則危；有禮則生，無禮則死。」「要知人之所以異於禽獸者，衹在這些子」。「夫人之所以自別於禽獸者，舍禮義何以乎？當亦有心世道者所同慨也。」爲了能全面揭示古代禮法的真實面貌，確保禮法的嚴肅性與神聖性，牛兆濂提出復古之禮當「上準禮經，兼考家禮，一衷朱子之說，毅然行之，以見先王製作之精意所在」。將禮經和朱子家禮作爲習禮演禮之依據與標準，從根本上杜絕了後人對古禮的歪曲與誤解。

與此同時，牛兆濂反復強調學習禮法的緊迫性，主張在學校開設古禮科目，通過講習古禮的教學活動，爲社會培養出一批知禮達禮之人。他說：「況而今綱常掃地，正禮教昌明之幾，及今不學，到了用着時節，便來不及矣。」「值禮壞樂崩之日，使鄉曲中多一人講行，則三代猶或可復，未始非風俗人心之厚幸，僭妄固陋之譏所不辭也。」（禮節録要序）他以身作則，「雖酷暑炎熱、燕居之際，必冠帶，非夜寢不脱去大衣大帶」。同時，自覺肩負起了推廣禮制文化的歷史使命。除在書院以古禮教授諸生外，並將之推廣至宗親鄉黨，親自演習古禮。一九一一年春正月，牛兆濂應臨潼縣令張瑞璣邀請，演禮於臨潼橫渠祠，主禮完畢後，還特爲當地士人演鄉飲酒禮和加冠禮（參見張元勳牛藍川先生行狀）。本着「化民成俗，莫善於禮」的信念，牛兆濂先後在渭南、興平、臨潼等地「名公鉅卿、通儒賢士」雲集的會祭會講曠典上演習古禮，影響之大，深令張元勳折服：「倡之於渭令張世英，繼之以興令朱藩甫。先後諸賢令之舉此曠典，必首推先生。」（見牛藍川先生行狀）作爲賀瑞麟門下，牛、張二氏不忘恩師以禮化民的教誨，互爲倚伏，共扶古禮於不絶，翹首以待禮治社會的早日實現。

牛兆濂潛心古禮，還表現在他致力於對古代禮學典籍的整理上。呂大臨芸閣禮記傳十六卷本的再世，乃先生于戊申年（一九〇八）深受目疾之擾的艱難境況下，竭數月之力，繕寫成帙，其目的在於「傳先生之書，以倡明橫渠之學」，藉以「上窺橫渠之傳」，領略橫渠隆禮之遺意。禮節録要一書是牛兆濂廿餘年來與學舍諸生講習且用之鄉人者的古禮彙集，整理此書的目的，是希望通過此書「俾窮鄉下士有志學禮者得有所取資，以爲講習據守，明於己以倡之人，道由此弘，教由此成」，爲清末民初世風日下的關中社會開出一劑濟世藥方。

此外，牛兆濂遵循賀瑞麟「鄉約法最關風化，務各力行」（見記清麓問學本末）的教誨，十分重視鄉約鄉規的制訂與推行。他曾廣泛搜集呂氏遺書，編訂呂氏遺書輯略，盛贊宋代「關中學者興行於禮教，而呂氏兄弟競爽一門，則盛之尤盛者也」的人文氣象，將橫渠禮教薪火不熄、關中禮教得以昌明歸功於呂氏兄弟編訂鄉約。主張在鄉間實行鄉約，從社會的基層着手，通過鄉約推行禮儀教化，規範士民行爲，敦化民俗，將家庭與整個社會的治理聯繫在一起，營造和諧的社會氛圍，培養全社會成員遵禮重教的良好風氣，挽救世風人心，復振關學墜緒，重現禮教之隆！

正是通過追尋前賢足跡、匡復古禮的實踐活動，牛兆濂將張載「以禮爲教」的精神貫徹到社會生活的各個方面，繼承了關學八百年來隆禮重教的傳統，也爲改變關中鄉風民俗作出巨大貢獻。

（三）經世思想及其社會實踐

關學自開派以來，秉承了關中文化的優良傳統，學人質樸務實，講求實效，不尚玄虛，力戒空談。張載創辦横渠書院，進行井田試驗，積極推行禮制主張，開創了關學敦本尚實的宗風。藍田呂氏兄弟爲改變鄉風民俗，編訂呂氏鄉約，以「德業相勸，過失相規，禮俗相交，患難相恤」十六字綱目約束和處理鄉黨鄰里關係，突出了儒家修齊治平的道德理想和務實作風。經過歷代關學學者的倡揚，到清末儒學已趨衰落的背景下，以柏景偉、劉古愚、牛兆濂等爲代表的關學學人仍在堅守和弘揚，特別是牛兆濂，始終將其貫穿於畢生從事的講學活動中。

首先，表現在對實心實學的推崇。孫迺琨在藍川文鈔續序中說：「藍川教授生徒敦尚實行，而於辭章之習一概屏絶。蓋欲斂學者之心思，而防其馳靡也。然形諸筆劄者片語隻詞，皆質慤有味。」「敦尚實行」四字準確地概括了牛兆濂的治學宗旨與學術思想特徵。在陝西師範學堂、魯齋書院、正誼書院、芸閣學舍等擔任主講期間，他反復向諸生倡導爲己務實的學風，強調諸生做學問要有切實工夫，踐履篤實。他說：「身心工夫要切實去做，只抱書册吟詠不濟事，恐稍久祇成說話也。讀書玩索是窮理之要，但此心須放、教活。若執著又多窒礙，卻作病也。」「終日爲學而無所得者，由未嘗做工夫也。終日爲學而不能腳踏實地者，工夫不實也。實做矣，或不得要領，以致泛濫悠忽則不切，不得爲實，做猶未做，或反不如不做。故曰欲學之有益，須切實做工夫也。」（見切實做工夫）將學習看作是一個實學、實體、實用、實做的過程，要腳踏實地下功夫，並批評學無所得的人是不曾用心做工夫，指出「泛濫悠忽」是學術之大弊。強調「熟讀實體，務求所以先治己而後治乎人者，不屑屑章句爲也」。（見與薛粹學）又要求學者「一意向身心本原所在下存養省察克治、擴充切實細密工夫」，這裏強調的是實心實學，主張通過存心養性，持身恭敬，克制私欲，反身内求，以實現人格的完善。

其次，表現在經世致用的社會實踐中。在中國内憂外患交織之際，他能把關學的務實精神和經世傳統加以貫徹，關注民衆疾苦。一九〇〇年主持縣賑恤局工作，適值其年大饑，牛兆濂爲民呼籲，作賑恤詩數首，籌得江南義賑，濟民無數。然而自己卻三日未舉火，賑濟局某公奉省台之命，暗中私訪其家，牛兆濂以客禮相見，談笑不滅。來者欽佩不已，贊曰「真賢人也」。臨別拿出白金伍百，他分文不受，慨捐區賑；而以身應民夫之濟，得轉米升合，體現了他身懷天下、情系蒼生的高尚情懷。牛兆濂一生敢言直諫，曾多次上書當局，凡舉事皆關民生，措略得當。自清初以來藍田糧賦徵收過程中多存弊端，擾民甚鉅。他建議將百姓所繳納錢糧一半自封投櫃，此建議得到縣令王文伯的肯定，並付諸實行。又灞水常常氾濫，湮沒田地上千頃，沿河一帶百姓賣子鬻妻，牛兆濂詳詢民情，自出經費，派專人往返數年，終於得到官府的減免政策，共免糧三十餘石，里人無以爲報，欲立碑廣傳，先生堅拒，只令備食品四件，送縣尹以表微忱。

九一八事變後，國難當頭，牛兆濂深刻反思導致出現這一局面的思想文化根源，由於時代的局限性，他將此歸結爲失去了儒家傳延數千年的禮樂文明。故以爲當務之急，須以孔孟聖道挽救民族危亡，遂提出以「紹孔孟聖教、明天下人倫」作爲挽救時局的重要舉措。他說：「人倫不明，是無人道。欲存人道，即所以存中國也。此須以孔孟之經，身任其重，深思實體，絲毫不可放過，則人道自我而存，成己成物，只是一事。」（見藍川答問）晚年常憂道之不行，感慨國難多端，或發之於筆端，或遊歷全國各地，大聲疾呼「神州數千年而不絕者，以孔教在也」。他說：「欲平國難，先正人心；人心正，則何患國之不安不存哉！」以堅定的信念和頑強的毅力，捍衛儒學的傳統地位，此爲「爲天地立心，爲生民立命，爲往聖繼絕學，爲萬世開太平」的「橫渠四句教」作了最生動鮮活的詮釋。

三、牛兆濂的學術地位及其影響

在清末民初中國社會發生深刻變革的特定歷史條件下，牛兆濂布衣韋帶，學養兼充，毅然接過了賀瑞麟（復齋）、薛於瑛（仁齋）、楊樹椿（損齋）「關中三學正」倡道西北，以講學挽救世風人心的神聖使命，「明誠並進，功切於下學，而不騖夫高遠；恪守程朱，道契其純正，而不雜乎異說」。其德純學粹，持守之嚴，造道之深，「克集諸先生之大成而未墜」，（見李銘誠先師牛藍川先生行狀）成爲社會轉型期關學的集大成者。張驥關學宗傳自序說：「茫茫絕緒，繼續何人？」「所聞則有高陵白悟齋，藍田牛夢周，恪守西麓之傳，皆關學之晨星碩果。」充分肯定其在關學史上的地位及影響。張元勛在牛藍川先生行狀中亦說：「力維先師門戶，遠接紫陽之續，近恢清麓之傳。」「孔孟程朱之學日再中天，先生洵清麓後第一功臣也。」高度概括了其學術貢獻與影響。陝西督軍兼省長劉鎮華稱藍川爲「關中第一名儒」，亦非溢美。其作爲關學轉型時期的一位大儒，學術地位應予以肯定。

清末民初中國社會經歷了劇烈地動蕩變化，辛亥革命推翻帝制，五四運動倡導民主与科學新文化觀念，向西方學習、探索救國强國之路的呼聲漸趨高漲。在這一背景下，劉古愚等一批關學學人順應時代變化，邁出了向近代學術轉型的步伐；而牛兆濂則堅守程朱理學傳統，不可避免地受到時人的批評，甚至被視爲「僞道學」，幾陷絕境。客觀地說，牛兆濂在此時仍堅定地以理學作爲挽救世風人心的武器，持守「舍聖賢而他適，非空即泛」（見答孫仲玉）的思想宗旨，甚至主張「以紹孔孟聖教，明天下人倫」來挽救民族危機，確實表現出一種保守的衛道士形象。不過，對此也要採取分析的態度。一方面，牛兆濂一直堅守傳統儒家以民本思想解決中國社會問題的立場，所以他在諸多有關民生、民族危機等問題上，始終持守積極的態度，盡力投身於社會公益活動與正義事業。他曾嘆世運之不濟，請命上書，言辭愷切，救百姓於困頓；感人心之不古，推行鄉約，演習古禮，濟世風之好轉；另一方面，他也有順應時局變化，堅持社會正義而與時俱進的理想。他曾不恤個人安危，在兩軍陣前曉以大義，挽生靈於戰火；在東北三省淪陷之際，他寫我明告你詩，以忠義勵人心，以公恕覺民衆，誓死捍衛國土。對於傳統的堅定維護和在社會轉型、民族危機之時的順應和調適，都表現出他積極的人生態度和對人生大道的堅守，也反映了當時有擔當意識的學者艱難的人生抉擇，這正體現了關學學人思想的內在矛盾和關學學者在當時思想的復雜性。

牛兆濂的學術思想和活動在關中地區產生了深遠的影響。關學肇始以來，以其獨特的思想體系與敦本尚實、躬行禮教、不以功利爲務的學派宗風，鑄就了關學的蔚然盛況和一代代學人高山仰止的德業氣象。在整理牛兆濂集的過程中，我們多次尋訪牛兆濂生前講學活動的蹤跡，在陝西鳳翔，拜訪了清麓派第三代傳人李銘誠（字子慊，號穆軒）之孫李勁民，搜集到部分珍貴資料，瞭解了清麓學派薪傳不已的學術事業。李銘誠師從牛兆濂，學成後在家鄉河南盧氏創辦了莘原學舍，設教一依清麓成規，十五年間爲當地造就了大批英才，使清麓之學遠及河南。一九三七年盧溝橋事變爆發，牛兆濂因憂國憂民而病情益重，李銘誠聞訊趕來探望，遵囑在西府尋找清麓派第四代傳人，延續了關中理學道脈。一九四三年，李銘誠協助當地鄉紳在鳳翔府創辦鳳鳴書院、陵陽書院，一九四四年又聯合鄉紳創辦宗銘書院，親任主講，致力於程朱理學與張載關學的研究，各地求學之士絡繹不絕，造就了史道明（字晦之，號立齋）等一批德才兼備的學子，鳳翔、岐山、寶雞等地紛紛設立靈麓精舍、靈麓書院、卷阿學社等書院，西府文脈趨盛，關學再現復興之勢。作爲理學重要一脈的關學，由於牛兆濂及其門人的不懈努力，在清末民初仍如江河東流不舍晝夜。直至今日，關學精神仍在激勵著關中一代代學人爲實現中華傳統文化的復興而努力奮鬥。

點校説明

牛兆濂（一八六七—一九三七），字夢周，號藍川，學者稱藍川先生，陝西藍田人。據張元勛所撰牛藍川先生行狀記載，牛兆濂的著作主要有呂氏遺書輯略四卷，芸閣禮記傳十六卷，讀近思録類編十四卷，禮節録要、秦關拾遺録、續修藍田縣志各若干卷，藍川文鈔十二卷，續鈔六卷等。可見，牛兆濂一生著述甚豐，這爲我們研究其學術思想及清末民初關學思想轉型提供了詳實的資料。

陝西藍田具有悠久的歷史和深厚的文化底蘊，早在七八十萬年前，這裏已是中華遠古人類——藍田猿人的生活聚居地；同時，這裏也是上古時期華胥氏棲居的聖地，華胥國及其創立的華胥文明就誕生在這片神奇的土地上。及至唐代，這裏又湧現出了文學史上璀璨的明星——王維，以其輞川集爲代表，把我國山水田園詩派推向新高潮；之後，宋有呂氏昆季光大關學宗傳，明有秦關先生（王之士）纘緒關學學脈。然時移世異，藍田曾經擁有的文明逐漸被後人忽略，尤其對張載門下影響最大的藍田諸呂及作爲明代「關學之後勁」的秦關先生了解與認識不足，欲讀其書而想見其人幾不可及。牛兆濂自覺擔負起光大前賢學行的使命，對前人的理論著述進行了全面系統地整理總結。如呂氏遺書輯略是牛兆濂爲表呂氏兄弟興行禮教、倡導程朱理學學行德業，深感於「南渡以往，地淪金源，簡册流傳，百無一二」（見藍田呂氏遺書輯略序），呂氏著作不復流傳的狀況，凡見聞所及四先生之言，即使片語單詞悉歸著録，各自爲編，次其先後，輯略成册；芸閣禮記傳十六卷本乃牛兆濂于戊申年（一九〇八）手輯呂與叔（大臨）芸閣禮記傳，朱子臨漳等本，竭數月之力，繕寫成帙；讀近思録類編是牛兆濂遵從清麓先生之命，沈潛反覆于朱子近思録一書，終得其書之奧，「字字皆有下落，而嘆其理之實、義之精、言之親切而味之無窮也」（見讀近思録類編序）。爲了能够突出朱子的理學思想，牛兆濂對近思録一書加以摘抄節録，仍按原書章節次第輯略成册，便於學子傳習；禮節録要一書大約成書於癸亥年（一九二三），是「廿餘年來學舍諸生所嘗講習且用之鄉人者」（見禮節録要序）。面對時代的劇烈變化，牛兆濂潛心古禮，持守關學自張載創派以來隆禮重教的傳統，寄希望於以禮教挽救人心、拯救時弊，對古儀禮詳加損益，輯成此册；秦關拾遺録亦爲牛兆濂及門生陳敬修取先儒文集中有及秦關先生者彙爲一册，嘆息藍田關學自秦關後三百年來後繼乏人，憂患意識自不待言。與此同時，牛兆濂亦主持了藍田縣志的續修工作，竭日夜之力編纂校閱，對藍田之掌故、疆域、建置、田賦、户口、山川、風俗等逐一考據，使續修藍田縣志成爲方志中的上乘之作。

總之，上述所及牛兆濂諸多著述，乃是對藍田歷史文化遺産的深入挖掘與系統總結。其功雖大，但因非本人撰述，故本次整理牛兆濂著述時，我們僅收録其中由牛兆濂爲上述各書所作之序、跋、志、考類，對其輯録之前賢原著則不加收録。此次整理點校的重點内容則是牛兆濂撰述的理論著作，包括藍川文鈔、藍川文鈔附卷、藍川文鈔續等，可以全面反映牛兆濂的生平行實、學術活動及其理學思想的文獻資料，以利於我們全面了解關學在清末民初向近代轉型時期的發展狀況及代表人物的學術思想。

藍川文鈔十二卷，牛兆濂著，邑門人陳敬修明初編輯，壬戌年（一九二二）芸閣諸生排印本，共兩册；另有甲子年（一九二四）秋七月芸閣諸生排印本，共三册，附有牛兆濂於壬戌年中秋前二日所書自序。經過版本比較，壬戌本偶有缺略乖謬之處，而甲子本内容詳贍完備，增加了藍川文鈔附卷，且部分修正了壬戌本中的錯誤，是爲本書的底本；壬戌本爲本書的校本。

藍川文鈔附卷，不設卷次，爲邑門人陳敬修明初輯牛兆濂詩文另成一册，癸亥年嘉平月（一九二三）芸閣學舍諸生排印，原名藍川文鈔續，附於藍川文鈔甲子（一九二四）本十二卷後。

本次整理時，爲與乙亥年排印之藍川文鈔續六卷本相區別，將該卷更名爲藍川文鈔附卷。另原附卷末附有勘誤表，對壬戌本及甲子本相沿襲的錯誤進行了修正，本次整理時，凡勘誤表所列錯誤屬實者徑改，不再出校説明。

藍川文鈔續六卷，牛兆濂著，盧氏門人李銘誠子慊編輯，三原門人趙振燦古如校字，乙亥年（一九三五）冬月芸閣學舍諸生排印，共四册。有張元勛、孫迺琨二人所作之序，卷末有李銘誠所作跋。是爲藍川文鈔續點校之底本，别無校本。附編內容包括搜集整理之牛兆濂詩作、書信、答問、口訓、文録、墓誌以及鄉試硃卷，附録內容包括遺囑、訃告、事略、年譜、圖表等，以便讀者全面了解牛兆濂之生平道德、學問致力先後之所在及其造詣之所成就，而世系源流、師友傳授因並著焉。需要説明的是，附編、附録資料系牛氏家藏，由牛兆濂曾孫牛鋭提供。其中部分資料歷時已久，個別文字已模糊難辨，又無別本以資校讎，只好暫付闕如，以俟知者。牛兆濂家譜圖表依據藍田新街牛氏宗族兆濂公宗譜製作，所涉人物屬於與附録內容密切相關之族人，餘則不盡羅列。

因點校整理之需要，我們亦參閱了部分相關文獻資料，包括阮元校刻之十三經注疏（北京：中華書局，一九八〇年版）、司馬遷史記（北京：中華書局，一九五九年版）、張載張子全書（文淵閣四庫全書本）、馬端臨文獻通考（文淵閣四庫全書本）、方苞望溪集（清咸豐元年戴鈞衡刻本）等，作爲本次點校之參校本。

點校者多次走訪牛兆濂生前講學活動之處，力求全面搜集相關資料，幸於二〇一四年七月在陝西鳳翔拜會牛兆濂門下傳人李銘誠（字子慊，號穆軒，河南盧氏人）之孫李勁民。作爲關學學人後裔，李勁民十分關注牛兆濂集的整理工作，心系關學文庫的出版事業，將珍藏了半個多世紀的相關資料交付校者，爲文集的整理提供了極大地幫助，在此致以誠摯地謝意。

承蒙關學文庫總主編陝西師範大學劉學智教授及西北大學方光華教授的悉心指導，西安文理學院王仲生教授的認真審核，西北大學出版社黃偉敏老師的仔細編校，西安文理學院蔡光瀾、趙均強、馬偉老師的熱心幫助，在大家的共同努力下，本書的整理工作得以順利完成，在此一并致以深深的謝意！因學識孤陋，疏漏訛謬之失知所難免，惟冀讀者不憚煩勞而一一賜教，則不勝幸甚。

點校整理者

二〇一四年八月

目録

藍川文鈔

卷三

卷四

卷五 …… 六一

書答

卷六 …… 七八

記

卷七 …… 八三

說 贈言

藍川文鈔附卷

跋

藍川文鈔續

續卷一……一六五

詩

續卷二

書答

內省録

附編

詩

附録

藍川文鈔

序

僕野人也，少從事於帖括而不足言文。既乃聞清麓之訓，始知爲己務實，有厭文敝、「從先進」之意。於詩古文辭，又慮其奪志而害道也，且務外爲人以自表暴也，則切切以爲戒。今三十餘年矣，筋力就衰，學不加進，不欲以文人自居，亦不欲以文教人，蓋猶行先師之志云。生平筆札所流，率陳胸臆，無義法派别可言。然管窺蠡測，其有足以備勸懲而資探討者，未忍概爲捐棄也。敝帚自珍，不欲輕以視人。及門苦傳寫之不易也，請付排印以代抄胥，固却之者屢矣。既而有感於横渠「蔽蓋不見底，只是不求益」及朱子「苟羞就正墮終身」之訓，復懼其毫釐有差而禍世也，於是勉從其請而胠篋出之，且謂曰：「其得也真，其失也野。」僕之人如是，僕之文亦以是觀之，用請正於知言君子。倘因以聞所過焉，則爲惠大矣。

壬戌中秋前二日藍田牛兆濂謹書

卷一

藍田牛兆濂著　邑門人陳敬修明初編輯

詩

北行不果寄諸同志

凜烈歲云暮，朔風動寒林。豈敢憚行邁，遊子多苦心。
高堂有白髮，荏苒桑榆陰。行行且中止，躑躅重沈吟。
我無濟世才，沛爲蒼生霖。復無模稜手，出與世浮沈。
親舊爲我勸，尊酒薦鳴琴。誼重物自輕，餽贐置兼金。
感此重歎息，艱難愧情深。努力惟自愛，不敢忘德音。

登慈恩寺浮圖

到此已云高，四望極目力。若臨太華頂，應更高無極。

茫茫宇宙中，伊誰生羽翼。振衣下層雲，萬慮從此息。
循我坦蕩途，歸就齋中食。俯仰自寬閒，落日四山色。

夫道篇

夫婦貴有恩，男女貴有別。立教述嘉言，兩義渾無缺。
恩勝乃媟狎，別極兩決裂。此中有分寸，誰能適中節。
吾人稍知書，厥病同一轍。祇爲矯褻狎，恩義轉疏絕。
反讓愚夫婦，痛癢總關切。去聖日已遠，女教久衰歇。
閨門驕養成，聞見皆妖孽。驟聆典訓言，驚怪羣咋舌。
況我無身教，又少恩相結。強使就我法，不屈故寧折。
古人重婚配，名分正妻妾。奉先資孝養，啓後承世業。
肩荷信非輕，妻齊豈妾接。六禮務求備，鄭重今爲烈。
親御授以綏，僕隸且所屑。念茲醮命言，何在敢輕褻。
奈何夫不敬，婢嫗若等列。怨氣鬱成象，衽席生楚越。
婦也信不良，夫道寧無闕。我生悲牆面，坐此失和協。
窘極發書讀，對鏡自參閱。開卷疑頓釋，喜如湯沃雪。
古人洵我師，何處問真訣。夫道和而義，兩字特與揭。
相待敬如賓，一語更直截。一敬自無事，和氣生喜悅。

從兹恩義篤，歡愛相周浹。因以正倫理，有言好詳說。義理久薰聒，變化需時月。若言不緇磷，除未經磨涅。

察賑勉諸同志

此行煞要費工夫，只把無才愧腐儒。十萬災黎齊待汝，曉寒霜露敢躊躇。

賑局書懷

水旱皆天道，本無平不陂。嗟我胡不辰，終日悲瘠痍。麥田但升斗，秋種失糓穈。沿途半餓莩，輾轉傷流離。嗷嗷遍野鴻，延頸方啼飢。費盡爲民心，何以答惸嫠。周侯慈父母，日夜焦思維。求益躬吐握，終嗟策無奇。我亦忝藥籠，溲勃雜鼓皮。唯恐弗負荷，愧悚常憂疑。羣策與羣力，肝膽相瀝披。履勘遍巖谷，霜露日胼胝。豈曰無冒濫，痛心在或遺。毫末有不至，怨謗固其宜。當此帑藏虚，顆粒戒浮糜。有棠難再發，無粟孰與移。勸分卒罔濟，何策化頑疲。悠悠我心憂，日月正逶迤。

哀哉九重心，宵旰常苦悲。所期賢守令，奮死救然眉。
身任天下重，痛癢切膚肌。力破故常習，本心矢勿欺。
愛民須稽古，併力拯災黧。邦本自我固，遺愛銜口碑。

江南義紳鄭渭濱見訪口占志喜

名兆熊，本察賑委員，託言義紳，後乃知也。[一]

呼庚無路正傷懷，（時賑務正無款可籌。）望裏伊誰知我哀？聽到嗷鴻聲斷處，傅巖霖雨過山來。

柴門終日掩蒿萊，特爲先生偶一開。莫怪兒郎大驚喜，此回好共上春臺。（義紳前在鳳、邠散賑，計此時可到西安。）

辛丑六月十一日偶成

半年辛苦在農功，一雨人間萬事通。

爲問先生何處樂，晴川新稻豆花風。

[一]「本察賑委員，託言義紳，後乃知也」，原作「本察賑乃員，託言義紳，後委知也」，據文意改。

白雲

聚散自今古，天心何時閒？

未得遍霖雨，清陰戀此山。

過秦關先生祠遺址

按志，祠在北關，今關外不數武，道旁斷碑危峙，字漫沒不可讀，篆額有「王公」字，相傳即其地，未知確否？感而賦此。後又於「王公」字下，尋得「路」字，乃王公邦才移官路之碑，非秦關祠碑也。

斜陽片石久嵯峨，到此行人喚奈何。前志有基難考信，斷碑無字易傳訛。

秦關一去鄉賢少，荆峴不來野寺多。千古輞川名勝地，從教詩畫說維摩。

病中懷隴州赫明軒

寒風歲暮雪盈天，病裏懷人倍黯然。老我摧殘過蒲柳，誤君辛苦涉山川。

西林豈有延平教，東道漸無季偉賢。流水隴頭長悵望，可能佳會及新年。

寥落晨星隔遠天，應求千里詎徒然。每懷禮教開秦隴，豈爲詩名重輞川。

尚友莫忘天下善，立身肯讓古人賢。别來精進知何許，寄語春風又一年。

送邑侯周告歸　名之濟字侶宣廣西蒼梧人

蓴鱸幽興逼人來，霧鎖孤城曉未開。把袂頓添知己淚，攀轅無奈小民哀。五年遺愛留韡鞾，一路香風送酒杯。此去湖山千里月，念公西望幾遲回。

和井渫甫見訪次原韻

蒹葭一水露華凝，卻喜相尋過渭城。眼界多君開晚進，心傳爲我說先生。癸巳三月望後，同在三原先師家相見。求端祇愧思難近，時先師教讀近思録。察己終慚意不誠。時問自欺。珍重良朋未遐棄，勉將餘日付躬行。

登驪山

不登嵩華莫言山，強附攀躋作壯觀。勝境幾從忙裏過，皇州盡入畫圖看。險中要得操心慣，峻處方知進步難。何日投閒成小憩，一編午月對高寒。

贈張梧峯勉學　名鳴鳳竹軒胞兄同邑青羊莊人

年來貧病老橫渠，占定蒼煙此燕居。學苦磨穿心下鐵，事忙熟爛腹中書。

小齋鐘動談經後，昆弟六人皆讀書嚮學，故云。午夜燈明課紡初。賴有一窮留缺陷，幾回欲送意何如。

雨中別馬清軒口占紀事並簡諸友 清軒名廉同邑漫道人

我來攜雨來，我去穿雨去。故人既冠子，復此成婚娶。
齋戒告神明，几筵當時布。醮命禮綦嚴，所嗟惟俟著。
鼓吹與花勝，一洗凡俗陋。合卺羅酒肴，沃盥交媵御。
有婦信窈窕，拜伏嫻禮數。服飾戒華侈，入門安布素。
華燭靜夜分，歌詩饒古趣。待曉拜高堂，鷄鳴勤盥具。
宜室併宜家，親心亦足慰。所期勖帥者，敬戒朝復暮。
禮成人盡歡，婦子亦知慕。是時天久旱，連日雨如注。
良友幸相於，[一]歸人懷往路。睠睠主人心，欲去行復住。
男兒志四海，豈爲風雨誤。泥塗十里餘，何遽失故步。
握手笑相别，無爲久延佇。回首望天涯，白雲低隴樹。

[一]「於」：據文義，疑當作「與」。

生女寄張竹軒

甲辰十月二十八日，生女。時余方學琴，竹軒爲其六弟侶行親迎禮成，喜而賦此。

寥寥古調幾人彈，奠雁於今有造端。
自是閨門多曠典，會當親與祝衿鞶。

登華嶽南峯絶頂

踏破白雲千萬重，仰天池上水溶溶。
横空大氣排山去，砥柱人間是此峯。

己酉春日即事

時養痾犧母廟，廟在邑北三里鎮西。

收得年前舊雪花，瓦盆寒凍玉槎枒。
一窗嫩日明如許，對客敲冰自煮茶。

懷友人

連宵吹夢感秋風，時繞黃山入漢宮。
聞道有人深處坐，夜寒頻喚主人翁。山據一邑之勝，此君久欲讀書於此，至今不果，詩以風之。

題畫松

歲寒千古心，大化相終始。
寄語愛鶴人，爲我拾其子。清麓精舍有先師手書「買雛養就沖霄鶴，拾子栽成偃蓋松」楹聯，故云。

宿寶鷄陽平鎮紀事　時密察煙苗

滿川風雨下陽平，鼓角聲中放早晴。聞説鷄山舊令尹，翠煙十里看春耕。雷令天裕身督兵衆，剗除煙苗，十里之內，頃刻無餘。
一簇耕犁一抹煙，倚樓人語杏花天。共知鴆酒難成醉，猶覬依稀似去年。

傷亂

滅種人人正膽寒，何來同種自相殘。
興亡千古尋常事，待與他年作樣看。

題橋

余所居鳴鶴溝後有土橋，同治初元之亂，衆見賊擁一婦上馬，婦自投下，再擁再投，凡三數次，罵不絕口。賊怒，殺之，擲橋下而去。余恐其久而遂湮，詩以紀之。

霸陵東望翠連山，烈女全身事等閒。
碧血千年歸野草，不留名字向人間。

挽梁艮齋先生

小車一去隔河梁，鏡裏生涯益自傷。異代人尋陶靖節，東來誰是魯靈光。
芮城祠屋空秋草，華下琴聲渺夕陽。芮城門下詣極者，先生與篤齋二人而已。伊洛有源無問處，二陵風雨泣馨香。

贈華州王錫圭

介臣尊兄以哀本生詞見寄，逾三年矣。去秋議局少暇，援筆爲歌，行未就而難作。今夏訪友清麓，讀孫豹人諸作，有動於中，足成此篇，以慰孝思，亦志風木之感云。

昔予遭慇凶，幽咽二十年。齊衰未忍見，聞哀心如煎。
豈伊煨燼餘，再睹蓼莪篇。掩卷三歎息，涕出長潸然。
關中昔喪亂，萬戶無人煙。衣冠且偷生，名節孰與全？
嬌嬌念曹母，遂志良獨難。幽崖深莫測，不死天所憐。
槁餓苦不辭，寸心鐵石堅。白圭詎可玷，義烈高秋天。
我聞孟氏母，斷機千載賢。不有亞聖兒，瓦礫同埋湮。
陟岵彼何人，姓字渺無傳。碌碌况我輩，顯揚豈一言。
天運正板蕩，綱常久棄捐。明發同有懷，無念北堂萱。
立此天地心，道義勤仔肩。河聲並嶽色，壯爾瀧岡阡。

哭洋縣李子霖　名春勃辛亥殉難

靖難雄名二十年，漢南鷄犬託神仙。身無民社生何愧，誼重君臣命早捐。
詣闕王通徒抱策，渡江祖逖竟投鞭。此心祇有皇天鑒，大節應歸青史傳。

壬子十月從克齋先生率諸生遊半耕園分韻得落字

連日困鉛槧，素心負邱壑。願一訪名園，獨往意落寞。先生動逸興，朋好歡與約。童冠十餘人，載酒具囊橐。相率下層岡，步趨謹履錯。就圯指石梁，沿路徇木鐸。車路被地鄰侵佔，幾不容軌，爲詳示其處。風日正栗烈，百卉傷隕擇。古柏何青蒼，陵上立獨卓。仄徑俯寒流，野園翳叢薄。東初園久荒。遠遠見喬木，雲際出樓閣。園丁趨應門，有客聽剥啄。小憩讀書堂，新茶欣與瀹。折枝餙童齔，投餌羨魚樂。詩好難遍讀，題詩滿壁。知希負所作。放歌挂雲樓，多難慨如昨。題壁有歌「花近高樓傷客心」語，故云。低回半舫側，偎石聊小酌。世事感滄桑，疏林悟葉落。復齋先師有「疏林飛落葉，老屋出寒煙」句，語次及之，敬識於此。峨峨顧髦士，分韻志言各。歸途須緩緩，高詠興有託。石表再留連，新知幸存著。至此，先生仍命坐，曰：「所得且温存著。」古人貴親炙，聞見良獨確。得師在及時，玆遊胡可略？愚生恨晚學，律身鮮矩矱。吟風與點意，斯人仰伊洛。見聖戒弗由，日夕勤惕若。無爲老大悲，委質同猿鶴。

先君祭日自警

父年四十始生兒，兒生今年四十六。違顔忽已廿餘年，瘖痳音容常在目。
無才莫慰鷄豚養，有勞未遂犬馬服。考業曾無一事精，執經爲問何者熟？
虚譽徒隆增愧恥，令名大懼貽羞辱。寒風天地閉嚴冬，立脚應門在清麓。
力小心勞難任重，常將鼎象懔覆餗。一息耿耿今尚存，敢辭齒豁頭半禿。
高高在上日鑒我，恐有私意萌幽獨。戒爾悠忽勿自恕，積累要使功相屬。
無念高堂望爾心，小宛六章勤三復。眼看浮雲變今古，何用苟生徒碌碌。

柳枝詞

春遊欲去惜芳菲，醉挽柔條繫落暉。不信有人眠未起，自憐無力絮先飛。
別離亭上音書渺，歌舞樓頭心事違。多感東風舊知己，年年相見總依依。

書窗自警贈韓法孟

法孟畫余窗紙，爲三人渡橋。每旦挑燈起視，則其人已先在，至夜將寢，則其人猶未息。有是哉！法孟之善於起予也。法孟有西野之行，率題此圖，且以贈别。

君是何時起？行行已到此。我來有早暮，君行靡時已。
身爲橋上人，心爲橋下水。朝夕時儆予，觸目念吾子。

克齋先生訓語爲韻言以誌 凡八絶句

義在奚所恤？毅力慨獨當。慮恒周事外，決機妙無方。
自用誠匪美，無主中乃亂。予室豈道謀，得理寧獨斷。
事豫心有定，大者挈其綱。次第順而施，百忙恒不忙。
精密習成性，心熟用乃周。簿正時檢點，卻顧且優游。
所學誠何事？衹在庸行内。大端若有虧，小善安足貴。
憂世情雖迫，觀物眼須冷。多少英邁人，失足衹俄頃。
生平憂患中，志氣幾挫磨。彼蒼厚愛汝，莫與等閒過。
勉率安可久，至誠故無息。覩彼造化工，何所容吾力？

王敬祥東歸贈别用小魯先師韻 敬祥字止臣號明齋河南陝州人

一唱驪歌夏轉秋，驚心海屋幾添籌。千金那得三年艾，杯酒難消萬古愁。
逝水光陰憐蜎蝂，浮生天地寄沙鷗。夫君日暮知何處，望遍東南杜若洲。

挽馬楊村先生　名鑒源字養之興平人

開路驊騮氣莫前，先生從學清麓最早，西方學風自先生開之。雄冠劍珮憶當年。先生在師門，坦率敢言，同學以比子路。憐才不愧鬚眉古，接引後進，古誼殷拳，貌如其心。愛道常懷日月懸。先生講學，最愛稼書云「自程、朱後，聖道如日月中天，不患不明，但患不行」之語。秋雨茂陵無稿奏，先生深於古文，然不苟作。「茂陵他日求遺稿，猶喜初無封禪書」乃實録也。春風絳帳有經傳。先生系出扶風，經術湛深，尤精於禮。龍媒一去天涯遠，萬里憑誰爲著鞭。同門如曉山昆仲及厚甫諸賢，皆其所介紹，故以龍媒况之。

清麓雜詠　八首

杏園春霽

鶯聲十里杏初紅，過雨園林滃靄中。白髮當年二三子，重來猶是坐春風。

山市晚煙

亂煙深樹萬雲環，海市層樓縹緲間。誰信有人天上坐，擁書南面住瑯嬛。

涼宵野話

幕天席地坐層岡，課罷相偕趁晚涼。
前有千秋後萬古，幾人曾此話犧皇。

夜半書聲

山村落月少人行，時有殘燈數點明。
一路野風吹不斷，琅琅天半讀書聲。

雙橋折柳

春風桃李舊成蹊，離緒依依柳映堤。
最是柔條知別苦，撩人不遣過橋西。

重陽高會

鼓角邊聲動地哀，八荒多難此登臺。
中巖一瓣心香在，黄菊花時客正來。

倚闌觀華

壯懷曾度兩峯高，丙午登太華，惟東峰未到。回首嶽雲入望遥。
願借西風寄征雁，夢迴猶自作松濤。先師登蒼龍嶺，有「長吟龍背和松濤」之句。

配享春秋 道旁夾植椿楸，故云。

靈椿相對兩行楸，韻事須還訪舊遊。
莫向高山爭俎豆，一辭誰敢贊春秋。

寄題岳忠武廟

將軍忠義動天地，日月明光萬古馨。
寃殺鐵人埋不得，黄流何日洗餘腥。

詠李業

後漢人，公孫述強之仕，不屈，飲鴆死。二曲先生被召時有人舉此事爲諷，乃免。

嚴詔頒時鼎鑊臨，盛朝何用老儒衿。
可憐烈士殉名日，空負賢王招隱心。

學仙

多欲由來苦愛仙，仙心豈有欲相牽。磨教欲盡仙何用，辜負初心過百年。
繁華閲盡心清涼，騎鶴驂鸞事渺茫。沂上春風汝南月，人生何處不仙鄉。

五十自警

四十年前一老翁，神昏頭眩眼朦朧。齒將幾瓣零如栗，鬢有數莖白似葱。
膂力漸從愁後長，襟期不減少時雄。無多歲月難拋擲，提命還須比幼童。

輓孫伯琴

伯琴，山東淄川人，仲玉兄也。從學靈峯精舍，竟以疾殂，時年已五十餘矣。仲玉返其櫬，訃至，詩以哀之。

人生自古誰無死，好道如君得所歸。末路難拋將母淚，登山猶薦望兄薇。
十年契結同心久，並世緣嗟一面希。千仞靈峯七里瀨，客星夜夜仰光輝。

過文王陵展拜感賦

孟子言：「待文王而後興者，凡民也。若夫豪傑之士，雖無文王猶興。」余謂：「若夫暴棄之人，雖有文王亦不興。」爲詩以自警。

穆清陵廟久煙塵，陟降如聞佑啓新。
過客千年猶下拜，幾人到此作凡民。

感懷

竹外春寒出戶遲，倚闌斜看杏花枝。
誰知一向銷魂處，又見迎風微笑時。

知命篇柬劉吉六同學　次小魯師韻吉六名葆謙蒲城人

吉六少余一歲，偃蹇數妻且無子嗣，余勸令就學爲終焉，計如林處士故事，亦無聊語也。然安知無策者之非上策乎？師母數月病中，君勞多矣。無以爲報，惟有以不入耳之言效忠告而已。

有巢何處問鳩居，錦瑟華年不歲餘。偃蹇松宜巖下老，横斜梅是水邊疏。
驚寒旅雁三珠遠，醉月離騷一卷舒。莫笑林逋拙謀甚，歸來風味勝車魚。

先師校刻傳經堂藏書六十九種扃鑰已久今劉君紹棠捐置清麓約以二千金爲謝賦長句告諸同志

洛閩寶藏發瑯嬛，藜照殫心數十年。過客幾時將鼎問，汗牛此日看珠還。
爲酬劉向傳經志，權借君平賣卜錢。功在斯文天假手，誰能大美讓人先。

寄示家中婦女

荆釵掠鬌布成裳，也作人間新嫁娘。豈爲無錢買珠翠，可堪多難儉梳妝。
黄粱熟處霜團屋，紅燭停時月滿堂。老我年來方健飯，門閭深願繼輝光。

暮春從克齋先生遊半耕園分韻得園字

昔賢此觴詠，春風滿故園。獨憐桃李樹，花落實猶繁。
前訓安可昧，時予方戒吟詩。相對愧無言。願受金谷罰，花前一倒尊。

喜雨

聽雨夜不寐，呼童問曉籌。忽聞報開霽，一倍增殷憂。
挑燈坐披衣，冠者來梳頭。時臨潼張福德在側。有聲起檐際，道是風颼颼。
淅瀝轉飄忽，跳珠響不休。急與問來者，堂塗水已流。
一從樹麥日，霈澤渥神州。亢陽冬復春，望斷農士眸。
早田已無分，花落井邊楸。堆盤念連展，俗名麥索，以大麥新粒屑之，可以充飢。諺云「楸花落，研麥索。」安得來接牟。來，小麥，牟，大麥。

正此歎長餓，時復事干掫。左傳：「陪臣干掫。」數月牀架屋，何因問衾裯。
前門幸寇退，後門兵來搜。悍獨誰與哀，財賄成贅疣。
催科又此急，敲扑日誅求。少壯半爲匪，老弱待填溝。
所期及時雨，新綠被平疇。藉之安反側，殘喘蘇吾儔。
天心果仁愛，正值麥苗抽。竟日雨霑足，滴滴檐聲稠。
我爲蒼生賀，憂喜病以瘳。出門眺遠樹，翠靄迷城樓。
歸來尋午枕，續我華胥遊。夢中起長歎，今辰亦有秋。

詠玉簪花

昨夜蘭房燭影紅，拔釵曾此救飛蟲。祇言敲斷無尋處，乃在綠陰掩映中。
仙子何年此漫遊？歸雲墜落玉搔頭。幾回誤卻蜻蜓眼，飛去飛來苦未休。
君子看花只愛蓮，何難淨植比芳鮮。卻嫌未脱香匳體，翠羽明璫枉自憐。
天巧由來説繡毬，奇花仍自鬥風流。良工相見應相笑，活色生香迴不猶。

失馬篇

友人許相臣，名朝佐，厚子鎮人。避難過我，以盲馬寄養，竟被軍人牽去，感而賦此。

螳蠰雖善守，何以逃蠨蛸。暴客無時無，去住途兩窮。

故人策駑馬，棄家來川東。縶維將永夕，無那別匆匆。
兵行索馬急，道梗不可通。自隨重爲累，寄我藩籬中。
皂櫪仰比鄰，芻牧走兒童。不無豢養勞，多賴力作功。
上駟誠懼選，委懷惟瞽矇。播越猶在廐，免傷別離衷。
一日大軍集，填巷排青驄。入門攫馬去，據鞍氣如虹。
欲追憚淫威，奄忽隨飄風。良朋徒永歎，兒女心忡忡。
懷璧本爲罪，所在將無同。何能忘衰白，奔走逐鞍籠。
出柙敢逃責，謀人殊未忠。共敝諒無憾，曠懷期大公。
我聞先民訓，倚伏安所終。焉知福與禍，詢之塞上翁。

病中兒輩勉具酒肴禁不能止爲詩曉之

讀書不明理，誤人直到底。心苦爲分明，猶自援經旨。
有疾寬酒肉，主言病初已。杯勺不下時，盛饌徒爲爾。
家貧缺薪蒸，更乏錢與米。先時恣揮霍，病後何來此。
爾心殊至誠，爾術拙誰比。人生老病時，好惡殊常軌。
不欲勿強聒，適意即爲美。凡病所思食，必爲病所喜。
無爲妄拘牽，顧此而失彼。不見女弟申，兼旬祇飲水。
我縱少違和，猶是堅貞體。復膳自有時，要言喻諸子。

感事

瘡痍滿目歎鹹氈，身世原從一例看。
老病苦吟猶後死，聊因薄讀得心安。

父抱兒示清淵

纔喜生兒苦不休，圈豚窗外抱兒遊。
他年須記今朝父，父到他年又白頭。

詠月

于生銅章以七律請正，爲改作之，以示法度之所在，工拙非所計也。

皎皎冰輪出海東，餘暉明繼夕陽紅。人生幾見常圓鏡，天度一周再掛弓。
何處簾櫳蘭葉露，誰家弦管桂花風。盈虧自是尋常事，寒水秋心萬古同。

偶成 冬至前

靖亂須憑撥亂才，亂方未艾治難開。
羣生好耐冰霜苦，合有春陽次第來。

四獻祠白菊

亭亭玉立對秋風，一笑相逢野寺中。君是何年歸舊隱，可憐霜雪滿飛蓬。
三徑歸來已白頭，桃源近在帝王州。何因又上芸香閣，晚節寒花許唱酬。
扶老一枝仗短筇，瑤臺月下笑龍鐘。秋心賴有風霜助，留得鬚眉照玉峯。
榛莽荒祠一旦開，數枝斜映雪成堆。東籬刺史多情甚，慚愧白衣幾度來。
映階金色褪深黃，一夜西風兩鬢霜。老恨異書渾未見，餐英今此得奇方。
白蓮落後雁飛聲，別有奇花照眼明。瘦影偏宜秋水共，冰心徹底印雙清。

雙雁歎

有人獲一雁，繫庖中。至晚視之，旁一雁與之交頸而死，其貞烈如此。婚禮用雁有以也。

雲間有雙雁，飛鳴正雝雝。弋者獲其一，其一靡所從。

哀鳴走中野，願一生相逢。窺檐瞥有見，見之在房櫳。
不畏羅綱密，不避湯鑊重。側身扢清風，相就若雲龍。
不能生出君，與君甘同終。交頸痛隕絕，凄切悲秋蛩。
吁嗟比翼鳥，義烈良獨鐘。所以古聖賢，婚禮惟爾庸。
云何靦面目，甘節成絕蹤。不念來塈時，悅己曾爲容。

生雉歎

古者士贄用雉，以其耿介守節，不可生得也。市有鬻生雉者，爲歎息久之，作生雉歎。

文明在飛鳥，曾聞翬與鷂。華蟲備藻繪，揄狄正宮闈。
死作東巡贄，雊格君王非。萬舞宜日中，琴軫聞朝飛。
不食歎鼎革，麥秀傷京畿。翔集色斯舉，時哉美見幾。
寧爲碎首死，偷生恥脂韋。所以耿介士，奉之比德輝。
奈何罹羅網，山梁昧先機。雌伏廛市中，猶自矜毛衣。
人共見其生，孰云死如歸。物豈異今古，德音有時違。
臨風爲爾泣，三嗅增歔欷。語君勿歔欷，廉恥風久微。

謝韓翕堂贈蠟梅　翕堂名悅醴泉人

春色隨客來，上我讀書堂。
課罷閒相對，時聞太古香。

詠蠟梅寄張鴻山

未識黃冠修到無，幾曾濯魄向冰壺。
清芬謬託梅兄弟，從此孤山總不孤。

李縣長送母夫人東歸爲詩以贈其行　名惟人

兩都嵩華互迴環，鳥使朅來祇等閒。歸路輿扶潘岳版，望雲彩炫老萊斑。
桃花弱水三千歲，楊柳春風百二關。小大從公同燕喜，願將思樂壽南山。

和任正卿毀淫詞之作　名遵義

一心萬欲苦相干，定性無如遠色難。拔去終愁山易撼，填來孰信海能乾。

穢詞竟爾狂瀾助，快意憑將一炬殘。吟罷周南開觿首，靜房琴瑟有餘歡。

詠蠶

不妨草昧起經綸，十畝桑田未是貧。
莫笑傳家唯一紙，故應散作萬家春。

和秦兆瑞　字孝先同邑三里鎮人

信是英雄自有真，可知堅白耐緇磷。
若言天定非人事，天下應無失教人。原唱有「孔孟孩提天早相，故教慈母著賢名」之句。

王銘鼎與敬祥東行代簡諸同志　銘鼎字慎齋咸寧人

相將隨地訪幽居，惆悵屋梁落月餘。多難倍憂同學少，肯來常念故人疏。
寒花晚節香難寄，瘦竹冬心捲未舒。引領西歸時極目，好音遙爲誦烹魚。

賀楊克齋先生續弦日忽報生孫之喜

先生年七十有五，所娶係瞽女，爲似續計故也。

天心福善到關西，樂得餘年問醬醯。歸妹愆期眇能視，老夫得女楊生稊。豈維盛美傳恭叔，合有家風祖仲尼。並坐含飴春正永，四知堂上看提攜。

詠垂頭白菊

多時雨露變清秋，剗地風霜萬木愁。任是鬢眉如此老，到低頭處也低頭。

生辰次日朝飲　辛酉九月二十八日

省識西鄰此哨壺，殘尊酒是夜來沽。幾回介婦催朝膳，爲趁嬌兒夢未蘇。

訓女

婦人道在伏於人，閲盡冰霜始見春。
要熟也須從此過，愛兒不患不能伸。

和敬之輔臣詠廢鐘　壬戌

風雨無端臥緑苔，支撑原自賴羣材。旋蟲未鬻鯨魚在，一扣千門萬户開。
聲洪體重質堅剛，不合陶鎔受梵王。大冶由來無棄物，元音有待發鏗鏘。

詠麥浪

野濶風涼放眼寬，茫茫陸海弄波瀾。平疇乍撼龍鱗動，大水應憐雉尾寒。
滚雪「滚雪」二字，曹魏王書，在碑林。氣仍含宿潤，落花香共捲迴湍。江湖滿地供兒戲，多少村農把釣竿。

贈韓翕堂

翕堂以富侈餘習，年將半百，一旦奮然捨去，攜二子、二孫從克齋先生受學於清麓之養一洞，三世同堂稱弟子，亦佳話也。

老著儒冠也自雄，執經父子祖孫同。

顔曾此後多遺恨，未得佳兒侍乃翁。

次韻和翕堂見答之作

絳帳春風悟後身，一堂樂事敘天倫。可知麟鳳元無種，共説英雄自有真。

一變孝侯能至道，三遷孟氏得芳鄰。祗今餘勇君休盡，分與人間悔過人。

聞曲阜雨雹爲災殃及闕里代簡同志俾各恐懼修省以謹天戒時壬戌五月三日也

天地儲正氣，吾道發光芒。配天有聖人，萬年振綱常。

神麐既騰騫，威鳳亦飛翔。尊親遍血氣，俎豆極遐荒。

矧兹海岱靈，哲人此發祥。自天申佑命，詎令異物傷。

如何壬戌歲，五月哉生明。雨雹大如拳，鄒魯罹災殃。

梧楷碎枝葉，震驚鄰宫牆。我聞道路言，詢之弗能詳。

一朝得警報，悲呼裂中腸。僉云天示警，相率問穹蒼。

我獨不謂然，惶恐汗如漿。伏陰方蠢動，蹢躅欺盛陽。

沍寒起窮谷，慘飛六月霜。大明失炎馭，鬼魅紛披猖。

震撼及本根，能無深悚惶。天心徒隱痛，積盛勢孰當。
斯文譬舟流，風濤正方羊。砥柱果何人，中立不易方。
伸手盪雲霧，乘風掃粃糠。妖氛從此息，日月宣重光。
聖林鬱佳氣，金碧瞻熒煌。休哉大道行，民物同蕃昌。
一尊自兹定，聖澤方靈長。

暑中小集慰諸同志

時有憂貧者、憂盜者，喪親、喪妻、喪子者，同病相憐，爲之一慨。惟各以義命自安，修身以俟而已。

滿眼誰爲適意人，艱難相對各含辛。蝸涎易盡方黏壁，象齒欲焚倒累身。
白傅哭兒傷晚境，子平營葬苦長貧。老夫到此復何恨，一枕新涼問夜頻。
要作乾坤奇偉人，漫同兒女泣酸辛。遭時百鍊成真隱，脱屣千金得此身。
妻尚未賢知子孝，親難追養任家貧。琴書朋好長相伴，不羨呶呶笑語頻。

兒輩種牡丹數年未嘗見花今夏久旱葉已凋瘁感而賦此

淵明兒子厭清寒，也傍東籬種牡丹。春色幾曾開絢爛，秋陽忽已怨凋殘。
莫言富貴投時易，卻是胭脂入畫難。畢竟黄花能愛我，年年晚節淡相看。

壬戌暮春尋邵君自道約亭故址在縣東十里外邵家寨因拜其墓程選臨〔一〕有詩惜別次韻酬之并簡諸友

歎息浮生著甚忙，斯人百世此流芳。
清鐘自昔傳遺響，有鐘在廟前，當時爲講約而鑄，文簡古可誦。宿草於今有瓣香。墓在村北。
未忍春風賦歸詠，那能日暮更彷徨。
千秋事業無多讓，難得韶華如許長。

友人以續娶爲言賦此應之蓋爲少婦對老夫之詞云

病翁老無妻，貧家少有女。相對兩無言，涕淚零如雨。
松蘿良有託，歲月復幾許。豈不念舊恩，空房難獨處。

〔一〕「程選臨」：壬戌本作「程升臣」。

卷二

藍田牛兆濂著　　邑門人陳敬修明初編輯

箴　銘　贊

自警箴

存爾心，安爾止。慎慮始，無祇悔。頻復厲，亦可恥。

陳午橋壽具銘　名烜煐字季溫同邑三里鎮人

數寸之木，周身之屋。以全其歸，而無不足。駒隙匪促，朽壤匪速。鬱鬱佳城，陳君則寧。

又深衣帶銘

齊手斂足，固筋骸之束。加服拖紳，三代之遺民。

手銘

一動一靜，必恭必正。當爲則爲，不可干以私。雖欲強之，孰得而強之。非禮不動，吾於是觀勇。

武梁祠畫贊

郭希仁以漢武梁祠畫搨本見示，爲題其後。

取兄子，得吾子，吾子生兮兄子死。明吾心兮如此火，心可灰兮恨不已。梁節姑姊。

伯道棄兒竟無兒，此何人兮兩全之。豈巾幗兮勝鬚眉，天道無知兮終有知。義姑姊。

人有一天，我有二天，身是婦人衹自憐。得全所親，遑恤我身，彼雍姬兮何人？京師節女。

兄弟友兮母賢明，爭取義兮舍所生。求死不死，舍生得生，匹夫匹婦，千載立名。齊繼母。

郎情若何，妾心無他，白圭之玷不可磨。請從此别，于嗟乎汨羅。魯秋潔婦。

卷三

藍田牛兆濂著　邑門人陳敬修明初編輯

序

送渭南張育生大令西歸序

宣統庚戌春，天子方圖更化、布憲令，渭宰張侯即以奏調回籍理事。論者方爲得人慶，渭之人士攀轅莫及，羣皇然如有所失。微獨渭，四方學士素仰德徽者，莫不欷歔三歎，謂：「雲巖禮教之倡，横渠後無聞焉。他日雖有作者，懼吾身不及見也，何慶爲？」然侯吾固知其不能恝然於是也，故及其未去也，復爲之廣延士友，進父老子弟於庭，舉平日所以勉望於民者殷殷誥誡，以致反復丁寧之意。聞者至爲感泣，然則謂民之無良且難化，吾不信也。今國步艱難，民不聊生，而誅求無已，爲民請命，良有司且苦於無可如何，矧其不能久任邪！少陵有言：「今盜賊未息，知民疾苦，安得如元結輩十數公，落落然參錯天下爲邦伯，萬物吐氣，天下小安可待矣。」侯之行則不能已，且爲雅什留别。一時名流屬和，併各紀所聞見，道揚休美，傳爲盛事。雖不足盡侯之梗概，然大端備矣。濂素不解音律，叨在知愛，恒以道義相箴警，情之所迫，未能忘言於其行也。躬率及門，遠送於茂陵之野，爲之賦鴻飛三章，作而曰：「西土之人，何其幸也。」

江氏音學二種序

聲音之發，原于造化之自然，古今中外至賾也。不通乎古，無以讀羣經而探性道之原；不通乎今，無以行萬國而盡事物之變。未有憒於古而可以言今、昧乎中而可以知外者也。通之必自音學始。音學者，口耳之學也。爲其學者，非口傳而耳受之，則茫然不識其所謂，非若名物、義理之可以想像得也。自譚音者，師承各異，重以南北音讀之不同，各是其所是而莫能統一，聚訟於是興焉。向非有碩學特識之通儒鉅公，出其畢生精研所得，綜羣言而折衷之，使口耳之間如方員之於規矩，平直之於準繩，截然有其一定之則而不可易，則亦何所適從哉？此濂所以有取於江氏之書，而斷然以爲音學之規矩準繩而不疑也。

江氏音學之精，亭林而後，罕有其匹，言音者多宗之。其音學辨微一書，乃其晚年手定。其論「三十六母之不可增減移易，五十聲之所以爲三十有六，三十六母必合四等之聲，而後乃備」與夫「疑喻知照各母之易混，非敷發聲之不同」靡不辨析豪芒，允足發前人所未發，俾讀者開卷瞭然，喉舌脣齒之間，不啻提之耳而命以面也。

又有四聲切韻表，字統於三十六母，既以盡天下之聲，而不眩于疑似聲。别以二百六韻，復以辨有聲之字，而不淆于音呼。自有等韻以來，未有若是其皭然明確然當者也。或者猶以過信字母病之，則亦離規矩而論方員，去準繩而議平直，非區區淺陋之所敢知也。若夫音學之源流與全書之體要，則自序備矣。濂固非解此者，頗嘗讀此二書而心好之，爲其便于淺學也。同學諸子將欲從事于斯而苦抄胥，乃謀授梓以廣其傳，爲之詳加訂正，而書其篇端。夫中土之音，其可通者，備於此矣。通乎此而後及乎其餘，雖至於無所不通可也，顧學者致力何如耳。聾聵之見，用質諸當代之爲師曠者。

呂氏禮記傳序

呂與叔先生既得請從祀，天下學者羣欣然欲睹其全書。朝廷屢下求書之詔，顧久而未有所上，則草野之蒐輯人與有責焉。大荔李勵生廣文曾事編纂，竊病其未備。而禮記之録特詳，蓋橫渠以禮教關中學者，與叔從遊最久，守其說甚固，故其學淹通諸經，而尤邃於禮。所著禮記傳十六卷，朱子刻之臨漳，其尤著者也。時關内久淪於金，全書已不可得，十六卷者，特所解之十六篇耳。今其書又不可復見，然則世之學者雖欲讀先生之書，以上窺橫渠之傳，又安所得而讀之也哉？濂幸生先生之鄉，不揣固陋，輒思踵而成之，積十餘年于兹矣。近始借得通志堂本衛氏禮記集說，則十六篇之解首尾完具，粹然成一家言。此外各篇亦間有所解，釋以義疏。及雲莊各本校之，則有減無增。據自序云「盡載程、張、呂、楊之說」，則其所删節者亦僅矣。爰集同志，竭旬月之力，繕寫成帙，雖不敢謂盡得芸閣原書之舊，譬之龍，然頭尾具而精神出，已足以上下太虛而行雲雨，一鱗一爪之有無，于全龍何加損焉？茂陵張曉山昆仲曾加是正，將以公之同好而未逮也。今春臨潼張侯因公過此，訪先生之書，慨然任剞劂費，以廣其傳。

竊謂：「橫渠固大梁人，侯之家世淵源不可知。然能傳先生之書，以倡明橫渠之學，俾窮鄉下士有志學禮者得有所取資，以爲講習據守，馴且至於天理爛熟之地，明於己以倡之人，道由此弘，教由此成，如橫渠先生之所云者，則他日秦俗之化，得不謂侯之與有力焉？是乃所以光橫渠而亢其宗也，豈獨有功呂氏已哉？」郃陽雷立夫先生復加詳校，付之手民，華州馬承休董其役。刻既竣，書其顛末如右。

張氏宗譜序

吾友果齋作宗譜成，濂商訂之餘，竊訝其體制不倫，知必有深意焉，非苟作也，叩之信然。夫聖人治天下之大經大法，具于經，詳于史，世多茫然，何也？經簡奥，史繁重，學士大夫終其身枕藉其中而不能明其義、盡其藴，窮鄉僻壤，罕或能觀其書，何責于夫婦之下愚？則欲求聖人之大經大法，以治今日之天下，必有其要。有心世道者，不能不汲汲也。今天下大勢，渙散極矣。人知有其身，而不知身之所自來，棄孝弟不務，浸至犯上作亂而禍中於天下國家，則教化不明而本原薄也。人自愛其親，因以愛親之親，尊祖故敬宗，敬宗故收族。宗子法立，而家之統緒明，倫紀正。人各親其親，然後不獨親其親，所厚者薄，而所薄者厚，德禮之悖也。宗祠有廟，萃閤族之人心，憂樂同之，死生共之，而固結於不可解，達之天下，渙小羣而成大羣無難也。

是譜也，正倫理，篤恩義，明禮教，厚風俗，自綱常名教之大，下至民生日用、飲食之細，靡不綱舉目張。孰得孰失，何去何從，燦然明備。愚夫愚婦，可語而知也，可蹈而行也。家有其書，父詔兄勉，經典大義，昭若日星。家有佳乘，而後國有信史，廟中所以有竟內之象也。此非仁孝誠敬之實苑結於中，積數十年之精勤，曷克卒成其志！閲此而不動心者，其本原蓋可知也。第以尋常譜牒觀之，淺之乎！視此作矣。

茂陵張鴻山再娶親迎藍田禮成序

列女傳載右扶風梁鴻妻事尚已，至今論者猶以爲難。吾鄉杜氏有女，擇配多年而不偶，今且長梁鴻妻三歲矣。里之人迂其父，羣相詬病，弗顧也，宴然將終身焉。無幾，微語聞于外，雖鄰比鮮識其面，予意其非常人也，以牽于俗論，不敢置可否。

吾友茂陵張子鴻山，喪偶且踰年，其嗣母耄耋待養，不可無主婦。夫夫也，固難爲之婦也。以所聞物色之而信，乃謀諸曉山先生，介媒氏禮聘焉。頃曾一造其廬，其父以舊識故，且叨在執柯，命出拜見之，體貌儀度，幽靜閒雅，殆非常比。竊自喜曰：「如此者，誠鴻妻也。」

親迎有吉日，同人謂濂不可無言。予維天地之所以立，綱常而已；綱常之所以存，廉恥而已。士之自衒，猶女之自媒，廉恥盡矣，豈復有綱常哉？然不能無天地也，故自古綱常之壞，天必生一二有恥自重之丈夫，以遯世無悶之志節，起而維持之。復憂其無助也，又早生一有恥自重十年不字之女子以擬其後，志節相高，兩美必合，非偶然也。方其幽貞自矢，沈厄于深山窮閻之中，非其偶不應，非其禮不行，世無梁鴻，則終焉已耳。而天柱地維之立，即於匹夫匹婦焉寄之何？則其人之足以見重於天地間者，即以樹名教之大防，而烜赫者或遠遜焉，則廉恥之所全者大也。孔子曰：「我待賈者也。」歸妹之象曰：「愆期之志，有待而行也」。詩曰：「人涉卬否，卬須我友。」蓋言待也。

吾聞孟光于梁鴻爲同郡，茂陵漢隸右扶風，今隸西安，藍田亦同郡也。鴻夫婦曾遯迹霸陵山中，誦書彈琴，安貧樂道，所在敬而慕之。而鄉賢與叔先生亦遠婚扶風，爲天祺張子婿，絲蘿之託，有自來矣。鴻山昆弟以横渠世胄，任道果毅，闇然爲己，將終身焉。以濂爲三呂鄉人，辱與下交，勉望之厚，有逾骨肉，雖自知力有未逮，刻弗敢忘也。恒以山川遠隔，會晤不時爲憾，此邦學者亦咸抱此耿耿也。今幸託婚媾，藉縶維以永朝夕，其庶幾乎謂非天作之合，以幸吾道不可也！鴻之得妻，孟光良足賀。從兹霸陵山中獲瞻齊眉風範，長此聞高賢琴書聲，固藍人數世之福也。竊爲吾學賀矣。

清麓叢書序

宰天地萬物而終始之者，道也。順之則治，逆之則亂，非聖人不能盡之，非幾於聖者不足以知之。三代上，有孔子集羣聖之大成，刪定六經以垂教萬世，而堯舜以來相傳之道明。三代下，有朱子集羣賢之大成，闡明經義，俾孔子之道如日月中天，而百家紛紛之論熄。故言道而不衷諸孔子，亂道也；言孔子之道而求異於朱子，妄言也。學者欲求孔子之道，舍朱子之書何以哉？顧其書之得也不易，則其道之傳也不廣，此先師清麓先生所以有洛、閩學派各書之刻，而傳經堂板本所由風行海内也。（朱子外，周、程、張子、許、薛、胡、陸各書略備。及門劉君東初任刊。）亡何而先師即世，板片之鍵閉於劉氏者且廿有餘年，道之不明也，異説蜂起，方且舉綱常名教之大防決而去之，以便其計功謀利之私。今其敝已甚，則其説以窮，而綱常名教之在人心者，終不可得而泯也。有識之士必將深求夫大中至正之歸，此殆吾夫子之道與吾朱子之書否極而亨之機乎？而劉氏之藏以出，好義諸君復樂爲資助以趣其印行，丙辰冬，劉氏介劉吉六同舉以所刻各板捐存精舍，約以二千金爲酬。濂難之，乃謀諸楊克齋先生，先稱貸歸之。時乃婿賀君景迂即認捐五百金，餘所貸則劉樂山君實任之，事賴以濟。嗣韓君翕堂亦捐如賀君之數，郭君希仁、劉生守中又賫來陳督捐款千金，償所貸適足。三原李令翰亭爲籌開印費七百五十金，張生雅健以舌耕所得捐十金爲助，亦不容沒其美，例得備書。）是大有功於名教也！此外先師所訂如柏經正、劉述荊等各刻，亦皆借取以來，彙爲叢書而分布行之，可謂洋洋大觀矣。

濂垂老無聞，慨大道之將廢，自恨無一援手之力，斯役也幸得及身見之，惟有藉簡册之流布，代筆舌之所傳，用紹我先師之志。俾薄海内外人人得聞孔、孟、程、朱之言，義理薰聒，久久成爲風氣，安在無聰明睿智者出乎其間，有以統一環球之學説，則世道人心得所賴以取正，而大道之行或庶幾一遇之也！斯則所厚望於讀此書者爾。

秦關先生拾遺録序

藍田，蕢爾邑，自開關至於有明，賢聖之生，光史册而係道統者，踵相接也。横渠倡道關中，而呂氏昆季實纘緒而光大之，故少墟關學編中，即次三呂於二張之後。於戲，盛矣！然華渚發祥，肇孕皇羲，實開千古文字道術之祖，則所以爲之前也。故豐川之續關學，即託始於伏羲，至於爲之後者，雖不必絶無其人，而獨以秦關先生爲最，故少墟編中即以先生終焉。要之，皆藍產也。先生學本涇野，然涇野沒時，先生年十四五。少墟所爲傳稱其「幼承庭訓，七八歲即知學」，而不言受學涇野。及序其著述，則以文簡公粹言及飛泉公語録列於前，見先生學問淵源所自。其曰：「先師遺訓，先君遺訓，先生所自命也。」此時文簡不別以姓氏，其爲涇野無疑矣。先生以近道之資，稟父、師淵源之正，加以篤信好學之力，又不憚往來跋涉數千里，取正當代有道之士，務使吾道吾學瞭然，無絲毫疑似留於心目之間，足以淆吾知而疑吾行也。時先生年已六十餘矣，比其返也，踰年而卒，殆所謂終其身於學問之中，而不知老之將至者歟！少墟稱：「其學以盡性無欲爲宗，近裏著己，甘貧苦節」。又曰：「篤信好學，見徹本原，非沾沾務一節一善以成名者」。二曲稱其「學足以明道，才足以應世。粹德卓品，朝野欽仰，光重史册，彪炳無窮。洵哉！爲關學之後勁矣」。惜其著述散佚，莫可蒐輯，邑乘所載，僅具一文一詩，他無考也。余忝生先生之鄉，有志訪求，輒以見聞太狹，竟不克與於識小之列，以爲徵文考獻之資，余滋忸焉。比者及門陳生敬修，取先儒集中有及先生者，彙爲一册，名曰拾遺録，抱殘守缺，用力亦綦勤矣。余嘉其志，爲書簡端而詔之曰：「先生沒，而吾邑之與於關學者，三百年來無一人焉。關學之統遂終於先生矣乎！吾與若獨非藍人歟！」先生之言曰：「居鄉而不能善俗，如先正和叔何？」吾亦曰：「使關學由吾身而絶，如先生何？」尚其以先生之心爲心，而勉進於吾學，以無爲鄉先正先賢羞焉，則山川與有榮矣，此吾與若所當共勉者耳。」

梁艮齋先生文鈔序

文所以載道也。深於道者，言亦道，行亦道，無求異於人之心以自見，無求悦於人之心以自容，其於文詞，不屑屑爲也。彼固以其文也而略之，人遂以其不文也而薄之。「布帛之文，菽粟之味，知德者希，孰識其貴？」朱子所爲致慨也。艮齋先生崛起崤函，師法芮城，上溯伊、洛之傳，以倡明孔、孟之道，謂聖人必可至，三代必可復。其學自心術隱微之地，以至於人倫日用之間，務絕乎人欲之私，一歸於天理之正，久之而教成於家鄉，其量且將甄陶乎一世。初未嘗有意爲文也，而精純之詣，中正之則，艱苦之功，遠大之規，將之以懇惻之誠，寬宏之量，謙遜之懷，和藹之氣，剛毅之力，凡所論著設施見諸篇章，無非斯道之流露，而深得乎古聖賢之用心。即偶爾涉筆，亦必有關名教，而不爲無益之浮詞。意之所至，不得已而後有文，意盡則詘然而止。伊川擊壤，半雜方言，長慶感時，不避俗韻，無所爲體格，並無所爲法律也。

後之人重其人，爭欲得所爲文而讀之，但覺有德之言親切有味，無不切人身救人病者。尤愛其言近指遠，俾有志聖學者一寓目而得所從入也。

先生平生惓惓，無一念不在民物。慨正學不明，外患日逼，嘗欲集會同人，本橫渠井田、學校遺意，爲存道存身之計，篇中蓋三致意焉。今學派愈雜，生民之禍愈迫，先生之言，乃益信爲救時之良藥。則斯集之傳，其所係於世道人心也，豈淺鮮哉？因書簡端，以質當代知言之君子。

藍田呂氏遺書輯略序

自羲、文作易，姬公定禮，天下之文明，肇於秦雍。於戲，盛矣！橫渠張子崛起於千五百年之後，關中學者興行於禮教，而呂氏兄弟競爽一門，則盛之尤盛者也。其學行光昭史册，在人耳目，無煩贅敘。而鄉約一編，則晉伯與和叔居鄉善俗之所爲，歷代著爲令甲，爲論治者所不廢。與叔篤信橫渠，尤邃於禮，而禮記之傳，言禮者宗之，故在程門有三呂之稱。與叔且與游、楊、上蔡並與於盛德，百世之祀尤表表也。汲公雖無講學之名，而元祐相業，與忠宣並著，其賢亦未易幾及，則微特桑梓河華之光，而懋德大業且與乾坤不朽，此論世知人之士所由汲汲焉，欲讀其書而想見其人也。惜乎南渡以往，地淪金源，簡册流傳，百無一二。生斯土者，雖有志蒐葺，而方隅所限，見聞所窮，孄陋逡巡，故久而未就。繼而思之，九仞之崇，基於一簣，欲繼起者之踵事增華而莫爲之前，則前之者之過也。茲輒不自揣，謹即見聞所及，竊附於抱殘守闕之義，凡片語俾讀者單詞，悉歸著録。四先生之言，各自爲編，次其先後，名以輯略。至其立說，偶有未盡，則併附朱子之論，以爲折中。俾讀者愛其大醇，而不迷於小疵。蓋義理所在，必求至當，固不嫌於明辨也。極知譾陋不足，當高明之一哂。庶窮鄉晚出，藉以識鄉賢之梗概，因是而自奮厲焉，以爲入德先路至導。安在關學墜緒不於是復振，而圖書之奥、禮教之隆，不再昌明於今日之天下，固區區之望也！若夫推廣增益，糾謬訂訛，以匡我不逮，則俟諸好古君子。

卷四

書答

上邑侯周

藍田牛兆濂著　邑門人陳敬修明初編輯

昨承明諭，宣布中丞德意，且憲檄嚴切，飭剋日赴轅聽考。捧讀之下，仰見大中丞雅意憐才，真如飢渴、性命之不可須臾待。不知何人謬以區區姓名，上塵老父母之聽，且以達大中丞之前。當此新政伊始，汲汲於正風俗、得人材之時，直若駿骨之求，先自隗始。三輔之士，孰不爭自淬厲，願佐下風，以仰副大中丞樂育作興之至意。關學之興，方爲吾秦民幸，而非獨秦民之幸也。然非常之舉，必得非常之人，始足以當之無愧。而所感者亦遠且速，獨惜乎濂之非其人也。前伏讀科場條例，聖恩高厚，俾濂得遂其烏鳥之私，且得以侍疾餘閒，誦習遺經，以力求其所未逮，所謂愛養曲成乎不肖者，洵可謂仁之至、義之盡矣。然開卷之際，輒覺罅漏百出，於聖賢典訓無一字可以自信。每一循省，直覺無地自容，方刻刻有不可爲人、不可爲子之懼。此而有愧，他何可言？況濂素寡學術，又艱於文字，奉諱以來，益復荒廢，實不敢自欺欺人以上辜盛德，不待面試而底裏洞見，既無以應大中丞特達之知，反以累老父母知人之明，亦大非區區之所敢出。萬祈矜其愚昧，轉懇大中丞既垂憐迂拙，加意栽培，尚須寬之歲月，俾得肆力於聖賢之訓，以庶幾寡過，或終不失爲純謹之民，以無梗聖朝之清化，則中丞之賜，皆父母之力也，斯幸矣！

再答升中丞書

前稟懇辭，雖未盡鄙意，而愚陋之底裏，固已盡情畢見。謂必深蒙垂察，重荷曲成，乃者仍未矜諒。瑤函再賁，禮意加厚，獎借逾恒，捧讀未竟，已令濂俯首至地，愧赧無已，而歎姬公吐握下士之風真不可及。然所惜者，前稟草草，殊未詳盡。以致憲臺愛濂雖深，而知濂未的。知之未的，則愛之雖深，而未能免於有所未盡也。願少垂視聽，使濂得畢其詞。濂鄙人也，幼攻舉子業，初不知聖賢爲己之學爲何事，鄉薦後，乃一叩復齋賀先生之門，稍聆緒論，承教僅半日，匆匆辭去，不及再謁，而先生已下世。謹遵遺教，讀近思録，既而仍覺恍惚，遂中輟，改讀小學。十數年中，疊更憂患，摧殘益甚。小學之讀，作止無常，年來粗已成誦。雖於日用灑掃等事略知檢點，然精神不貫，廢弛已多。至朱子當日所以編輯之精意，則猶未窺測於萬一。居恒閉門養拙，惟以此書自課，有來學者，亦使之從事於斯，以習爲子弟之事。此外諸經，未及講習，即不敢自昧，以其所未習者教人。方欲本朱子分年讀書之意，以次誦習各經，今尚未遑，而退藏不密已爲虚名所累，上誤憲臺禮賢下士之誠。未及審其淺深，遽相責以大賢以上之事，使之頓失故步，莫獲卒其未就之業，且以摧方長之萌芽，代大匠斫，鮮不傷手。將愛之，實害之。害於己，仍無濟於人，良可惜也。朱子嘗謂：「此學不明，天下事決無可爲之理。」方今中外多故，正當以講明程、朱，爲正人心、勵風俗之大要。濂雖無似，顧亦頗嘗有意於斯。幸蒙鈞慈提倡，登高一呼，應者必衆，世運之轉，將拭目可俟。濂何敢妄自尊大，襲三辭受命之常例？又何敢固執不通，而爲長往過中之行？惟此心自知甚審，自信已深，雖大人有命，未敢輒違，而循省再四，決不能以未信之身冒昧一出。況關中夙稱才藪，如南豐所謂「蓄道德而能文章者，正不乏人。」何難別加采擇，以副斯盛舉？如濂者雖僻處山隅，亦樂得瞻仰下風，以庶幾薰德善良而小有所就，則受賜多多矣。不避譴責，用敢固辭，萬維矜察，濂不勝幸甚。

辭經濟特科書

頃奉明諭并齎到撫憲札飭，以濂濫廛薦剡，恭應特科。濂聞之且驚且愧，靡識所措。竊維國家當需材之日，激勵奮發，下旁求之詔，凡有血氣，宜如何感激圖報，以冀少補萬一。雖至愚陋，無所肖似如濂者，沐浴清化二百餘年，亦具有天良，頗嘗讀書，略識忠、孝之字，自少以科名進身，繼復叨承恩命，捧讀詔書，未嘗不感慨泣下，恨學無實得，不能以犬馬微生爲國家効涓埃也。

然竊詳諭旨所謂「志慮忠純，規模宏遠，學問淹通，洞達時務」，則此次特科，決非向來鴻博、孝廉各科，凡一材一藝，許上公車者可比。謂宜慎選真材，恭應鉅典，不意誤采虛聲，下逮庸愚，未及詳察，遽列薦牘。此自出於憲臺好士之誠，大臣以人事君之義，然區區於此則正有萬難承命者。不盡之忱，用敢私於左右。

伏念濂以愚下之資，少攻舉業，未及潛心經史。經濟之書，復以材非所長，未敢旁涉。近始略知讀書，然以心氣耗損，艱於記誦，加之人事牽絆，作輟不時，雖稍知祈嚮程、朱，亦不過略涉先儒之緒論，實未有一知半解發明經旨可以見諸行事。萬一臨軒召對，不惟修攘大計不敢輒贊一詞，即詢以道學源流，亦恐有迷亂失次，不能舉其彷彿者。濂實不敢自昧以冒九重特達之知，累憲臺知人之明，重爲父母之邦之羞。又況濂賦氣薄弱，涉秋數月，一病顛連，屢瀕危殆，近雖少瘥，仍自不敢移動。爾後嚴寒漸逼，風雪關山，愈難支拄，年終取齊之期必不能赴。尋思數四，惟有據實陳請，伏祈仁慈曲加矜察，特賜轉詳。恃憲臺知愛之厚，必能恕其愚妄，加意保全，免其咨送赴部，俾濂得以未信之身，少寬歲月，勉強學問，庶他日或不無寸進，足備朝廷驅使。則所以報知己者，當在此而不在彼，而世俗之感恩，又不足言矣。

與賀稚雲　名象賢渭南人

鐵鑪一别，瞬息五稔。拙性疏慵，久闊音問，同心之感，固不在文字間也，比維侍旁善養、德業精進爲祝。兹者下邑人士，以師承無自，咸欲得尊兄以爲宗仰，乃猶遜謝弗遑，沖懷謙德，令人傾倒。然以善及人，君子之心，致敬盡禮，義原可就，況咫尺衡茅，朋從之樂，想亦尊兄所有意也。萬維不棄，勉爲吾道一出，開聖學門庭，作將來種子，藍雖荒陋，安見芸閣、秦關遺烈不於尊兄一振之耶？肅此勸駕，即候道安，諸維心照不宣。

答升中丞

頃承觀察毓公肅將德意辱禮衡茅，殷勤之加進而靡已。以濂愚陋，顧何以得此於左右？豈其輒不自量，冒昧拜登，繼聞鈞諭諄切，決不强以所難，仰見體恤迂拙，所以委曲保全者，可謂天高地厚。又聞各大憲同心一志，力尊程、朱，實事求是，正學之明，將拭目可俟。維憲臺宏此遠圖，終始一意，如程子所謂「以聖人之訓爲可必信，以先王之治爲可必行。不狃滯於近規，不遷惑於衆口」。朱子所謂「上不敢鄙其君，以爲不足與言仁義；下不敢愚其民，以爲不足以興教化；中不敢薄其士大夫，以爲不足共成事功」。如濂者，雖末學淺識，無所肖似，然以夙所有志，敢不勉竭疲鈍，敬承下風，以期少補尺寸。伏冀垂憐檮昧，不吝鐫誨，更能俯鑒愚悃，不罪迂執，俾濂得以一得之愚，從容自効，不使少有得罪程、朱，以上辜憲臺力扶正學之雅意，則豈惟濂實幸，將天下咸倚賴之。

與邑侯周

再承諭拜謝中丞薦舉一節，深荷至意。第商之朋友間，多不謂然。故前於端、升〔二〕帥之薦，亦不敢以一字輒達。昔朱子與魏元履書云：「謝諸公書已有定論。頃見伊川集中謝韓康公啓，乃是除講官後方謝之。吳憲既得書，卻難不答。且答其書，因謝其意，似無不可。但諸公無書來者，則未須爾。」呂新吾先生奉薦主書云：「昔有一士，嘉其鄰婦之節，請旌之。一夕，婦叩門曰：『感君大惠，願以身報。』士叱之曰：『旌以表節，今若此，節何在乎？』」然則某之不謝相公者，正所以謝相公也。由朱子之說，則以書致謝，尚須施當其可，而初無往拜之文。由呂氏之說，則又恐爲知己所賤，而重得罪。區區之愚，竊守此義，不敢隕越，非故爲戾俗以自高也。中丞學識德政，卓乎古人，幸蒙垂青，決不至以流俗相責，仁慈晉謁之便，或可婉達此意，恃知愛之厚，必相諒也。

答梁巍卿先生

濂自渭濱趨侍，獲承至訓，而匆匆南還，深以未得少坐春風爲憾。然祈嚮之私，固不敢頃刻忘也。茲復猥蒙不棄，瑤函遠賁，誘掖後進，勤懇無已之沖懷，不啻出諸其口。仁齋先生不可得而見，於先生亦可得其概矣。濂以孱軀，又乖調養，不能多誦遍數，兼以不耐苦思，於靈峽遺矩不能勉率萬一，自暴自棄之愆，知無所解於大君子之前。然於熟讀精思之訓，則確然信之不疑。此朱子深有味於橫渠甘苦之言，而三先生奉之爲規矩準繩者也。蓋不獨維持此心，而義理之浸灌涵濡，將有

〔二〕「端」「升」：原作「端」「午」，依文意，當指陝西巡撫端方與陝甘總督升允，故據改。

淪浹於不自知者，而居敬窮理，交得其用，其於反身不難矣。若信此不及，縱有所得，亦伊川所謂：「終不浹洽者，亦何足與論於斯道之傳哉？」愚見如此，敢以質之函丈，願先生有以幸教之也。

覆白五齋先生

奉讀賜誨，欣悉弥節甘南，福星載路，忭頌奚如。濂久違提命，年逾四十而愚陋如故，正呂與叔所謂「血氣盈而將衰，好惡習而成性」。故無聞者不足畏，見惡者至於終。每一循省，愧悔交并，殊不堪質諸函丈，不謂制憲何以相信至此。此殆過信愛我者益美之言，而不知身受者之汗顔無地也。益初九之象曰：「元吉，无咎，下不厚事也。」程子傳曰：「在下者，本不當處厚事。厚事，重大之事也。以爲在上所任，所以當大事，必能濟大事而致元吉，乃爲无咎。則在上者任之爲得人，己當之爲勝任。不然，上下皆有咎也。」知弟莫若師，濂之勝任與否，吾師豈未深知？而誨諭云云，殆以憂國情迫，憐材念切，如聖人之以仕使漆雕氏，而不暇計其能信與否也。濂前在師範，曾以迂謬不職，累及擧主，至爲言路所劾，「負且乘，致寇至」，不虛也。特科之薦，猶曰此科目耳。今則明詔求賢，濂何人，斯曾不自量，乃侈然自附于羣賢之後，而曰「吾爲時出，將以濟時」，其誰信之！濂聞命之日，寢不安席，食不甘味，服念五六，日夜併商之朋友，均不以躁進爲然。維我師矜其愚執，加意保全，併爲婉懇制憲，代申謝悃，俾濂獲免於敦遣，庶幾以農畝餘閒，勉卒未竟之業，或他日不無寸進，足備芻蕘采擇，則所以陶成愛養乎！不肖者乃於是爲至大，而無言之桃李，亦或不負披拂於春風矣。

與存古高太常辭館書

濂之來也，何爲來？爲存古來，實爲先生來也。濂之去也，何爲去？爲存古去，非爲濂去也。先生爲存古求濂，則濂不敢不爲先生出。濂出而不能萬一有補於先生，則濂實無以爲先生地。先生爲存古留濂，則濂不敢不爲存古留，濂留而仍不能絲毫有補於存古，則先生其何以爲濂地？主存古者先生，而非獨先生也，去存古者濂，而不始於濂也。向何爲而來，今果何爲而去。昔者所進，今日不知其亡，先生應亦悔，始計之不審而代爲濂悔矣。「臣與崔浩實同史事，死生榮辱義無獨殊。」吾人出處去就一準於義，自審已定，一言可決。先生善自寶重，濂自此去矣，奉教有日，臨稟無任悚息。

與梁艮齋先生

濂學不得力，以致目疾，綿延至今，迄未脫洒。兩年以來，不能看書作字，百凡曠廢，幾乎禪定之所爲，殊悶人也。而虛聲所誤，又來存古一番牽擾，攘臂下車，徒令馮婦笑人。粵以五月十三日力疾西行，至六月杪，輒以高老病久而下情隔閡，宵小得施其播弄，以致所事不終。蓋吾輩原不便渠之所爲，特無隙可乘，躊躅之乎，無日或忘也。間與鴻山退而自訟，以爲自是。各人德薄才疏，不能如明道，所至便能薰蒸動人。伊川說「幹母之蠱」一條，云「若伸己剛陽之道，遽然矯拂則傷恩，所害大矣。從容將順，豈無道乎？」讀之殊深，驚省不咎，自家處得未盡，而徒令人慨然於直道之難行，兼使高老本以力扶正學之苦衷，轉無所逃於不信仁賢之清議，濂之罪於是爲大矣。持卿遠來，愧無絲毫補助，徒費脚力，此則濂之無面目以見先生者。尚冀及時加勉，使失之東隅者，猶可收之桑榆，則濂之罪或可稍寬耳。前聞與渭南張公書有「不爲關中大儒所許」之語，濂大爲駭異，不知此語何自而來，其殆望道未見而爲是擬議之詞耶？抑果有所見而云然耶？以愚見測之，先生之學之正、守之嚴，自遜卿、季誠兩先生而外，不惟關中儒者罕與倫比，茫茫四海，同調幾人？竊謂世特患無大儒耳，若有之，將不先生之許而誰許？不然將不得爲儒，尚何大之足云？德修謗興，自古已然，多口之憎，固無加損於日月也。

與陳午橋

治家只是正倫理、篤恩誼二者而已。約之，則恩、義二字是也。正倫理是正其事，然恩誼不篤，無以深結其心，則言不能入。雖言不信，然自己又自信太過，以爲我本是好意，全是爲你把多少苦心，反不能見諒於人，心中便有許多不好過處。就是自家吃虧，到底於人無益，於事無益，既然到得決裂。須是暫緩一著，事過氣平，自家受些委曲，多方調和，漸漸情意浹洽，便是生意流行，造化發生之機，乃可相時爲之。蓋誠積到極處，如水之盈科後進，著一分急迫心，便都壞卻。

致教育總會書

魯齋一案，聞已移貴會秉公核議，濂復何言？然聞之道路，謂「諸公以商學爲吾省缺點，將以此地改立，以息爭端」等語。傳聞虛實固不可知，萬一所議果不出此，則濂將有不能已於言者，而於此有深惜焉。非爲此地惜，爲吾秦惜，爲諸公惜也。我中邦大局危迫，事事讓戰勝於他人，吾秦更無論已。推原其故，無不歸咎於我國之無人格焉。孔、孟、程、朱之學，所以正人心而立人格之本也。然則欲自立於列強競爭之世界，使人人有國民資格，非講明聖學，其又何道之從？吾省許多要政，無一不待舉於有格之人，而孔、孟、程、朱之學則言之者蓋寡矣。諸君子感懷時事，久熱心於學戰勝人，幸有此正學一綫之綿延，則今此雖無可指數之人，倘餼羊尚存，關、隴、河、華之間，安知無高人奇士聞風興起！則吾秦不爲無人，今日諸公之保全爲不虛矣，數椽之屋於全秦何加損焉？商學雖闕〔一〕輕重，尚不爭此。而爲人材盛衰、國勢強弱之所重繫，此不能不

〔一〕「闕」：據文意，疑當作「關」。

爲吾陝惜也。

黄公，楚人也，倡此義舉以造福秦人，一旦而爲秦人破壞之，黄公之心力盡矣，即受寄託於黄公者之心力亦盡矣。至此而無能爲役，亦天也，命也，不足惜也。黄公來函，亦有不令濂爭論之語，其視吾秦人爲何等，亦足愧矣！所最可惜者，佛、老、回、祆之教堂充塞宇宙，省垣之大，何所不容？而獨不使孔、孟、程、朱之緒論留咫尺地以爲講習，亦主持名教者之恥也！諸君子以教育領袖全秦，而先正講學之地竟不獲保存於一言，將平日力扶孔教之熱誠，轉末由共白於天下後世，況此案既歸裁判，則曲直須有定論，庶足以昭公允而饜人心。若第以充公了之，非所望於文明裁判之大君子也。此事雖小題目，卻極正大。濂雖爭之不得，然爭所當爭，得失非所論也。惟爲此小事，而諸公名譽攸關，此濂之所以極陳詳論而不能不爲諸公惜也。

濂末學迂儒，於高賢無一日之雅，所以不辭唐突，冒昧瀆陳者，誠以天下公理，非一家私議，又拘墟之見，藉以就正於有道之前。倘蒙不棄而惠教焉，則百朋之錫，勝廣廈千萬間矣。

與楊克齋先生

春間子發辱過，藉稔道履安和，深以爲慰。即浼曉山作書奉報，爲渭陽之行，輒以雨阻，未得瞻仰德容，飫聆至論，曷禁忉怛。頃子發書來，知損齋尊翁先生祠宇興功有日，西南學者聞之，無不奮然興起而歎，堂構似續之有人，爲三先生中所僅見也。阮囊所傾，不足言助，聊志景仰。已浼子發轉呈，伏維莞納爲幸。濂自象峯歸，搜輯呂氏著述，所恨藏書無幾，見聞太狹，除二程遺書、言行録、朱子遺書所録不多外，僅從通志堂衛氏禮記集說中搜得芸閣禮記十六篇，頗具首尾，朱子臨漳所刊，尚能想見彷彿。此外各篇論著不多，亦並録入。止此一種，并精義所采，論、孟之解，都爲六鉅册，現已繕寫成帙。鄙意欲將禮記解内數處元書注明者如宗子議、策問之類。采入文集，又有雖未注明而文體不類者，如中庸篇目下一段議論，明是講義之體。亦擬抄入文集。其十六篇外，有類答問者，以有經文可附，未便別録，故仍其舊。欽定及陳氏集説所引爲此中所無者，不過片語單詞，併附入焉。欽定周易、毛詩有數條，亦附其後。考古圖有傳本，能代覓否？鄉約王康僖公刻之，宏道書院頃始得之。此外有可以搜訪者，祈即垂示。或轉借不便，專人往抄亦無不可。濂目疾綿延，將及三年，現始略可批閱簡册，仍不能久視細字、作小楷書。然回憶前年，卻不意尚有今日，亦天幸也。

與畢士衡　字遂庵同邑三里鎮人

我廿一日自馬額過高陵，謁悟齋先生。次早與敬修分路，令其至省一行。我午後至清麓，張西軒〔二〕亦在此。學友十八九人，講讀之樂，恨不與吾友共之也。敬修頃亦到此，魯齋事尚未妥貼，須再令一往。當此之時，能有人在此地講此事，真是絕無僅有，天地之心亦當默許耳。賢刻下功夫如何，能不間斷則善矣。山兒能受教否？今番來此，似有發憤意思，不知能體我心否？尚須按課督責，勿任其一向隨意，則所切盼耳。儀禮讀久，分外有味，自然見得天理之節文，心有入處，便能前後互相發明。靜則明生，熟則生巧，夫仁亦在乎熟之而已。近得謝疊山先生卻聘書，累千萬言，較史忠正書尤爲愷切動人，歸日當相示也。予髮已梳上，不日深衣成，即與道士服不甚異，且試爲之，看到何時説何時話。人特患無志，志一定，任如何磕碰，各家自有所以處之。若稍經挫折，便自一撞百碎，此與不學何異！須是常近師友，有所嚴憚，方可切磋，方可免於墜墮耳。

〔二〕「西軒」：壬戌本作「景遇」。

示長子清淵

不得乎親，不可以爲人；不順乎親，不可以爲子。平日講多大學問，祇這一步便做不到，更講甚麼中庸！説思事親，不可以不知人。夫天性之親，吾盡吾心，何藉於人？而以爲非此不可，何哉？要知人之一生，德業成否，全視其所與友者。近華州汪平兒聽張書常講「舜往于田」章，便大感動，卒爲孝子。向使不遇此人，則終於悖逆，不齒於人類，尚何望有轉移之一日哉？自天子以至於庶人，未有不需友以成者，惟聖人知朋友之取益爲多，故樂得朋友之來，正爲此也。君子之自處也，入則孝，出則弟，守先王之道，以待後之學者。故其居是國也，其子弟從之，則孝弟忠信。朋友講習，更莫如「相觀而善」工夫多。「居移氣，養移體」。芝蘭之室，鮑魚之肆，其變化有莫知其然而然者矣。子弟寧可終歲不讀書，不可一日近小人。此要語也，記之。

示仲子清謐

前諄諄囑汝學禮者，一則我家係詩禮之家，人人便以此責備你，凡事取法你，有疑便質問於你。若不認真講求，不惟惹人笑，自家也一步行不去。其實這禮是人生日用，無一時、無一處、無一人、無一事可以離得他底。有禮則安，無禮則危；有禮則生，無禮則死。詩曰：「相鼠有體，人而無禮。人而無禮，胡不遄死。」夫無禮者多矣，何嘗人人皆死？要知人之所以異於禽獸者，祇在這些子。曲禮曰：「使人以有禮，知自別於禽獸。」又曰：「夫人而無禮，雖能言，不亦禽獸之心乎！」雖然面目猶存，實則衣冠禽獸。是生亦死也，而反不如死之爲安，何者？不虧體，不辱親也。況而今綱常掃地，正禮教昌明之幾，及今不學，到了用著時節，便來不及矣。

答郭海環　名葆堃河南盧氏人

吾輩平日讀書立志，自命何如！及至小有利害，未免脚忙手亂，究竟與不學者何以異？伊、吕、夷、齊，各有身分，各有地步，在各人自審擇耳。此事原不限定一格，在「淵」之所以言「或」也，救得一分是一分。聖人之心何嘗一日而忘天下，然至立不住脚時，也只有見幾一法，此則雖聖人亦末可如何耳。天地賢人，閉隱同之，碩果僅存，未必非天心所重賴也。濂藏身不密，致爲虚名所誤，日夜悚懼，令終爲幸。前路茫茫，靜以聽之，他無足道也。

與梁艮齋先生

薛、韓二生來，驚聞貴鄉土豪蹂躪，視秦中爲甚，不勝扼腕。又聞杖履違和，則道消時氣運之常，有心同慨，無足怪也。維冀爲道珍攝，以幸吾黨，是所切禱。濂苟存視息，蹙蹙靡騁，日夜危悚，恒以未盡之身不克自免，爲小人之歸是懼。亂離以來，讀書迄無常課，居當孔道，支應紛擾，輒爲撓亂，志之不立，以致一撞百碎，此誠不堪自問，況敢質諸函丈耶！若天假之緣，獲乘間偕鴻山跋涉東來，向洛中坐風一月，於願足矣，未知彼蒼作何位置也？方亂之始，江河日下，天心悔禍，殆未有期，自分薄弱，生何益於時？而虚名所誤，適足爲焚身之象。常欲僻處山谷，草衣木食，留讀書種子，而勢不可得，尚絅之訓，每一循省，不覺汗之浹於背也。儉德避難，身否道亨，俟命而已，夫復何云？此間一切，二君自能言之。

與陳敬修

吳先生過此，少息即去。曾言及圖書館事，當此財匱民貧，諸凡籌措，實非易易。似無庸先此不急之務，應俟大致規模粗有端緒，然後議此，方爲次第得宜。若專爲位置，老拙起見，則孤雲野鶴上下於九萬里中，未必不足以點綴太虛。何必置之博物院中，使之俛首垂翼，然後乃爲愛鶴？然後此鶴乃爲得其所也？省中酷暑，灝累年住此輒病，刻下收麥正忙，租課猝不能催取。日來目昏酸痛，尚須靜養，如必不得已，須秋涼後再徐議耳。請先致此意於希仁，兼告劉生，爲我從旁說方便也。

答某書

頃讀來教，譬以大義，愛我之厚，有逾骨肉。灝雖至頑，何爲不識重輕若此。第以前晤匆匆，語未別白，或恐誤會，是以未蒙諒察，請爲左右一詳陳之。前示以爲曾見政府公文，謂將來漢裝仍須全留。梳上野人聞之，不禁舉手加額，曰：「吾乃今而得免於剔髮也，吾乃今而得終爲漢人也。」是以令下之日，灝即不敢再垂髮辮，並不敢剔去四匝。揆之經義，從周也，非違衆也；復漢也，非反古也。至云先行剪去，俟再長再行梳上，則予髮種種，刻下已不勝簪，今一截去，決難再長，他日漢裝令下，何由得此副急之髮？是終不得爲漢人也。漢人之別於滿洲及東西洋者，祇爭此毫髮。一髮至微也，而爲中國禮俗之所係，即漢人種族之所係，此灝之所不能無疑者一也。

各國皆有其國教，統各國言之而宗教之名以立。我中國聖教，上自羲、軒，下洎孔、孟，參贊天地，綱紀古今，大中至正，無上無對，本不當以宗教名也，然自宗教家視之，則一宗教也。自我之別於各宗教言之，則亦不得不謂之宗教也。各國政與教分，而教之存者且推而愈廣；我國政與教合，而教之存者名存實亡。且併其名之存者而幾乎息，則大倡禮教，不能無望於愛國之大君子也。然倡之以言，孰如倡之以身？存其精神，勢不能去其形式。形式者何？服裝是也。聖教自孔、孟以來，至於明末，千有餘年，服裝未之改也。改之，則自有清始。明季諸遺老抵死不肯剔髮，雖其傷心故國，亦以痛心孔教也。前讀臨時總統各文告，切切以復漢爲言。竊謂漢族之存否，視乎孔教。欲存漢族，先保孔教。欲保孔教，勢不能不標宗教之名，組織一班人材，使之誦法先王，保存國粹，略仿中國向來僧、道及日本舊黨之例，聽其自守家法，服裝由舊，與現行服裝並行不悖。一以繫人民愛國之心，一以起後賢好古之意，庶幾名教綱常賴以不墜，黄帝子孫不至淪於夷狄。若先自變服裝，則是白龍魚服，已先失其所以倡教之具。此區區之素志，欲藉一髮以繫千鈞所不能無疑者，又其一也。

或曰：「各國宗教均在政治統一範圍之內，今乃獨異，何也？」曰：「髮之有無，何害於政治之統一？道教歷有清二百餘年，至今猶許其自由，何也？更何論於日國之舊黨也？」曰：「子以漢裝爲存孔教，則凡不爲漢裝者，將不得爲孔教歟？」曰：「非敢謂時裝之不爲孔教也，正謂孔教之不必盡爲時裝耳。存古者自存古，維新者自維新，聖教之大，如天地之何所不容？鄙意欲爲孔教中備此一格，以繫碩果餼羊之意，非如二氏之拘定一格，則聖教之異於他宗教者然也。」

總之，民國成立之日，實政黨發生之時，故一切黨派不厭其多，其相反之處無非相成之處，督帥之言，識何卓也。濂之狂愚，浮慕道學之名，輒不自量，欲將此問題上之臨時政府，爲吾國効毫髮之贊助。倘蒙采納，則中華幸甚，吾道幸甚，雖死之日，猶生之年。如必不見允，則此心此理之同，正不妨存此論於天壤，茫茫宇宙，安知無有力者終吾志也？惟濂現時服裝出入不便，欲藉諸君子鼎力言之，督府給以護照，準其權以道服出入，則倡教之責，本吾分內，何待諸同志往復爲難？秋涼之約，定當力疾奔赴，感荷所至，固不獨一家一人之慶幸已也。

答劉元吉書　元吉字慶伯洋縣人

得書備聆苦況，厲氣方熾，凡帶幾分正氣，無不隨分數之多寡，爲受厄之重輕，勉力支勝，居易以俟。勿謂在我者無愧，即已無著力處也。時薦變禮於盤錯中，能處置悉中肯綮，非究心禮經、又臨時不肯輕易放過者，不能祈弭之解，足正注家紛紛之謬。「宗人祝」之句讀，以宰夫東上證之，不應一人，而云「東上」，以之爲適正，如違諸侯之大夫。「違之」、「之一邦」、「之三子告」等例，言諸人皆從宰夫而東上也。所擬答某書，持論切當，已傳抄遍寄同人，但仍不欲令外人見之。蓋人人尊孔、孟，則貌託孔、孟者，須嚴以辯之；人人毀孔、孟，則能言孔、孟者，當寬以收之。是真難滅，是假易消，斯道與天地相終始。吾黨勉修，其在我便是「爲天地立心」，存得種子在，春雨至，可冀發生也。

卷五

藍田牛兆濂著　邑門人陳敬修明初編輯

書答

與孫仲玉

變難以來，愈益頹廢。茫茫風雲，伊於胡底？既而思之，死生命也。伏屍遍野，生者自生；浪息風平，死者自死。人各有命，顧吾命何如耳！世之平陂，非所慮也。抑又思之，世雖萬變，死不重經，無窮之憂，庸胡爲者，順受之而已！惟讀書修行，益勵此身，爲斯世留讀書種子，萬一天心悔禍，剥極而復，不患無碩果之僅存，則區區之志諒尊兄當無少異也。

與方象堃

多年不得作官，纔一作官，卻汲汲求退。要知天下無好做底事，盤根錯節，方别利器。先輩如于清端公之在羅城，直是從萬死中拔出命來，方能立得脚住，做出他日許多事業。陸清獻公之得力於靈壽，何嘗不是如此！但做時不是說時，所謂生古人之後，論古人之失則易；居古人之位，爲古人之事則難。袁隨園言：「與其異時急於求退，何如平時緩於求進！」便宜事輕易輪不到我輩也。聞已得告慰甚然，瓜代無人，勢須多捱幾日。朱子在同安考滿，代者未至，無書看，且讀孟子，養氣章中次第，卻是爾時體認出來。可知聖賢無處無工夫，閒靜時得力尤多也。

與寇立如

甲辰一别，曠如隔世。西南風雲，倍傷離索，度此生無相見期也。頃者劉生書來，則琴鶴翩然，早已言旋梓里，天相吉人不虚矣，爲歡忭者久之。屬當臘盡，解館有期，從此走謁青門，一寫多年飢渴，慰何如乎！魯齋爲先師平生心血所在，濂自慚淺劣，負荷弗堪，以致中間多少紛紜，捱至今日，誠所謂計窮力屈才盡，不能營畫矣。拔本塞源，此其時也，而尊兄以還，天其或者將啓諸？使魯齋一日幸存，則孔、孟之教一日不滅，蒼生轉禍爲福可待也，豈維濂重負得釋之，爲足慶幸已哉！

與周某

别來志氣想益超越，必能拔出流俗煩惱之外，從小學日用處下身心細密工夫。蓋志氣一立，便是克念作聖之機。然無切實工夫繼之，少間又會放倒，所謂這一點意氣能得幾時也。近日徐觀外間講學諸賢，多是賦性聰穎，資質肫厚，於此事窺見幾分，大綱處站得脚住，又頗留心程、朱論學之書，發出議論，亦能説向深處。其實不曾向灑掃應對、存養省察中實下工夫，所以記覽雖多，文字雖精，到底祇是紙上學問，所謂説學問也。人只爲震其名位，欽其節概，服其文學，便真以爲程、朱復出，而不知其於程、朱家法固概乎未有聞也。近看清麓諸前輩文字，樸實真切，精密深至，煞是從聖學甘苦中細鍼密縷做工夫來，何等親切有味，並脱去文字之迹，直是可敬。朱子所謂「真做過工夫人，説出來自是膠粘，他人盡力鋪張，終是捕風捉影，咬不著」。若抉摘於字句之間，而以是少之，是仍以記誦辭章視程、朱矣，宜乎程、朱之學爲人詬病也！濂之爲此學受病處，不幸類是，是故因論此而痛切言之，用以自省，併以告吾同志而共證焉。

覆楊壽昌

來書志存遠大，非斤斤尺寸功名者所能望其項背。生當斯世，不可無此志，斯世亦何可無此人！詎得以見地我殊，遂爾概行抹煞耶？然吾友平日於義理本原上似尚少沈潛縝密工夫，所有長處，多是氣質之美，不盡關學問之力。以之窮天下之理，斷天下之事，應天下之變，保其無差失錯亂，以至移俗而不爲俗移，化物而不爲物化，殆未可必也。鄙意則以爲，急於事不若急於學，學得力則事愈得力，急於學，正其急於事也。學荒而求事，治心雖可嘉，決無倖成之理。得則俱得，失則俱失，固賢所素悉也。第恐猶有未詳察者，願靜中更深思之。

夜來細思，學不得力，約其大端如左。

心不足以對衾影，行不足以質鬼神。

道不足以服妻子，恩不足以洽左右。

情不足以結族黨，信不足以孚朋友。

守不足以勵風俗，學不足以企聖賢。

誠不足以動天地，智不足以周事物。

力不足以扶綱常，辯不足以袪邪慝。

文不足以經邦國，武不足以定禍亂。

明不足以別賢否，理不足以決是非。

識不足以燭幾微，才不足以濟緩急。敬不足以貫動静，勇不足以貞始終。此其大略也。所未及者，以此推之，書之座隅，時以自省，並與同志共勉焉。

覆劉守中

得書慰甚。諸君子不忍吾中國之亡，汲汲焉謀有以存之，甚盛意也。竊嘗謬謂：「國奚存？存以人。人奚存？存以心。心奚存？存以道。道奚存？存以聖。聖奚存？存以教。教奚存？存以學。學奚存？存以身。有存國之心，不可無存教之學，尤不可無存學之身。」斯則所願與諸君共勉者也。否則感人以言耳，所濟幾何？諸君子當不河漢斯言？

覆薛仲強 仁齋先生仲子

濂蚤歲失學，弱冠後曾一謁遜卿先生，獲讀尊公先生遺書，竊心儀其爲人而私淑之。繼再見巍卿先生，得之聞見者益加親切。去歲秋冬間，溫如先生會講清麓，爲道親炙，時所見尤悉。恨生不並世，每神往於親炙諸君子不置也。矧其爲明德之後，胎教得之，豫養詩、禮，聞諸過庭，其厚幸當更何如耶！學絕道喪，莫此時爲甚，同志幾人，復此天涯地角，一晤爲難。當日杏園黄河問答，歲必一再相見，何古今人不相及耶？日者王敬祥西來，猥承不棄，辱禮先施，瑤函遠賁，獎借逾量，循讀往復，感愧交深。然竊幸達人有後，吾道將日以昌明。區區何人，亦幸被容接於大雅。高山景行，雖不能至，嚮往乃益切矣。聞移帳崤西，慰甚。獲與持卿及諸世兄熟講力踐，俾伊、洛淵源長此混混，盈科放海，其在斯乎？濂守門清麓多年，疏放之身，藉以束之規矩，以教爲學，横渠「四益」之説可味也。敬祥從游崤西，爲仁齋再傳弟子，篤守家法，繩尺不紊，到此表率諸生，尤爲得力。濂廿餘年來虛名所誤，輒不自量，汲汲以倡明此學爲懷，然急於教人以隨爲拯，所濟有幾，而切己工夫反致多所曠廢，拔本而救木茂，無是理也。今當力改故習，遜志於「五糾」「十習」之訓，爲萬一之補救，庶不至誤己誤人，爲時俗所詬病，未知能永所志否也。

答張育生先生

大局岌岌，儒生何術！惟有一息尚存，不懈所志，爲乾坤留一呼正氣，爲宇宙存一二讀書種子，庶幾剥果蒙泉，有冀倖發生之一日，如斯已耳。蓋今日大患，全在根本上壞了，綱常不立，義理不明，人人以權利爲務，不知廉恥、名節爲何事，大學卒章、孟子首章正是說著此事。夜來思離婁一章，未嘗不感歎於無禮無學之不可以爲國也。曉山以身倡道於清麓，重九會祭之。明日即赴藍田督修四呂祠宇，月内即可落成。頃以損齋祠工告竣，正在會祭，復單車東去，返時仍道藍，俟會講後乃西歸耳。何其壯也！

致蒲城諸同志

党生炳光，蒲之孝友人也。好讀書，以早失怙恃，不獲卒業，在商賈間以忠信稱，痛親之不逮養也。有堂兄無以爲生，乃迎歸同住，以所事父兄事之，數十年無少間。嗣以娣婦不相能，因自念曰：「不可以是間吾友愛也。」攜妻子出居於外，采拾爲養，田宅財物若忘其爲己有者，雖甚窘，未嘗一過問也。兄感其誠，每歸省，寢食與俱數日，夜不忍離。居恒讀書不輟，不自知年之幾何也。光緒戊申，曾問學於濂，不見者逾五年矣。去冬謁濂清麓時，其兄已故，勤學好問，倍切於昔年。問所自爲養，具述如前。濂慨然曰：「子於兄弟則誠厚矣，然與兄，子以不義之名，亦未免自厚薄人之甚也。人之欲善，誰不如我。子有讓產，而使彼無歸田，豈理也哉？且爲善而必如是也，則人且無貴爲善矣。此主持風化者之責也，敢私布之左右，惟二三君子其良圖之，以無令失所，則與人爲善之大者，濂亦與有榮施矣。」

與夏靈峯

兆濂自庚子歲獲讀奏稿，即神往先生之爲人，而恨其言之不用。伯醇無福，天下之無福也。繼由同學孫仲玉函示變亂後致安侍御書，洎告至聖文、答伯琴各問目，多與鄙見不謀而合，而壁立千仞之概，則尤生平耳目所未聞見，輒不自揆，思以一牋上聞。顧念淺薄，無所肖似，而分隔雲泥，未免引嫌。中止於今，又五六年矣。春中臥病清麓，又得大著，伏枕披讀，而憂世之深，任道之重，距邪之嚴，析理之精，其文其人，均爲名教綱常之所重賴，亦庶幾孟子之用心矣。頃又於張果齋同學書中齒及賤名，奉讀之餘，倍深赧悚。而仲玉書來，又寄自題小照，並贈金宗亮文，麥秀黍離，有餘痛矣。病中自念，若幸而不死，定當褰裳走謁，以伸祈嚮之私，倘得賜見而辱教焉，則此生爲不虛矣。比幸少瘥，粵以春夏之交，與三五同人結伴啓行，歷太華、黃河而東，瞻拜孔、顔、思、孟祠墓。已乃道金陵，至滬上，爲請謁計而風鶴告警，異言異服之譏察，動多窒礙。不得已泝江沿夏，取道鄭州而還。咫尺蓬萊，輒被風引以去，緣遇之艱，當亦求道不誠所致耳。伏念兆濂賦質昏弱，少失學問，顛冥於舉業者且二十年。後乃問學清麓，略識聖賢門徑，以恪遵程、朱爲指歸。所愧立志不堅，存養不密，迫切之極轉爲寬緩。朱子所謂：「本欲多知多能，下稍一事不知，一事不能；本欲速成，反成虛度歲月。」日間此心在俗事上時多，在義理上時少，於義理卻生、於俗事卻熟者，卻是切中此身病痛。今年逾五十，筋力日衰，而學無所就，日暮途遠，千瘡萬孔之身，正不知安栖何所，每一循省，不自知汗之浹於背也。年來正氣愈益衰歇，一二老成，澌即彫謝。後起之彥，指擬頗難其人。斯則區區愚衷所刻以自憂，而兼爲吾道憂者，不敢不傾倒於大君子之前，願先生有以幸教之也。舊所作文二首，附呈誨正，亦以見素志之所存。

與張翔鳳 字瑞軒竹軒四弟

「立後」一節，喪服傳有明文矣，曰：「何如而可爲人後？支子可也。」蓋繼禰之長子自爲小宗，不可以後人，故議立嗣必以支子，此天地之常經也。今欲立後，兄弟中惟爾卓有弟曰爾亮，則支子也。且敦厚明敏，以後嵆峯，揆之經義，協諸人情，均無不可。爾卓自爲父後，不當議及，餘子皆單丁，無可指擬。至長兄雖亦無子，然精神尚健，自可徐俟其後，況有適子者無適孫，凡立後須在其人身後，無生而立後者也。若撫養以爲子，則有之矣。

兼祧之説，不惟禮之所無，即本朝乾隆以前亦無此例。新例增入此條，以濟人事之窮，謂别無可立，姑存有子之名，非謂有可立者。而亦援此例，使有子者轉而無子，豈孝子弟弟之用心哉！

蓋嘗縱觀古今，凡爭繼者，皆爭財也。若不爭財，則無爭矣。賢昆仲孝友之風久爲同人所推重，至此須大開眼孔，立定脚跟，勿惑於婦人童幼之言，致取笑於流俗，獲戾於名教，則不枉多年往還講切之力，濂亦得少逃責矣。上元後當東來，先此致意，臨書不盡哽咽。

覆郭希仁

省長提倡關學，吾道之光微，獨吾秦之幸。二曲極力推重朱子，非專主王學者可比。唐鏡海學案列入守道，不爲無見，以視孫、黄，有過之無不及，豈顏、李之比乎！今諸賢已以次生祔，則此次陳情自不至以不應致疑。承示呈稿，援据碻當，筆力亦足以副，區區淺劣，何能望其彷彿？乃猶問道於盲，益歎沖懷若谷，真得力於學者，所存自不同也。然義不虚辱，謹即吹毛所及，謬指一二，别紙呈政，可否？俟裁。

值異言喧豗之日，尼山大聖幾至日月晦冥，故尊孔一義爲目今救時之急，至一切門戶之爭，則姑不具論。蓋外辱方棘，自不暇於鬩牆也。但論人宜寬，辨學宜嚴，善固兼收，道無二是，則程、朱正傳自須揭日月而行之。俾學者得所宗主，不至漫無適從，如行者之望門投止，尤主持名教者之第一義也。

與李縣長

天中節過，喜雨初晴，萬物欣欣，皆有生意。至誠所感，神功沛然，屬在帡幪，無不同深愛戴，兆濂受賜，勝珠玉多多矣。乃者陳生來，肅將德意云日者復辱枉顧，兼貺隆儀。在賢侯恭儉禮下，誠有有加無已之鴻施；而下士忸怩厚顏，不無無處而餽之私懼。郤固不恭，受殊多愧。清分鶴俸，敢云辭暮夜之金；儒守鷄廉，敬以反盤飧之璧。伊川之詒韓持國也，持國欲以黄金藥碟爲壽，命其子道意。伊川曰：「與乃翁道義交，安用此爲！」即日辭歸。兆濂不敏，竊願學焉。謹封還嘉貺，專人奉納禮，曰某不敢以聞，請以還之於將命者。幸蒙垂督，則感荷之私，如更受賜矣。

又

昨承枉顧，敬稔節署持喪，力排衆議，屏去浮屠，一遵伊川家法，正朱子所謂「人之事親，自始至終，一於禮而不苟，其尊親也至矣」者，此綱常名教所關，風行草偃，秦俗之化可拭目俟也，欽佩曷極！又不遺愚陋，猥以服制下詢淺學，何知徒增愧悚。然迂拘之見，藉以取正有道，未始非下學求益中事也。請誦所聞，幸垂聽焉。

蓋聞人本於父，故斬衰之服特重於爲父，雖母不得而並焉，所以明至尊也。而臣之爲君，妻之爲夫，亦以至尊統之。故三綱以外無斬衰，所以重斬衰也。自有明洪武孝慈録並母於父，而不知其自蹈於「父母何算」之野人，三綱之頽於是焉始矣。夫子曰：「人未有自致者也，必也親喪乎！」尹氏曰：「於此不用其誠，惡乎用其誠？」故三代以降，禮制百不可問，而喪禮獨存，末俗百不可問，而服制猶近古。蓋天理民彝之在人心者，不可得而泯也。孟子曰：「親喪固所自盡也。」又曰：「是在世子，則所當得爲而必欲自盡者，固孝子仁人所汲汲也。」

喪服之制，衰絰杖屨，日月變除，載在禮經，纖悉備具。開元以前，歷朝遵用，未之有改。厥後雖稍有損益，而大綱究無或異。今則舉先王制作，一旦蕩然去之，而不惜自同於夷狄。夫人之所以自别於禽獸者，舍禮義何以乎？當亦有心世道者所同慨也。

節帥有志復古，正當上準禮經，兼考家禮，一衷朱子之說，毅然行之。上有好者，下必有甚。横渠禮教，和叔化俗，將在斯乎！謹援據禮經，詳具圖説，以見先王制作精意所在。别紙繕呈，以求是正。孟子曰：「此其大略也！」若夫潤澤之，則在君與子矣，固今日區區之意也。至衰絰聽政，墨縗出入，事出權宜，誠非得已。然私室之内，不難自伸其私。況幕府多賢，敦厚好禮，諸君子必能共成其美也。

又

前以節祠還家，聞大駕賁臨，拜迎有缺，歉仄奚如。兼承嘉貺，一如端節，厚意有加，益覺汗顔無地。蓋前此已懸羊續之魚，則此日實不敢受繆公之肉。北面再拜，專人奉璧，不恭之罪，所不辭也。君子愛人以德，叨在知己，硜硜之守，無令有改其初，則爲惠大矣。再聞欲遣賢嗣共學祠中，朋來自遠，麗澤之益，庸非所樂。惟學子新集，秩序猝難整理，諸凡草創，殊愧不成氣象。一傅衆咻，責效誠難。既承尊諭，應請少寬時日，一俟略有端緒，即當掃榻以須，刻下實不敢率爾承命也。昔許魯齋先生在國學，以爲國子太樸未散，視聽專一，若置之善類中，涵養數年，將來必爲國用。乃請徵其弟子王梓、姚燧等十二人爲伴讀，分處各齋，以爲齋長。蓋扞格不勝與勤苦難成，皆不豫不時之所致，莊嶽之置，蓋爲此也。

與班質齋

濂向在清麓，獲從仲玉學長遊，詢及同志，即以足下爲稱首，於今十有二年矣。祇以學無所得，悠忽拘虛時用，内愧未敢輒通一字。然企慕之私，固未嘗一日忘也。麥間收穫還家，兒輩始以惠書進，云郵遞沈滯，到日已久。盥誦之餘，如聽謦欬。好學之誠，求友之切，不啻若自口出，真仲玉友也，益恨相見之晚。時至今日，風俗人心至於不可問，而國運隨之，則學術龐雜，孔、孟、程、朱大中至正之道不明不行之所爲也。而一二同志復此天涯地角，不獲一堂晤對，各證所學，互益交勉，吾道之孤，雖曰天時，豈非人事？吾黨中亦不得不分任其咎矣。濂知學甚晚，僅一晤清麓先師，爲開示學問門庭，未及再謁，而先師已捐館舍。奉教以來，仍復悠悠，轉瞬二十有餘年矣。訖無所就，惟此心耿耿，不敢忘所有事。兼以來者益稀，日夕尸祝惟薄，海内外人人知學，共明斯道，正學術以正人心，正人心以正風俗，爲靖亂濟時之切務。鶴鳴子和，千里同心，但不知合併在何日也。年來自省工夫所以悠悠，祇是欠一「剛」字，多被凡心俗世牽累，不能擺脱。可惜有用光陰等閒抛擲，至今無可追悔，祇得就日用間勉做知行並進工夫。「敬」之一字，多年不無斷續，惟有遵朱子法，隨斷隨續，爲不遠之復，或可補得小學功夫也。學者爲氣所勝，習所奪，只可責志。始念仲玉以「爲僧不成，做道不了」之語相贈，爲對證良藥也。

與劉省長

日前軍門邂逅，得遂願見之私，英風偉論，足慰生平矣。乃者復承枉顧，寵賚多儀，兼令介弟、賢郎偕鏡湖先生光臨寓舍，備致殷勤，藉瞻高賢丰采，沃聆至論，教益良多。山僻小儒何以得此於左右，一再循省，感愧交并。然值此波靡之日，而忽有一揖客之將軍，下士之公卿，駿骨之求，先自隗始，俾遐方遜聽，咸曉然於儒道之尊，名節之重，風俗人心所係，非淺尠也。況會城爲首善之區，庠序爲育材之地，加以大力提倡，隆釋奠之儀以端趨向，申尊經之令以培本根。更以聽覽餘暇，集會賢儒，講明正學。上有好者，下必有甚。崇廉恥禮讓之風，化乖爭陵犯之氣。西京隆盛，不難於旦暮間庶幾遇之也。斯則三秦父老所馨香祝之者，惟君侯加之意爾。行急不及踵謝，簡慢之罪，統維鑒原。

與張鴻山

富陽有書來，意甚殷縶，惟有謂「清麓文集多陳言而少心得，於漢學、西學盛行之日，不能出一言以救正，亦異於程、朱之學矣」等語殊乖公允。夫先師不尚文詞，不矜著述，非孔、孟、程、朱之言不言，筆札所流皆其躬行心得者也。以爲陳言而務去之，則曾子、子思之大學、中庸，朱子小學書，可議者多矣。濂嘗謂「一留心文詞，便有求工、求勝之心」。已成心術之病，我輩多年驅策不去者，靈峯反以此少先師，何也？漢學之害，秦中當日尚無此，而漢學商兌早已刊布，以破其說，不可謂無以救正之關中。志學齋購書多係漢學，先師早爲憂之，見於文集與張愚生書可考也。秦中僻在一隅，西學倡行在甲午、乙未以後，去癸巳先師之歿已數年，以是追咎不可也。先師當日所力闢者，科舉也，陸、王也，功利也，皆所以救時而拔本塞源之論也。反經以消邪慝，俾三十年來關中道脈之延不絕如線，誰之力歟？此殆非門下阿好之言矣。先師道德，在天壤如日月光明，初不以一言爲增減，惟於人不深相知，於其議論學行不詳究本末，而輒以一言斷之，其不失累黍者鮮矣。

覆夏靈峯

丁巳奉書，迄今四歷年所矣。雖疊奉惠大箸暨楹帖各種，終無一牋垂誨。心竊疑之，其以爲不可教耶？抑竟爲洪喬所誤耶？春間有自洛中來者，云聞續刻尊集中有與兆濂一書，不知其他，微聞有不滿清麓學說之語，聞者頗爲駭異。兆濂謂必無是，文集序可按也，不然則亦有爲言之也。急走書索取，比盥誦往復，則所以勉望不肖者，甚至朽木敗壞不憚雕朽，感荷之深，何可言喻。至論清麓先師一節，責備賢者，意良厚也。九泉有知，且拜箴言，矧在及門，能無代爲感謝？所以不能已於言者，以關係在程、朱而不在清麓，在先生而不僅在先生也。程、朱之爲世詬病非一日矣，清麓先師於科舉盛行、異學淆亂之日崛起西陲，毅然以身倡道，恪守程、朱，繩尺不越，廣刊正書，以及辨學各種，以筆代舌，俾人人曉然吾學之有在，用心亦良苦矣。其造詣所及，誠非及門所敢妄議。西北言程、朱者，必於先師折中焉。雖見仁見知，人有不同，而心悅誠服，則三十年來初無少異。一旦驟聞先生之言，懼不詳察立言本意，或至誤會，方以爲先生於恪守程、朱者有微詞，非以先生爲不滿於程、朱，即以先生所講爲有異於程、朱也。先生方以程、朱正天下，俾學孔、孟者以是爲的，乃或以一言滋其疑沮，甚無取已。當今干城斯道，海内所仰望者孰與先生？末學私心傾慕之誠不敢後於他人，是用不諱愚，直輒貢所疑於左右，惟先生矜諒而幸教焉。

覆楊仁則

奉讀來教，如親杖履，過蒙奬借，愧悚殊深。此間有宜陽何生夢鼇，曾受學許士衡先生，聞尊處恒書問往還，藉挹清芬，非一日矣。敬稔德被鄭公之鄉，俗變伊川之化，龍門絶響之振，微先生其誰與歸！兆濂西陲下士，蚤沒溺於科舉，弱冠後始一叩賀清麓先師之門，藉識指歸，奉程、朱爲圭臬。所恨精力薄弱，悠忽自誤，存養多疏，省察不密，改過不勇，遷善不力。日間閒雜之思慮酬應，無爲之涉獵文詞，妨功奪志，仍不減於舉業時所爲，此其所以忽忽半生，毫無所就。而末俗易高過情之聞，日增所恥，窮廬悲歎，追悔何及？今年五十有四矣，精力聰明又遠遜往昔，日暮途遠，棲泊安之所。賴一線靈明尚未泯沒，一息幸存須圖晚，蓋已往之愆足爲學者殷鑒。時用自勵，兼以勉人。聖學種子到處播撒，並遍告同志，協力提倡，俾孔、孟、程、朱之道如日月經天，江河行地，凡有血氣莫不尊親，則大道之行庶日夕遇之也。此其要須以此身任綱常之責，整躬率物，恪守禮法，勿徒以口舌文字爲明道化俗之具，庶乎其可也。愚見如是，高明以爲何如？

答夏貞立

來書引語類「喜怒哀樂未發之中，未是論聖人，只是泛論，衆人亦有此，與聖人都一般」云云，以爲清麓不識大本，叛朱子之確據，而删去下面數行文字，備録於左：

語類此下云：「若論原頭，未發都一般。只論聖人動静，則全别；聖人動亦定，静亦定。自其未感，全是未發之中；自其感物而動，全是中節之和。衆人有未發時，只是他不曾主静看，不曾知得。」又云：「『喜怒哀樂未發而不中者如何？』曰：『此卻是氣質昏濁，爲私欲所勝，其未發時只是塊然，如頑石相似，劈斫不開，發來便只是那乖底。』曰：『如此，則昏時是他不察，如何？』」曰：『言察，便是吕氏求中，卻是已發。如伊川云『只平日涵養便是。』』」

今按首條前段所論，正所謂「若論原頭，未發都一般」者。下云「只論聖人動静，則全别」，又云「衆人有未發時，只是他不曾主静看，不曾知得」，次條「未發而不中」者，云「此卻是氣質昏濁，爲私欲所勝，其未發時只是塊然，如頑石相似」，末云「只平日涵養便是」等語，均以聖人與衆人不同處立論，而歸於主静涵養，與清麓日記「衆人自有未發時，只爲不曾存養，便昏塞如瞌睡漢」之語究竟何别？而謂其不識大本、叛朱子，且叛子思、孟子、孔子耶？

今試問於清麓曰：「未發之前，衆人與聖人同否？」曰：「不同。」則誠以爲衆人無大本矣。今其所記，並非剖析未發之同異，而曰衆人自有未發時。玩二「自」字，則其與聖人都一般者，已自瞭然言下矣。若病其墨守朱子而無所發明，則誠無詞以對，以爲叛朱子，則不敢也。

來書又云：「胡敬齋謂：『僞濁之人，未發之前已失其中，故已發不能和。』此清麓之所本，不信程、朱而信敬齋，謬種流傳，是清麓所守者敬齋，非程、朱矣。學而不識大本，以盲導盲，宜其言之悖也，敬齋決無得於程、朱之學者也。」

今按：敬齋之言亦出語類。備録於左

語類卷九十五云：「寂然不動，衆人皆是此心。至感而遂通，惟聖人能之，衆人卻不然。蓋衆人雖具此心，未發時已自汩亂了，曾無操存之道。至感發處，如何得會如聖人中節！」

今按語類此條與前二條略無或異，以爲非朱子之言，不可也。而來書竟謂「清麓不信程、朱而信敬齋，謬種流傳，以盲導盲」，竟似不知語類中有此議論者，其偶忘之耶？抑惡其害己而去其籍耶？原書具在，將誰欺耶？以上論大本。

來書引語類「直卿謂『神也，可就理上說，先生只就氣上說』。」朱子謂：「所以某只就氣上說，畢竟就氣上發出光彩，便是神。」今清麓日記謂：「神者，合理氣言之，理之妙而氣之靈也。」以爲不辨理氣之證。

今按：所引語類「畢竟就氣」云云，與原書不合。備録於左。

語類：「直卿云：『看來「神」字本不專說氣也，可就理上說。先生只就形而下者說。』先生曰：『所以某就形而下說，畢竟就氣處多。發出光彩便是神。』」

今按：形而下是對形而上言，則器之不離乎道，可知今直以氣字代之，未安。云「畢竟就氣處多」，則不謂其於理全無干涉矣。改易元文，以證成己說，此漢學家之通蔽，非講程、朱之學者所宜有也。

卷六十八云：「鬼神是有一個漸次形迹，神則忽然如此，忽然不如此，無一個蹤由。要之，亦不離於鬼神，只是無迹可見。」

今按：云「亦不離於鬼神」，鬼神非他，陰陽之靈也。謂陰陽爲太極固不可，謂陰陽爲道、爲誠固不可，何者？以所指地頭不同，所謂以其不雜者言之也。然遂謂陰陽只是陰陽，無與於太極，所以一陰一陽者之非道，陰陽合散非實理之所爲，元亨利貞非誠之通復，不又離理與氣而二之？則是真有無理之氣矣，可乎？

又云：「功用是有迹底，妙用是無迹底，妙用是其所以然者。」今按：所以然者，氣乎？理乎？抑專屬形而下者乎？近思録江注引朱子曰：「功用言其氣也，妙用言其理也。功用兼精粗而言，妙用言其精者。」呂氏家塾本引同。不記所出，俟更詳考。與言「是其所以然者」之意不殊，其果朱子未定之論乎？抑記者之誤乎？

清麓日記言：「神者，合理氣言之，理之妙而氣之靈也。」蓋以功用既專屬氣，而此妙用，朱子又以所以然者當之。則雖曰「畢竟就氣處多」，豈遂以爲必不可以兼言理，以明氣之不離於理乎？妙者非理，而所以妙者，則理之所爲。猶情不可謂性，而言情者，不可謂非性之發。故曰「理之妙而氣之靈」，則雖合理氣言之，而不雜之中尤可見不離之妙。理氣之界限，既不致混而無別，仍不戾乎就氣處分，數多之旨則正融會朱子前後數說而立言，不見其有異於朱子也。來書主謂理之不雜於氣，以之闢陸、王之認氣爲理。則清麓言之不啻詳矣，固非有異同也。然遂謂「言氣者之決不可以兼言理，」而並不信朱子有兼及於理之說，則知其不雜，而不知其不離，亦未免於立說之偏，以是而咎清麓之不辨理氣，則盍取清麓之言理氣者而統觀之，果見其有認氣爲理而少異於朱子者，然後直抉其所學之謬未晚也。以上論神。

覆劉省長

日前猥蒙過聽，不鄙淺陋，輒以文詞相委，誠所謂借聽於聾者，非邪？聞命之餘，爲之赧悚無地，欲謝不敏，懼以方命取戾。維時適以心氣耗損，正在服藥，擬以靜養數日，方敢從事筆研。日者略可，乃始退掃閒軒，精研示稿長短二篇，往復數過。一則春容爾雅，識力俱超；一則雄古簡當，筆可扛鼎。非出入經史、枕藉八家，不能道其隻字。雖珠玉在前，自覺形穢，然愛玩不忍釋手，方自慶幸，以爲宇內固應有此妙文，乃爲兩捷足者得之，不亦躊躇滿志，歎觀止矣乎！我所欲言，輒有味乎！言之兼能言我之所不能言，則此文雖非自我作之，固遠愈於自我作之也，「詞必己出」云乎哉！濂生平微長在服人，善用人長，合衆美而不有其功，謬以此見收儕輩間。今二稿並皆佳妙，決不敢妄意逐鹿，又不欲違心阿好，藉圖省便，以自蹈爲謀不忠之咎也。二篇本未容軒輊，第熊魚難兼，勢須取長略短，壽之金石，當無愧辭。又念義無虛辱，極意吹求，亦殊無瑕可指，簡率之罪，幸維亮察。

覆許營長　名朝慶字賀丞

令似來，奉讀惠簡，兼荷隆儀，雅意殷拳，莫名感佩。至奉贄一節，則誠非所敢任，抑更有須明辨者。緣前門下微聞雲卿先生有言，麾下察濂瓶罍告匱，欲效麥舟之助。曾令代致款曲於雲卿先生，浼其轉申台端。以爲刻下豚兒以春季脩脯所得，藉供菽水，已自綽有餘裕，兼以精舍學徒時有餽遺，委係無急可周。若更有所增益，是繼富也。濂若飢時，自當從仁祖求食，非敢矯情鳴高也。蓋辭受取與，士君子名節所關，有不敢不斤斤計校者。今麾下以稱贄爲辭，示濂以可受之義，體恤單寒，可謂無微不至。第事適與雲卿先生之言相值，稍涉嫌疑，君子不處，謹封元貺，不敢以聞。請還之於將命者，以全硜硜之守，恃知愛之厚，必能曲諒也。

卷六

藍田牛兆濂著　邑門人陳敬修明初編輯

記

吳留里二甲議總記

吾鄉役法，管糧者有糧總，亦曰糧正，次爲糧副，凡錢糧追比、差徭雜派，悉責之。例十年一易，鄉人以其累也。更代之際，相與賄里胥求免，里胥亦遂得而甘心焉。恐嚇誅求，無所不至，如是者蓋有年。我同人不能堪，思所以變計也。乃相與議曰：「人之所畏者，累也。苟無累，復何畏？」於是共率錢置產，歲取入以爲經費，而衆議其人以充之。此宋乾道間義役法也，上不失公家之賦，下亦不至陷里胥於惡，今而後，我同人其可小安矣乎。然守法者人，數傳之後，人或有敗吾法者，則里胥之虐，其不能得之今日而取償於後日者，吾不知其幾千萬倍也，我同人其亦念之哉！

重修四獻祠記

宋藍田呂氏四獻祠在縣治北五里，故寶文兄弟讀書地，明成化十八年，巡撫阮公勤檄知縣劉令震所創建也。提刑戴公珊有記：「萬曆時，王令邦才增修之，併興復前提學王公雲鳳所建芸閣書院，又移通衢過祠傍，以動行人高山景仰之思，可謂加意關學矣。」古柏蓊然，質如銅鐵，望之若虬龍然，數百年物也，繚以周垣。門有「宋四獻祠」石額，旁列四先生名字、官秩併楹聯、石刻，國初林令世榕重修時所書也。書院廢址今爲孫真人祠，濮令斗衡又加修葺。同治中，呂令懋勛誼篤親賢，用葺祠宇，復其祭田，有司春秋特羊薦享，歲以爲常。越數十年，祠屋漸圮，書院故址亦鮮知者。濂忝同里閈，時一展拜，泚顙傷心，思有以振興之，人微言輕，弗克濟也。宣統辛亥，寧河高熙亭賡恩謁祠，欲爲言之當道，謀增新焉，已而難作不果，時爲之也。歲甲寅，茂陵張仁齋先生會講過此，瞻禮之餘，有動於中，慨然曰：「吾黨之責也。」即以其年秋遣介弟果齋元勳同學來謀。諸同人宋子嘉、王海山、楊仁山、張伯、康計、費程功羣情響應。既返命先生，即襆被單車來祠，剋日興工，朝夕巡視，先勞不倦，同人無不樂事勸功。經始於陽月之初，月終落成。涓吉祭告，同人畢會，竇縣長鵬亦至，爲籌撥補助費錢如干緡，同人亦樂爲資助，慶觀成焉。四獻之德，先生之誠，其感人固若是深也。禮畢，講約一時。觀者獲聞鄉先達勸善規過、化民成俗之良法美意，咸歎息，以爲耳目聞見所未及，甚盛事也。添建庠舍數楹，爲興學計，庶幾芸閣餼羊之遺意，繼往開來於是乎在矣。迄今五六年。來歲時會祭講約，朋好方來，絃誦之聲，不絕於道，正學昌明，可拭目俟也。仁人之賜，厥施庸有既歟！是不可以不記，故歷敘本末如此。余之生也，拙於用而艱於詞，先生特愛厚之，每箴其迂緩，奈學不得力，無如何也。然自知甚明，往往心所欲爲而力不能爲者，天恒假手能者，俾優乎其爲之人竭其力，我享其成，感荷之深，何可言喻！庸庸厚福，不信然歟！然此文之成，乃在五六年之後，則迂緩不能自克，非有意於稽違，知我如先生，必不深責也。

按宋史大鈞傳：「父蕡，生六子而五登科。」蓋與叔不由科目進故也。今四人外有曰大觀者，世罕知之。余曾於西岳廟題名殘碑中得之，以是知科名之不足重也。四人中惟汲公相業最著，而三呂之稱不及焉，則名位勛業之不加於道德可知也。三呂之中，從祀孔庭者，止與叔一人，則天爵之不限於倫序，而道德之中又自有其等差，而不可以不詣其極又可知也。

又按：呂氏先塋在祠後東北原上，碑題「宋藍田呂氏之墓」，一世冢一，二世冢二，三世冢四。志稱「呂氏祖通，葬藍書之以告來者，可以知嚮往矣。

田」是也。其四冢，則六人之中未知誰是，而最西一冢有與叔碑，向頗疑之，然以伯仲之次求之，與叔行當第四，其二人皆季也，則此冢爲與叔無疑。又疑南渡以後，疊更喪亂，邱壠陵夷，當亦不免。後人習聞四獻之名，而未詳考，故爲之成壠如此，固未可知，亦可見明德之留貽遠也。不朽之實，亦在乎自爲之耳。附志於此，以質博雅君子。（後聞諸耆老墓，乃呂令所爲。）

遊輞川記

庚申春暮，余會講魯齋，因至教育廳赴希仁廳長之約也，藉識盧子鶴先生，與語甚契，如平生歡，以講學相約，因及輞川名勝，不可不一流覽。詳詢道里，期約而別。夏四月十二日向午，門人投刺，視之，子鶴也。倒屣迎則已及門外，喜相揖曰：「先生信人也。」因聯床下榻焉。飯後，謁呂氏墓。出門，李侯至，偕往至墓所，瞻仰訖，子鶴曰：「滄桑幾易，邱壟依然，亦異也。」余曰：「土人云此同治中呂侯增修者。夫呂氏六昆仲，而有其墓者僅四人，夫固有其不朽者在也。」墓前有柏四株，李侯手植，惟一株就萎。迤南數十武，則田孝子養心墓也，亦爲植柏二，其一蔚然向榮。表率人倫，侯之力也。歸坐中庭，玫瑰正開，芳氣襲人。土人讀瑰如桂，謂之桂花，右丞詩「人閒桂花落，夜靜春山空」，春不得有桂，蓋此花也。少間月上，談及深更，李侯還署，訂遊山之約而別。因念跨馬非所習，且山路崎嶇特甚，往返且六七十里，度力不能支，然誼屬東道，亦須勉率爲之。子鶴因言近日「蔑理尊欲」一種謬說，由主持教育者倡之，一時後生靡然從風，殊可畏也，是在一二鉅公名儒出而維持之爾。余曰：「人與有責，不敢不勉，然亦只壞得鬧熱中一班少數人。天理之在人心者，不可得而亡也。如省縣治城雖受影響，終變不得鄉人。有聖人作，一反手間即可丕變也。」子鶴又言：「外人法制儘有近古可採處，然終不能如周官之牽一髮而全身皆動，自與聖賢本原不同。學者有志當世，須造得全副本領，大用大效，小用小效，才是聖賢功用。」余曰：「自古無不近人情底天理，亦無不通事務底聖賢。」次日，早起盥漱，同車詣縣廷，飯訖啓行。子鶴偕從者三人，李侯及佐治張君其相與余共七騎，又三人步從。出南城，涉灞而南。此水俗名南河，按志稱，灞水出倒溝峪，圖又以出悟真峪之藍水，爲灞水正源，語殊矛盾，蓋沿封禪書有灞水即藍水之説而誤也。宜以志爲正，至此則并輞川、藍水合流於灞矣。省東十里，滻水橋上題曰「輞川勝境」，則舊志之誤也。

途次有小藍分種成畦，夏小正五月「啓灌藍蓼」即此。此草大似紅蓼，可爲染料，土人以分栽爲啓，猶古訓也。八里至輞川口，有居民數家。余曰：「此今日之輞口莊也。」小憩即行，輞口西即蕢山，漢高帝繞嶢關、踰蕢山、破秦軍於藍田即此。東即嶢山，七盤十二紆之所在也。子鶴因問：「四皓采芝是此山否？」余曰：「連山至商縣，皆商山也，隨地異名爾。居人以拳菜餉客，謂之芝菜，實則釋草之蕨鼈也。」入谷並轡，泝流南行，東有石徑通人，即七里碥也。懸崖插天，危峰岩崿欲墜。俯瞰急湍，響震山谷，巨石橫臥，若數間屋，水激石上，雪湧瀾翻，深處作紺碧色或黑色。下馬躡石磴，按轡魚貫行，目怵心駭。峰廻路轉，移步換形，奇險幽勝，莫可名狀，此輞川絕佳處也。至黃杜碥小憩，約三里許，頹垣破屋，舊時野店，今無居人，凋敝可傷。自峪口至此，天如一線，恍遇武夷九曲於函谷關中。碥盡，豁然開朗，桑麻鷄犬，童叟怡然，桃花源裏人也，地名新莊。山盡處紆徑旁通，又開朗如前，卻顧來徑茫不可識，如是者不知凡幾。第所謂十三區者，殆不可識別也。至關上，居民較多，有鋪戶數家，志言即孟城坳也。至白家坪，使人招白生景濤。因馳馬前行，一路黃花傍岸，燦如散金，恍疑「九日」尋「崔氏莊」也。欲折取一視，馬行急，不可得也。近母塔墳，道旁金銀花芳菲可愛，轉至鹿苑寺下馬。寺前銀杏一株，葱蒨盈畝，子鶴伸臂度之，得合抱者，五千餘年物也，爲文杏館舊址無疑。寺門堂前後各三間，南向，東有側門入內。東向矮屋二間，守者所居也。當門奉右丞木主，惟刻木一聯云：「淵明遯去倫加厚，工部離長國所憂。」濮侯斗衡所題也。右丞爲禄山所逼，曾受僞官，且歸依禪宗，施所居爲寺，視靖節之恥事二姓，少陵之忠愛憂國有間矣，聯語蓋微諷云。白生泊村人數輩踵止，李侯出所攜食物令饌，具飯訖，遊覽低徊，久之然後行。子鶴疑寺地逼仄，不類右丞居處，以形勢度之，當在孟城坳，所云新家孟城口，其確證也，今祠地乃其亭館所在耳。憶光緒乙巳，余曾一遊此，入門欲下拜右丞木主，以遲疑不果，茲又卒不果拜。詩畫、才名、禄位如右丞，爲大節有虧，且見擇於後生小子，可不慎哉！至白家坪，別白生及村人，上馬尋舊路而歸。上下石坎多陡峻，馬至此必奮力乃得上。一水環帶，繚而曲，往而復，褰裳解襪者，不知其數。至新莊下馬，循石坂而上，不里許，背後聞蹄聲若蹶仆狀，迴視之，余所乘馬也。仄徑石崖數十尺，下臨深淵，一失足即不堪設想，爲股慄者久之。出峪至元憩處，困憊特甚，乃偎坐石上，良久乃行。近灞水，役人以二燭迎尋，至西門，守陴者詰所自，告以故。少間，又一人詰問，對如前，如是者數。四時門已鍵閉，子鶴戲曰：「今將軍且不得夜行，李侯之謂也。」良久，門啓，聯鑣而入，蹄聲隱隱，聞數十步外。居人未息燭，不驚恐也。至署，李侯以深夜止宿焉。晨起盥漱，朝食訖，車俟於堂檐下。將行，李侯謂：「子鶴少待。」隨以新拓輞川真蹟圖爲饋，此三原來陽伯家藏郭忠恕臨本，而沈侯國華重摹者也。車行，語子鶴曰：「適看得習齋議論，切實就事上學，頗得古人爲教之意。但不應主張太過，便一向抹煞了，人謂其空談無用，試看程、朱教人，何嘗不從事上學？祇此氣象胸襟，已自與聖賢不同。」又曰：「天下事須天下人做，須辦得休休有容。一副心腸，人之所見，不必盡同。取人者決不能強人從己，但要得所存正，便同是君子路上人，即可引而進之，多一同類即少一勁敵矣。」又曰：「人不患無作用，惟自私自利一關打不過，雖有賁育，亦無所用其勇矣。」又曰：「教千百庸人，不若轉移一二高人。故豪傑之士，不必得之親炙，中道而立，能者從之。」子鶴又伸前論謂：「祇壞得少數人之説，卻不盡然。此是從大處根本上壞了，不但風行草偃便爾，山摧河決、獸蹄鳥跡之道交於中國，吾輩無容足處矣。」余曰：「倡此説者，幸而其父母不及見也，不幸而其妻子猶得藉此以先施之。蕭牆之禍，天其以是顯戮之，以爲天下萬世非聖蔑理者戒。」臨別復以會講相約，余因誦呂與叔先生詩云：「村北磽田久廢耕，試投嘉穀望秋成。天時地力難前料，萬粒須期一粒生。」李侯來送行，視登車相揖而別，時十四日也。暇日因次其議論本末及所經歷，悉著於篇，以取正於有道。凡山川古蹟，下至一草一木，有資見聞者亦附及焉。李侯名惟人，字允升，河南鞏縣人。

卷七

藍田牛兆濂著　邑門人陳敬修明初編輯

說　贈言

薛粹學字說　名純德河南盧氏人

中州學派自艮齋先生得芮城之傳，誠所謂大盛，難爲繼矣。往歲敬祥以書告余，乃知盧氏有李君品三，固恪守程、朱而純者也。迨海環西來，而後知純乎程、朱之學者不獨一品三也。海環爲品三同志友，相與講論者，又有莫熙皞、李子慊、薛粹學諸君子，而尤以粹學篤志質行爲不可及。去歲，子〔一〕慊來而莫君已不可作，餘皆養晦蓬蓽中，以儉德自全，遠道多梗，一晤爲難。德之孤，學之窮，良足歎也。今歲五月，而粹學以來。其來也，負書纍纍，徒步數百里，足爲出血，以就正所學，可謂有志矣。閒以字說爲請。濂嘉其篤志，爲綴數語勖之。

維天之命，純粹至善者也。純亦不已，聖人之所以希天也。有聖人之德，則與天一矣。有希聖之學，則聖可幾，而達天德不難矣。三代而下，折中於朱子，非是則其學雜，即其德駁，不敢爲粹學望也。朱子而後，許、薛、胡、陸繼之，近世惟芮

〔一〕「子」：原作「自」，據藍川文鈔續各卷首「盧氏門人李銘誠子慊編輯」之語推斷，當為「子」之誤。下同。

城、朝邑、三原三先生之傳得其宗，德至純也，學至粹也。粹學有志此學，近宗芮城，遐溯河津，家學淵源至足矣，無事他求也。今兹之來，居清麓師西野，由是以私淑芮城、文清之統在是矣。恪守程、朱如諸賢儒，則純乎孔、孟矣，此粹學所當學者也。察之極其精則學不雜，守之極其一則德不二，無二無雜，純乎純者也。窮理盡性以至乎命，胥於此行基之，粹學勉乎哉。

劉文源字清溪說

予所居恒艱於水，每天雨則池沼蓄之，缶盎盛之，朝夕取焉，至便也。然易竭不繼，則取之東西家或一二里外，昏暮叩人門戶，常以是受厄於人。人曰：「胡不爲井之便也？」予曰：「吾掘井多矣，未一見其泉。」形家謂：「用力雖勤，未得其源也。」予曰：「頃者亦頗稍稍得水源矣，然混濁，或斥鹵不可食。」亦嘗如程子言：「用力澄治而勇猛，以冀其疾清矣。」然清者清，來者之濁自若也。因恍然曰：「此源之不清也，不於源清之，無望其能清也。」清源之道若何？吾聞大地之中，水無不甘且美者，泉之源或斥鹵者，其淺源也。必謹塞之，再穿再下，而不得甘泉，又塞之，如是數數，鮮有不得甘泉者若是乎。水之性固無不清也，元初之水，得之固若是，其不易也。人之觀水，觀其流也，而不知其涓滴皆有所自來。其來也，又各不同，一流自一源也。人見源之不同，而不知其不同者，特其所從出之地則然，其大源固無不同者，萬源實一源也。不詳考其流之萬殊，而輒謂其源之一本，不得也。未嘗窮至其源，而謂其源固無不同，亦不得也。此自視乎人之所造，與其得道與否。誠得其道而能深之又深，使其井爲吾家之井，吾朝夕取焉而莫予靳也。吾率意求之，靡不汩汩其來也；其來也，靡不清冽而甘美也。吾得之而食，食之而肥，簞瓢疏水，孔、顔之樂，無事他求矣。深悔向者之多所棄井，徒歸咎於地脈之弗良也，何其謬歟！及門劉文明字清溪，以字說請予易其名曰文源，爲述所聞以勉之，或疑鑿井之説似無當於清溪。予曰：「皆水也。井者，其人爲也；溪者，其天然也。井之水止，溪之水流，動靜實一源也，天人無二致也。第於其可爲力者勉之，無使出山之泉異於在山可也。」

清淵字說　山兒冠名清淵字以伯時

山下出泉，靜而清也。淵泉如淵，乃以時行也。時止則止，時行則行。動靜不失其時，其道光明。隨時之義，大矣哉！

婦見舅姑說

婦者，所以事舅姑者也，對乎舅姑而婦以名，故無婦而不見舅姑者。然見之有時，非其時而見，則婦且見輕於舅姑矣。何者？謂其廉恥之道寡也。時可見矣，而不盡飾焉，且不敢以見，懼褻尊也。自禮教不明，而議婚之始，爲舅姑者輒以釵釧等物就婦家求見，謂之「相看」。主人飾女出拜，拜訖，受所賜物以退，謂之「拜錢」。盛行於省會及涇、原間，人習爲固然，而莫之知非也。吾鄉尚無此，其猶有先王之遺風乎？雖迫以父母之命，女有固執而不可奪者，則廉恥之原於天性，先王之所以緣情而制禮，以養廉恥於匹夫匹婦，而峻名教之大防也。夫婦於舅姑本塗人也，緣與其子爲夫婦，而夫之父母遂從而父母之，是義起於從夫也。舅姑雖尊，而宵衣俟見，必在合巹之明日，非後舅姑也。夫婦之禮未成，則舅姑之名無所託以定。杜詩之詠新昏别也，曰：「妾身未分明，何以拜姑嫜？」古義之僅存者也。在昏禮，婦之見舅姑也，執笲，奉棗、栗、腶脩，再拜，不依於贄，不敢見也。舅姑醴婦，婦拜受，取脯，授從者。婦盥饋，舅姑饗婦，因歸。婦俎，俾執以反命，明女之見禮於人也。舅姑不在，則三月而後廟見。稱某氏來婦，未廟見而婦死，則歸葬於女氏之黨，明未成婦也。内則曰：「婦之事舅姑也，盥櫛紳佩，衿纓綦屨，以適舅姑之所。」敬姜云：「婦人不飾，不敢見於舅姑。」此之謂也。夫既成婦矣，而所以見之之禮，其周詳慎重且如此，況其未成婦也？女歸之吉義取於漸「六禮不備，貞女不行」。故君子造次必於禮。禮者，正家之本也。余有女子子，年及笄矣。戊午春，乃字宋氏，吾友子珍之仲子也。子珍於吾道義交最久，有過輒面攻我，使我不陷於非義。有急，常通有無，三益之尤也。歲終解館過我，致其内子意，謂誼屬父執，欲一見女，亦父母之心，至關切也。余重違其意，遣山兒以命命之，女辭焉。余親諭之至再，女堅不肯至，怒之亦不顧。余知其不可強也，以告子珍，相與一笑而別。孟子曰：「身不行道，不行於妻子；使人不以道，不能行於妻子。」吾與子珍兩分其過可也。是不可不誌以明禮，兼以訓女，使益進於禮云。

禮際戒浮靡說

天下國家不可一日無財用，所最可惜者，以有用之財擲之無用之地，則不獨無財之患，有財而不得其用之爲患也。即如交際一事，非禮物無以道達誠意，於此而用財，不得謂其不當用也。然用之必有其道，亦曰「歸於實用」而已。交際之別有四：一曰賜以施惠，上於下用之。二曰獻以將敬，下於上用之。三曰遺以結好，平交用之。四曰饋以酬勞，因事用之。皆不可無物以將其意。不必其多品也，不必其珍異也，稱家之有無，情之薄厚，惟適於其人之實用，則在彼不爲棄物，而在我亦不爲棄財。布帛菽粟之與珍玩奇貨，鈞之用財也。一所費者至微而切於用，一所費者不貲而實無所用也。吾鄉舊俗，率以糖果爲禮，近又益以西式罐頭等類。詢其值則不止以角計，且以圓計也。究其用，則飢不可爲食，寒不可爲衣也。以至酒肉食物易致腐敗，有朝不及夕者，其爲費固已多矣，究亦何濟於實用？不誠大可惜哉？況今日歲儉人貧，米珠薪桂，粟米盈升、炊餅數枚，何不可以爲禮？胡爲乎墨守舊俗，牢不可破，以至此極也？今與諸生約，凡與人交際，務須相尚以實，如米鹽、藥品、書籍及常用什物均可。幸無徒飾外觀，以自蹈恭敬無實之咎。不惟朋友有信，理當如是，亦節用惜福之一道也。

贈龐純修 字仲一同邑厚子鎮人

仲一，天下之窮民也，貧而鰥，且老矣。然好學篤行，躬耕清麓之野，與子共學者逾三年。間詠魯齋蒼煙十畝之詞，至膝前兒女、几上詩書，未嘗不歡然起舞，覺雖無老妻可唤，亦足以樂而忘死。然則仲一固天下之福人也。今歲授徒魯齋，小學、四書神明拱對，則升魯齋之堂而入其室矣。魯齋之學，朱子之學也；朱子之學，孔、孟之學也。學其學，心其心，名教綱常之不亡於天下，非異人任也。洪範言：「五福四日攸好德。」愚謂：「好德則壽考康寧，雖簞瓢屢空可也。」仲一第貧耳，然天下之至貴至富、可愛可求，孰有逾於好德者哉？則謂之備膺五福之仲一也，夫誰曰不宜？

卷八

藍田牛兆濂著　邑門人陳敬修明初編輯

稟啓

辭加内閣中書銜稟

爲殊寵未敢倖邀，懇據情轉詳，以重名器事：竊濂於本月十五日解館還家，始知初四日奉到撫憲札飭，内開四月二十二日閣抄電，奉上諭：「端另片奏保之舉人牛兆濂，孝行可風，著賞加内閣中書銜，以昭激勸，欽此。」濂聞命驚恐，罔知所措，當日望闕，叩謝天恩。訖伏念濂少愚失學，未克仰承庭訓，以爲親憂。中間妄意顯揚，原期少供菽水，乃甫及釋褐，而嚴親已不及待，慈闈亦積痛失明，衰病顛連，苦楚萬狀，此皆濂平日積愆所致，禍延尊親。所賴聖恩高厚，未即正其不孝之罪，已出自逾格鴻施，況敢内欺其心而以自爲孝乎？心不敢欺，敢欺人乎？欺吾親以及吾君乎？即覆試逾違，亦迫於勢之無可如何。初非有奇節偉行足以表見孝行二字，何竟誤達憲聽！而憲臺愛材如命，不及加察，遽列薦章，又恭逢仁孝之主，將欲以其愛敬自盡者教百姓、刑四海，遂立賜俞允，寵以京秩，樹之風聲，此固聖朝孝治天下之體，亦即大臣以人事君之義，豈區區愚賤所得而較量、辭受於其間乎？然君子愛人以德，事欲其實，名欲其稱，理欲其得，心欲其安。濂之不德，自知已審。若謬竊寵名，不惟心有未安，實於名實未副，雖曰善善從長，而爵賞之冒濫亦似非聖朝所宜有，於憲臺知人之明未爲無所少累，而老父母亦正難免過聽誤信之愆。是用不揣微賤，冒昧陳請，欲望曲加矜察，轉懇撫憲俯鑒愚悃，特賜敷奏，收回成命，無使濂有聲聞過情之恥，以重不孝之罪。濂亦從此益矢志讀書，以期永堅末路，庶他年粗有所就，當不第如尋常之感思圖報已也。伏祈俯準，轉詳施行。

上邑侯周稟

爲惡俗慢神，祈賜嚴禁，以端風化、厚民生事：竊維祈福報本，禮緣人情。息蜡籲豳，先王不廢。然自禮教不明，鄉愚無知，沿訛踵謬，自謂敬神，不知其爲慢神，不敬之大者。如賽神演戲一事，其導淫敗俗，耗財廢業，不待智者知其不可。久奉上諭，嚴切禁止。而愚萌狃於聞見，且惑於佛氏禍福之說，有竭其養命之源，自干憲典，以致力於神而不顧，亦不知者。自非上之人憫其愚昧，爲之開陳是非，申明禁令，指其已往之失，示以率由之準，則貽害有不可勝窮者。國朝大儒陸清獻公爲邑宰日，曾出示禁諭。相國陳文恭公撫江南，有風俗條約痛懲此事，均別紙呈覽。前藩憲李公菊圃、道憲黃公小魯亦先後禁飭，吾秦風俗爲之丕變。先師復齋先生亦有上邑侯余公書言此事，見文集及三原志，所紀可詳按也。仁慈清操飲冰，愛民如子，今之清獻而加意風俗，亦文恭之志，又烏容李、黃兩憲專美於前！又況連年災賑，仁慈竭萬千辛苦之力，休養生息，而孑遺者止有此數。今雖小有收穫，然大創之後，元氣未復，十室九空，所在皆是。獨此一事則羣焉，自知敬神事重，雖力不能支，亦迫於無可如何，祗得竭蹶從事。一會之費，動數十萬，攤派追呼，猛於苛虎。孤兒寡婦，有拔簪珥、撤鑊釜以抵償者。一聞報賽，莫不蹙頞疾首，轉相告語，謂「吾神之好鼓樂，夫何使我至於此極也？」謂「何無一人焉哀我瘨寡，一爲我請命於神也？」種種苦況，不忍殫述。其他蕩人心、壞風俗，如前所指各節，尚不暇具論。或者乃猶以爲無甚大害，而目笑存之，曾亦思此時爲何時，此事爲何事，吾之所欲盡者爲何心，顧以是爲當然而莫之禁耶！前者仁慈躬率僚佐、士民月吉讀法，倡習鄉約及古鄉飲酒禮，勤勤懇懇，無非爲風俗人心起見，視余公之所在三原，有過之無不及者。一時父老子弟額手稱慶，咸歎息以爲生平耳目所未及，獨此一事未及禁止。大賢爲政，當亦設施有待，非淺陋所能窺測。然以濂辱荷知愛，感戴之深，初不敢後於他人。私心竊議，懼其爲德政之累，輒不自揣，敢以先師之望余公者，爲仁慈冒昧陳之。伏祈力賜主持，申明成憲，嚴諭切禁，以醒愚頑，以正風俗而培元氣，則生靈幸甚。

上小魯師稟

書院一席，久爲上游所注意，蓋亦氣運使然。前令劉謀改垂成，以端帥一電而止。本年舒令復以借爲名，不日開辦，兼欲強濂就該學教習。濂時以事難擅主，即肅稟浼其轉呈請示，璧還關聘，往返再四。正在爲難，忽奉賜函，即持以相視，半月之内，竟無聲息。竊以事難中止，擬於代謝之際，援例自立，方肅稟請示，而硃諭已先行，促令尅日出走矣。濂即欲電稟，諸友以事已無濟，語難櫽括，徒亂人意相與勸止。筮之遇「咸之萃」，其曰「咸其輔頰舌」，則上之所以爲感也。三之固止一隅，不敢隨人而吝者，濂之所以自處也。求萃於近而無應，與三之所以嗟而無攸利也。欲遠結正應之窮交，則上之所以无咎者，唯有齎咨涕洟也。因念知時識勢，學易之大方，時不可違，勢不可犯。道之興廢，在天而不在人；學之存亡，在人而不在地。惟有伏處窮山，閉門卻掃，與一二同志日抱程、朱遺編，晨夕講貫，力求寡過，以勉副我夫子繼往開來、教思無窮之至意於萬分之一，則此學一綫之延，其不能得之尋尺之地，而或可得之人人之心者，未必非吾夫子所甚願也。已於五月中旬，督令吳生將一切移之東院，暫行管守，而身率子弟以歸，未知將來又作何歸宿也。

重修魯齋祠落成並祭黄小魯觀察啓

敬啓者：關中講學之區在省東關者，有魯齋講社，即舊魯齋書院，漢陽黄小魯觀察所特建，以崇祀前賢、振興關學，爲會講地也。考元史，延祐中，敕京兆建魯齋書院，並給祭田以奉祠事。蓋魯齋提學京兆，居雁塔之東者凡六年，一時名賢輩出，如楊元甫、蕭維斗、同寬甫、韓從善諸君子彪炳史冊。而寬甫掌教書院，先後來學至千餘人。姚牧庵謂：「先生弟子繼司鼎鉉者將十人，卿曹風紀、二千石吏，棋錯中外者又十倍焉。」然則謂講學之果無益於人國，與一二人之心之力，果無與於天下之治亂安危，豈篤論哉？

先生嘗言：「綱常不可一日而亡於天下，苟在上者無以任之，則在下之責也。」觀察以黎州世系，少承家學，所在以倡明斯道爲己任。光緒初，筮仕來秦，即與平定李菊圃方伯、三原賀徵君、華州王學正及其門下諸君子倡學省垣，而魯齋書院於是乎復。魯齋之祠祀既絕而復續，關學之興，於時爲盛。蓋閱數百年而僅見也。亡何，觀察以憂去官，方伯、徵君亦相繼即世，風流頓歇，關天運矣！所幸數椽祠宇，歷廿餘寒暑巋然獨存，猶足繫學者高山景行之嚮往，低徊留之不能去，非先生在天之靈有以默相而致然歟！

惟祠宇僻在東塾，且北向非制，不惟無以全有廟之尊，並無以爲諸生以時習禮之地。觀察來書，固屢言之，以艱於籌措未果也。天不祚道，觀察竟以宣統二年冬十月十九日謝賓客捐館舍矣。未竟之志，我同人謀有以踵成之。乃於後院闢地五楹，中祀魯齋，而以魯齋後有功關學諸儒左右配享。至觀察之惓惓關學，秦人士久切謳思，謂公所講學地，甘棠之愛，有餘悲焉。飲食尸祝將於是乎在，暨宗配食迫於人情之所不容，已固千口同聲也。堂階畢具禮器，擬漸次增設，並留講堂東西隙地，爲擴充黌序之所，庶學者於瞻拜之餘得所感發，以資興起。又有當時名公卿提倡於上，四方講學純儒協力於下，以時會講，大倡學風。綱紀以立，人心以正，庶民興而邪慝遠，未必不於此一役兆之也。夫而後觀察之屬望不虛，今日之舉亦不爲徒勞已。

是役也，經始七月初吉，未五旬而工竣。諏以八月廿四日，奉安魯齋先生暨諸儒神位，新製小魯觀察神牌，亦同時附設其間。卯時恭行落成祭禮，在位君子，習聞魯齋之風，或讀其書者，均請屆時賁臨，以光祀事。是日午後，即爲講學之會。先民有作，吾道不孤。振起斯文，諸公是賴。至若觀察之門生故吏，與夫曾沐教澤及私淑碩德者，均應前期齋戒，先至贊裹，共伸崇報之誠，亦庶幾乎勸賢之義。或以邑遠途長，風雨有阻，敬以次日，仍備蒸嘗。肅啓預聞，伏維鑒照。

藍田呂氏四獻祠增廣學舍募啓

蓋聞崇先哲之宫牆，原以起後人之欽仰，而培一時之風化，實有賴衆正之扶持。吾鄉呂氏，門盈鄒、魯，業紹程、張，伯仲叔無一非賢，德言功有三不朽。鄉甲約裹，藍田著正俗之條；通志堂中，芸閣存〔一〕禮經之解。鈞遊所在，挾山水以俱傳；禮俗猶存，歎風流之未泯。即今時瞻禮之堂，實當日讀書之地。累朝崇祀，既廟貌之常新；祠祀宋呂進伯大忠及弟微仲大防、和叔大鈞、與叔大臨，在縣北五里許，創於明成化中，提刑戴珊有記，萬曆中王令邦才重修。講舍宏開，幸人文之蔚起。提學王公於祠後建芸閣書院，王令重修，後廢，今爲孫真人祠。既而滄桑增感，邱虛興嗟。河山不改，行人式宋獻之廬；祠墓增修，邑令念陽湖之派。同治中，呂令懋勛重修祠宇，並復祭田。禮隆俎豆，慶洽壎篪。雖墜緒之能尋，終興學之有待。書院猶未復。中更喪亂，漸蝕風霜。寧河好禮，展墓心勞。宣統初，高太常賡恩謁祠，將欲言之當道，難作不果。南山松竹，慶兄弟以無猶；秋水蒹葭，溯伊人而宛在。槐里能賢，鳩工身任。興平張曉山元際以甲寅秋糾合同志，集款、重修、添建號舍，爲設學計。曉山身自督工，不踰月落成。諸生以時習禮，横序雲興；父老扶杖觀光，秦關風動。祠中開學，歲時會祭講約，一時稱盛事焉。已乃欃槍屢警，兵燹迭更。自丁巳冬至戊午冬，邑境被災特甚。百里之内，不聞弦誦之聲；一畝之宫，儼若靈光之殿。當年講約，慨同好如晨星；濂於光緒辛丑冬與同志會講於此，今十九年矣。此日登堂，若大旱得霖雨。今春稍靖，始得伴讀祠中。重商舊學，掇簡編於煨燼之餘；宗仰前徽，儐籩豆於急難之後。人非安定，已庠舍之不能容；學愛西銘，奈範圍之殊未廣。願託仁人之宇，雖千里有同心；欲歡寒士之顔，恨萬間無廣廈。今謀稍事廓張，欲請共爲飲助。省一日燕遊之費，即堪增寸晷於風檐；綿吾鄉

〔一〕「存」，壬戌本作「著」。

禮讓之風，不難靖伏戎於草莽。況浮屠之宇尚解傾囊，豈文獻所存反多袖手？奚必功自己出，惟期善與人同。所操約而所及廣，諒非徒一援手一投足之勤；讀其書想見其人，即大獲德相勸過相規之益。欲善誰不如我，當不詫爲非分之求；好德同此秉彝，自必樂於成人之美。謹啓。己未三月。

改文昌社祀至聖先師啓

渭南楊生茂春力矯敝俗，以啓文請。爲綴儷語，以嘉與之。

敬啓者：蓋聞萃天下之精神端資有廟，而正人心之趨向必明所宗。況大聖配天功在萬世，故後生報本人有同情。釋奠之典既闕於春官，景仰之私宜伸於下士。竊謂吾鄉春仲舊祀文昌，稽厥所由，似屬無謂。夫天神之祀，非愚賤所宜，而禄命之司，豈禱祠可致？且以六星之焜耀，轉爲七曲之渺茫，既黷有神，豈歆匪類？兹欲去非從是，崇正黜邪，移梓潼之舊社，拜杏樹之崇壇。絶科名利禄之紛拏，粹然一出於正；欽宗廟百官之美富，慨焉想見其人。私淑既深，興起必衆。謹涓釋菜之辰，略表獻芹之敬。凡有血氣，既蟻慕之同殷；屬在衣纓，敢駿奔之或後。猥叨同社，預此奉聞。謹啓。己未二月。

上邑侯恒公稟

爲才疏學淺，祈賜詳請，暫緩咨送，俾卒舊業而期造就事：竊濂於初二日蒙諭，奉都憲札飭，以濂濫充薦牘，查取履歷，飭遵即開送，以便轉詳者。伏念濂以愚下之資，何知學問，但爲虚名所累，致誤憲臺國士之知。一年之内，恩禮之勤，至於七辱。濂由是感激，輒不自量，勉爲知己一出。卒以迂謬不職，上辜招延之意，方謂必重得罪。解館以來，閉門思過，時以報稱無地，深自愧悔。去歲備員學務，自以奉職無狀，必獲譴責，不謂復蒙矜諒，特札保全。併傳諭業師悟齋夫子，爲道勉望之意，諄切靡已。濂聞之，無任感泣。頃奉業師手教，復爲宣致。憲臺汲引盛德，殷殷勸行，俾勿固執。聞命震慄，罔知所措。服念五六日夜，併商諸朋友，均以覆餗相戒，謂以未信之身冒昧一試，非事君勿欺之道，亦非所以報知己。「豈不欲往？畏我友朋」，今日之謂也。已覆稟業師，請代爲婉懇去訖。伏維憲臺垂憐迂拙，曲加陶鑄，幸得暫緩咨送，庶幾以耕作餘暇，勉卒未竟之業。或他日不無一得之愚，足備芻蕘采擇，則憲臺之大有造於不肖，濂亦得有所藉，以爲萬一之圖報也。伏祈俯準，轉詳施行。

請復僱役法稟

稟爲請復僱役舊章以均苦樂、便公私事：緣藍境地處衝要，一遇軍興，倉卒無備，一切差累不得不責諸近郊之民，日捉人夫，夜搜牛馬。近火先焦，誅求無已，民不聊生，官亦坐困，供億之難，自古然矣。夫食毛踐土，孰非藍民。今使附郭十數村之人，而長應闔邑二十里之差，縱使措之裕如，尚非情理之平，況其力有不及耶！謂宜參酌軍興舊章，復僱役法。每甲任出僱夫一名，總二十里可得夫二百名。衛所向無差發，嗣因軍興，亦任出半數。今擬照里甲半數，出錢津貼車馬之費，如向年騾櫃辦法，一應撥夫及車馬等差，均由里甲公推正紳承辦，不假吏胥之手。遇有緊急差務，應用人夫，臨時僱覓近處丁壯，優給身工，自必踴躍應募。蓋貧民利於得錢，丁壯兼能耐苦。沿路貧民，食力爲生，不患無人，車騾亦然。總之，以闔邑之全力，應非常之兵差，事變則通而不窮，任分則輕而易舉。此向來舊法，官不勞而民不擾，由是道也。今請仿而行之，權救目前之急，一俟秩序稍定，即當裁撤，別圖善後辦法，無爲里甲永遠之累。所有開辦細則容續擬呈，核理合具稟公，懇批准，酌復僱役舊章，以蘇民困施行。

或疑兵差擾民，本法令所不許，然秩序未定之時，軍裝護送勢不能免，官民困擾已極，故不得已而爲權宜之計。若稍有秩序，則無慮此矣。又疑兵之來也有時，而預擬此數以待，是使闔邑人民日日支差也。曰此項錢文，專爲僱役而設，實用實銷，無差則錢不妄動，得人而理爲便多矣。不見今日附郭人民日日支差，官亦無可如何，獨不惻然動念乎！

卷九

藍田牛兆濂著　邑門人陳敬修明初編輯

雜著

喪禮問答

或問：「士爲四民之首，風化所關，故伊川謂：『君子雖不在位，然以人觀其德，用爲儀法，故當自慎省。觀其所生，常不失於君子，則人不失所望而化之矣。』橫渠亦曰：『恭敬撙節，退讓以明禮，仁之至也，愛道之極也。己不勉明，則人無從倡，道無從宏，教無從成矣。』今吾子與某子均有風化之責者也，某子之葬其親也，四方將於是乎觀禮，聞所行事，多下問於子，子曷慎諸？」曰：「不敢不慎也。」曰：「某子之葬親也，有樂而飯，客有酒肉，禮與？」曰：「非禮也。」「非禮則何以訓？吾子又何以聽之也？」曰：「某子非不知其非禮者，蓋重違其母，而號泣以隨之者也。吾知其委曲，故亦不之強也。」曰：「從親之令之不得爲孝也，孝經言之矣，不幾陷親於不義乎？子之聽之不將以成人之惡乎？」曰：「或問於朱子曰：『浮圖或親意欲用之，不知當如何處？』朱子曰：『且以委曲開釋爲先，如不可回，則又不可咈親意也。』」又問：「親死，遺囑教用僧、道，則如何？」曰：「便是難處。」曰：「也可以不用否？」曰：「人子之心有所不忍，這事須子細商量。」由是言之，不忍於其親，固朱子之所許也。曰：「然則題主之禮，以屬吾子，子其諾之乎？」曰：「諾之矣。」「諾之奈何？」曰：「故人情厚，不敢辭也。雖然，亦各行其是也。」曰：「某子之爲是也，非不自以爲非禮也，然而不能正也，己不能自正，則所待以正者，不重有賴於吾子乎？吾子不往，則其非禮見矣。非禮見而後，某子不得已之苦心乃於是乎可共白矣。且某子之爲是也，稍知禮者，已疑之矣。吾子一往，則人將以是爲禮矣。以是爲禮，則向之所講明而遵守者皆非禮矣。是斯禮之壞，不壞於某子，而吾子壞之也。故某子行其心之所安，所以順親；而吾子示以義之不可往，所以存禮。此則所謂各行其是者也。若第以交道往也，此以施之他人則可。何者？其人固無足輕重者也。親者無失其爲親，故者無失其爲故。夫子之於原壤是也。若某子之賢，則風俗所待以正者也，若之何其以原壤薄某子也？」曰：「不往，誠是矣，然友道則奈何？」曰：「送其喪可也，相其禮不可也。」予不能答，敬次其語，以就正於某子併知禮之君子，未知其果有合焉否也？

讀近思録類編凡例

一、朱子小學一書，雜引經籍而文理接續，血脈貫通，一如大學之傳。其輯此書，猶在十二年前，唯依卷分類，其節次則除三卷、十四卷自有端緒外，餘止以人及所著書次第排比録之，使學者殫心於各卷之中，久之而自得其條理，所以引學者之用心而不欲教之薄也。兹特本伊川「類聚觀仁」及横渠「編書須理會有所歸著」之意，取一卷之中以類相從而各分其次第，爲其便於省記，非敢求異於朱子也。

一、條下注明原書次第，以存朱子之舊，蓋此册自名類編，懼覽者不察，譏其僭易朱子之書，併以此册亂朱子之書也。

一、每卷各以首條爲主，以下連類而及，蓋首條乃朱子用意所在，類編即託始於此，蓋亦猶行朱子之志云爾。

一、卷中節次，一各因其自然，如一卷首太極陰陽而鬼神剥復感應爲一類，此道體之本然。所謂「在天曰命」也，次理則「在物爲理」也，次則在人之性。專言之則曰仁，仁具於心，心之動静則曰中和，其通其復皆誠也，故以誠終焉。由天而人，自人而天，不出太極一圖也。二卷首「希聖」，則實體此道而盡人以合天者也。必先宏其心、毅其力、知所往而力行以求至，其成始成終則以敬爲本，而集義爲要也。變化氣質，所以復性也。主敬存誠至六有，而其功極矣。推之而造次顛沛無不一於是焉，則密之又密者也。然非有以盡夫天理之極而無一毫人欲之私，則善猶未至不可止也，此當於勿忘助間求之。忘固無功，助亦私也。文章、記誦、功名之務外爲人，皆利心也，必先去此而後可以入道。然尤不可以馳志高遠而躐等以爲也。故終之以累高自下，則近思之書所由作也。此程子昆弟教人之旨，而朱子取之，其意亦深切矣。其他如四卷之「內外動靜」，而以持敬之弊終之。五卷之「懲忿窒慾」、克己改過，而以自怨責己終之。以下各卷，一皆類此，不煩備述，無非因其自然之序，初非有所安排布置而然也。

一、每卷綱目相銜，條理井然，而細目之中，自有首尾，各有次第，讀者詳之。

一、每細目末條，必致鞭辟丁寧之意，蓋有所歸著之旨也。

一、每類界辨，只用筆劃，不別標目，病其拘也。即目録之作，亦編輯時約舉二字以便查勘，如學而、爲政之例，非謂可以括通章之旨也。〔一〕

一、此册取原書割截補綴而成。諸先生言語礙難識別，原書具在，讀者自能詳之，無事蛇足也。〔二〕

一、此編爲私自誦習之本，非敢漫言著述，而愚瞽之見，藉以就正高明糾繆繩愆，是所望於有道君子。

〔一〕藍川文鈔卷末附校勘表稱「無此句」，依文意，此句當爲後人對「凡例」所作注釋。
〔二〕藍川文鈔卷末所附勘誤表稱「多此條」。

呂氏禮記傳凡例

一、宋史藝文志呂氏所著有禮記傳十六卷，文獻通考有芸閣禮記解十卷，衛氏湜曰：「案中興館閣書目，解止一卷，有表記、冠義、昏義、鄉飲酒義、射義、燕義、聘義、喪服四制八篇」而已。今書坊所刻十卷，又有曲禮上下、孔子閒居、中庸、緇衣、深衣、儒行、大學八篇。今按：解雖十卷，共十六篇，與宋志十六卷之數合。藍田志二書並收，俱云朱子刻之臨漳，當即一書。今此解從衛氏禮記集說中録出，定名禮記傳，從史也。

一、十六篇目，衛氏有孔子閒居，而無投壺。陳氏解題，有投壺而無孔子閒居。張氏所云禮記傳，今闕第三卷者，當指陳氏所據本而言也。第不知集說所録投壺一篇，又何自而得，衛氏何以又不數之耶？茲兩存之，而以投壺附深衣卷後，以存十六卷之舊。

一、朱子生南渡後，全書已不可得，衛氏自謂零篇碎簡，收拾殆遍，又云盡載程、張、呂、楊之說，而所録不過如此，則呂氏之書當時存者亦復無幾。惟此十七篇首尾完好，殆因朱子刊布而僅存者歟！故特別録出，此外諸篇，間有解釋，則文體不類，併采入文集語録。

一、篇中所引，有注明出處，如策問、宗子議之類，固宜移入文集，而中庸篇目下一段，又似講義之體，亦應別録。其他文雖不類，而無所識別，故仍之。

一、經文間有不備，鋟版已成，姑從闕如，蓋以傳爲主也，讀者諒焉。

一、朱子謂：「與叔文字極是實，說得好處如千兵萬馬，飽滿伉壯。」今觀此解，益信其煞筆間有未滿足者，或衛氏所刪節，非與叔本文也。

一、解中一本云及，又曰「字本非著書之例」，緣編輯者欲備録以見異同，及未盡之蘊勢難刪去，故存之。

一、此書從集説中録出，俾呂氏議論本末，學者可得而窺之，且通志堂本購置不易，故從省便，以廣其傳。

一、原刻顯然脱誤之處，已據他書訂正，此外仍有所疑，則俟諸博學君子。

一、中庸、大學原係專行之本，故所解特詳，論、孟僅有精義，所録無多，容續梓合印，以成四書解一編。

一、鄉曲藏書無幾，見聞太狹，呂氏著述搜訪不易，尤望衛道君子有所見聞，隨時見教，廣爲增益，以餉學者，不勝幸甚。

記清麓問學本末

光緒癸巳春三月之望，謁復齋先生於朱子祠。是日，習鄉飲酒禮，禮畢，先生坐講，謂：「鄉約法最關風化，務各力行。」講訖，會飲歌詩，爲先生壽，日暮請出。明日晨，謁先生於家。問學，先生曰：「程、朱是孔、孟嫡派，合於程、朱，即合於孔、孟；不合於程、朱，即不合於孔、孟。能熟讀近思録則自見得。」又問：「居常動念，非全無所知，往往明知明昧，不能自克，如之何？」曰：「既知是自欺，便不要自欺。」蓋即朱子知得如此是病，不如此便是藥之意。問學規，曰：「有學規七種在。」先生問濂：「何以不赴公車？」濂曰：「慈親之命，但欲濂學爲好人，他非所望也。」先生喟然曰：「賢哉，母也！」因舉濂名字訓曰：「大莫大於太極一圖，精莫精於通書四十章，子其勖諸！」濂再拜，受教以歸。因撮要銘座右，曰：「欺慊須問自心。」記取誠意章第六「純疵、止爭」入手，教讀近思録者三。學不得力，僅五閱月而先生已謝，諸生不及再見矣。嗚呼，惜哉！厥後十有二年，乃得一瞻拜祠墓。今又四年，而再展謁宫牆。感念音容，爲之泣下，學之無成，何以上告先生，小子濂知之乎？

讀高太常精一辨

聖經言簡意盡，止二「精」字，二「一」字，用力處在此，究竟處亦在此。察之所以精之，守之所以一之。朱子戊申封事言：「精之，一之是也，此就用力言者也。精之而至於不雜，方到得精字地頭；一之而至於不離，方到得一字地頭。」此以究竟言者也。太常就用力邊說，故有精而益精之語；紫垣就究竟處說，故以訓擇守者爲不然，實各說得一邊也。必如朱子察夫二者之間而不雜守，其本心之正而不離二語，方爲完備。

祭姑答問

余兩姑早寡，歿，無主後。余不忍其餒，歲時爲位，使得祔食於祖。家人疑焉，余方以經義自信，不自知其非禮也。已取禮經閱之，則疑者原自不誤，因自咎向者之不學，而愧無以對家人也。用條具其說如左。

問：「女嫁而祔廟，禮歟？」曰：「非禮也。」「非禮，則何以祔？」曰：「爲其無後而弗忍也。喪服斬衰三年章：『子嫁，反在父之室，爲父三年。』王氏肅曰：『嫌已嫁而反，與在室者不同，故明之。』敖氏繼公曰：『自父以下，凡爲此女服者，亦皆從其本服。』又不杖期章：『女子適人者，爲其昆弟之爲父後者。』傳曰：『婦人雖在外，必有歸宗。曰小宗，故服期也。』敖氏繼公曰：『婦人雖外成，然終不可忘其所由生，故以本宗爲歸宗也。若曰婦人或不安於夫家，必以此爲歸然也。』又：『姑、姊妹、女子子適人無主者。』傳曰：『爲[一]其無祭主者也。』義疏案曰：『其夫雖無祭主，猶得祔食於宗

[一]「爲」：十三經注疏儀禮注疏卷十一喪服及儀禮集說卷十一喪服作「謂」。

子之家，婦人則竟已矣，故父母昆弟侄尤矜之也。』雜記：『女子祔於王母則不配。』鄭康成曰：『女子謂未嫁者，嫁未三月而反，猶歸葬於女氏之黨。』據以上各說，則無主者之不可以無歸，即不可以無祔。雖禮無明文，未始不可以義起也。」

曰：「子嫁而反，據被出者而言也，必有歸宗。明若不幸而被出，則以此爲歸也。無祭主者，特以其服而已。婦人外成，分有所限，則氣亦不屬，故不爲之祭也。義疏案曰：『女子未嫁，及已嫁三月而反，必無世祭祔之，何爲？則適人無主者之不可以有祔也，審矣。況又嫌於被出乎！』雜記曰：『姑、姊妹，其夫死，而夫黨無兄弟，使夫之族人主喪。妻之黨，雖親弗主。若無族矣，則前後家、東西家；無，則里尹主之。』或曰：『主之而附於夫之黨。』孔氏穎達曰：『此明姑、姊妹在夫家而死，無後，使外人爲主之事。』或人之說，云妻黨主之，而祔祭之時，夫之黨主之，非也。朱子曰：『古法既廢，鄰家、里尹，決不肯祭他人之親。祇從宜而祀之別室，其亦可也。』李德昭曰：『未聞侄爲天子，而祔姑於廟者。蓋不可絕者，恩也；不可干者，義也。』權恩與義而曲全之，則朱子之說，固亡於禮者之禮也。」

藍田四獻祠增廣學舍上梁文

兒郎偉，藍關東，鎮玄灞前横。欽四獻之英風，接千秋之道統。地不減龍蟠虎踞，知靈秀有獨鍾；德且共山高水長，幸典型其未遠。式瞻遺廟，久剥落於丹青；辱在鄉人，倍敬恭於桑梓。春風童冠，以時習禮其家；綿蕞儀文，遇雨霑衣則廢。值天運無往不復之日，正人心亂極思治之時，手假賢侯，躬逢盛事。南康初政，昔賢尋白鹿之遺；函谷開關，仙吏策青牛而至。工師得大木，營之不日而成，寒士皆歡顔，美哉如松之盛！矩絜乎上下四旁而齊同，道放諸東西南北而皆準。爰歌六偉，敬迓百休。

兒郎偉，抛梁東，河洛聲靈一派通。遥溯淵源東見後，譽髦長此坐春風。與叔受學程子，有東見録。

兒郎偉，抛梁西，鬱葱佳氣五陵齊。西銘遺教分明在，胞與常懷牖上題。與叔守横渠學甚固。

兒郎偉，拋梁南，無邊風月萃吾藍。道南多賴同門友，千古傳人得晦庵。與叔與謝、游、楊氏並稱程門四先生，龜山倡道東南，三傳以至朱子。

兒郎偉，拋梁北，一闔八荒惠我德。衽金何有北方強，到此應無己可克。與叔著克己銘，有「洞然八荒，皆有我闥」之語。

兒郎偉，拋梁上，爾室有神惟爾相。高高在上日監茲，屋漏無忘絅之尚。與叔有中庸解。

兒郎偉，拋梁下，禮失不妨求之野。晚學下士愧拙修，勉明深望後來者。與叔淹貫六經，尤邃於禮。橫渠曰：「己弗勉明，則人無從倡，道無從宏，教無由成。」

伏願上梁之後，天時雨澤，時亢旱。人慶豐年。兵氣化日月之光，文治啓貞元之會。家敦禮讓，鴒原譜棠棣之章；化起弦歌，牛刀永甘棠之愛。尚克開此來學，期無替於前徽。

上梁文考

上梁文不知所昉，宋楊誠齋、王荊公及朱子集中皆有之。或云始於六朝，爲築室頌禱之詞，如小雅之斯干，張老之「輪」、「奐」，皆其類也。所云「兒郎偉者」未詳何解。又有「拋梁上下四方」之文，亦所未詳。考禮記雜記云：「成廟則釁之。其禮，有雍人舉羊升屋，中屋南面，封羊血流其前，乃降。門、夾室皆用鷄。先門而後夾室。割鷄。門，當門；夾室，中室。事畢乃退。」今按：釁廟升屋，南面封羊，東西與門各一鷄，凡用三鷄，亦升屋而封之，其衈皆於屋下，似爲上下四方所由昉。雜記又云：「路寢成，則考之而不釁。釁者〔二〕，交神明之道也。」註云：「言路寢者，生人所居。不釁者，不神之也。考之者，設盛食以落之爾。」疏引庾蔚云：「『落』謂與賓客燕會，以酒食澆落之，即歡樂之義也。」今按秦俗，上梁時親

〔二〕「釁者」：禮記注疏卷四三雜記及通典卷四八作「釁屋者」，疑脫「屋」字。

知以酒食相賀，謂之「澆梁」，合於澆落之義，則此「拋」字亦當爲「澆」字之義。今人宴集，望空酹酒，謂之「拋天地」。疑拋梁云者，亦是以酒上下四方拋之，如澆落之云，未知是否？

頃得劉元吉書云：「洋縣上梁，有工人以酒拋梁，並以食物等於梁上上下四方拋之，口中唱歌，兒童爭拾取之，其俗必有所昉。朱子詩云：『儲胥聞道落初成，共喜兒郎志氣生。』『落成』下用『兒郎』字，蓋此義云。」

卷十

藍田牛兆濂著　　邑門人陳敬修明初編輯

題跋書後

跋朱子年譜

白田先生朱子年譜共五册，文孫白水令耕伯先生故物也。予初未知先生，庚寅歲伴讀白水，邑人士津津爲予道先生德政。其大者在興學善俗，與百姓如家人父子，月朔望坐通衢，親講六諭，書院及儒學留題甚多，一皆恪守程、朱。所刊有小學例、古文例等書，板片率殘闕不可讀。予心敬其爲人，輒手自摹印，珍而藏之。歸而考諸省志，乃知先生家世寶應，故白田鄉人，且同姓，其淵源蓋有自也。及見此書，上有思齊堂及彭衙書堂圖記。書堂爲先生創建，思齊則先生以署治所門樓者也。因疑此書爲先生故物，期在必得。書賈要重價，往返十數，卒以倍值得之。予喜甚，如獲拱璧，珍惜愛護，十倍他書。一日於經世文評語中得先生姓名，則先生固白田之孫，乃大驚失喜，取書反覆熟視，謂此生何幸，得見先生故物，而所疑淵源有自之說，果不虚也。撫兹手澤，倍切嚮往，愧於此未嘗致力，不獲窺朱學之萬一。深負前賢編輯垂訓之苦心，不堪爲此書作主人也。書之簡端，時以自省，併以告後之讀此書者。

書名山寶藏册

濂不肖，賴師友匡救夾持，尚不至大爲非義。訓誨所及，與凡手書，雖片語隻字，莫不珍而藏之，夙夜敬識，弗敢忘。然東西轉徙，歷數十寒暑，其幸存者亦僅矣。久思會萃成編，未果也。舊藏峨眉山志七鉅帙。峨眉固名山，志什九皆浮屠家言，予欲火之久矣。第以家素貧，生平恒艱，於紙故惜之，亦不果焚。往見佛寺，然長明燭，喟然曰：「可分與讀書燈也。」見紙灰滿地，曰：「造物惜哉！宜吾之艱於得紙也，天下之以有用棄於無用者，皆此類也，在用者一轉移之耳。」太史公有言：著書「藏之名山，傳之其人」。此名山志也，吾以藏吾師友之筆札，以致高山仰止、心嚮往之之意，斯不輕吾師友，而名山於以得所託焉。夫誰曰不宜！若第焚之，則終於無用而已，然竹帛冤矣。

書邵自道鄉約鐘文後

鄉約之在藍田，自呂氏後不講久矣。明萬曆中，秦關先生倡行之，謂：「居鄉不能善俗，如先正和叔何？」乃約爲十二會，赴會者百餘人，設科勸糾，身先不倦。一時風俗之美，論者以爲呂氏復出。惜所著正俗鄉約一書未見傳本，其講約之所與同約之人亦無所考據，徒令人心儀其盛，恨生不與同時，而豔羨夫生同時者之何其幸也。壬寅夏，及門程還臨告余以所聞曰：「頃從柳莊寨鐘文中得一人焉，曰邵君自道，萬曆中講約者也，此地即其約所，而同約之人姓名具焉。此鐘即爲講約設者，計其年則去先生之沒僅十年耳。而其先人東柳君者，首倡此舉，創約亭、倉舍、鐘鼓各樓，以與鄉人會講於此，則又在數十年前。」文雖未明著師友淵源之所自，而正與先生同時。先生居西關，君居東關，又若是其近，其殆受陶淑於先生，而不僅聞風興起者歟？第其名不著，他善行亦無所考。然向無此鐘，則又安知數百年前尚有此人於此地講此事者？而天理民彝之不可終沒，亦於是乎決之。文不著作者姓名，亦簡勁懇惻可誦，有德之言也。故録之而記其本末如此，以告吾鄉人。

附原文　鐘今存藍田東十里許柳莊寨。

風俗之隆汙，皆由乎人爲之者爲之也。得其人則隆，不得其人則汙矣。藍東有柳莊寨，去縣十里許，居民百十户，先年東柳邵君以齒德舉鄉飲，率諸鄉人，行吾邑呂氏鄉約。寨中空地一畝，創修約亭、倉舍、鐘鼓樓房。君歿，約頹，鐘亦壞矣。後君男自道繼父志，重修鄉約，率人而飭行不怠。邇來欲復釁鐘一紐，懸之約所，每朔望日鐘鳴，凡同約者知會期也。不獨用之朔望，扣以晨昏斯會之人之必聞者，必將曰：「斯鐘之設，凡以爲吾鄉約也。一有不如約者，將不愧斯鐘耶？蓋有不勝內懼者矣。」且鐘，金屬也，逆計其壽，雖與斯會之人子、孫、曾、玄俱延可也。其子問之者，必將曰：「警而翁爲善人者，斯鐘也。」其孫問之，曰：「警而祖爲善人者，斯鐘也。」其曾玄問之，曰：「警而高祖爲善人者，斯鐘也。」吾何爲而敢棄於鐘之外耶？斯鐘一日無恙，斯約一日不廢也，其用意顧不遠哉？噫！斯鄉也而得斯人之爲之者，而斯鄉之所以特隆也。故鄉之風俗豈不關人哉！明萬曆二十七年十二月造。

書某孺人墓誌銘後

或問禮：「女未廟見而死，歸葬于女氏之黨，示未成婦也。取女，有吉日而女死，壻齊衰而弔，既葬除之。夫死亦如之。故明儒於未嫁之女爲夫守節者，斥爲專以身許人。今某孺人奔喪不返，其節義之高絶，誠卓然千古矣。然竊疑其過於禮也，若之何？」曰：「未廟見而女死，誠哉未成婦矣。然歸葬女氏，唯舅姑沒則然，存則不必然也。女不服斬，既葬而除，以未必有三年之恩，且不稱夫婦，遠嫌也，禮之大經也。至謂未嫁守節，爲專以身許人，則義疏固陋之矣。蓋納采、納徵而許，皆父命也。從父初命，之死靡他，女德之獨至也，從一而終也，特不可以是望之人人。故禮從中制，世有其人，固聖人所欽許也。望溪方氏曰：『後世人道衰薄，天地之情[一]有所壅遏而不流，其鬱而鍾於一二人者，往往發爲絕特之行，而不必軌於中道。然用以矯枉扶衰，則固不可得而議也。』山史王氏之傳劉義士也，曰：『此予所以悲而敬之，有不勝内愧於心者，欲一發孟子「死傷勇」之説而不敢也。』吾於孺人亦云。」

跋劉樂山主敬行恕横幅　樂山名仁三原人

人之病有二，一是不知有己，一是祇知有己。惟敬則能收得此心入來，雖千萬人中，常知有我，所謂主人在室，自能了當，得一切家私也。恕則能推得此心出去，凡事設身處地，其理自明。語云「若要知道，打個顛倒」，須是克去一個「己」字。絜矩之道，天下可平，强恕而行，求仁莫近。否則自私任性，一步不可行矣。樂山屬書此語以自觀省，蓋嘗用心於此者，爲疏其大意如此，勖之。

書沙河村借水救荒事

借水救荒，大幸也。借水以救人之荒，大惠也。益於人，略無損於己，不費之惠，仁之所以溥其利也。益於己，仍無損於人，不貪之欲，義之所在，無不利也。自人心不古，借水者不知大惠之足懷，往往以借爲名，輒思攘爲己有，至使人之惠有所鑒戒，而不敢輒施。己則不義，何以勸人之仁？則自私自利之適以自害，抑何愚且拙之甚也。

今秋借水灌種者多矣，然或起爭端，或致鬥訟，雖使餘潤可分，究之得不償失，甚至仇殺相尋，死傷相繼，爭之愈力，持

[一]「情」：方苞書孝婦魏氏詩後作「性」。

之愈固，而水卒不可得。則夫慷慨仗義，推惠爲仁，如吾沙河村其人者，不亦猶行古道而爲吾藍所僅見者歟？聞之洩湖漫道，二村之借水沙河也。自言通渠，所過阡隴，損傷實甚。悉蒙海涵，略無邀阻，尤深刻感，何則？首事諸君，素明大義，宏此仁施，固其所也。難在村人無少長，無一不樂從以共成其美也，非素涵濡乎？仁厚之風，詎易有此，古稱仁里，殆無愧乎！

嗟乎！此何時耶？吾不意吾藍尚有當仁不讓如沙河村其人也。然非有感恩守義如二村其人者，則沙河亦藍人耳，雖有其心，亦不敢行其事矣。吾故兩嘉之，以爲行仁義而未嘗不利者勸，併使矜言興利，輒亂舊章，適以啓無窮之爭奪者有所鑒戒云。

跋陳午橋養心閑六欲說橫幅

人之有欲，與生俱生者也，必死而後已。不然，亦必先死其心而後可，此異端之說，聖賢所不取也。聖人之好惡猶夫人也，第以其一出於義理之正，是以所欲從心而自不踰乎規矩，猶慮馬之狂奔而範之以馳驅，自然惟吾所使而無不如志，非第縶絆之而已也。故制欲之法，惟閑邪以絕其外誘，集義以深其內養，使悅心者常不啻其悅口而有餘甘焉，則所謂欲者，亦自覺其無味，而不足以動吾心矣。然以吾丈今日時勢言之，則先死其心一法，尤爲起死回生之要藥，所謂置之死地而後生。非好死也，不死則無以求生也。言各有當，夫豈一端？願吾丈日三復之。

書張竹軒示陳敬修語後

嗚呼！此吾友竹軒張子以示陳生敬修者：所云「從容和易之意若有餘，而莊整齊肅之意若有所不足」。又云「小仁者，大仁之賊。無面目者，乃長久人情也」。又云「於剛斷有所未足，時有流於牽制姑息之弊」。又云「詹體仁慤，實肯講學，不易得。但免膽弱，蓋膽氣薄而少，決以此思剛明之資，誠不易得」。此數語深中吾病，恨不早見此册於十餘年前也。今覽此，爲之泫然。吾友教我多矣，豈獨爲生鍼砭哉？幸爲别録一通，爲朝夕之警，庶他日有以見吾友於地下也。然則生之所爲拳拳服膺而奮厲者，又當何如耶？勉之勿懈，無令此爲規之瑱，則誠善繼師志者矣。

書張福德傳後

臨潼孝子秀愷子，秀愷以孝聞，親沒，負土成墳，積十餘年。

己未春，余以相楊生茂春[一]禮事，過零川秀愷[二]，延至其家，哭福德於墓所，因止宿焉。得見其修墓帳目，潔靜整齊，十餘年如一日，風雨寒暑無間也，可謂不忘親矣。時文進[三]從余，一時有兩張孝子之目，聞者莫不動容稱歎。秉彝好德，有同情焉。福德有舅余君，助乃甥就學，不存流俗之見，其識力有足多者。福德之生，與其所以粗有成就，非偶然也。茂春請見，而零川學者雲集景從，皆福德有以開之，是不謂之有功斯文不可也。學絶道喪，有志殊難，其人篤信力行，如斯人，而天遽奪之以去，嗚呼惜哉！

[一]「楊生茂春」：壬戌本作「華亭」。

[二]「秀愷」：壬戌本作「壽卿」。

[三]「文進」：壬戌本作「孝徵」。

卷十一

祭告文　哀辭

藍田牛兆濂著　邑門人陳敬修明初編輯

祭薛玉珍文　名維嘉同邑薛家河人

嗚呼！薛兄而竟至於斯耶。豈天固祚善人，獨於兄其靳之耶！天乎天乎，其可知耶？其不可知耶？方薄俗之日下，羣耽逐於勢利，兄獨慨然於吾道，其有意迹素志之所存。微獨身之是爲，方欲悔過自新，汲汲焉親師取友，克己從善，徐以化其家人，培太和於門内，由是而挽回澆風。或庶幾「穎封人之錫類」，詘笑叢集而不移其心，疾痛阽危而不餒其氣，非其識之獨卓，胡所爲之特異？固朋從所深倚，亦斯文所重係。謂天其佑啓之，俾有志以竟成。胡爲乎奪我兄之速，使有志而未逮，以至於斯也？嗚呼已矣！

兄之少也，力作養親，職供刀匕。獲讀論語，欣然色喜，謂學有在，乃在於此。世有其人，吾將師事。幸親有道，奮而興起，身在泥塗，壯心不已。嗚呼！濂實無似，兄乃不鄙，厚以古人相期，輒殷勤而加禮。既相委以諸幼，復代籌其生理。蓋情誼之所至，雖骨肉其鮮比。惟愚性闇而心疏，恒先機之多昧，復優柔而寡斷，渾吾不知其爲悔。兄獨不忍其顛覆，輒剴切力爭，以醒其聾聵，謂慎始慮終，其最要惟相勉以畏威而遠罪。一行不慎必規也，一語弗檢不隨也。兄以我爲畏友，我恒以兄爲嚴師。惟日夕之交勉，豈非僻之潛滋？謂如是，其有年當不至醉生而夢死，命也何如？兄遽至此。

嗚呼！去歲之春，我來於兹，誦詩習禮，樂何如之。不謂秋來喪明，有戚裂心摧肝，乃遘虐疾，輾轉逾年，九死牀席。謂庶幾其有瘳，曾日月幾何，而凶變乃至於斯極！竹軒見辱，謂兄病垂危，鍼氈夜坐，扼腕增悲。方戴月以偕來，冀少抒乎鄙懷。忽素冠之在門，輒拊擗而生哀。

已矣乎！疇昔之夏，曾生祭兄以詩，詩未成章，請終其詞：「天下方鼎沸，擾攘何時定。獲保首領沒，豈曰非天幸。孑孑清遺民，終始完正命。魂魄誰與歸，古昔有賢聖。」今兄雖終，言猶在耳。維兄之志，終不敢失墜。靈輀既駕，永訣今夕。敬酹一觴，悲痛曷極。哀哉尚饗！

李康侯哀辭　名炳森涇陽人

康侯李君，予同病友也。予戊申秋病，幾不可爲。果齋來視，以靜養相勖，爲詳道君之善養疾也。予敬識之，用寬綽厥心，幸以不死，至於今不敢忘。

果齋之言曰：「君曾遘危疾，殆無生理，醫云『須靜養百日』，君曰『此易耳』，與家人約，百日内事無大小，無得聞。親知問疾，弗面也。已而果瘳，以未及期，申戒如初。既滿期，置酒邀相知爲慶，遍詣各親故。比其反也，以家事委妻帑，謂前日已死，今日重生，天厚我也。不讀書爲善，無以敬承天意。自號餘生子，一意向學。時至清麓，與同人講切，不自知年之幾何也。」庚戌九月，予會祭清麓，一見如故，爲贈言勉學，自後書問不絶，每至山，必相見。亂後曾寓書果齋相問，輒詭辭報平安。不圖君之竟不起疾也，其養之猶未慎歟？抑天之不係於人歟？君已返其真，而汎梗者且無垠也。墓草雖宿，吾如何勿哭？

告考妣文

兆濂不肖，仰承遺體之重，背違以來，日夜悚懼。方欲奮志勉學，以求大人未竟之志，無如立志不堅，悠忽間斷。今年三十七歲，反己自問，毫無心得。存心處事之際，常多愧怍，辱身羞親，罪無可逃，以致明神譴罰，第三男竟爾夭折，慘何可言！兹者恭應升大中丞之聘，即舊關中書院改建師範學堂，以兆濂充總教習之任。自揣愚陋，何堪勝此？既迫於必不得已，只得勉強一出。惟有自竭愚誠，集思廣益，以期少副上臺折節下士、力扶正學之至意於萬分之一。脱有不可，即當奉身勇退，誓不敢稍存係戀依違，自玷生平，得罪名教，以貽我大人之羞。兹當遠離，不勝哀慕，灑淚書此，用伸虔告。維大人在天之靈，尚克鑒之。敢告。

祭張竹軒文

惟皇上帝，厥心孔仁。爲愛其道，篤生善人。善人之生，天保佑命。善人云亡，天何不幸。

惟君之生，得天獨厚。愷悌慈祥，忠信孝友。休休其容，表表其節。聽言者信，睹德者悦。

少工文翰，譽滿膠庠。一變至道，脱屣名場。初學二曲，心宗自喜。晚歸清麓，聞風興起。

薛家河上，党氏山頭。君不我棄，日月交修。首倡家禮，力破故習。荒政經營，既竭心力。

暮夜卻金，隱微無愧。捧檄爲親，以禮進退。芸閣講約，朋好從風。東南倡道，伊誰之功。

親疾遍禱，川嶽祈靈。減算求代，哀動神明。上順諸兄，下和羣季。一門之内，藹然孝弟。

不意凶變，遘此虐疾。九死之餘，爲親屏息。謂道未聞，壯心不死。胡天不弔，君遽至此。

傷哉斯世，孰問此學。寥寥數人，復此搖落。生平知交，如君者誰。君而至此，吾將安歸。杯水淒風，朋友之情。載陳薄奠，鑒此哀誠。嗚呼哀哉，尚饗！

祭古冢文 并序

講社修祠取土，不數尺得古冢，銘志不存，世代姓字莫可得而知也。同人謀改葬，余以「季武子成寢」事對，且曰：「昔人有欲葬陶家舍側者，今幸依文正宇下。日夕聽弦誦聲，不猶愈於墦間岑寂乎？」議遂寢。然心終不自安。一日理書，得謝惠連祭古冢文，讀之不覺戚戚于中，乃决議遷葬於東郭，祭之以酒脯，敬遵古義，仍假號以「冥漠君」云。

維年月日，藍田牛兆濂使門人長安〔一〕侯銘佩具酒脯之薦，敬告「冥漠君」之靈：

昔在文正，講學斯土。祠廟久湮，莫知其所。滄桑幾易，宫牆邱墟。邱墟既平，孰識幽居。黄公戾止，於焉倡道。庠序雲興，以闢茂草。彼墳者冢，碑以識之。外内井井，有坦其夷。今公謝世，遺愛在秦。瞽宗配饗，祠宇其新。畚鍤甫作，塹不及尋。穴出棺見，乃惻我心。葬以云藏，究是安宅。豈伊震撼，驚心動魄。相彼東郭，樂土斯存。稽古庸禮，敬妥芳魂。我生君後，君葬我前。宇宙共託，曷後曷先。改卜爲君，君無我尤。他日之我，有骨誰收？靈輿載道，幽明永絕。酹君一觴，增我幽咽。嗚呼哀哉，尚饗！

〔一〕「長安」：壬戌本作「咸甯」。

魯齋祠落成祭許文正公文

維公以神明之資，生亂離之際，慨生靈之塗炭，以孔、孟、程、朱之道出，而堯、舜其君民人類之不至終滅，綱常之不至終絕，公之力也。教人以小學、四書，洵萬世不易之則，豈惟當世實被其澤！而秦人士之過化爲最先而深，故其感發而興起者，至於今不絕。前漢陽黄小魯觀察遠維前烈，肇新祠宇，明德之祀，絕而復續。而規模草創，未及觀成，乃遂賫志以沒。予小子不量德力，輒欲似續師志。謹以七月之吉，改築崇基，不再閱月，堂構告成。爰諏吉日，集會同人，虔具豆籩，聿脩祀事，以復齋賀先生、篤齋王先生配，即以是日爲講學之會，庶幾名教綱常賴以不墜。所幸名公巨卿，通儒賢士，共表同心，翩然來會。風俗人心，潛移默化，可拭目俟也。濂之薄劣，亦幸得從大君子之後，擴所見聞，正其闕失，或終不至獲戾神人。維公在天之靈，實佑啓之。尚饗！

告薛新章文

玉珍之子，壬子五月二十六日卒，年甫二十。

維年日月，友生牛兆濂使子清淵以酒脯之奠告汝新章之靈。二十五日午藺生來告余以汝病篤，余踉蹡往視，至則已昏不知人，不能交一語。嗚呼！遽至是耶。汝祖母爲言，汝〔二〕連日病中狂呼，如見余及張、王兩先生驚喜狀，且大哭，痛淵兒之伶仃無友。嗚呼！汝至此猶不忘余父子耶？汝之不克成學，至死猶不忘學，傷哉志也！

〔二〕「汝」：據壬戌本補。

汝父北見清麓先生，心醉其德徽，愛其學規，留連數日，購所應讀書以歸，恨知學之晚也。汝即以其年生，形貌氣度間彷彿有似先生者。甫七歲，即延余汝家，與弟崇章授讀。淵兒時五歲，亦保抱相從，汝父之志，方於是有無窮之望焉。常以禮教不明，人多夭札，欲使家人自灑掃應對、衣服飲食之細一一從事小學，以爲修身齊家之本。又以德必有鄰，欲仿橫渠井田之意，買田一方，集合同志，共一村落，興養立教，日月漸摩，久久成爲風俗。幼子始生，即涵濡禮教之中，無邪人惡行之接於見聞。有志未逮，其明年，汝父以沒，未竟之志，予任之，唯日望汝兄弟之成之也。自是以來，汝東西唯余是依，中間從兩張先生岳峯、克明。、王先生慎齋。學，書册筆研，寢食居遊，無在不與淵兒共之，十四五年於今矣。家門多故，汝叔汝母相繼即世，崇章亦迫於家計改業，淵兒不才，所望者唯汝爾。十數年中，小僮來去不下二百人，求其識趣之正大，志意之純篤，氣質之溫厚，足以造道入德，爲後起之俊者唯汝。汝之外復何人哉！汝數年前嘗告余以同學中少切實爲己者，朋友相見，絕少規勸觀摩之益，爲吾學之大可憂者。嗚呼！汝已矣，而今而後，吾憂何時已耶！

汝之沒也，汝祖母叔母爲之絕而復甦者，日不知凡幾。鄰族莫不隕涕，歎汝孝子者無異詞。四方同人聞之，均爲吾道惜汝。嗟乎！新章，吾獨何心，能忘情於汝耶！王先生曾敍汝行略，以不沒汝志，兼以慰惜汝者之志。余之哀則未已也，故書以告汝。汝身後，余仍不時料理，勿以爲念。時序變遷，後事殆未可知，則生者不足幸，死者未足哀也。相見不遠，汝亦可釋然於余矣。吁嗟天乎！余何言！

三原朱文公祠會祭告文

維公崛起南服，際斯文絕續之交，集諸儒之大成，息邪距詖，俾孔、孟以來相傳之緒，如日月中天，洵六經中之神禹，三代下之宣尼也。秦人士僻在西陲，末由瞻仰德輝，僅於雲臺一觀瓣香尸祝，歉孰甚焉。我先師復齋先生生平師法我公，學我公之學，即心我公之心，用是合三秦人士之精神，肇造崇基，萃於有廟，以時展拜，藉倡宗風。濂不肖，曾以癸巳之歲此月此日奉贄此堂，獲從先師弟子之後，輒以未及執豆籩將事爲憾。不數閱月，先師已棄諸生，不及再見，今且二十有一年矣。人事變遷，正道湮晦，羣言淆亂，靡所折中。人心世道之憂，當亦在天之靈所不能釋然者也。濂輒不自揣，竊與二三同志勉竭駑鈍，從事小學、四書，并以訓其子弟，或不遠我公之意於萬分之一。但恐矢志不堅，始勤終怠，寖至内輕外重，名存實亡，辱及門牆，有辜先師勉望之初意。維公之靈，實佑啓之。兹際春暮，長少咸集，追維罔極，不勝永慕。謹以庶羞祗薦歲事，以文肅黄子、北溪陳子、文正許子、文清薛子、文敬胡子、清獻陸子配尚饗。癸丑三月十五日。

曲阜告至聖文

斯文興喪關乎天，羣言淆亂衷諸聖。際此天下孰宗之日，益思生民未有之人。兆濂等關西下士，周餘遺民，幸依日月之光，時切淵冰之懼。束髮就傅，既祈嚮之有年；垂老無聞，敢陶成之自外。雖朽木之不可雕，終匏瓜之焉能繫。有友五人，興平張元勳、富平米養純、暨門人陳敬修、蒲城陳嘉謀，不遠千里，藉舟車之所至，仰宫牆以匪遥，伏祈金聲玉振，示以條理之攸歸。江漢秋陽，滌此塵汙之舊染，終其身於名教之中，策其惰於顛沛之際，惟自暴自棄之不敢居，實先聖先師之所佑啓。仰山雖不能至，然嚮往則已久之。習禮夙有此心，終低回不忍去也。敢告。

鄒縣告孟子文

自孔子之道不著，功利之害中於人心，洪水猛獸至是極矣。我夫子以「知言」、「養氣」之學，膺守先待後之任，陳王道，明仁義，論治必法堯、舜，言學必宗孔子。發明性善之旨，息邪距詖，舉凡惑世誣民、充塞仁義者，靡不辭而闢之，俾天下萬世曉然於吾道之有宗主，功不在禹下，「無間然矣」。今又千數百年，大道晦盲，百倍於往昔，能言距楊、墨者，復不多見其人。世道人心之憂，古今有同慨矣。兆濂等輒不自量，竊有志焉，而力莫能與也。伏祈牖啓愚衷，俾勿懈於末路，庶或杯水車薪，不無少有補助，當亦我夫子所不棄也。敢告。四月十一日。

楊克齋先生哀辭

濂在芸閣春三月之望，克齋先生赴至，濂率諸生爲位而哭于堂，蓋去時軒之哭未幾也。老成殂喪，吾道增悲，天厄斯文，何若是酷耶！濂自丁巳冬與果齋、天齋送先生於頻陽，臨別殷殷，以開成和衷、爲吾道力持殘局相勉。又各勵以所不足，有若不忍言別者，方謂奉教近在來春，別亦無多時也。亡何，軍興道梗，一再逾年，月前之書，僅及一覽，而不謂竟成永訣也。嗚呼傷哉！

濂於光緒癸巳此月此日見先生於朱子祠中，未識也。明日，又相遇於先師座上，先師語濂曰：「此楊仁甫先生世兄也。」濂心識之。嗣讀「三先生」遺集暨聞諸同門，益恨相見之晚。

會甲辰冬，渭南張侯以飲射大會同人，先生主其禮，濂忝在觀禮之末，始得遂願見之。私於朝夕侍教之餘，訓勉勤至，有逾等倫，至是，時通書問。其明年，先生校書清麓，濂以中秋傍晚至山，得與吟賞。時微雨，先生賦風雨，濂答賦緜蠻。居數日，吟風弄月以歸。是年冬，先生過芸閣學舍，以損齋遺書授濂，留止旬日，多所規正。壬子重九，會祭清麓，先生住西院最久，濂之親炙於先生也，於是爲最深。嗣後，濂在清麓五六年中，每歲必來，來必流連，動逾時日。濂之事先生也，在師長之間；先生於濂，亦視如子弟，不以同門爲嫌。其生平事蹟暨所聞於「三先生」者，每於燕閒中詳道之，濂之得所私淑也，先生之教益爲多焉。

先生少豪邁，博極羣書，尤邃於禮。好遊覽，嘗縱觀周、秦、漢、唐故都，太白、終南、太華、龍門、太行、中條諸名勝，靡不周歷。志不在三代下，而能矩步繩趨，詳審精密。守家學程、朱之傳淳如也，於芮城、三原從遊最久，故能得其精要。嚴厲之極，久而和平。其接引後進，勤懇無已，愛人之誠，感人於不自知，學者畏而愛之，莫測其所以然也。自言賦氣甚薄，老而益堅。起居言動，造次必於禮，七十餘年無間也。嘗言「敬勝百病」，蓋其堅忍之力得於學養者深也。臨大震懼，處之泰然，著述講授如平時。應變之際，沈毅有謀，謂聖賢作用，非庸衆所能識，而病灕之短於設施，其所存可見矣。

灕嘗謂「學者要學得不錯，須是從先生學」。蓋其淵源有自，且法度精詳，使人有所據守故也。先生於道，非淺學所敢妄議，然「三先生」門下巋然獨存，足係關學之望者，微先生，莫之屬也。往先生與曉山、時軒會講芸閣，不三數年而遽至於斯，此灕與曉山所同爲痛心者也。曉山既與諸友各爲文以告哀，灕不能無言，故述所聞如此，亦以誌知己之感云。

楊克齋先生祔祀損齋祠告文

維先生稟河嶽之靈秀，紹清白之家風。詩、禮聞於過庭，洛、閩纘其遺緒。憲章乎復齋、桐閣而定其指歸，親炙乎芮城、三原而得其精要。與王石城、謝景山、馬楊村並稱「賀門四先生」。四禮正家，繩尺不越。一敬治心，耄老不倦。精密剛毅，沈靜周詳。矜持至於純熟，嚴厲化而和平。接引後生，愛人無已。允乎「三先生」之嫡傳，關學之後勁。不惟矜式當時，尤宜馨香百世。明德之後，必有達人。崇報之典，孚於衆志。昔廓齋先生曾以學行卓著，獲儐籩豆於乃兄，今先生堂構克承，亦須配血食於厥考。萃賢哲於一門，樹風聲於三輔。爰以脩禊之辰，恭奉木主，正升祔之位，式薦明禋，維先生之靈其鑒格之！

卷十二

墓表　墓志　碑　行實

藍田牛兆濂著　邑門人陳敬修明初編輯

張君子和墓表

子和張君，諱元惠者，曉山之弟，鴻山之兄，而伯良先生之仲子也。先生以儒世，其家有四子，而三皆以儒成名。君以自少持家，不克就儒業，故名不著。濂以獲交鴻山，得聞其行誼甚悉，以詳其墓誌，不具述。惟曰勳兄弟之幸有今日，微仲兄之力不至此。曉山亦每爲殷殷述之，曰：「洵吾家功臣也。」蓋君以瑰材承父志，自以不遂爲儒，而期其昆季進學益力。一切家累身任之，雖甚竭蹶，不使過而問也，以分其勵學之心。及曉山兄弟稍有聞，君乃以其餘閒攻騎射，不十年，以兵部差官選衛千總，得封贈祖父母如例，鄉里莫不榮之。而率乃弟緝堂，以身任家，資昆弟讀書如他日，蓋垂四十年於茲矣。今曉山兄弟名重關輔，而鴻山尤以鋭意程、朱，爲清麓後起所僅見，曉山且督率之不遺餘力，論者方以橫渠兄弟期之，而君已不及見矣。則他日使其親爲殿大中丞，君之所以顯揚其親，不更有其遠且大者，而關學於以重有賴矣。豈徒一家之功臣已哉！夫愚者兄弟所爭，惟利名之爭也。賢者或不免，惟其事不必自我爲之，且遠愈於我之自爲之也。斯爲獨見其大，而不愧乎同胞一體之義，是亦足以風矣。吾故特著之，以視世之爲人兄弟者。

先考約齋府君墓志

先考姓牛氏，諱文博，號約齋，藍之新街鎮人。祖明傑，號過亭，妣氏孟，敕旌節孝。考必道，字正夫，妣氏王，繼妣氏李。昆仲二人，先考居長，以貧改商業，於從昆弟多所周卹。姊失所天，計日供給無缺。舅不知所終，歲時哀慕祭拜，沒身不衰。姊亦如之。里有鬻子者，以數十緡來償宿負，先考怫然曰：「此何錢邪？速將去。他日有力還我，無亦不汝責矣。」生平施德於人無算，有負心者無悔也。以疾服雅片，爲累幾二十年，一朝去之，時年五十有八矣，其剛毅有如此者。先考年四十而不孝生，雖甚愛，教之必擇明師，務讀書，識義理，科第非所急也。不孝舉於鄉，戚友餽遺輒卻之，有不可卻者姑用之，既而典田償之，無所負。明年省試，艱於行，但戒勿赴，有相勸者，則以「小兒寡學，姑令讀書數年」謝之。元配先妣氏周，事繼姑甚得歡〔一〕心，間言不能動，躬紡織以助養。姑疾革，悉其財物付之，雖所生不以告也。先妣以所付者悉爲營葬。時先考方客於外，比歸，則一無所缺，節序哭奠如儀事。先考出語，必望顏色，雖細事必咨稟。事有未可，多方諫止。親舊告急，輒力勸使助之。勤於女紅，以積勞至失明，猶紡車不去手。不孝以覆試違限例削名，先妣謂：「科名外物，何足惜！」命北見復齋先生而稟學焉。先生聞之，作伊川語曰：「賢哉，母也！」竊維先考棄養二十年矣，而志壙之文未補，言有待也。今不孝年逾四十，而庸愚如故，大懼人事變遷，或終不果，不如不待之爲愈也。謹略具顛末如右。嗚呼！此豈能言其萬一哉？詩曰：「蓼蓼者莪，匪莪伊蒿。哀哀父母，生我劬劳。」嗚呼痛哉！

〔一〕「歡」：原作「歎」，據文意改。

劉泉生教澤碑

於國無人焉之際而汲汲興學，以庶幾乎得人而振救之，未始非知務者之所爲矣。然學於是興，師道即於是廢，固已舉興學之本而摧陷廓清之。知無人之不可以爲國，而不知無師之不可以爲學，則亦不知類之甚也。

三代而上，以德居位，師統於君，則治之即所以教之。故曰：「天降下民，作之君，作之師。」三代而下，位不稱德，而德之所在，師道立焉。則以教之者，輔治之所不及。有君之尊，有父之親，故在三之義，師與君、父並，師以道自重，人即以重道者親師，而師弟子之相與，即不啻其家人父子焉。古之時所以師道立而善人多，而國莫與競者，由是故也。

自新說熾行，懲向者師權之過重，而力爲矯之。於時爲之師者，爭自貶抑，以降從食力之數。而西面稱弟子者，亦遂以梓匠輪輿視之。何則？無所固結於其中，其相視如路人，甚則至若仇敵者，固不獨弟子之薄也。薄之風，肇於學校，禍即延於天下國家，師道廢而君父之道不能獨存，夫亦相及之勢矣。是故衰絰廬墓，刊石頌德，凡弟子之所以自致於其師者，求之今日難矣；而求之於學校之學徒，則斷乎未之或有，有之，則其人之爲師弟子者，不可不特著之，以爲我國人勸也。

蒲城劉君吉六，受學清麓，於余爲同門友。其兄子景濂泉生則今之學校之師也。余與泉生未識面，其於師道未知淺深若何。今秋突聞被戕於賊，同人傷之，既爲碑銘以不沒其志，而其學徒某某等復狀其教學時諄切愛人之行實。介吉六以來，丐文於余，將以壽之貞珉，不敢辭也。狀稱：泉生教人，重德行以爲強國之本，謂成人在始，特加意初等小學，以身先勞之，無所倦。其訓誨勤懇往復，人或迂之。嚴於管束，米鹽零雜必躬親，以防侈靡，人或苦而怨之。食用不給，至典衣被，以餉學者，夜則假寐，不恤也。學子或以被進，則固卻弗受。比其歿也，校中無少長，莫不痛之念之，謂：「飲食教誨，乃今而知吾師之用心也。」其感人如此。

夫猶是學徒也，泉生之爲教，亦猶是舊學迂拘者之所爲，而人之感念至於如此，則一誠之固結而不可解也，况乎其深焉者耶？傳曰：「君子不出家而成教於國，其本在於心誠求之，而其效即至於一人定國。」不信然歟？然則謂人心之無良，今人之不古，若而國威之不可復振者，其人其學蓋可知也。其將無有感於斯文。

楊克齋先生墓誌銘

先生姓楊氏，諱玉清，字溫如，晚號克齋，朝邑損齋先生子也。少豪邁，廣涉羣書。好遊覽，有不可一世之概，而能遜志聖途，矩步繩趨，守家學程、朱之傳淳如也。自言賦氣甚薄，老而彌堅，造次必於禮法，七十餘年無間也。嘗謂「敬勝百病」，蓋其堅忍之力得於學養者深矣。精研三禮，類可措之施行。臨大震懼，處之泰然。應變之際，沈毅有謀，謂聖賢作用非庸衆所能識，足以知其所存矣。於芮城、清麓從遊最久，故能得其要領。嚴厲之極，久而和平。接引後進，勤懇無已，事必身教，不假辭色，蓋欲使其深思而自得之。及其久也，學者畏而愛之，莫知其所以然也。濂嘗謂：「學者要學得不錯，須是從先生學。」蓋其淵源有自，且規矩謹嚴，學者得所據守故也。先生於道非末學所敢妄議，然「三先生」門下巋然獨存，足繫關學之望者，微先生莫屬也。吾友張元勳果齋言：「有清三百年，關中學風莫盛於朝邑，復齋王先生粹然程、朱，不求聞達，世罕知者。又百餘年，而桐閣李先生繼之，損齋、清麓兩先生實出其門。清麓三續關學，殿以損齋先生，其四續之後勁歟！」可謂知言矣。歷主講正誼、宗銘各書院。渭南張侯育生數舉飲射大禮，多取正於先生。凡關內講學之會，莫不身先提倡，學者翕然宗之。己未三月六日，卒於正寢，壽七十有八。有詩文集藏於家，所輯有損齋遺書文鈔、清麓答問行世，又廓齋景山、石城各集未刊。銘曰：

懿哲人之濟美兮，萃河嶽之英靈；紹家世以清白兮，稟詩禮於趨庭。
頭角嶷於髫齔兮，早抗志於隆古；謂聖賢可企及兮，豈屑屑於小補。
芮城邈以尋師兮，涉大河之汪洋；晚卒業於清原兮，軼朋輩以高翔。

窮陟降以攬勝兮，爰以擴此心胸；極陳編之浩渺兮，夫維洛閩以相從。紛嚴密以武毅兮，究斂氣而凝神；初儼然以人畏兮，既乃久而益親。惟言動其有教兮，示人乎聖之矩；猶乾惕以不息兮，固敬德之所聚。羌諄切以善誘兮，恒惓惓於來兹；關學忽其將墜兮，慨難得於人師。繄德徽之粹美兮，不與化以俱往；鐵鐮高以山立兮，固人人之所仰。

梁艮齋先生墓表

道之在天下未嘗亡也，顧其興廢有時，雖至壞亂之極，必有人焉起而倡之。孔、孟後有程、朱，而堯、舜以來相傳之統賴以不墜。許、薛、胡、陸繼之，近世則芮城、三原、朝邑三先生者，洵所謂恪守程、朱而倡道於今日之天下者也。自芮城再傳，在秦有華陰王篤齋先生，在洛則艮齋梁先生也。艮齋先生之没，濂既銘其墓矣。及門諸君復以表阡之文相委，不獲辭也。爲著其犖犖大端，俾知德者考焉。

先生姓梁氏，諱殿象，字巍卿，晚號艮齋，學者稱艮齋先生，河南陝州人。年廿三補諸生，聞芮城薛仁齋先生講聖賢爲己之學，徒步往從之。盡棄舉子業，以小學爲作聖之基，乃限讀萬遍，仁齋壯之。

悦親有道，溫清定省，身率家人，繼母亦感其誠，得歡心焉。其於諸弟友愛尤篤，有不合，深自引咎，或泣涕勸以大義，家人數十口，庭無間言。讀書學禮，一稟先生之訓。居喪盡禮，不用浮屠，鄉人化之。嚴於祭祀，屬纊前二日，猶親母忌日之哭。子孫勝冠者，必延賓，爲三加之儀，使知成人之道。有家規、家禁各數十條所在。與同志講行呂氏鄉約及朱子社倉法，鄉民請爲立鄉規，及願入約者甚衆。

光緒丁丑，歲饑。先生以賑務赴皖，有商舶以賄求庇，獲且鉅萬，先生毅然卻之。佐秦藩李公之幕，初至，召入見，先生以未閒辭。李公謝焉，因求教，先生勸以公退必讀書、講學爲出治之本，爲書、用人、用財、持身待人之要凡四事。且曰：「願公寧百受人欺，無使好賢之心一日衰也。」

疊管保甲及籌防局事，措置有法。乙巳秋，山右盜起，河南北謀響應，勢甚危迫。督師某謁先生問計，先生爲畫策，離其黨與，親諭以大義及利害所在，衆大感悟，悉繳黨券自首，兵不血刃，盜以平。

憂外辱日逼，國勢不振，嘗曰：「今日天下大患在於人心，人心不正，天下事無一可爲。聖學者，所以正人心之本也，人祇爲未嘗爲聖賢之學，是以無由知聖賢之功用。故必得真從事於明德、新民之學而實有諸己者主持學務，率天下士子一洗詞章記誦、科名利祿之陋習，專心致志於聖賢之途，言人必以聖爲志，治法必以三代爲極，不安小成，不求速效，必期舉一世之人心而甄陶之，如此然後可以大正其本，而一切施措方可得言。有治法，無治人，徒事紛紜，無益也。先儒謂：『明道取士，一劄遵之，可以復三代。』今宜取而行之。其他科學之有裨實用者，宜設專門，擇學友根柢而性近者專力攻之。」因條陳利弊及補救之法，累數千百言，可以知先生之志矣。

仁齋沒，執贄三原賀復齋先生門下，廣交當世道德之士，所至以倡道講學爲己任。生平不事著述，不欲以文自見，亦不以文教人。恪守程、朱，一遵仁齋家法，深造自得，有非末學所能窺其涯涘者。教人無少長，悉由小學入，起居動靜皆有法度。熟讀實體，務求所以先治己而後治乎人者，不屑屑章句爲也。洵乎紹仁齋之傳者，篤齋後一人而已。

吾聞河自積石東走四千七百餘里而至龍門，及華陰而東折，則底柱實當其衝，屹然中流，亘萬古而爲驚濤駭浪之所不能動，立何卓也！先生之居在其南數十里內。嗚呼！豈偶然哉？而天顧厄之，使僅得以講學成名，徒令論世者謂賢哲之生無益於人、家、國，而道終無用於天下也。悲夫！

河南王敬祥墓誌銘

王生敬祥字止臣，號明齋，河南陝州興隆鎮人也。少好讀書，苦無賢師友。入肆得小學書，愛之甚，喜曰：「此吾師也。」朝夕讀，不少輟。既而聞艮齋梁先生講程、朱之學，往執贄焉，自此指歸以定。以父兄命就試，補弟子員。已乃假館崤西，藉以親炙有道，獲聞芮城，問學淵源。於是盡棄舉業，一意此學，謂聖賢必可學而至，不自知力之不逮也。光緒乙巳，謁余芸閣學舍，又西見張曉山先生昆弟而稟學焉。聞其來也，無以行，母以其妹釵釧予之，途中至鬻衣物，其堅苦如此。

居父喪，水漿不入口且三日，晝夜號泣，不離柩側。比卒哭，不進鹽菜。其葬虞一稟家禮，僧樂酒肉陋俗悉屏去之。父兄初不欲也，生委曲開喻，卒行其志，庶幾事親以禮者。服除，又攜其子侄三四輩襆被擔簦而來，從余就學茂陵，豈皆其父兄所欲者，而能出幼子於半千里外？非積誠所動不可得也。歲癸丑，又從余清麓精舍，時子國學未十齡也，則挈與俱西，從諸童後習幼儀。弟曜祥，業商賈，亦招之，使來觀摩月餘，然後歸。嗣以冠、昏、祭禮不行已久，乃身先家人，延賓數百里外，旬日之內，三禮並舉。鄉人驚歎，以爲生平所未聞。自乙巳至今，東西就學，六七百里中，歲恒一再往返，十餘年無少間，其學與守亦未少有渝也。

性寬緩，居恒默默懦夫也。至其向道之勇，立志之堅，辨學之嚴，則朋輩鮮或及之。今歲主講崤西，將發明艮齋之學。未幾，竟以疾卒。臨終賦詩，有「身心無累，憂在簡編」之語。尤切切以孝弟勉其兄弟，遺命喪葬必以禮，可謂始終不忘所志矣。艮齋之歿也，東南學者落落如晨星，然去歲又喪其弟持卿。吾方於生有重望，而天顧奪之，使賫志以歿，固非獨生之不幸也。嗚呼惜哉！曜祥以梁宗洛所爲狀請銘，友愛誠切，余不忍沒生之志，爲志其墓而系以銘。銘曰：

材則短而識則長，體則弱而志則強。底柱而南屹崇岡，禮教昌明兮斯人之光。

藍田張孝子碑碣　代李縣長

孝子名文進，字孝徵，居治所西街，少業銀工。事母至孝，母老，輟所業，出入不離親側。母病，衣不解帶，動息伺視維謹，疾止猶不改，怒之亦不肯止。事寡嫂極恭順，財物不校。無子，撫兄子如子，犯之亦不怒。曰：「此吾祖考遺體，無令貽門戶羞也。」孝子外迂直而識大體，人多笑之。年五十許，受學芸閣，於人少所許可，惟講學賢儒則心折而師事之，不計年之長少也。余甫下車，謁呂氏祠，見而異之。嗣衆以孝行請旌，余表其門曰：「孝行純篤。」其歿也，爲植柏墓所，俾來者勸焉。

華州張景遇墓碣

君諱景遇，字惜軒，華州人。初名景銘，念父訓「三餘讀書」之意改今名。少孤失學，年二十八始受學芸閣。艱苦自勵，所讀書即略見大意。反躬克己，以古人自期，不爲利禄之習，世俗訕笑弗顧也。究心禮學，重祭祀，酌訂祠制，存昭、穆遺意。五分其堂，虛中爲合食之所，四隅室皆南向，言多可採。事母色養備至，居喪守禮，鄉人多化之者。躬耕自給，闢土室，顔曰「柏庵」。課子弟，詠歌先王，習揖讓之節，意至得也。不幸短命，四十有二而卒，遠邇傷之。

前署陝西鳳邠等處鹽法道黄公行實

公諱嗣東，字小魯，湖北漢陽府漢陽縣人，由拔貢考取八旗官學教習，改刑部郎中。光緒十年，以道員簡放陝西，歷署鳳、邠鹽法道，陝安兵備道，稽察東關保甲，榷白河釐稅，所至均有治績。廿三年，丁母憂，去官。宣統二年十一月十九日，卒於家。所著有濂學編、道學淵源録、詩文集等書，謹將事蹟條列於後。

一、清察保甲。省東關保甲，久爲具文，總察無常川到局者，公督同屬吏嚴核戶口，日夕巡察，衆莫測其所至。閭里細事，靡不周知。有生客至，必詰所從來。女過時不嫁，責其父母。其簿籍精詳，雖小兒女姓名年歲，今閱廿餘年，猶可按册而稽也。嚴禁賭博，夜劇打降、少年游手及衣裝奇衺者斥之。即小兒攤錢、毆詈，亦加禁飭。姦盜至無所容，一時市井肅然。民初苦其嚴，繼以怨謗。及遷去，盜熾如故，始念公之德政不置也。

一、慎固封守。東關城垣頹廢，公督同紳保立與繕葺，併於各巷口增置柵欄，以資守衛。均設法措置，不足則捐廉墊補，不以絲毫累民。

一、提倡實業。關內婦女，久習安逸，不事蠶織。公於空地隨在樹桑，捐製織機紡車，發給民間，以提倡之。

一、整頓義學。公以鹽法道職兼學事，凡城關義學，無不力求整頓。併添設城中及東關義學二處，經費不敷，則割俸益之。延聘正學師儒，教以洒掃應對之節，以修其孝弟忠信，子弟學者咸彬彬有禮。公不時親詣各學，考其勤惰，加以勸勉，學徒數百，均能一一省記。或召至寓所，詳加詢問，貧不能讀者，量爲資給，其所成全甚衆。今東關義學，子弟循循雅飭，猶能繩尺不越，是則遺澤之僅存者。去年二月，東關紳士黃兆麟等稟請學司，以公功在文教，擬他日祔祀魯齋祠，亦足見德之入人深也。

一、興復古蹟。東關有元儒許魯齋先生講學舊址。光緒中，公即其地重建書院，集四方官紳，捐貲倡修，析俸二百數十金，以爲補助。捐置書籍器物，又捐銀二百兩、錢千緡存商生息，以資學者講習集會之費。照會三原賀復齋、長安柏子俊兩先生董其事，敦請華陰王遜卿先生主講，其學規遠追鹿洞，近取龍門。不事帖括，務求實際，分齋以經義治事，仿尊賢堂、吏師齋遺意，講明有體有用之學，學者翕然歸之。

一、振興關學。公以賀復齋先生倡學三原，延至書院，仿玉山、鹿洞故事講學習禮，當道名公咸與觀者，至庠舍不能容。

歸里後，又捐千金生息，爲四方同人會講之資。嗣以書院於光緒甲辰被咸寧舒令借辦學堂，講習無所，飭門人牛兆濂暫就所在神祠，歲一再訂期會講，一時宿儒碩學東西輻輳，講行呂氏鄉約，習禮歌詩，輒至二三百人。關學不絕如線，公之力也。

一、激勵廉能。長安令余樹珊，廉吏也。卒於官，無以爲斂，母老，子復回籍。公竭力經營，且言之當道，商今江寧藩司，時咸寧令樊雲門兼攝長安，數月例入均歸之，俾得歸喪，且免官逋。白河令尹仲錫年少入官，頗自樹立，而縣缺瘠甚，所欲有爲，多方資助，且延譽當道，卒以循吏名於陝。

一、剔除積弊。陝省釐稅首白河，公奉檄力陳其弊。鹿文端薦一僕隨行，頗倚勢，即杖逐之。陝向無鹽茶稅，其由鄂輸入者漫稅之充例羨，歲且千緡，公遵章核實，一歸之公。

一、增設水師。時河州撒回告警，行人危懼不敢前，公招募水師，不時操練，巡察防衛，商旅便之。

一、賑濟災民。白河水災，公捐廉賑濟，家人化其德，手製棉衣，散給災民。

一、蕩平寇亂。興、漢間有黃金峽，盜藪也。徒黨橫行三省，大爲行旅患。公權陝安道，擒其渠魁，杖殺之。密布兵衆，爲擣巢穴計。未及舉事，輒以憂去官，士紳遮道泣訴。公密電當道，備陳方略，卒用其謀，搜捕殆盡，陝人至今誦之。

午橋陳君行略

陳生敬修手其父行實，再拜，求予文以不忘先志。因悲不自勝，予爲之泣下，許諾之有日矣。比幸少暇，復感寒成疾，不果爲也。晨起晴明，疾亦去體，然後淨掃，仰止樓前，置筆硯焉。敬修復爲再拜，悲痛益切於前，可謂深於愛親矣。

予光緒辛丑冬十月攜山兒與諸友共學於四獻祠後之孫真人祠，即芸閣書院舊址也。其器用求假資給，則敬修之力爲多。年甫踰冠也，以其師張竹軒命從予遊，因得識其父午橋君，君竹軒之表叔也。敬修無兄弟，八歲即遣就學竹軒。竹軒勤學篤行，君委誠相與，而惟其言之聽。嘗謂予曰：「吾止一子，一生所從二先生外，無餘師也。」每朔望習禮必來，觀即能詳記曲折，有疏脱輒能言之。四方賢儒過予，君必請見，備致殷勤，精於鑒别，其評騭鮮或爽者。

親疾，爲交徧禱五祀，乞以身代。時母年七十餘矣，忽不藥而愈，人以爲孝感所致。後居母喪，三日不食，朝夕哭奠，一以家禮從事，敝俗盡革。及葬，以白匪之擾，未能備禮，抱恨終身。

君出嗣伯父母所，後既没，復就養本生父母，與兄弟同居焉。凡家政一身任之，不以累其兄弟，兄弟得各營業於外，子侄皆遣就學，不令以家冗廢業也。女兄没，遺子女，貧無以養，君鞠之如所生。及長，男爲謀生，嫁其女，厚資裝焉。曰：「無令傷母心也。」君疾革而兄亡，君聞其斂也，將往視，家人止之不得，掖以行，三息乃至，撫柩盡哀而退。蓋屬纊前四十日也。其至性如此。

予之在芸閣也，先後將十年，友朋之往來，生徒之聚散，不知凡幾。惟君則終始一意左右之，自言即使來者無一人，則先生吾故人也，與吾共疏水、教吾子可矣，無他往也。予疏於會計，凡家用代爲經紀，酌劑盈虚，無使匱乏。去歲六月初，予南還視君疾，瀕行，大痛曰：「此生永訣矣！惟敬修讀書爲念，伊性散涣，疏於威儀，學不專一，恐終不得爲讀書人矣。」予對曰：「此吾事也。」揮淚而别。又月餘而君没，則乙卯七月二十三日也。年五十有八。遺命以白金若干修先祠，而以其餘爲子孫讀書之費。又命以深衣斂，曰：「葬吾必以禮，吾不枉此生得與藍川遊矣。」

君少貧，讀書四年而習商，既乃歸農，於所居旁爲列肆，資日用焉。鄉人以直稱，於族鄰多所佽助。諸俗好無所染，暇則讀易及孟子，並涉濂、洛、關、閩之書，於占卜、象緯、算數頗能通其大略，然亦不足爲君重。惟其教子，一意於聖賢之途，一息尚存，猶切切於鄙人致丁甯之意，其識力殆加人一等矣。敬修念之，其無忘乃父，則吾他日有以見乃父於地下矣。

君姓陳氏，諱烜熯，字季温，號午橋。其先自南方來，相傳是江州陳氏，不可考也。始遷于藍田之三嘴溝，六世祖自壘公又遷于三里鎮，今爲鎮人。

蒲城劉時軒先生行略

先生諱葆中，字時軒，蒲城人。年十五，補博士弟子員，肄業宏道書院。於王巳山四書匯參中得朱子之説，心好而潛玩之，遂有意爲己之學。屬鄉試届期，束裝往清麓而受學焉。自以脩膳無出，撤棘後返書院，肄業如初。而以膏獎所得，資其弟葆謙，俾親炙以竟其志。葆謙字吉六，余舊好也，爲余道其友愛及志操梗概，恨相見之晚。甲寅春正月，余攜家清麓，遇於途，不識也。失之交臂，爲悵然者久之。丙辰夏六月，先生至，始得共學清麓，晨昏交勉，致相得也。先生時年五十有五矣，未明而起，劬書如學僮，終日矻矻，非會食不去几案。爲諸生授儀禮及算數，祁寒暑雨不少改。旁稽羣書，精思默識，時有妙悟，恒欿然若無所知。虚己下問，不知年數之不足也。寡言笑，慎交遊，取與之際，絲毫不苟。飢不可得而食，寒不可得而衣。喪偶不娶，子兄子以終其身，泊如也。其年九月，會祭清麓，訖乃相與拜龍橋朱子祠。

偕行者，朝邑楊克齋、興平張仁齋，洎學子三數人。已乃涉渭，拜許魯齋祠於省垣。過藍田，謁吕四獻祠。所至會講，朋好雲集。又與富平米天齋結社會講，始終與余偕若形影然。及其歸也，賦詩餞别，有「乘輿還來看藥闌」之約。去歲秋，余病中，懷以詩曰：「君是羲皇以上人，好修苦學耐清貧。藥闌歲歲長相憶，金粟堆邊老病身。」詩成，反覆讀之，詫其有類挽詩，時先生病已久，竊惡其不祥，而不謂竟不起也。悲夫！先生孤介，少所許可，獨與余相見，以心有相契於微者。病中以書規余，意甚切至，亦若爲永訣之詞，謂非相愛之深不得也。故書其事略，俾知德者考焉。

藍川文鈔附卷

藍川文鈔附卷

藍田牛兆濂夢周甫著　邑門人陳敬修明初輯

詩

劉吉六遺腹生男聞報誌喜

夢裏熊羆竟有祥，開緘涕淚滿衣裳。桃花飛去纔看子，菡萏殘來不斷香。和靖孤山應放鶴，白沙夜月待聞蛩。陳白沙詩「生來只見山頭土，祭諱惟聞月下蛩。」一邱更喜鄰王馬，權厝三原北關外，與端毅、谿田塋域最近。北望慈峨爲舉觴。

頻行訓謐兒並簡壽安

良苗山上不勝寒，續命須憑九轉丹。爲養深根勤愛護，可憐弱植自摧殘。懸崖馬已收韁晚，下水船宜返棹難。欲去幾回頻悵望，多人冷眼笑相看。莫道吾兒骨相寒，可知換骨有金丹。夢廻慾海煙波渺，望絕迷樓燭影殘。

到岸回頭曾未晚，移山無志固應難。因循誤爾平生事，刮目從今仔細看。

訓子用靈皋會講韻　七律三首

富貴雖云命在天，是真良玉自生煙。祇愁下士晚聞道，誰願有兒不象賢。
但欲流長源必遠，每逢人十己仍千。權衡莫漫迷輕重，河海當知辨後先。

茫茫遠水欲浮天，歎息虹橋鎖斷煙。盡日羹牆人見聖，一川風月士希賢。
素餐應愧禾三百，美酒虚傳斗十千。莫向邯鄲迷故步，驊騮前路有開先。

雷鳴瓦缶勢喧天，散入齊州九點煙。老反爲駒誰顧後，過兼不及總非賢。
陰陽自古無終始，紅紫逢春有萬千。不向尼山求至教，昏迷何處得開先。

和寇立如見贈

來詩有「天然圖畫」之語。

露白霜紅古渡頭，采菱人去畫仍留。君看此幅佳山水，已占東南半壁秋。

順命吟

予齒豁有年，兒輩謀以西法補之。予曰：「天命不可違也，自無而有者，須自有而無，饕餮逾五十年而未足乎？」茂陵張伯子先我言之矣。

前日口中齒，今日口邊鬚。溯我有生年，脫然兩本無。

一朝叩齒齒已空，紅顏幻作鬚眉翁。鬚不議除齒議補，敢挾巧力爭天工。
家貧況是多兒女，環伺分甘喧笑語。有貓如虎犬如貔，雄踞耽耽覷朵頤。
我不留餘豈物情，譁然盡作不平鳴。荷鐘郭巨胡爲者，將無拔劍逐蠅營。

豁然一旦開，于思況復來。其人今信美，將食且無災。
我澤被禽獸，我福貽子孫。太和一室內，天道諒斯存。
老饕曾聞天戒口，天故靳之我何有。同心先我有達人，茂陵七十蒼髯叟。

任正卿東歸過訪詩以慰別

此來未免太匆匆，握手還疑夢裏逢。寒與梅花共明月，淡如菊圃老秋容。

遺經皓首方知味，遙夜青燈轉愛冬。何處關山斷鴻雁，莫愁波浪到蛟龍。

孝子泉

在邑城內東北隅，孝子張文運廬墓，時相傳有神水涌出，故名。

綠楊城北指清漣，抱甕人來孝子泉。金屑曾聞傳望母，輞川有金屑泉、望親坡、母塔墳。瓊漿不假挾飛仙。裴航藍橋遇仙，有「一飲瓊漿百感生」之句。

更無豆粥煩鄰火，合有魚羹動彼天。一樣范家廉讓水，漢陽雲樹共年年。

鷄鳴深巷午煙稠，孝子高風一水留。食德久應銘肺腑，承歡當不戀公侯。

丹砂井底人延壽，萱草堂前自解憂。莫怪西門張大老，近孝子張文進人稱張大老，亦以孝聞，公請入祀孝子祠。也陪俎豆到千秋。

和白壽庭清麓贈別因次其韻　一首

著眼嶽蓮最上頭，關河千里更尋幽。春風有幸陪公挍，時三生從行。霽月無邊見道州。

離恨頓添楊柳岸，高情長憶掛雲樓。時同遊半耕園。粹然不受纖塵滓，文獻中原第一流。
淵源伊洛久相欽，寤寐於君託素心。爲是泰山容細壤，却教寸木比高岑。
風流鹿洞人非遠，咫尺龍門響未沉。東見雍行均有録，重將佳話續當今。

和壽庭留别原韻

留人風雨幸叨天，晨夕追陪得尚賢。詩爲解頤勞鼎説，書從定性接薪傳。
窮源有志探星海，務廣無忘戒甫田。老我頹唐惟浩歎，相期慎勿負華年。

序

胡氏眼科序

辨白黑驪黄者，目也；辨東西上下者，亦目也。不迷於白黑驪黄而迷於東西上下，謂之有目人乎？曰：否。然此辨東西上下之目與辨白黑驪黄之目，固無二目也。欲東西上下之不迷，必先自其不迷於白黑驪黄始。此司視一官所由於心耳口鼻之外，而特列專科業。是科者，所由有專門世業，非淺嘗薄植所可得而比似也。吾邑胡蔭臣先生以儒醫名家，而尤神於此術，世有空青，人無瞽目久已，名噪當時矣。往歲予病目垂危，先生慨然曰：「吾之業是術也，將以爲斯人明是目也。今正道晦盲，人不辨東西上下，天下之目病矣。吾子倡明正學，俾人人不迷於向往。子之目非一人之目也，於子不用吾術，吾烏乎用吾術？」予當時雖愧其言，而不能不深感其德。卒賴全愈，幸有今日，予之知先生蓋亦三折肱之後矣。暇日出其生平，歷驗所得，手輯成編，總若干卷，蓋不欲自私爲子孫一家之秘傳，而公之天下後世，亦庶幾仁人君子之用心矣。今先生既歸道山，嗣子伯莊子衡似續先志，廣傳其書而請序於予，予雖非解人，而終信其爲屢試屢驗之方也。故序而傳之。

重修姬宗世譜序

三代之治莫盛於周，禮樂之制作於是爲大備，此周公之德所以明光上下而道爲萬世師也。由公而上，上而爲君，道以政行；由公而下，下而爲師，道以教明。魯爲周公封國，孔子生焉，憲章文武，即夢寐周公。故名教之垂肇於周、孔，而言中國之道者，必曰周公、仲尼。西漢以來，學宫崇祀周公爲先聖，而先師孔子配之。則周公者，上以承堯、舜、禹、湯、文、武之傳，而下以開孔子之統。讀詩、書、易、禮諸經，能無穆然神往歟？公爲魯始封祖，有太廟在其國，陵墓之在畢郢者，則介子仲翼實主其祀，爲姬宗之始祖，子孫宗焉，譜牒之傳有自來矣。濂壬戌之秋從仁齋、果齋諸君子瞻拜文、武及公陵墓，獲讀果齋所增修姬宗世譜，追維盛德，想見爲人，不勝低回嚮往之私。竊自維念文王我師，公豈欺我！近聖人之居若是，其甚而悠悠終老，且未免爲鄉人末俗而既卑矣。無父無君之教，方自託於孔子，以敗常亂俗而不知其爲周公所膺者比比也。吾心焉傷之，曾不能出一言以救正。覽斯譜也，能不赧然汗下，愧無以見公，矧其爲後嗣子孫者乎！無念爾祖聿修厥德，瓜瓞之綿，殆方興而未艾也。

清麓先生年譜序

年譜之作，所以著其人之生平道德、學問致力先後之所在，與其造詣之所成就，而世系源流、師友傳授因並著焉。論語「吾十有五」一章，説者以爲聖人自敘之年譜，至今讀者猶想見夫子之盛德大業與年俱進，而後生小子藉得循其節次以踐其實，而爲進德修業之資。此程、朱諸賢年譜之作，學者所由圭臬奉之也。吾友果齋爲清麓先師年譜，自庚戌至今，積十有三年，始克成編，其肆力可謂勤矣。師門親炙，惟馬楊村先生爲最久。楊村既爲行狀，年譜之輯復有志未逮，果齋踵而成之。需以歲月詳加詢訪，及參以聞見。故於其工夫切要之處，與凡學術心術異同、疑似有所辨析折中，必備録之。下至友朋學子書問往來，有片善微長，亦必詳著本末，以見教澤之所及，兼以寓勉望之意。其用意之厚尤爲從來年譜所未有，洵足貴也。先師道德在天壤，流風所被，歷三十餘年，且久而彌光。覽斯譜者，亦可以得其大凡矣。時同人方請以先師從祀孔廟，而此譜之成即會逢其適，未始非天幸也。

讀近思録類編序

濂初見清麓先師，叩學術同異，承命讀近思録，久之覺無所得，遂改從事小學者數年。既成誦，乃取前所讀近思録者，而更端讀之，沈潛反覆者又數年，乃覺所謂學者所以求端用力、處己治人之要，與夫辨異端、觀聖賢之粗具梗概者，字字皆有下落，而歎其理之實、義之精、言之親切而味之無窮也。獨其言散見四君子之書，先後錯出，互相發明，初學率莫由得其要領，恨不獲如小學之若網在綱，可手持而足行也。夫散見者言也，一貫者理也。虛心平氣而深玩焉，則其散見之中，本末終始，莫不各有自然之先後次第，類聚而會通之；其見爲散者，未始不可貫而一也。暇日竊本朱子小學及程子、張子「類聚觀仁」、「編書須理會有所歸著」遺意，取原書而次第排比之，名曰讀近思録類編。言從其類，卷仍其初，取便誦習，不贅一辭，非必有當於前賢也。然窮鄉晚出，及時過後學而無明師良友以先後之者，誠於是有取焉，則於朱子所謂義理精微，此書詳之，有志於學者，亦足以得其門而入。楊園張氏所謂「如鳳之六翮」，能舉其要者，或庶幾得階梯之階梯。其於讀原書也，不且事半而功倍歟！書成，距先師之歿已周一紀，羣言之淆亂，且不知所紀極，吾安得起先師而質之！

光緒乙巳秋七月之望，藍川牛兆濂謹序於犧母廟。

呂氏鄉約鄉儀合刊序

呂氏遺書有鄉約、鄉儀各一卷，原本均不傳。然鄉約因朱子增損，猶可見其彷彿，鄉儀則概乎未有見也。年來搜訪呂氏著述，以鄉約爲善俗之要，首議刊行，然不敢直以朱子之書爲呂氏之書也，爲遲疑者久之。且鄉約言禮俗，僅詳於交際往來，至六禮大略則非，其鄉儀不備，學者憾焉。頃先後搜得三原王平川先生二書刊本，廬山真面尚在人間，耳目爲之一快。讀者不惟獲睹先賢之舊，而朱子增損鄉約，定家祭禮於一書，去取之精意亦由是可推而尋，斯何如慶幸歟！亟付排印，以餉吾鄉人。俾興行於禮教，以是爲先路之導，其於世道人心所係豈淺鮮哉！秦關先生有言：「居鄉不能善俗，如先正和叔何？」濂老矣，學無所就，幸得見此書之印行，因幷書諸簡端，後之覽者，其將有感於斯言。

答梁君論舜之被袗鼓琴

儉不中禮，詩人所譏。然以之論晏子之浣衣濯冠，公孫弘之布被十年，猶之可也。至以之論無間之大禹，則於心有不安者。蓋聖賢立言各有本意，孟子言此，衹取其不以富貴動其心耳，非謂儉德之不可施於天子也。孔子稱禹，謂其儉之得宜，而略無不滿之意，則其不戾乎中不待言矣。今以孟子稱舜而幷取孔子所稱者而加以貶詞，此其所以不安也。且禮制之定所以經邦，而節儉之崇所以養德。等威所限，塞門反坫之制，大夫不敢上同於諸侯。嗜欲不形，菲食惡衣之風，天子不妨下同於韋布。故禮有「上得同下，下不得同上」之文，一以防僭越而使其不敢犯，一以崇謙抑而使之得自爲也。夫以天子之尊而隆天下之養，誰曰不宜！故惟辟玉食，惟王不會，所以隆至尊也。而豐亨豫大之説，遂爲獻媚人君者之所假借，故謂禹之薄於自奉，爲正而不中，又不慮開侈肆之漸乎？爲證成吾之議論，而不知語言輕重之間已於道有所妨，則立言不可不慎也。至素富貴、行乎富貴之説，本謂處當富貴之位而吾之道即行乎富貴之中，不以富貴而淫，且不以富貴而有所加也。非謂自奉者當富貴，時必不可儉約如寒素時也。小學善行所載高侍郎、張文節、司馬公諸人，皆貴極人臣而薄於自奉若此。朱子取以爲法，謂之正而不中，可乎？

伊川謂：「聖賢之言，不得已也。蓋有是言則是理明，無是言則天下之理有闕焉。」聖人之言，雖欲已得乎？今天下滔滔，皆自託於時中者也。素富貴行乎富貴，揮金之所以如土也；素夷狄行乎夷狄，禽獸之行所以不恤也。疾風勁草，中流底柱，正賴一二不諳時宜者爲之，生今反古所不計也。今時中之説，不惟不能救當時之弊，反爲之推波而助瀾。使稍能自主者，方自悔所守之偏，而汲汲焉思爲變計，則亦非止不足以明道而已也。故恐滋流弊之説，所以不憚詳哉言之也。

答賈端甫

得書切切於克己聞過，盥讀往復，深情若揭，室邇人遐，可禁神往。諱疾忌醫，恒情類然，賢者或不免。推其所以，無非飾外。爲人究之肺肝，如見心勞日拙，謂之不明，的不誣也。聖人許顏子以好學，挈其大綱，則曰：「不遷怒，不貳過。」顏子言志，則曰：「願無伐善，無施勞。」可知克己之要莫先治怒，改過之實必在去矜。怒者惡惡之情，發於吾性之義，與好善之良，發於吾性之仁者，相對而生，在吾性中功用甚大。如其無之，則有春夏而無秋冬，其不入於鄉原者幾希矣。然義理之怒，不能不乘血氣而發，則當怒者且有時而不中節，況其不當怒耶！人能辨析於當怒不當怒之微，則其不當怒者已不足言矣。其所怒者，皆其當怒者也。平日義理分數常少，本不足以勝客氣，則爲氣所使，有不能自持者矣。此臨時之省察，當幾之克治，所以爲切要工夫。明道「遽忘其怒，而觀理之是非」，與稼書「暫置所怒，而觀怒之氣象」，則皆先用克治而後乃能省察，猶治病者急則治標之云也。否則盛怒之下，必有不及致詳者，尚何省察之可言乎？惟克治既久，省察既熟，則血氣之性漸次馴伏，加以義理浸灌既深，無端之暴怒自無從而生矣。且也日夜點檢，惟恐有失，亦自不敢任性。愛人既深，待物必恕，寬柔以教，使之自新，則所怒者亦希矣。矜字之病，生於所見之小，故稍有所長，已足自多。薛文清公言：「開卷便有與聖賢不相似處。」信斯言也！方愧恥之不暇，尚何足以自矜乎？東萊有言：「人之爲人，非聖人莫能盡。」今具人之形，而曰吾能過人，其將翼而飛、鬣而馳邪？文王之望道未見，夫子之何有於我？顏子之若無若虛，非真實見得義理之無窮，未足與此，「量隨識長」之言可深長思也。濂以躁迫之性，摧折既多，久之遂成寬緩，救得一邊，未免倒得一邊。少年器小，好見己長，用力多年，細察仍未盡免。一聞尊諭，一如晨鐘暮鼓，毛骨悚然。伊川謂：「蓋莫不在己者。」觀善之益，吾於足下有深省焉。

答陳彤堦

來論理欲之介，剖析極微，足見察識功密，非真有爲己之心者不能。願益加莊敬持養，以高其垣墉，使外邪無自而入；更涵泳義理，以培其根本，使內邪無自而生。則賓主勝負之間，必有事半功倍，日進而不自知者。致知、敬、克己工夫原只是一貫也，近日外邊一種氣焰哄動，得許多聰穎之士一齊走入，叫囂一路，真是可惜。在彼方且爲以干城斯道，而不知其用心致力之處早已與聖賢大不相似也。

答白壽庭

奉讀來教，獎借逾量，愧恧曷極。又不鄙迂拙，引爲同氣，益深戰栗，懼無以報知己也。「未發謂中」在中庸本節自是專言性之本善，章句所解，大煞分明。語類「未發而不中」各論則推原之説，所謂「才説性時，便已不是性」者，非此節正解也。清麓日記正爲「不能存養」立説，故不暇剖析及此。故濂答書有「今試有問於清麓曰」一段議論也，而直謂其不識大本，將置語類各條於何地耶？故朱子謂：「義理，天下之公。正宜虛心平氣，相與熟講，而徐究之以歸，於是乃是吾黨之責。」如來教所示，平心説理，判若白黑，誰敢不心悦誠服？何至忿詞疾色乃爾？可見真有德者氣象自不同也。士衡先生所論精確至當，得左右闡發，尤爲冰消雪釋，此番明辨，有功吾道不淺矣。

又

得書過承奬借，愧赧何極？去歲何生極道洛中恪守程、朱，爲足下首屈一指。用是不揣固陋，猥以拙書上塵，略表祈向之意。來教殷殷以講學相勉望，區區何人，悠忽半生，日暮途遠，自分於聖賢程途，實無毫髮知能可以自信。而末俗易高，過情聲聞，適增立待之恥。此皆學不切己、外重内輕之所致。所日夕疚心，欲決去而未能者也。日來於應事接物間密察此心之存否，多是功夫不能接續，「不遠復」三字恒服膺焉。友朋間有志此學者固不乏人，其實有所造，則卒乍未可指擬，所謂「一鄉之善士」，未便能友於一國，亦理勢之必然也。何生居此數年，自能洞見底裏，倘不遐遺，時錫箴言，脱有商榷，勿厭往復，則千里一堂，何慰如之。

答劉省長

前日不知濂之不孝，猥承嘉貺，殷殷以講學相委。兼荷李、寇二君子枉顧衡茅，諄切敦勉，仰見提倡正學深衷有加靡已。當此學雜言龐而爲此世所詬病之事，且以加諸衆所鄙夷之人，謂非有度越尋常之識與力，詎易有此？濂雖無似，庸不知感激奮發，爲吾道幸，爲風俗人心幸耶！第非常之舉，須責諸非常之人，尤須多其力而厚其勢，熟籌審處，惟其實不惟其文，收其益不蹈其弊。正本清源，行所無事，事則輕而易舉，人日用而不知，此固非一手一足之烈，亦非小德小賢之倫所能彷彿萬一也。故特面懇二君子，以招延白、張諸賢與鏡湖、石衡各大雅，會商辦法，一俟確有把握，乃可徐議進行，庶不至貽笑虎頭，同歸畫餅。如濂者，夙所有志，敢不敬承下風，惟使之少參末議，誠所深願。若畀以職任，則不惟力有難勝，亦且勢有不行。願閣下少垂視聽，使濂得畢其詞。濂之迂執其所以不見棄於友朋而謬承齒及者，不過以其不近勢利、不入城府，不苟變其所守，不輕棄其所爲，如是焉已耳。今芸閣之內，疊承提倡，雖兵荒時警，生徒無多，而關、隴、豫、晉之士尚有不遠千里跋涉而來者。百里內外，講學之會，函趣守候，有未及一行者。當是時也，豈非以不肖之身謬相付以講學之事與？閣下之力振宗風，有不謀而同者乎？爲濂者一旦迫於嚴命，勇於一行，不惟來者失望，並令望者無期，猿愁鶴怨，夫豈人情？藉曰：在城在野，同一講學，負笈從游，何間彼此。而潛修之士決不肯以城市而易山林，會文之行亦未便係丈夫而失小子。且出潛離隱，在己有慕勢往教之嫌，在人有改節變常之異。正恐倡道之範圍未見擴張，先自縮小，求一十而失二五，未見有能濟者也。故區區之愚，但欲事求實濟，不必功自我出，願參贊助之，末不敢受主任之名。維閣下垂督而矜全之，不強以所不能，則濂不勝幸甚。

記

記張秀愷溺水事

人有所挾持，則入水不沈。古人繫匏而渡，有以也。壽卿居渭濱，嘗自述其父子溺水事。云早張向無渡船，比因寇警，村人釘木爲桄，以備緩急。然功甚沽，近上處罅漏，幾容指可受三四人，危迫中不知其險也。一日，予還自北岸，仲子福光及所親一人偕爭渡者絡繹於路，傍晚始登舟。所載已七八人，人存倖心，莫之知懼也。至中流，舟重水入覆焉，父子不及相顧。予手邊得一竹籠，中實衣物，挾之，賴以不沈。舟人遠去，水面諸人惟漏頂出沒，依稀可辨，尚未知福光在何處也。俄而水上見一臂，予視其皮色皙然，意其福光也，急捉而呼之，曰：此福光臂耶？拽以出，即大聲呼爹，此兒素寡默，自有生來未有今日呼爹之情摯也。時予一手挾籠，一手拖兒，所親者亦坿福光出頭水上。與波上下，力不能自持，呼吸間自分無生理。久之，舟人自下流挽舟至，呼水中人扳船。衆聞之，扳船，得不死。已而兩岸村衆數百人以燭相助，因坿舟而濟。時戊午某月某日也。

論曰：漏舟之不可以濟，與小舟之不可以重載，夫人而知之矣。然急於免死而不惜舍生以赴，不亦重可悲哉！至於無可奈何，而猶得有所憑藉以出險，俾同舟共免於難，未始非天意也。詩曰：孝子不匱，永錫爾類。此之謂歟！

記蝦蟆教書事

呂新吾先生四禮翼有「蝦蟆教書」之語，初不知所謂，乙卯夏，純修爲予言：「兒時聞先人云：曾入市，鑼聲瑲瑲然，衆知爲戲術也。環視之，其人曰：『觀蝦蟆教書乎！』衆愕然，笑頷之。乃語蝦蟆曰：『年已過矣，兒輩當上學矣。盍及早延師乎？』語訖，一蟆躍出，旋至一穴口，作聲若呼門者。穴中巨蟆應聲而出，相與爲禮，各作聲道意。蓋將聘以教弟子而許諾也。主蟆前導，師蟆從之。至其家，讓入，分賓主坐定，呼諸兒出拜師。有羣小蟆，以次躍出。拜師訖，其人曰：『今日吉辰上學，請爲諸兒開課授書。』師蟆上坐，小蟆環蹲以侍。師首發一聲，首一小蟆應之如其聲，以次授訖，悉如之。師少定，乃發聲如前，羣蟆同聲和之。已而師大放厥聲，衆隨之閣閣呷呷，高下抑揚，各有節奏，恍如立青草池塘，聽兩部鼓吹也。良久，其人曰：『日向午，可散學矣。』於是羣音頓息，師蛤蛙作散學聲，衆各先先散去，主邀師入，就食而畢。衆大驚歎，以爲見所未見。」予亦得聞所未聞。夫以至頑之物之有時而靈如是也，其亦由教而然歟？抑別有術焉，而使之不得不然歟？書之以俟博物君子，兼以告夫人而不知學者。

按陶宗儀輟耕録云：「余在杭州見一人蓄蝦蟆九枚，先置小墪于席中，其最大者乃踞坐之，餘左右對列。大者作一聲，衆亦一聲，大者作數聲，衆亦數聲。既而小者一一至大者前，點首作聲，如作禮狀而退，謂之蝦蟆說法。」與此正相類，附識於此。

貓説

精舍多鼠患，庖廚几案恣飲啄奔竄，見人亦不去。房榻間恒終夜有聲，諸生苦之。乞得一小郎貓至，鼠輩欺其幼弱無能爲，視之蔑如也。頃之，忽一女貓自外來奔居，然夫婦也，衆方詫爲文明婚配，曰：「彼固得風氣之先歟！」曰：「否。此禽獸之常，無足怪也。」

既逾年，爪牙漸長，搏擊輒多所獲，鼠輩自此絕迹，則貓之功也。既而乳子三四，止存其一，過夏亦長成。筆硯床褥，朝夕依人。予習見，不知其有異也。一日，壽卿與予圍坐榻上，貓臥於側，子枕母，夫寢其傍。壽卿謂予曰：「此夫婦同處而不相褻，則有恩而有别也。子枕母而不敢狎父，則父尊而母親也。母所得食，子取而食之，母亦任之無所呵。父之食則稍近輒怒叱之，子亦縮首而退，則父嚴母慈而子順也。子朝夕惟父母之從，未嘗一出外門，則『父母在，不遠遊』也。」予喟然曰：「此非禽獸歟！而厚於倫理乃如此，則未全乎禽獸，不得概以禽獸之薄也。獨其見食無所擇，往往客坐未定，禮物已被攫去，屢以此見責於人而略無悛改，則饕餮成性，不能爲之迴護。吾用其長，去暴去貪可也。求備於一貓，故爲之説，用旌其功而著其善，用告夫覥然人面而敢自外於倫理者。」

犬説

天地生犬以爲人守夜，爲有家者所不可無。然天下之死犬什九在於生犬之時，天地之仁至此亦退處於無權，其不幸而爲物，亦理之無可如何者也。吾家有畜犬，與隣犬並號獷悍，孶尾之際，視羣犬數十輩蔑如也。日者童子報隣犬死於野，吾犬亦被重傷，喪氣曳尾歸，未幾亦仆地死。詢其故，則二犬者始也以強陵弱，衆莫敢誰何。已而羣犬切齒甚，相與共齧之，至斃而後已。夫其口衆而我寡，宜其死也。君子曰：有生之樂，人與物所同也；禮義之防，人與物所異也。有禮義則安，無禮義則亂；有禮義則生，無禮義則死。生何幸而爲人，何不幸而爲禽獸？自絕於天地聖人而犯禮義以死也。死而有知，方自恨不得與於禮義之澤，而不齒於人類。若靦然人面而轉有慕於禽獸之行，則亦狗彘之罪人也。

呈文

呈請崇奉鄉賢文

呈爲振興孔教尤宜崇奉鄉賢以資興起而挽頽風事：蓋聞欲舟之駛者，必崇大其帆檣；欲鳥之高者，必豐厚其毛羽。孔、孟以後，周、程、張、朱諸賢闡明經義，身肩斯道，俾聖學昌明，如日月中天。雖國家春秋享祀，既俎豆於宫牆，而士民遊釣懷思，每尸祝於草野。既以見秉彝好德之良，亦以動高山景行之慕。查秦中先賢祠宇，如三原有朱子祠，自光緒中經故儒賀瑞麟提倡正學，集貲創修，歲以春三月、秋九月望日會祭三輔，學風爲之丕變，今三十餘年，流風所被，遺澤猶存。省垣許文正公祠經前鹽法道黄嗣東倡建，會祭會講，今尚歲一舉行。藍田呂氏祠經前縣長李惟人重建，增廣學舍，歲以九月會祭講約，來者雲集。四年以來，未嘗少異。三原、涇陽均有賀復齋先生祠，三原以春秋祭朱子之次日，涇陽以九月九日四方會祭，戎馬倉皇，不廢舉行。朝邑楊損齋先生祠近亦歲一致祭，已歷九年。以上各祠均由地方官紳協力提倡，所費甚微。而有廟之萃既深入乎人心，無形之感自潛移乎風化。

此外如省垣鳳、郿，臨潼均有張子祠，華陰有朱子祠，高陵吕涇野，三原王平川、馬谿田，長安馮少墟，盩厔李二曲，鄠縣王豐川，鳳翔張鷄山、鄭治亭，臨潼王零川，朝邑王復齋、李桐閣，澄城張蘿谷諸賢，以及各縣著名正學賢儒，爲鄉里所衿式者，欲請飭下地方長吏，詳加詢訪。舊有祠宇，以時繕修。督同孔教會士紳訂期會祭，藉倡孔教，如三原朱子、藍田吕氏等祠之例。其向無專祠，亦宜就鄉賢祠中設位，别室特一舉祭，以致崇仰之意。庶窮鄉僻壤藉知吾道之尊，野老村僮漸染明倫之教。風聲所樹，興起必多。倡明聖教，易俗移風，計未有先於此者。爲是具呈公，懇俯準復修各縣鄉賢祠祀，以資興起而挽頹風施行。

公請賀復齋先生從祀孔廟呈文

呈爲純儒倡道功在斯文，恭請從祀孔廟以正學術而厚風教事：蓋聞雖有一鄉之善士，流風必廣被乎一鄉，果屬曠代之儒宗異數，必特隆於曠代。伏見三原故儒賀瑞麟，當科舉盛行之日，從朝邑李元春得聞程、朱之學，屏棄榮利，鋭意聖賢，以朱子立志居敬、窮理反身爲綱要。與朝邑楊樹椿、芮城薛于瑛往來講切，有「三先生」之稱。信小學、四書如神明，遵横渠熟讀成誦之訓，嚴爲己爲人之辨，於心術隱微之際反躬克己，學如不及。日用倫常，自灑掃應對，以至冠昏喪祭、鄉相見，造次必以禮。法先王遺教，彬彬然見諸施行。平居惓惓，無一念不在天下後世，於古今聖賢爲學爲治之要，靡不究極源流，務可措之事業傳之無窮，而出處之義守之綦嚴，不肯輕身干進。其論學也，於陽儒陰釋之際辨析微茫，絲毫不少假借。嘗謂：「論人宜寬，辨學宜嚴。」又言：「三代以上，折衷於孔子；三代以下，折衷於朱子。」又言：「程、朱是孔、孟嫡派，合於程、朱，即合於孔、孟；不合於程、朱，即不合於孔、孟。」陸清獻有言：「董子謂『諸不在六藝之科、孔子之術者，當絶其道，勿使並進。』今不宗朱者，亦當絶其道，勿使並進。」朱子之學明，然後孔子之道尊。慮程、朱以來講學精要之書北方學者多所未見，乃旁搜善本，手自點定，每種各爲序説，發明要義，俾讀者知所向往，兼致勉進之意。於是傳經堂所刻宋五子以下許、薛、胡、陸之書風行海内。今故儒歿後三十餘年，而關中學者藉知讀書之將以何爲與正學程途之所在，且不難家有其書而讀之。其沾丐後生，干城斯道，厥功顧不偉歟！

值兵荒之際，城防、籌賑、均田、清徭、善後各役均身任勞怨。凡閭閻疾苦所在，每爲上書當事，全活甚衆，鄉人賴之。教人不尚詞華，沈潛經義，聖賢言語必使實體諸身，不徒爲章句之習。出其門者，率通經修行，循循雅飭，稽古愛民，有安定之風。大吏先後聘請主講關中、蘭山各書院，均辭不赴。然倡行鄉約、鄉飲酒各禮，到處講學，横渠、藍田遺教暢然行乎三輔。海内從學，齊、魯、燕、冀、豫、晉、隴、蜀、鄂、湘之士，不遠數千里胥稟學焉，至今遺澤流傳。雖極晦盲否塞之日，而海内薪傳淑艾所在，多有承學之士，不至迷於趨向，皆故儒力也。楊樹椿自言：「吾孰不如仁齋？大不如復齋！」復齋，故儒號也。明道行狀有曰：「胸懷洞然，澈視無間。」測其藴則浩乎若滄溟之無際，極其德美，言蓋不足以形容，故儒有焉。惜乎未竟厥施，僅以講學終老，庸非命耶！

生平不事著述。其歿也，門人輯其手筆，爲文集若干卷，又答問遺語共若干卷。所輯有朱子五書、信好録、養蒙書九種、誨兒編、學規七種、辨學七種、女小學。所修有三原、三水各縣志行世。國史館有傳，漢陽黄嗣東道學淵源録，雙流張驥關學宗傳悉見著録。某等或親承指示，或企慕德輝，覽儒林之傳，豈無名賢倡道，而造詣鮮有如是之純。按關學之編，不少先正流風，而教澤未有如斯之遠。見所未見，信文章道德之蔑以加；醇乎其醇，誠俎豆馨香之無所愧。前哲之表揚具在，論早定於蓋棺。後學之宗，仰同殷禮，共歎爲闕典，有功名教古傳，祀爲樂祖之文，特典褒崇。今請下諸禮官之議，除開具事實清册，並呈著述各書隨案備查外，所有該故儒應請從祀孔廟各緣由，理合具呈公，懇電鑑俯准，咨部代請施行。

跋　書後

書朱文公祠碑記後

天地之心，天下之人之心也。聖人心天地之心，天下之人歸心焉。然則心聖人之心，以之感天下之人心，則其應如響，固理之常，無足異者。自有生民以來，得天地之心而集羣聖之大成者，孔子也；得孔子之心而集諸儒之大成者，朱子也。我復齋先師學朱子之學，心朱子之心，以昌明孔子之道。將欲並世之人，一以朱子爲指歸，尸而祝之，則而象之也。祠宇之肇修，有由來矣。然以山林石隱之人，值晦盲否塞之日，而汲汲焉爲是不急之務，宜其動而寡合也。而一時之人心，上自公卿，下及士庶，慷慨樂輸，翕然響應，有莫知其所以然者，此以見天心之在人，而秉彝攸好之良，雖衰亂之極，未始有少改也。而聖賢至德之感人，如寒暑雨暘，無不通、無不應者。亦於是卜之，是役也，經始於某時，至某時而落成。共需款若干，始終有勞力及好義捐貲諸君子。例得備書，以垂久遠，俾來者勸焉。

讀立如先生文集書後

立如明府少以文雄於時，爲「關中四傑」之一。遍遊清麓、灃西、古漁之門，於道德、經濟、文章固已淵源有自。君嘗自謂尤得力於漢陽先師，故其文頗有奇氣，而始終提倡聖學，老而不衰，殆猶行先師之志云。自道之不明也，綱常壞而忠孝鮮，禮義喪而廉恥微。庠序之教不許執經，黄口之兒敢於侮聖。注音行而神州無識字之人，方言倡而將來無通文之士。是集也，以韓、歐之筆闡程朱之理、先正典型，誠所謂存什一於千百者，固中土文明所重賴以維繫也。若第以文詞而已淺之乎，視此作矣。

跋蕭貞敏公勤齋集

右勤齋集八卷，元蕭維斗先生所著也。先生名𣂏，字維斗，奉元人。故居今長安子午谷附近之張村，有祠墓。迤南爲天井山，即其所讀書處也。史稱其：「制行甚高，真履實踐，其教人必自小學始。爲文辭立意精深，言近指遠，一以洙、泗爲本，濂、洛、考亭爲據，爲一代醇儒。」侯伯仁謂：「元有天下百年，惟先生爲識字人。」誠重之也。所著勤齋集，四庫提要稱：「其文氣格雖不甚高，而質實簡潔，往往有關名教。其辭儒學提舉書及辭免祭酒司業等狀，尤可見其出處進退之大節。詩非所長，而陶冶性靈，絕去纖穠流派，亦足覘其志趣之高焉。」顧其書藏之禁秘，絕少流傳。

頃賢裔子正以積年蒐訪之勤，乃得文淵閣本，爲守經堂影寫者，其五卷以後則以抄本足成之。將付排印，而請校訂於濂。濂按四庫提要云：「文四十二首，詩二百六十一首。今校缺四首，疑誤，并詞四首統計之，未可知也。詞四首。」鄉曲孤陋，無別本足資校讐，輒即見聞所及，詳加審定。顯然訛謬，即與釐正，稍涉疑似，概付闕文，以俟知者。自魯齋提學京兆，秦人自謂得師，一時如楊元甫、同寬甫、韓從善、第五士安諸賢靡不以學行著聞，焜耀史册。先生則尤爲魯齋所推重，當時與寬甫並稱「蕭、同」，極一時人文之盛。今雖流風頓歇，然誠得如先生者起而倡之，以先生之恪遵朱子而定其指歸，以先生之學無不賅而擴其見聞，以先生之抱道自重、出處不苟而堅其志節。如地震答問所示，入德之門，造道之方，愚夫愚婦可與知能。仁遠乎哉？欲之斯至。安在人心之不可正，頹風之不可挽，今日之天下，果不能進於三代之世也？是所望於讀此書者。

劉君吉六墓碣

先師清麓先生學宗朱子，其生平精神所專注，則刊朱子之書，起朱子之祠，以廣朱子之傳其大端也。傳經堂板刻之得藏於清麓與有所藉以印行，文公之祠雖兵燹迭經而復睹靈光之舊，固由衆正協力，而終始其事，則吉六劉君之力爲多。此不謂之善繼師志、有功師門者歟？吉六，諱葆謙，蒲城諸生。少失怙恃，其就學清麓也，力不能具饘粥。兄葆中，時肄業三原，以所得膏奬金資給之，故親炙中聞見最悉。余每從君，得私淑焉，爲人外和樂而內介直，與濂相契以心。攻吾過，有至戚不肯言者，雖極偃蹇，不爲其所不爲，人以是重之。誼篤師門，事無鉅細，身任維持。去歲重陽會祭，力疾來山，猶切切以印書、修祠、刻石各工未及觀成爲念。不謂浹旬之間，已不起疾。吾黨後勁又失斯人，固不獨清麓之不幸已也。君生於同治戊辰，痛以壬戌九月二十三日未時正終於先師廡下，春秋五十有五。未有子，權厝於三原北關外，與端毅、谿田塋域爲鄰。葬後某日，遺腹生男，名望喜。吉人有後，君亦可瞑目泉下矣。同門友悲君之志，各有紀述，余特著其犖犖大者表於阡。

党孝女碑

華州党孝女者，及門郭貞泰之從母也。二十年前，吾友王介臣、賈耐庵、張西軒交口稱其守志奉母。及母沒，負土爲墳，感異鵲事，輒心奇其爲人，謂其志操所至，有足動天地而光日月者，固名教綱常所待而存也。其沒也，不可以莫之識也。

女諱竹青，字筱風。幼聰穎，至性過人，年十二喪父，三日夜哭不絕聲。父無子，日與女兄奉母以居。女兄之嫁也，女念母且老，無他兄弟備養，棄親而適人，心不忍爲也。聞州乘載劉貞孝女事，即爲位祀之，誓以終身。母哀其志，爲贅孫氏子而偕老焉。合卺之明日，夫即傭工於外。再閱月，以卒歲乃歸。未三日，夫一病不起，七旬之内，爲夫婦者三日耳。女痛夫之蚤喪，而還以自傷也，謀以身殉。戚隣勸沮，且以老母爲言，志不果行。時女十五有六矣。久之有諷以改適者，女痛詈之，兼以自明。自是不敢復有言。母篤疾瀕危，潛刺指出血，和藥以進，母得無恙。母沒，哀毁幾絕。飲食必祭，負土成墳，歷三年無間。所飼一鵲，亦啄土墳上數十日，人以爲孝感所致。撫族弟學仁爲父後，俾主祀事。併爲孫氏置後，二族之血食賴以不絕。非深明大義，其孰能與於此？初迷誤於浮屠之説，勸人以善，信從頗不乏人。一旦從貞泰聞清麓教法，又與介臣有中外，時相從問字，因專意朱子小學書，深悔前非，毅然去之，爲詩以見其志。其教女弟子一遵清麓學規，朔望及時節祭享，終其身不少改。諸儒守禮者，或自以爲不及。好誦古節烈詩，比其沒也，枕畔狼籍，皆其所手録。云州刺史表其門曰「節孝可風」，餽錢三萬以旌之。衆爲開會追悼，又謀請祠節孝秉彝之好。人有同心，孝女之令名足以不朽矣。

論曰：終其身於父母之門而亢其宗，則孝女也，而肖子矣；伸大義於夫婦之倫而存其祀，則節婦也，而忠臣矣。悟異端之非而去之若浼，則哲婦也，而勇夫矣；悅吾道之正而信之不疑，則賢女也，而真儒矣。此乾坤正氣也，於一女子存之，奇哉！

張貞女墓表

女德之足以不朽者三：曰節，曰孝，曰烈，得其一可以傳矣。有人焉，身備三德而泯沒不彰者且將近百年，則載筆者之過也。臨潼張貞女者，零川早張村玉堂升初之女也。吾友壽卿張君與同里閈，夙受學升初，爲予道其事甚悉。升初性端莊，不苟言笑，教授鄉里，壽八十有五而終。無子，惟二女偕。長秋蟬，即貞女也，年十六，字渭南之張楹村人楊合民，未嫁而夫病且垂危，女以父母命往視。不越日，夫卒，時女年十有九。既葬，父母舅姑哀其少未醮而蚤寡也，命之歸者屢矣。女泫然曰：「尊父母之命，以身許人，一旦至於今日，吾知命矣，願終事舅姑以成夫志，死無他望也。」父知不可奪，許之。後事二親以孝聞，和於妯娌，冬夏勞役必以身先。自奉極儉，終身不事華飾，足無故不出閨門。同治初元之難，爲賊所得，義不受辱，死之。門人楊茂春，其族人也，爲作傳，余特表而傳之。

論曰：未嫁而守節，雖屬過禮，而其性行之卓絶，所爲動天地而泣鬼神者，固足以厲世而磨鈍也。況其孝其烈又有足以不朽者。山史王氏所謂「此予所以悲而敬之，有不勝内愧於心者，欲一發孟子『死傷勇』之説而不敢也」。

墓銘

醴泉節孝杜氏墓銘

孺人姓杜氏，咸陽學博蔭棠公女也。有至性，八歲喪母，悲痛如成人。十有三年，父戕於賊，挾刃往從之。格於勢，不得行其志，悲慟幾絶。年十七，歸醴泉王天禄君，即一貞父也。君父榮齋公，本姓解，兼祧於舅王氏，故君姓王而以君弟天永主解氏祀，不幸天永爲回匪所擄。杜氏本咸陽望族，君孤苦特甚，以母朱氏苦節，君又以孝聞，杜族重其人，故以孺人女焉于歸。甫七月，君又爲髪賊所得，孺人痛不欲生，而念夫生死未可知，老母在堂，無他兄弟備養，我死，母無生理，棄母以全節，吾不忍爲也。且身方在震，萬一生男，門祚猶有望。若婦姑同死，則王、解宗祀自此絶矣。乃忍痛慰姑，日夕祝夫蚤還，以寬親憂。孺人以富厚餘習，田畝薪爨，一身自任，幾忘其爲巾幗中人。以「之死靡他」自誓，戚鄰哀其貧無以爲養，然改節之語則不敢以聞。

已而果生男，即一貞也。衆相訝，以爲孝感所致，然事畜之計愈益爲難屬。光緒丁丑，秦大饑，死者枕藉。一貞方十一歲，居近店張驛市鎮。孺人命往糴米，別付錢十數，備飢時。方斷炊，孺人藉拾薪往視，與隣媼偕，道中餓且仆，鄰媼察其情，故遺炒皂斗一粒於路，孺人取食之，勉行數武。憊如前，又拾一粒，如是者再。一貞乃還，詢之猶未食也，一人攜籠來，意爲鬻餅，至則白馬肉也。母子方餓甚，忽念老母以痛子失明，人言此肉可治，乃忍飢持歸奉母。母知其故，痛不忍食，退讓久乃食之。其艱窘如此，而貞烈性成，至有二日不食以待斃者，志操之堅，卒不以是有少改。一貞稍長，即資遣就學，迫於遇，不克卒業，乃服賈省垣，藉供洗腆，以孝聞市井間。王、解之祀不絶如綫，皆孺人力也。

孺人性慈惠，好施與，於賑災、興學各義舉均力爲贊助。邑人士以節孝上聞，得旌表如例。其老而傳也，戚友稱觥介壽，鴻文鉅製，極一時之盛，天之報施善人，於時爲不薄矣。辛酉十二月十四日，以疾終於青門新宅，遺命以天禄君衣冠招魂合葬，可謂不二心者。距生於道光三十年十月初七日，春秋七十有二。

子一，即一貞；孫二，華英、華定。孫女一，曾孫一。以癸亥十月十一日權厝於省垣東關新宅後園，午山子向。一貞以狀請銘，予讀之，悲不自勝。念一貞與予生同年月，孺人槁餓時，正吾母忍飢之日，今同爲無母人也。且孺人志行有關名教，不可以無傳。爲誌其墓而系以銘。

銘曰：緊杜國，伯男封。毓貞烈，光厥宗。婦承姑，柏若松。捐華飾，力作供。食舍肉，開瞽曚。甘長餓，浩氣充。念所天，代有終。存二姓，揚清風。動天鑒，榮褒崇。身化石，穴則同。

草堂寺改學記　爲興平張仁齋先生作

壞梵王宮爲横序，快舉也，取之於歐洲教徒，則爲力尤不易。謂非吾道昌明之見端不可也，同好聞之，其忻慰何可言喻！而蒙竊有懼焉，懼吾道來者日孤而環攻者衆也。夫因果禍福之說，既以中千數百年人人之心，雖經前賢力闢而沈溺如故，利欲之爲害，究未由拔本而塞源。而一二高材明智，復爲揚禪佛心性之餘燄，謂其精微廣大，遠過於吾所謂聖人。向之闢之者，皆未嘗深入其中，而輒以異端排之，於彼道無與也。則且爲之進一解，曰吾於禪佛，固未嘗深入其中，特因前人之言而闢之，其不足以服其心也固也。爲問子於聖人之學，曾亦如程、朱諸賢之研精殫思，終身寢饋其中，真見其有所不足乎？爲問子之聰明材力，自量孰與前賢愈？何我之所獨見遂遠，爲前人所不及乎？且以程、朱之聰明，亦嘗竭十數年之精力於佛學，久而後見其罅漏百出也。今以後人之天資，去程、朱不知其幾千萬倍，且於聖賢學問之實，亦第如擿埴索塗者之所爲，則宜其疑吾道之不足，而歎彼之神妙不可思議也。且以程、朱之言證之，則「窮深極微，而不可以入堯、舜之道。」明道語。「異端虛無寂滅之教，其高過於大學而無實。」朱子語。是程、朱於其道，非不謂其高且深也。其所以大異於聖人者，正以其過於高深耳，其彌近理而大亂真者。既詳辨於程、朱之書，兹不煩備述。吾子試取而讀之，更實體之於日用之間，積之以歲月之久，當自別有所見，無俟予言。倘或不然，則恐說愈多而旨愈昧，度終不能有合矣。孟子曰：「君子反經而已矣。經正則庶民興，庶民興斯無邪慝矣。」故爲今日閑道計，不急於抉彼之非，而急於求吾之是，果吾道之全體大用，昭然如日月之明，將所謂螢光爝火，不待屏而自息矣。今庠序雲興，英髦麟萃，由洛、閩之門庭以上窺鄒、魯之堂奧，正學之興，可拭目待也。故樂而爲之記，而具愚說如右，以爲衛道諸君子勖。未知仁齋先生首肯否也？至其建置規畫之詳，則自記備矣。

跋

跋藍川先生文鈔

人以文傳，所傳者文也；文以人傳，所傳者文，而不惟其文也。藍川先生不以文見，此編所録皆其手筆之文，學者愛而慕之，因相與鈔而存之。至傳寫之不易也，乃謀印行以代鈔胥。重其文乎？重其人也。今雖正道晦盲，而此心此理之同，自有不可泯滅者。六合之内，四海之外，吾安知讀而愛之者遂無其人耶！慕先生之人，因以心先生之心，孔、孟、程、朱之學與其道不由是以昌大矣乎？斯則區區今日纂輯之微意耳。若夫輕自表暴，急知後世增己之汰，示人以薄，長學者躁競之習，生讀者玩褻之心，則修等之過，固先生所不許也。

壬戌中秋日受業同邑陳敬修謹跋於芸閣之忠敬堂。

癸亥嘉平月芸閣學舍諸生排印於克復堂

藍川文鈔續

藍川文鈔續序一

往歲芸閣校印藍川文鈔成，余既爲之序矣。乙亥秋，及門李生子慊搜輯其續編，校印有日，復以序來請余。維吾友藍川所重者人也，非文也。自學絕道喪以來，藍川息邪說、闢異端，守先聖之道以待後之學者。當淫辭詖行之秋，使孔、孟、程、朱之道絕而復續，障狂瀾之既倒，作砥柱於中流。其見於言行之實，喜怒哀樂必求中節，視聽言動必思合禮，子臣弟友必謀盡道，藍川之文章萃於斯矣。

數十年來，勛與藍川朝夕所講磨者此文也，日用所服習者此文也。有所未至，則彼此相規勸焉。朋儕友生之從遊者，則以此相勗勉焉。外此不敢別有言語，戾此不敢別爲著作。非隱也，蓋慎也。門下愛師之甚，片言隻字不敢或遺。不知就全體觀之，此特龍一爪、鱗一角耳，一斑之文不足以窺全豹也。文鈔之續，所謂藍川不以此重，而世亦無以此重藍川可也。觀乎人文以化成天下，吾友身肩斯文之統，更有大者遠者在焉，書此以告天下之讀此鈔者。

乙亥重九會後教弟張元勛識於清麓

藍川文鈔續序二

自古真儒崛起，史册必大書特書以志之者，爲其能立德、立功、立言而待後守先，足爲世間不可少之人。若吾友牛藍川先生者，殆不愧斯義矣。夫藍川，清麓高第弟子也。始則主講正誼，繼則主講芸閣，執贄門牆者至數百人。其品格之高，操守之嚴，學術之純，存心之虛，同門中罕有其匹。

自幼不慕榮華，視名利泊如也。登賢書後奉慈命不赴公車，郡守嘉其孝行，贈金五十作養親費，委藍田縣令面致。藍川即抵書縣令，將原金璧還，不受分毫。學憲黎公聞其賢，疏薦於朝，蒙加中書銜。藍川謹設香案，望闕謝恩，自視欿然若不能勝者。升中丞允巡撫陝西，爲師範延教習，必欲得藍川，藍川聞命堅辭。復使毓觀察即其家敦請藍川，預約必守先師規矩，乃允其請。就職無多日，旋以與藩憲不合即辭去。中丞雖備一歲修金，藍川止收三月。辛亥政變，升中丞由隴移兵陝西，戰事劇烈。適清帝遜位，官紳敦請藍川見升議和，兵遂罷。閻幹卿謂藍川此舉活數萬人性命，功德不小矣。陳督軍柏生、劉督軍雪亞素重藍川名，先後帥兵弁具厚幣造廬往謁，藍川飯以脫粟，却其贄幣。楊虎城爲主席，具禮請藍川備顧問，亦作書婉轉謝之。康南海於某歲到陝，達官貴人及文人學士莫不歡迎，劉督軍遣使請藍川赴省陪康某，藍川託疾辭避，不與之接。其生平介節高風，大概類此。能使頑夫廉，懦夫立，足以楷模後學，干城吾道，不愧關中之偉人，固非空談無實者所可同日語也。

清麓先師在日，勸富室所刊諸經傳及宋五子書與夫近代純儒文集，版皆藏於各家。藍川知諸書皆道脈所關，薪傳所繫，因籌款二千金，將書版一概贖回，故張鴻山主講清麓時得以刷印廣布。去歲，藍川弟子楊仁天、劉允臣復籌巨款，擬刷印二百部流播各省。自此，先師之學不難大放光明，而周、程、張、朱之傳，孔、曾、顔、孟之統，值此晦盲時代得以絕而復續。若非藍川將版贖回，安得成此巨功！然則藍川此舉，不獨爲師門之功臣，真宋賢之功臣，亦前聖之功臣也。升中丞稱藍川爲「師門第一」，劉督軍稱藍川爲「關中第一名儒」，均非溢美矣。

藍川教授生徒敦尚實行，而於辭章之習一概屏絕。蓋欲斂學者之心思，而防其馳靡也。然形諸筆札者片語隻詞，皆質愨有味。故曩者藍川文鈔一出，識者稱爲「有德之言」。古之所謂「三不朽」者，藍川有焉，可當三秦真儒之目。然則近紹清麓之脈，上接横渠之統，非藍川吾誰與歸？今歲，其門下士李子慊等復蒐輯伊師文字，裒録成帙，名文鈔續編。其弟子韓景周特來信囑琨綴以數語，蓋以琨與藍川有相知之雅也。愚遂不揣固陋，僭爲之說如此。

乙亥十一月中旬　淄川同門孫迺琨盥手敬書於長山於陵存古學校

續卷一

藍田牛兆濂著　盧氏門人李銘誠子慊編輯　三原門人趙振燦古如校字

詩

客舍養病口占紀事

壬申初夏，仁天客舍養病，口占紀事。時請王君煥然醫治耳，同時取效，感而賦此。

天君本泰然，所賴惟輔相。輔相得其職，庶官乃無曠。
我生氣雖薄，官骸無多讓。九年十年時，目睫翻内向。
終日淚昏昏，有若春泉漲。中歲患耳眚，積熱成腫脹。
其左亶不聰，褎如塞黈纊。憂苦累高堂，日夕長悵望。
客從長安來，奇方遠相餉。寸膠本微物，厥功誠無量。
藉以理毫毛，下下復上上。相依四十年，出入深仰仗。
老去漸頹唐，形骸渾放浪。耳目失所司，儼若枯禪樣。
無乃病生心，累及金木臟。振聵與發矇，深恐言多妄。

值此衰朽餘，那更神明王。補益尚無及，矧敢復斲喪。
吾友過來人，王生海珊以診治得效，勸令西來。尺書詳近況。
慫恿多朋好，勸我西就養。愧非夷呂儔，晨夕勞供帳。仁天兄弟旬月以來備極慇懃。
尋醫得國工，謂煥然。經營勤意匠。日月已侵尋，功成老益壯。
可以涉百氏，可以窮萬狀。皮膚受鍼砭，見聞得確當。
耳目有聰明，物則相倚傍。拔我百尺淵，立我千尋嶂。
親睹大道行，神怡心以暢。吁嗟罔極恩，懸旌從此放。
笑謝阿膠君，盛德不敢忘。坐之几案間，元酒尊同尚。

學書一得

迴腕書夙所未習，竊意前人爲此，必非無故。今老矣，試以旬月工夫習之，驗其究竟如何。取退筆、故紙、釜臍墨任意習之，一横一豎，如井如冓，如笱如簾。已而左右旋轉，爲雲雷龍蛇之狀，不費心思，不誤功課，可以練習。精力無所耗費，便於寒畯，較之顔之畫土、歐之畫荻無多讓也。爲五律十二韻以記其事。

迴腕何爲者，曾聞故老傳。巧難憑意匠，妙豈落言筌。
却笑桑榆景，翻追時世賢。牀頭尋脱穎，竈額問藏煙。
運肘平如水，揮毫直似椽。端猶人校射，肅比釣臨淵。
阡陌縱横辨，星辰左右旋。往來看井井，圖象認乾乾。
簾織蝦鬚細，窗明兔魄圓。怡情閒弄筆，對語快攤箋。

習久身常健，功勤夢亦捐。未須求後效，此樂足忘年。

贈邵潤生

乃翁壽亭先生以所爲象人贈我，爲二仙人相對，可備燭奴之用；又爲牧童及戴笠老翁，蓋指小杜清明遇雨詩也。

周廟有金人，史策説土偶。惠之工象設，巧思得未有。何事玉山翁，乃擅摶人手。遺我二仙人，低眉坐相守。堪羡騎牛兒，得見樊川叟。妙想直通神，偃師安足數。願君造真材，無爲戀阿堵。薪槱被陶成，斯人乃不朽。佳兒學立身，發憤親師友。乃翁程張倫，嵩華同悠久。迂夫喜得朋，達人今有後。定省及新年，入門酌大斗。秉燭憶謫仙，光輝生戶牖。莫問杏花村，且醉屠蘇酒。

贈李桐初 名采白蒲城人

海岳歸來見劉四，知君後起獨前茅。多年肝膽遥相照，有道文章早定交。姓氏光華司馬傳，才名藻耀鳳凰巢。何當攜手藍關下，永爲談輪[一]作解嘲。

[一]「輪」：疑當作「論」。

示學者

圖象真傳啓二程，肇開關學煥文明。且從朱子尋蹊徑，永爲黄人正性情。
生意春觀楊柳色，會心夜聽杜鵑聲。向前努力他休問，斬絶根株利與名。

壽亭過訪爲余作小像步前韻報之

壽亭先生過訪，年七十有四矣，矍鑠如四五十歲人，以諸生及兒輩請爲余作小像，乃步前韻報之。

藐此七尺軀，妙合洵非偶。聚散付洪鈞，形骸我何有？
故人感契闊，一朝此握手。平生山水間，耕讀世相守。
昔别各盛年，瞬息成白叟。訪舊半凋零，晨星何可數？
不鄙土木形，寫照存阿堵。鑄我金剛質，期我三不朽。
二五萃真精，刮劘賴師友。誠敬貞不息，道義思可久。
往聖有開先，絶學思啓後。聲靈壯河岳，光輝射牛斗。
塑以明道泥，坐之横渠牖。無以謝陶成，敬進一杯酒。

題拙修子

賀蘭啓名論，卓識足千秋。理氣分途判，興亡澈底求。跖徒原可舜，人類豈宗猴？片語能據要，奇文見拙修。

悼幼雲先生

幼雲先生前歸覲時道出藍田，濂時以勸學識務奉謁，備承諄誨，未敢忘懷。聞爲小詩二律志感，祇以雲泥分隔，未敢呈政。兹聞仙逝，曷勝愴然，揮淚繕寫，上之几筵，竊附於「延陵挂劍」之義云爾。

木鐸出藍關，葭華秋露間。歸心九江水，别路萬重山。舉世皆尊孔，何人願學顔？殷殷垂至教，勉力奉周還。

纔入春風坐，蒼黄又遠行。祇慚辜任使，多恐玷身名。蒙委縣視學。居幸隣三呂，天方眷二程。時有學部之召。瀛寰遍鼉鼓，未免念周京。

寄胡優丞

四十年前友，閒情總不羣。長餐上池水，高臥帝城雲。

問姓驚初見，知名獨有君。故應端末節，笠翁詞有「他人端午，我應端未」語，時五月六日也。重話舊時文。

贈胡伯莊

杜門謝人客，一朝見伯莊。良言今請念，惡石襄二十三年臧紇語。老須嘗。伏枕音塵隔，懸壺日月長。呼茶聊小坐，舊德敢相忘。

喜長山崔徐二生見訪

遠聞天下士，來自海東頭。不問蓬山路，相將華嶽遊。箴銘懷座右，冠冕接南州。爲道清川水，橫渠共此流。

自警

荏苒年華逝水流，儒生事業竟悠悠。黑甜漸覺勞思議，甘腝才知用講求。玩久挨將書有味，睡餘贏得枕無憂。眼看棄井真成恨，鞭影長途敢自休。

自題塑像

先生此日尚安居，面目獨留煨燼餘。有酒難澆真塊壘，無靈徒抱古襟裾。
鄉人誤下羣仙拜，朝命叨陪六部除。千載黃河西岸土，不隨瓦礫上邱墟。

衣冠猶帶舊塵埃，珍重良工試手纔。破壁龍疑成變化，行空馬不在形骸。
場登傀儡愁難下，竅鑿混沌總未開。且向吾身存淨土，宮牆從此闢蒿萊。

芸閣雜詠

秋色滿牆頭，映日金丸綴。幸乏橘柚姿，何愁過客折。枳實。
播種十年前，此日鬱成樹。人去已多時，藩離爲我固。厚庵所種。
老幹四攙天，風雷奪其一。孫枝猶鼎足，蒼翠媚冬日。古柏。
瞬息五百年，閱盡滄桑古。浩劫付神天，無爲怨斤斧。
東園霜露重，丹實見維縠。回首看青山，其人美如玉。楮實。
有皮供紙材，其實備藥用。既無與妖祥，桑外何妨拱。
龍珠與馬乳，何日滿盤堆。睹此蔓延物，高詠夜光杯。蒲桃。
不爲深雪死，受命獨爾長。寄語主人翁，冬來謹蓋藏。

出簷已干霄，復施竹柏上。窗外滿斜陽，清陰足屏障。山藥。
玉延錫嘉名，結根甘可餐。先生老無齒，用佐苜蓿盤。
清芬異凡卉，遙從少華來。有莖方且綠，白花葉底開。薄荷。
朝飲勝月團，風味足清泠。可以滌詩腸，晨夕發深省。

補殘書

予兒時嗜書成癖，厄于家貧，凡殘編孤本無首尾者，率於親舊處及故紙中得之，今所記憶者多出其中，其貺我良不薄也。每偷閒展玩，補綴完好，并題七絶二章以示子孫。

斷簡殘篇忍棄之，髫年書癖老尤癡。舊恩契闊恒心念，豈但尋常一字師。「契闊談讌，心念舊恩。」魏武帝詩。
遺編莫漫委灰塵，手澤若翁幾度新。果使苦心天不負，龍光待啓後來人。

硯穿誌感

宏農泥硯寶用有年，一旦磨穿，可勝歎惜。以厚紙補之，可備他用。嗚呼！學不徹底，忽焉耄老。賦詩四章，用自警省。

硯鐵磨殘已自穿，案頭片瓦况多年。泰山巖溜真成鑽，一縷新紅出舊氈。
此回已是透中堅，掘井功深自及泉。却怪聖言多妙藴，幾曾似此細鑽研。
紈扇秋風忍棄捐，磨人畢竟是陳元。補完儘足供他用，敝履同歸亦可憐。

硯枯何至竟無田，漢苑秦城富瓦磚。任是老農忘歲月，也應明鏡笑華顛。

贈别張潤蒼縣長

潤蒼先生有意爲民，而苦於力之有不給，竟至投板而去，慨賢者之不獲成其志也。爲長句以贈其行。

干戈滿地欲何之，保障心勞困繭絲。彭澤宦情徵士傳，道州民命使君詩。禾苗有待分龍雨，枳棘難尋棲鳳枝。竹馬兒童頻借問，重來知是幾多時？

題畫

焦東溟先生以風雨鷄鳴及二老談經二圖索題，爲賦七絶二章。

無心叫處有心聽，響徹中宵夢早醒。對語未應忘對舞，四簷凉雨一燈青。

祖龍烈焰逼天庭，斷壁獨留數卷經。説到天心天欲語，後先日月幾晨星。

感事

縷縷絲絲幾萬千，春蠶到此竟誰憐。今朝醒得黄粱夢，恨不讀書二十年。

梟首前林血未乾，兒心甘處母心酸。祇愁長得身邊肉，又被羣兒冷眼看。

油渣神

丙寅冬十月，省城圍解，人感油渣之德，爲位祀之，曰油渣神。戒其子孫，曰不敢忘也。

相從陳蔡又經秋，剩馥殘膏尚此留。食到馬肝良有味，嚼餘鷄肋淨無油。
苦心何在非嘗膽，奢願憑誰待滿篝。塵土多年深愧汝，會當立廟首山頭。

感時

屋倒牆傾水壓田，救生幸得幾千圓。祇愁就地來籌款，馬後還加鐵線鞭。糧差以洋鐵作鞭，見者股慄。
雲深何處問三長，南董忽聞出此鄉。却笑老來生羽翼，故園一例作飛蝗。
下士如何識古今，紫陽跂慕老彌深。但能什一存鄒魯，天日多應鑒此心。
二十年來灞上春，星星華髮鬢邊新。冰清剩有頭銜在，綸閣曾叨珥筆臣。

謝李君饋布被

十年未許笑公孫，客路綈袍古道存。直使山翁常愧此，夢迴寒夜有餘溫。
陽和已散窮途恨，衰白曾無改造時。多謝清貧彭澤宰，却愁惡臥少陵兒。杜詩「布被多年冷似鐵，嬌兒惡臥踏裏裂。」
燈前兒女笑顏開，不道求車客又來。憑杖衈民賢父母，祝他蘭玉滿庭階。

古柏風折

祠中古柏風折其一，詩以哀之，兼用自警。

燒殘劫火半心空，拔木難禁此地風。石破天驚無覓處，九霄雲外下蒼龍。

敗鱗殘甲滿庭前，彈指星霜五百年。自成化甲辰至此，四百四十一年。神物有靈終化去，不妨委蜕落風煙。

雙雙森列共榮枯，東西各二株，不正相對。老去何堪折一株。任是三株能鼎峙，峭風寒月也應孤。

雙栽龍樹等身齊，前後各一株，三年前所植。別有孫枝數寸低。本年窗外所植。閱半千年再相見，未應頭角判雲泥。

無靈分作溝中斷，有用仍留爨下材。應與此堂同不朽，半題聯額半神牌。嗣以祠工負債，同人擬以枋板變價償之，此語竟不能踐。

風雷震怒鬼神愁，堂上書生泣白頭。自恨不材空自壽，儆予累爾爲填溝。

和寇立如先生遊宋園　甲子

余己未曾此一遊，追憶見聞，歷歷在心目間，瞬息六年，恍如昨日，爲絕句四章，以誌今昔之感。

霜殘菊老正高秋，杜子祠前載酒遊。誰道淵明歸隱處，個中別有洞天幽。

名園高挹少陵春，好是慈恩近卜隣。占得乾坤兩奇絕，城南一塔一詩人。

一編文選伴新茶，深鎖松筠給事家。過客遠分華屋潤，等閒來看四時花。

錦燦珠聯壁上詩，石庵文翰重當時。低回未忍吟歸去，魂夢至今猶見之。

次韻答華亭饋鯉魚

尊酒論交幾素心，小齋日日盼君臨。客來又報長相憶，春水桃花望更深。

喜雨贈白生藴三

竹外忽驚滿眼花，小窗晴暈碧於紗。壓簷四百餘桑樹，一雨今朝正茁芽。桑初解甲，隔綠玻璃視之，如花之初發也。

芸閣古柏和賈生韻

摩空龍樹閱春深，庠舍獨留正午陰。爲有故鄉人愛惜，欲憑老幹繫天心。
歷劫恩叨雨露深，壓簷桑外綠成陰。堂前豈爲無桃李，誰共寒松不改心。
雙栽新翠過牆深，昔年續栽小柏二株。檻外孫枝亦有陰。更四百年古祠下，歲寒畢竟是同心。

院中多烏感賦

從來禽鳥識先機，又向宫牆結陣飛。晚景喧爭愁鼎沸，晨光欲報恨熹微。
白頭樂共陳編老，黄口應嗟美蔭稀。西望長安家不遠，舊林何日賦言歸。丙寅困城，以前野烏羣集祠樹，今春復爾，故云。

和徐奉伯題楊妃出浴圖七絶

同學徐君奉伯題楊妃出浴圖七絶一首，予即其意點竄數字云。

共知傾國是花顔，總爲多情弔玉環。千載華清池畔水，尚留餘媚禍人間。

立秋日藏羽扇有感

出山未幾又清秋，篋笥深藏未許愁。指日陽和新布令，下風還拜武鄉侯。

贈王醫師第一首

驢背車塵半日程，思聰未已更思明。正憂多病爲身累，且喜餘年見物情。

花向霧中微弄色，雨從竹外細聞聲。山翁此日叨天幸，和緩西陲早立名。

詠卭竹杖贈别楊仁安

袖底龍鍾老未衰，廿年相伴記從來。銷沈劫火芳根古，上下青天險道開。

占玩蒼筤嚴躁動，式如靈壽變新裁。生平多藉扶持力，操杖堂前定幾回。

院中諸生傳遞土墼賦長句勞之

飯後微雨，院中土墼未收，命諸生序立以次傳遞，俄頃而畢，賦長句勞之。

亭亭卓立雁行排，踴躍牆東長少偕。多難自應勤運甓，偷閒豈爲學搬柴。臚傳揖左須交右，祀事及堂不降堦。記取綢繆防未雨，坐看檐溜過山齋。

築土室成次前勞諸生韻誌喜

諸生於齋外築土室，覆以重臺，爲燕息之所。既成，次前勞諸生韻爲長句志喜，兼謝其勤。維鳩之居，慚腆歲矣。

層臺跨屋巧安排，良友同心樂與偕。成算幾曾差累黍，告功何敢僭燔柴。爲當平地休論簣，上比登天幸有堦。百尺竿頭從此進，可知纔過小茅齋。

贈邵潤生

此次督工，用力尤多，再次韻贈之，時冬至日也。

煩君辛苦費差排，夙夜兼旬事必偕。安宅厚培牆外土，長梁近取院中柴。炎涼不到神仙府，出入祇須上下堦。欲問天心何處是，春風常在讀書齋。

次前韻送子慊歸盧氏

別酒杯盤此日排，風霜恨不遠相偕。漫漫前路難攀柳，寂寂閒門自掩柴。
山喜盧敖當戶牖，人從朱子上庭堦。洛陽朋好如相問，治事通經共此齋。

和焦東溟臘梅二律

幾生修到不尋常，林下一冠也自黃。磬口未因風送響，檀心何假雪添香。
癯仙素結金蘭契，知己今逢鐵石腸。莫爲陽春愁寡和，有人物外賞孤芳。
梅花未識古長安，聊寄天心閲歲寒。且向故山尋玉盌，莫從寶剎問黃冠。
風姿贋有金華貴，骨相曾無玉樹殘。却羨幽人多逸興，詩成竹外幾盤桓。

興平文廟會講即事

危乎今日之神州，性命須憑道教留。率土無宮朝萬壽，配天有廟饗千秋。
尊親豈必殊中外，風雨行看化美歐。方策未亡遺訓在，願將擇守變愚柔。

入夏五日芍藥始花急命酒賞之賦二絕紀事

春風歸去已多時，婪尾初開三兩枝。杯酒且從花下醉，憑教花笑老人癡。

映日紅芳帶雨鮮，花王不見見應憐。莫言無計留春在，九十韶華尚此延。

和焦東溟見贈

藍水藍山此範模，藹然春色滿平蕪。天教異代孫明復，雪裏親傳太極圖。

山翁自愛白雲深，把臂何人肯入林。窗下梅花窗上月，茫茫天地此同心。

食熊掌紀事

薦先後諸友共餕，亦不再逢之際會，書此誌慶。淵雍未與，意殊歉然，兼懷健齋亡友以生前有約嘗此，爲東南酹酒告之。更舉杯西南向，遙謝果齋老弟之貺。

此生此味得來難，樂共良朋餕午餐。染指無緣歎兒輩，不妨留向夢中看。

久要六載未相忘，酹酒臨風爲舉觴。却喜易牙天假手，杯羹聊代故人嘗。此物庖人罕所見聞，訪得朱鴻軒向於提學署工作多年，是以能了此事，即浼其烹治云。

代柬寄孫仲玉

眼看入室盡豺狼，搏噬何曾頃刻忘。寄語東山千仞鳳，德輝欲下早飛翔。
池陽新種武陵桃，有限家私一擔挑。莫爲西來愁地主，幾人河畔賦招招。

烈女池

在長安留公村，有烈女殉節於此，村人傳之。

烈女池中烈女沈，乾坤正氣鬼神欽。路傍楊柳垂青眼，羞看人間獸與禽。曹令女云：「禽獸之行，吾豈爲哉！」

飛機

遙遙天外遠蜚聲，直上重圍衆已驚。電掣龍蛇操縱易，風摶鷹隼去來輕。
紙鳶陷陳皆飛將，甲馬排雲即鬼兵。共鬥心機須有盡，誰能盡處立功名。

挽張席卿 二首録一

寒燈老淚帶冰流，愛日多年憶舊遊。

心醉人師甘拜馬，肩隨父執任呼牛。
芸編呵凍從頭寫，鴻爪和泥爲我收。

仁安取小石爲山賦詩誌興答此以致勉 甲戌

莫向清川笑石頑，移來山上便成山。
可知寸壤能崇華，一簣祇愁進步難。

立夏先一日置酒餞春乃代春風爲留别之詞 同上

不用尊前怨别離，再來曾有幾多時。
無情却笑當筵燭，何事臨風淚滿滋。

題王承恩墓

在臨潼早張村附近。

破碎河山慘不收，闕文獨爲史官留。壽皇亭下人千古，誰道西陲是首邱。明史不著承恩籍貫，讀者憾焉。
淚灑孤墳汗透衫，蘚碑龍廄辨頭銜。河聲嶽色荒涼甚，腸斷思陵老太監。
故鄉權閹勢薰天，堂闞康來知尚賢。爲問淡家劉瑾本淡氏子，與其舅劉某承嗣。村遠近，雲仍何處認瓜緜。

九原牧圉泣孤臣，一代刑餘得此人。不爲忠魂光日月，那能歌哭到鄉隣。

哭李習齋　朝鮮人

龍門今始識高賢，共喜尼山得正傳。學禮久思尋柱下，問疇幾欲過朝鮮。
仁人合有無疆壽，道祚胡爲不少延。東望遼陽空灑淚，傷心未忍對遺編。

賊退見吏人喜賦

虎役下窮鄉，誅求苦不遂。民脂甘如飴，豈曰匪我類？
夫獨無人心，利欲成昏昧。蛇蠍與鴟鵂，刻木期不對。
孰知弔民者，淫威更蓰倍。倒懸水火中，時刻等年歲。
性命不可知，况敢惜肩背。不遭炮烙慘，安知官吏貴？
月餘鋒鏑間，何嘗見此輩？一朝逢虎役，聞知賊已退。
相將看虎役，虎役轉爲瑞。但得軀命全，何恤肌膚潰！
睹爾剽悍姿，下我太平淚。

續卷二

藍田牛兆濂著　盧氏門人李銘誠子慊編輯　三原門人趙振燦古如校字

書答

與曹縣長

昨承枉顧，兼致主席手教及惠貺多品，雅意殷拳，曷勝感佩。尊者之賜，誠不敢辭，第區區之私義，則實所未安。伏念濂山野陋儒，誤蒙過聽，輒以儕之耆宿上煩長吏存問，寵以薪帛羊酒，仰見折節重道，媲休前古。倘第執硜硜之守，無所拜登，則迹涉不恭，既無以上承德意。然濂生平所爲見收於大雅者，不過以其辭受取與粗知廉恥，不敢或苟。今若宴然處之，則是君子之道有受無辭，何其廉於平日而不廉於此時？向來所守安在乎？四方觀聽，在此一舉。君子愛人以德，當不忍令其晚節爲人指目也。審慎再三，謹祇領食用品物三分之一，餘均璧返，使盛意既伸，而復有以全迂儒之素守。雖未免失之皦皦，而亦猶賢於憒憒也。方今風俗奢靡，廉隅不講，竊於此一節願以此身倡之。叨在知愛，必以相諒也。悲痛方深，懇爲轉達款曲，容少寬時日，當即肅簡奉報，順頌新釐不備。

辭顧問聘書書

前誤蒙過聽，重以顧問職名見委。聘書到日，適在憂苦，未容有言，暫由縣政府據情報命。兹甫逾月，所極欲言者，願得爲轄下一二陳之。夫顧問職名，在參議、參謀之上，未論位尊責重，非山野愚陋所敢濫充。即使不自揣量而冒昧受之，不過曰欲其有言耳。若欲其有言，則顧問有言，非顧問何不可有言？第視其言之可用與否。如其可用，則言既行矣，即不居顧問，猶之乎顧問也。若不可用，則尸素貽羞，有求退而不得者矣。濂生平事事從實，轅下所深知也。願但處以顧問之實，而勿拘以顧問之名，使管蠡之見得以隨問上陳。倘蒙采納，少見施行，爲幸多矣，何論職名之有無乎？且濂非辭顧問也，辭職名耳。改革以來，十九年中當道諸公雖不絕書問，亦祇以道義相處，未嘗一受職名，其心其跡，固人人所共諒也。今年且六十有四矣，衰白頹唐，不應忽此破例轄下，倘見矜全，當不忍令其一息尚存而輒變平生之守也。謹封還聘書，隨郵上納。此心既明，則以後函件往復自可知無不言，言無不盡。所以達桑梓之情，而備芻蕘之采者，未必無萬一之補助也。

答張範卿第一書

小除夕奉到大著并尊札、寫照等一巨帙，時已就寢，急披衣取燭，令兒輩展讀再三，感愧莫名，竟夕展轉不能安枕。即以侵晨盥櫛，具衣冠，就家祠中東向再拜，瞻仰尊容，略申企慕之私。天地寒凍之中，恍如聞夜半之雷，吾道幸甚，吾國幸甚。目昏艱於久視，細字尤苦。加以急於聞所未聞，則欲速而反不達，故久稽裁覆，深懼以疏慢開罪。先此奉報，一俟反復數過，粗有領解，方敢貢所疑以請教也。濂以帖括餘習，一叩清麓之門，少承訓誨，未及再謁而先師忽已即世。孤陋薄植，雖極力振作，而脆弱之資訖無所就，日惟與一二同志恪守師說，互益交勉，以期不得罪於朱子，庶有以尋洙、泗、鄒、魯之程途而已。數十年來，邪說蜂起，聖途榛塞，未嘗不私憂竊歎。然終不敢謂天地之大，必無虛心平氣、深體明辨以守先待後爲己任者。自愧涼德，不足掛齒於先生長者之前也。濂挹先生之清芬非朝夕矣。甲子歲聞之孫仲玉同學，繼又於白壽庭處得聞論未發之旨，而深會此言「性情之德」一語，以爲不著聖凡，而惟聖人足以盡之，竊服其善讀章句，足以息一切之紛紜。又聞與夏貞立論靜坐書，持論平允，洵爲對證良藥，雖未見納，而君子之所養從可知矣。

答南孝九

疊承書問，並示及答張君書稿，下問之誠，殷殷至誼。理氣偏全之說，與浙中往復數年，訖不能了，已決計不復置辨矣。何者？徒爭勝於口舌之間，於自身做工夫處毫無所益，豈吾人講學求益之本心哉！茲因足下及此，略陳私見一二，以求是正。答張君書不以偏屬理，及「理主乎氣」之說，其論精矣。知偏乃氣之所爲而足以害理，則所以致養乎氣者，其功不容緩矣。知理之主乎氣而有時爲氣所動，則不敢恃吾性之本善而不加省察矯揉之力矣。篇末云「古之人論說道理、講究性命者，實從踐履中流出。今吾輩只作閒說話，所宜猛省痛懲」及「無實先名」等語，皆切實可愛，足見鞭辟近裏。敬録一通，以資觀省。承委敬軒文字，義不敢辭。「靈峯並駕」之語，不成議論。向嘗以前輩尊之，後勿復爾也。既承不鄙，容免喪後試筆爲之。慰書尚未奉到，既承下交，所有家世履歷願爲詳示，以便書問。此外友朋間可與談此者，尤望示及。率覆草草，不盡所懷。

華、西學說，省齋論之甚詳，正案文字可見，重庵語亦有激而然。來示以爲倡立陸、王心學，語似宜酌。「氣昏理明」，朱子未有此語。其論明德曰：「但爲氣稟所拘，人欲所蔽，則有時而昏。然其本體之明，則有未嘗息者。」言雖有昏蔽之時，而終無滅絕之理，未嘗言氣昏而理自明也。自勉齋有此說，不惟敬齋疑之，蓋嘗反覆數年於心，終未領解。即如尊意，一念背理時，則理之正者將何所寄乎？即曰理在天地間者固自若也，然吾心之正已不可得而見，必待理之既復乃可謂正也，此處請下一轉語。「未發之中，在人不在物」之辨，須與剖判人物同異界分，否則費詞，且無解於犬牛與人同性之疑矣。居敬「居」字與「持」字相近，以心所存而言，如居仁、處仁之例是否？釋氏與吾儒本原不同，不惟不窮理，亦未嘗居敬，未可相提而並論也。

覆白壽庭

麥中家居，奉讀惠教，并未發平議及疑義各一紙，往復數四，深歎析理之精、參稽之廣。愧向來心粗學淺，幾乎虛此一生也。竊嘗妄謂孟子於邪説横流之際，特提「性善」，不及「氣稟」一字，似乎缺此一層，所以服不得告子。然此義豈孟子所不知哉？蓋以紛紛之論，皆由氣質而生，愈辨愈費詞説，故探源立論，提得性善確切分明，則羣喙自息，不妨以「氣質」二字留待後人補之也。觀於「君子不謂性」之語，孟子何嘗不兼氣質言性者？此之不言，蓋不欲以此啓爭端耳。來示旁徵遠引，可見不言者不爲缺陷，言之者不爲蛇足。言各有當，夫豈一端？人人各息心平氣，以尋論者立言本意之所在，不可硬執一説。入主出奴，則真理瞭然，何須門内操戈，使武人俗吏共其嗤詆，獨何爲哉！氣質能昏性，不能滅性，此理確不可易。既不能滅，則雖昏蔽之極而介然之頃一有覺焉，則性之本善即此可見，而孟子之言信矣，雖謂之未發無不中可也。若第執此一語，遂謂言氣質者皆不識性，則非平情之論矣。忙中草覆，約舉大端如此。有未當者，祈即諭及。此天下公論，不厭往復，惟欲理明，何必詞自我出。深悔向者輕易立説，致此紛紜，且開罪於當世大雅，夫亦不自量之甚矣。

與李習齋　朝鮮人

濂前由即墨未發平議中獲聞省齋先生至論，歎其於朱子之書剖析入微，字字先得我心，深以不獲讀其全書爲憾。今春二月初，乃於郵遞中奉到省齋集。全函四鉅帙，失喜過望，如獲拱璧。急欲作書申謝，竟莫識主名。遍訪同人，再閱月矣，頃乃得即墨函示本末，並通郵處所。即於次日晨興盥櫛衣冠，正席東向，酹酒再拜，用表祈嚮之私。作而言曰：「道之晦明有時，究未嘗一日而亡於天下。中朝咸、同年間，科舉盛行，學者汩於利欲，初不知讀書爲何事，我清麓先師奮起西陲，恪尊朱子，以身倡道，海内學者翕然宗之，何幸生同時！表東海者，又有省齋先生也。地隔數千里，不一聞問，今誦其言，則心心字字如合符節。不謂其同於癸巳之年先後謝諸生捐館舍，豈非斯道斯人之大不幸歟？今距先生之歿且四十年，然讀其遺集，則廣大深純，嚴正精密，提撕警覺，發微正誤，不啻日遊箕子之國，坐春風而沐化雨也。則纂述印行，不重賴繼起之有人乎！聞先生與即墨神交有年，際此學絶道喪之日，講舉世所不講之學，『爲天地立心，爲生民立道』，以繼往開來爲己任，浮海居夷，過無不化，木鐸之爲，殆有若或使之者歟！省齋文孫昆仲，聞亦相從函丈，達人有後，慰何可言。濂早違父師之訓，學不得力，今年六十有四矣，龍鍾之態，層見疊出。所恃此心之明不敢自昧，戰兢戒懼，溫習舊業，庶幾寡過，了此餘年。鄉下私塾什九遺散，孔、孟之書將有老死不一聞見者，焚坑之禍，未有甚於今日者也。濂迂拙之學，童子十數，以耄老之故，尚見優容。計惟以未盡之日，抱此遺經，以待來者，萬一天心悔禍，則經存即道不遽亡也。」

答黃吉人

昨奉到天文新圖，以蓋天兼渾天之用，獨出心裁，妙合乾象，三垣列宿，瞭如指掌，爲向來言天家所未見，誠仰觀一快事也。開發多矣，詳玩圖意，則此一圓周中已備三百六十度之全數，而其南面五分之一即正在七十二度之内。朱子所謂「常見不隱者」，特以人之目力當時所及者而言耳。日日按圖，則三百六十度之星，其可見者，不難次第而盡窺之矣。因思圓周之形，凡正面所見，止能見其五分之一，東移一度，則西減一度，故以七十二度立文。管見如是，未知確否，幸示下以開茅塞。南山谷口考檢出，即請付豚兒處，以便寄歸照録。

覆張果齋

太極圖解附入近思録，所慮誠是。朱子所以令東萊發明纂集之意，兼令學者從次卷看起者，正爲此也。鄙意以爲，初學先令知此意，必令從次卷讀起，俟其終篇，然後再讀首卷，庶不蹈入空虛。呂氏之附此，蓋以既讀說即不可不讀朱子注，并不可不讀朱子之解，特爲地位高者言之，非以語初學也。朱子云：「義理精微，近思録詳之。」蓋已不以此爲初學之書矣，如何次卷言「爲學大要」，即切切於敬義之旨，以下方言「格物」、「存養」、「克己」以終修身以上之事？即無疑於先察識、後涵養矣。大學次第正是如此，似無可疑，且不見古本大學之始於「誠意」而不及於「格物窮理」，爲朱子所極力爭論者乎？試再思如何鄉飲酒禮「篚下」，尊意以爲篚之南端，蓋篚既南肆，則首在北爲上，南即爲下，如席之有首尾是也。但下云「奠爵于篚」，則此多一「下」字矣，恐須有異，非省文之比。試思之如何後撿稷若句讀，已明以「篚下」爲不在「篚中」矣。

答任安卿

介弟來藉，稔近功精進，涵養加密，至爲忻慰。兼承惠教，備述生平以及用力、得力所在，一以朱子爲宗，惟清麓教法是從，具見返躬切己，俛焉日孜，不知年之不足。倘由是日進，積以歲月，所詣殆未可量。正道湮晦，茫茫宇宙，同志幾人？焚坑之禍相迫而來，平陽、蒲坂之間又加甚焉。正卿昨偕仲玉先生枉顧精舍，一時學者歎爲山東一人、山西一人，正卿方謙讓未遑也。則且爲之進一解，曰：「過唐、虞、有夏之故都，慨然想見其人，人固無見之之望矣，然能讀其書者誰乎？況學其學，心其心，而因以人其人者，正卿而外，又幾人乎？」正卿則逡巡而對曰：「遵義之得私淑清麓，從兄命也。兄之力於學，遵義實非所敢望。遵義拙於用，兄恒以鄉黨自好之，不若見責矣。」曰：「甚矣哉！兄之切於愛弟也。」今欲於冀都求一一國之善士，必將求其全體大用者而與之。「爲天地立心，爲生民立道，爲去聖繼絕學，爲萬世開太平。」此豈庸庸者所得而比似哉！然非庸庸之甚者，亦決不爲此也。正卿誠庸庸矣，而尊兄之命一意此學，垂三十年世變迭經而初無少間，爲列聖以來存一綫之薪傳，無用之用乃所以爲大用也。有乃兄督之於前，而正卿克開厥後，顧仁義之名，踐其實而擴充之、顯揚之，大不外是矣。於其告歸也，書數語貽之，竊自附贈言之誼，請更質之，安卿以爲如何也？

答孫仲玉

浙中有與茂陵一札，係靈峯手筆，內有自言其「未發」之說源流所自，而歸宿於朱子之說之「不可盡信」一語，此則向來不肯說出者，今乃公然承認，無惑乎數年紛紛，終無合併之一日也。夫子思之大本與孟子之性善，皆本原於孔子之「繼之者善」而來者也，此言其本然之無不同也。天下古今，誰敢有異辭？若其稟賦在人，則實不敢信其與聖人毫無所異，此孟子「君子不謂性」與子思之「中」必曰「致」，皆原本於孔子之「性相近」而來者也，此言其同然之，決不能一致也。「纔說性時，便已不是性。」程子之言，朱子采入近思録，且申之曰：「纔說性時，此理已墮在形氣之中，不全是性之本體矣。」由此言之，則本然之性與墮在形氣中之性，其不能不分別言之也，可一言而決矣。今試語人以四海九州之外，凡耳目所未及者，則信者半，疑者亦半，何則？聖人之所存而不論者，固無責於庸衆之知不及也。若夫人同此心，心同此理，豈真遠而難見、深而難知哉？反而求之，無餘蘊矣。故謂吾之性不與聖人同，則非人類也。謂吾之性與聖人毫無所異，則非未嘗內省，即妄言欺人者也。夫朱子之言性，他無論已，即以中庸章句言之，則性道雖同而氣稟或異，一也。蓋人之性無不同而氣則有異，二也。均善而無惡者，性也，人所同也；昏明強弱之稟不齊者，才也，人所異也，三也。此必非記録之誤而未定之論矣，反之吾心而不同者，不可自昧。證之朱子，而言同者有之，言異者亦有之。於此無以處之，則直斷之曰：「朱子之言不可盡信而已矣。」天下事理介於疑似者多矣，試爲究極而剖判之，則以未發、氣不用事，即此使與聖人同。而凡言「氣質及存養者，皆非子思大本之旨」，誠確論矣。然止可以解此一句，若到下文，則「致」字工夫如何可去得？非子思立教之本意乎？陸子之「六經注我」，陽明之「滿街都是聖人」，未必不由此一語階之厲也。以性同氣異立論，則「存養於未發之前」。程子「喫緊爲人」之語，而朱子屢稱之，清麓日記正祖述此義而曰「只爲不曾存養，便昏昧」，此與子思之「致中」，程子之「存養於未發之前」有符節之合，試問其害道害性者何，在而曉曉不已至於數年之久？果何爲乎？充清麓之説，則人知性之本然不可恃，而不可不急加存養之功。故朱子之説，確不可易。舉凡宗朱子如許、薛、胡、陸者，皆當奉爲圭臬，而不敢妄自尊大，菲薄前賢，以長少年叫呶之惡習，則講學爲有益矣。不然，則人人自聖而第一，不尊朱子，使朱子不得爲孔子之嫡傳，則此際之旁門捷徑，雜然並進者，豈僅陸、王而已哉？

與清麓精舍諸生

楊君省三及廉泉南來，敬悉諸友以皋座久虛，欲令經理值年諸人會商臨時辦法，維持現狀，足紉篤志劬學雅意，敬佩奚如。惟是有不得已於言者，則以精舍爲講學之地，一言一動均須推究義理到至極處，庶乎外可對人，内可自問。若稍存疑義，則清麓安用此手援之人以維持之乎？夫孫先生之不來，非不肯來也，不得來也。今日不得來，非長此不得來也。東道之通與否，呼吸間事耳，子能保其必不能通乎？「朝通午發」，孫先生函中之言炳若丹青。諸君在此，非素慕孫先生之德學，守候經時，以至今日乎？孫先生言不肯來，則此間暫謀辦法未爲不可。今既自言必來，心急如火，立待東道之開，則孫先生雖未來，而不啻日坐敬義之堂，而拜先師之洞矣。諸君何妨少安無躁，以表素心嚮往之誠乎？本日又得孫世兄和亭來函，略云家君利害，毁譽有所不避，而惟鄙人之言是從等語，其急於西來之意未嘗少改，然則諸君獨不能少待須臾乎？果爾，則即孫先生來，恐亦不能爲諸君師矣。清麓之所聘者，孫先生也，經理諸人之所公認也。諸君之所欲從者，不必孫先生也，經理諸人之所不敢知也。刻下學絶道喪，聖廟且不敢保，況清麓一窮山乎！諸君果有維持正學之心，則願俯察鄙言，以俟吾道之轉機，否則士各有志，鄙人不敢復曉曉矣。

與李銘三

一行作吏，即宰吾鄉賢涇野先生之故里，而吾悟齋先師所居亦幸託仁芘，吾聞之喜而不寐矣。「士之得己」，「民不失望」，在此行也，吾友勉乎哉！時至今日，欲有所爲，誠不敢過望，但能保存些須正氣，使孔孟所傳綱常名教不至墜地，便是「士得己」、「民不失望」之實。極知吾友素志所存，敬爲一言之贈，他匪所希冀也。兹有請者：昨聞悟齋先師邱壟有盜發，凶問未知信否？然不能無因也。吾友幸留意，脱有可爲力處，惟設法保護，以慰下懷。此自地方官分内言之，誠爲過慮，然誼屬在三，有欲不言而不得者，故不免絮叨耳。

答趙寶珊

得書如見故人，欣慰曷極。示及孔廟公文本末，得悉羣賢力扶名教，略無疑懼，沛乎浩氣塞蒼冥矣。山野鄙人爲額手稱謝者久之，兼以徧告同人，使知聖道之大，直與天地相終始，日月之食雖暫晦，究不能掩其光也。竹齋好學深思，探賾索隱，後起之英，殊甚欽佩。願寄語敦勉，俾日新不已，爲吾道增光，不僅爲吾秦增重已也。

答李薈堂

閤府臨别，依戀之情非可言喻，至今猶每飯不忘也。得書至誼，殷拳不啻口出，深愧老拙叨竊虚名，無以副相從之盛意耳。足下於二曲之學服習既深，必有固結於中而不可解者，此不可以口舌爭也。然吾所以厚望於足下者，不欲足下之止於此而不復少進也。昔朱子見延平說許多道理，先生不曾說，但云「不是」，因疑先生於禪有未悟處。然而信延平之心固甚篤也，且依其言，將所謂禪權倚閣起，取聖人之書讀之，意以爲俟通透後，然後從事於禪焉。及讀聖人之書既久，始覺禪學罅漏百出，此朱子之絕世聰明，入而能出，所以度越尋常萬萬也。吾見近代學陸、王而能出者，楊園外不一二睹焉，則先入爲主之破之也，不戛戛乎其難哉！然非所論於豪傑之士也。夫足下於二曲、陽明，重其學行，欽其功業而愛之敬之，神明父母而信仰之，此秉彝之良也，忠厚之至也，足下可謂不忘本矣。獨於其學之不能無偏處，古人言之，今人言之；一人言之，人人言之。即愛我望我者，與我所愛所敬者而始終言之，始終一無加省焉。吾觀足下之聰明，亦不過中人以上焉耳，何其果於自信而不學朱子之感延平一言，權閣所學而少一嘗試之乎？則吾之所甚不解者也。詳足下之意，以爲程、朱之庸平，不若陸、王之新奇也；程、朱之中正，不如陸、王之神妙也。今之學程、朱者，其人其學，其施爲功用概可睹矣。嗚呼！此程、朱之所以爲程、朱，而決非陸、王之所可比擬者歟！夫權謀術數，機械變詐，程、朱之所深闢而陸、王之所取也。推其本，則孰正而孰偏，孰理而孰欲哉？此可以一言決矣。至今之學程、朱者，其人類皆忠厚樸實，短於作用，如濂之等輩者其無足比數，無論已然，止可以責學之之人學之而未至，不可以是而罪程、朱也。蓋學之者之不足道，非程、朱之有不足也。足下有志事功，則其本已與程、朱異，宜乎其左此而右彼也。請爲下一轉語曰：「甯學程、朱而未至，猶不失爲聖人之徒。若一入功利，便墮落坑塹，其害道也必矣。」害道以援天下，謂之有用道學，我未之前聞也。蒙於足下愛之深，望之切，故不覺言之長而不知止也。願更詳思，勿但以人廢言，則所以答數十年相依之雅意也。有未盡，願詳論，勿厭往復爲幸。

答白壽庭

「物則一理」。省齋之論頗爲持平，來諭於本位處剖判極明，而以省齋之說爲定論，與鄙意同。心爲太極，道器界限處尤見端的。蓋言各有當，須推究前人立言本意所在，然后是非得失可得而言。經此番辨論，愈見益窮至極之真實下落，自愧向來之粗疏淺薄，自誤誤人也。

與張睿生

身心工夫要切實去做，只抱書册吟詠不濟事，恐稍久衹成説話也。讀書玩索是窮理之要，但此心須放、教活。若執著又多窒礙，却作病也。更須得朋友之助，一日間論著，則一日間意思差別。獨學無友，則孤陋寡聞，此欲善其事者，所以先利其器也。離索日久，會晤爲難。能常存此心，勿令少懈，則所望也。

答黄篤友

漢陽人。時在京師，以排印道學淵源録見寄。

丁巳初夏，夏口揖别，忽忽十五年矣。中間音問久疏，無可咨詢，正深悦惘，不謂好音之自天而降也。先師手訂此書，本四科之旨，謂聖道之大無所不包，一雪道學無用之恥。搜羅宏富，該貫古今，而派别分明，不相牽混。俾讀者洞悉源流，不至迷於所往，嘉惠後學，用心亦良苦矣。衰病侵尋，不廢編摩，至屬纊而後脱稿，乃黎棗成災，竟歸一炬，未竟之志，大有待於吾世兄矣。

得書知年來備歷艱險，天相吉人，金臺就養，而此書賴以印行廣布，可謂有志竟成，克光前烈矣。捧讀往復，如親嚴訓，增訂補葺，煞費經營。值此晦盲否塞而一髮千鈞，再見此編之流傳，其於世道人心所裨豈淺尠哉！濂分手至今疊更苦患，幸託仁芘，視息僅存。去歲冬初，適有仲子之慼，悲痛不可堪忍。玆甫卒哭，神思恍惚。所幸一隙靈明，不至全昧，得讀此編，不勝涕隕。即索衣冠，東望再拜，以答先師在天之靈，及吾兄嘉貺之至意。嗚呼！世變至今，誠亘古所未有論者，不能不追咎於道學之不講，而貽禍以至此極，且不知所届也。燕市懸壺，承歡有子，旅況不寂，至以爲慰，相見何日，不盡所懷。

答劉慶伯

義不可遇之疑，誠議禮者所宜審慎，況名教所關，尤不敢輕置可否也。禮經不削繼父之服，聖人之義蓋寬以處中，人不欲以所不能者概責之人人也。君子律己宜嚴，待人宜寬，親者不失其爲親，孔、孟之於原壤、匡章可以爲法矣。試更思之如何。

與張靈甫

承惠手教，獎借逾量，豈所敢當，慚恧曷極。時以通郵無地，詢及汝濱，既承示及，敬此奉覆。濂景迫桑榆，學無所得，叨竊虛聲，徒增所恥。聞足下從遊汝濱，此老純正精明，罕所倫匹。昔年入關，叨陪皋座，數日談心，獲益非淺，妄謂「中州文獻當推第一人」。賢者既夙所信仰，師資不遠，何事他求。謂宜篤信力行，如七十子之於孔子，心悅誠服，久而彌親，將來須有所就，知之真，行之力，守之固，知仁勇之德備於是，尚何道之不凝哉！濂衰病餘生，自知無似，惟日夜抱朱子四書一編，反復熟讀，不遺一字，以爲聖人之經存，則聖人之教存，而國亦藉以不亡，此區區今日之意也。否則，名尊孔子而不由朱子入手，幾何其不誤入歧途而不悟也。鄙見如是，更請質之汝濱先生，未知以爲如何？

覆牛溫如

得書及大箸，備領一切。家居養親，兼訓子弟，化及鄉里，此便是「施於有政，是亦爲政也」，奚其居位而後爲爲政乎？孔、孟之道不行，由孔、孟之書無人得讀，率天下而胥人於禽獸，作俑何人，其肉不足食矣！堂堂中土，天必不忍棄，亦必不忍絕孔、孟之道，故竊嘗妄謂中土有一存經之人，即中國可以不亡。何者？教存則國存也！時局至今，而當事者尚不能破除意見，以坐視吾國之亡。試問吾國若亡，爾等欲爲亡國之奴得乎？彼必明正其罪曰：「此賣國之賊也。」欲偷生旦夕得乎？願告我同胞，同心協力，啑血東洋，誓決一死，則倭奴雖強，察見吾國内情，必别爲計議，不敢如向來之蔑視矣。萬一不勝，則同一死耳。死於戰所，不光明磊落而愈於叩頭乞哀終不免一死乎？此理甚明，而當局不悟，可哀也夫！

與孫仁甫

得三月望日書，於迂拙獎借逾量，可勝慚赧。藉稔足下好善有誠，虚懷若谷，真有得於汝濱之化者，欽佩何極。祇以通鄠無所，乃函汝濱，茲得回報，敬此裁覆。竊謂中州學派最純正者，當爲汝濱首屈一指。濂見聞狹隘，前曾聚談數日，所言無不實獲我心。數年以來，往復討論，麗澤之益，靡有既極。足下幸得從遊，則師資不遠，無事他求，從此虚心誠意，努力前進，薛文清所云「爲學不在多」，言顧力行何如耳。濂景迫桑榆，學無實得，叨竊虚名，祇增愧怍。惟服膺清麓之訓，數年以來，日夜抱朱子四書，循環誦習，不遺一字，雖昏耄健忘，人事匆匆，不敢或廢。以此自課，即以此教人，有來學者，輒以此告之。以爲不讀孔子之經，無以知孔子之教；不讀朱子之論，不能得孔子之心。又鑑於尹氏所云「少而讀之，老而不知一言爲可用，夫子之罪人」，乃從學而時習之。註謝氏「坐如尸坐，時習也」一語，自思即從此句做起。今將近一年，雖忽忘居多，然較前已略有依據，孱軀亦漸就強健，即此已享受多矣，况其深焉者乎！學絕道喪，辛苦守經，庶幾孔教可存，則中國有賴，勿謂老朽儒生竟無關於治亂存亡之故也。狂瞽之說，感下教之，誠不辭僭妄，輒傾倒出之。精舍之立，所以尊師重道，會友講學，屬偏僻處，諒不干時之忌。未知貴省近日風色如何，敝省則尚無礙也。拙稿刻已散盡，四方索取者尚不一其人，一俟年荒少轉，當續印請正也。

答焦東溟

「氣未用事，一理湛然」，此語不記所出，未敢輒爲可否。詳朱子平日所論，如語類中數處，則此語須有分別。以孟子性善之旨言之，則氣未用事，此理何能不湛然！孟子乃是撇過氣質，單挑出本然之性言之。此則萬物一源，堯、舜、途人之所同也。大著云者，正爲此也。語類「未發都一般」，乃此章子思立言本意。其下又問「未發而不中」一段議論，乃是就氣質而言，此則敬齋、清麓所祖述者。子思下文言「致中和」，豈不是著工夫字邪？朱子明言「聖人動靜則全別」，何嘗謂其「都一般」乎？凡人立言各有本意，不察其本意之所在，但執其一語而訾詆之，則惡亦不可不謂之性與！「生之謂性」，程子之言何以異荀子、告子之說乎？性善之說，孟子自源頭說起，朱子於告子、公都子章外註明：「言氣質所稟雖有不善，而不害性之本善。性雖本善，而不可無省察、矯揉之功。」清麓日記正爲不能存養者立論，與朱子此語若合符節，而何以醜詆之不遺餘力乎？即如所云，與聖人一般，而無平日存養省察一段工夫，則亦何所不至，豈孔、孟教人之法哉？

答趙汝篤　三原人

不鄙愚陋，糾繩遠貢，盥誦循環，可勝刻感，即北向端肅再拜，用答愛厚之勤。此次刊碑，自知鹵莽，謬戾必多，先生不爲言，能禁他人不一言乎？示及各節，均有起疑、招謗之由，自無可諱。惟區區本心，不敢不爲愛我者一傾倒之，敬陳一二，願高明留聽焉。嘗聞之清麓先師曰：「論人宜寬，論學宜嚴，此學者第一義也。」故門戶之說，凡講學者諱言之，而清麓則斤斤嚴辨乎此。誠以自人而論，則陸、王皆特出之賢也，豈末學所敢輕議！吾愛之重之，神明敬之，此論人，非論學也。自學而論，則尹氏所謂「學者於是非之原毫釐有差，則害流於生民，禍及於後世」，此豈可以不辨！謂皆出於大賢，各有所長，而不置可否於其間哉！門戶者，學之所從入也，千蹊萬徑，皆可適國。似已今有問途者，於此有兩途焉，一東一西，國在西而以向東告之，可乎？清麓引李方伯之言曰：「如拜客然，必辨明門戶，方不誤入別家。」今曰：「何必程、朱，何必陸、王，但學孔子可矣。況陸、王易而程、朱難，何必舍易而求難乎？」則將應之曰：「大學非孔子教人之書乎？自程、朱言之，則格物致知爲先；自陸、王言之，則以誠意爲首。程、朱先知，陸、王先行，試比而觀之，孰不戾於經旨乎？孰可行之無弊乎？」借曰：「陸、王有弊，程、朱亦有弊，弊一也。有末流之弊，有立法之弊，程、朱之弊，末流之弊也；陸、王之弊，立法之弊也，可以決其得失矣。」故學陸、王者，每自謂與程、朱同，而學程、朱，則自謂與陸、王異。凡包羅和會者，皆左袒陸、王，故爲調停者也。來示謂：「碑首不必用敍，但自立表文，以聽後人抉擇，否則示人以隘是矣。」然某之此舉用意，正在於此心苦爲分明，使學者知所向往，不可省也。質言之，則曰：「清麓分門戶之學也，隘則路脈真，稍寬則入於歧路矣。後言守其師說，數十年無少異者，正謂此也。」來示謂：「刊書不始於清麓，正誼堂叢書刊於汴梁。」汴梁非北省乎！夫正誼之刻雖在汴梁，而吾省則傳者無幾，卷帙重大，寒士未易分購，況儀封以後，板之完否，是否印行，此間均不可知。謂北方流布又加少焉，不其然乎？且元刻於原書每有刪節，視清麓之必求善本，校讎精審尤所不及。況單行分售，便於寒儒不難家有其書，且爲序其源流，辨其純疵，俾學者知所用力，則先師之嘉惠後學，其功誠非儀封比也。所云「集朱子之大成」，乃指清麓所學而言，非謂刻朱子之書也。某昔聞之官場云：「今天下講學，惟關中尚能成派。」蓋指清麓一脈而言。今但問所講之學偏正何如？是否害道？至門下之良莠淺深，存乎其人？究何損於先師乎？總之，清麓之確信程、朱，直指爲孔、孟嫡派，知言君子必無疑義，未可以門下之失德蔽罪先師也。某君自謂私淑門人，則不足深責，且以生員而求仕新朝一縣令耳。責之失節，究與大僚反面事仇有別。觀清史所列二臣傳，文武内外各員，自給事、郎中、道員、參將、遊擊以上，未有以舉人、進士列入者，况生員乎！蓋節義洵可嘉尚，但當以之自處，未可概責之人人，故論人宜寬也。此君雖叨一官，死無葬地，借山下一邱葬之，陪葬云乎哉！僞學誠可惡，第惡其僞可也。若并與其學而惡之，則人且以學爲諱矣，非所以勉進後人也。門下老成，數年以來凋零殆盡，不敢謂守師説者之必無其人，吾秦不足言，山東孫君不可首屈一指乎！臨文避諱，臣子之私義，缺筆空格，自其本心。偶爾失檢，雖非某手筆，究之咎有應得，此則無所逃罪矣。草草奉覆，諸維鑒原，有可商處，勿吝往復，叨在知愛，當不深責也。順頌箸安，不備。

别紙

來示陳義甚高，如烈日嚴霜，凛不可犯。立萬世人道之防，不標講學之名，使講學而不實且不密者愧赧無地。信哉！躬行君子矣。末俗滔滔，安得如尊兄輩同挽狂瀾於既倒乎？如某者叨竊講學虚名，毫無肖似，如國初諸大老者，豈敢望其萬一！然固有之良，終不敢昧。故不自揣量，奔走呼號，使孔、孟遺經不至絶於吾輩生存之日，妄謂「教存則國存」、「匹夫有責」者此也。覆函語涉狂肆，幸諒其本心無他而辱教焉則幸甚。朱、陸之辨，其説甚長，非一言可了。東西之喻疑於太刻，惟其相反之處有必不能强合者。此是則彼非，清麓之辨，一孟子「不得已」之心也。故清麓之説行，則人皆尊信聖人；陸、王之説行，則人皆信心而不信理，朱子之説將不能自立於世，孔、孟亦無所賴以存矣。此惟知道之君子爲能知之，知此則不病清麓之不廣矣。前言未盡，故更及之。子曰：「不以人廢言。」清麓門下，誠不足比數前賢，但只可訾其人，而不可並訾其所守之説之正。某嘗自笑我所講之不是，乃我之不是，非孔、孟、程、朱之不是，正此類也。孟子有曰：「能言拒楊、墨者，聖人之徒也。」豈可自以其人之不足比數，而自别於聖人之徒乎？

答張靈甫

得書慰甚。「中行」、「狂狷」之論極見平允，以朱子爲歸宿尤爲卓識，詳詞氣間仍未脱陸、王氣息。至論格致補傳「進境」、「止境」之説，非深心人疑不到此。蓋聖人之學永無止境，所謂「無不到、無不明」者，特懸是境以爲的，而竭畢生之力以赴之，即經文「止至善」之意。試思到得止時，更無可遷之善，可乎？所云貫通有淺深，誠確論也。朱子補此傳爲學者入手用力，而終言其得效有如此者，學者各隨其分限而自盡其力，自驗其效，見淺見深，存乎其人。平心讀去，可知朱子之造詣識解誠有度越前賢者，即以文論亦盛得水住。非若他人語此則遺彼，語本而遺末，自以爲得其要領，而不知其缺略處之所在皆是也。請約略言之。如「格物」，程子之説可謂詳盡，朱子自謂竊取其意，則必有握要總括之法。乃詳玩之，則「即物」二字已足盡程子九條之意，而因其已知而益窮之，則不至無所著手，亦不至中道而止。下又云「以求至乎其極」，則於「格」字、「至」字所以然已説得盡致。又曰「至於用力之久，而一旦豁然貫通焉」，可見不用如此之力，不至如此之久，則不能有此效驗。下云「則衆物之」云云，乃正當説到物之格、知之至，於釋經之意可謂毫髮無憾矣。竊謂此篇文字，除此老，三代下更無第二人夢得到此。敬以質之高明，未知以爲何如也。

慰任正卿

發書日人回，旋得何生回報，慘聞令兄安卿先生老友凶問，爲之悼歎扼腕，累日夜不能已已。學絶道喪，同好幾人，晉省尤加甚焉。然足以繫一髮於千鈞者，獨賴有賢昆仲輩尚能併力支撑於絶續之交，俾後生晚進得以識所向往耳。令兄謝軒冕而不求，居市井而不汙，年來讀書靜養，兄若弟共學於伯益之廟，敍天倫之樂，立天地之心，於以繼往開來，當亦彼蒼所重賴而默相也。而一日遽至於此,吾道方孤,又弱一個,豈天不祚道,治平竟無望歟! 不然,何奪吾安卿之速也? 心契多年,未及一晤,東望涕隕,徒自傷神,極知足下友悌深至,奄至此禍,其何以堪處! 然至今日,二人之責一旦并於一人,正宜上體付託之重,力圖善後之謨。勉進饘粥,抑情從禮,無過爲傷慟,以重亡者身後之悲。尤非小可而莫之省也,謹此奉慰,不盡所懷。

答孫仲玉

臘月廿日到精舍,獲讀來教,喜慰不可言狀。藉稔朋好歡聚,慶洽盍簪,東人之福,何其厚也。又聞急欲西來,以踐丹青之信,師門幸甚,吾道幸甚。冬間,清麓以吾兄音問闊絕,一番風波,吾師門戶幾有予室翹翹之懼,非筆札可罄,面時容詳述之。正在爲難,忽尊札遠來,兼有五次入秦之約,一紙書重於九鼎矣。前由答彤堦函中備述敦勉之意,來示未及,恐或沈滯,不知如何? 中間爲濂昭雪各節,仰見尊兄相知之深,決非他人所能意及。又荷勉望之重,雖非區區所敢承,然以吾兄愛厚至於如此,而謂身受者仍復玩愒自甘,濂誠無似,固知其必不敢出也。濂今歲以來,或在學,或在家,未嘗一暫遊於他所,鄉里中人共見之。抑以荆榛滿地,不能東西也。傳聞之言殆圍城中,故爲散布,以安人心,欲其有恃無恐而已。然自分則止是安靜自守,無一毫願外之意,以故在圍攻之日,於彼於此,略無嫌疑之可言,此則可以告慰者耳。灒修一局,壇坫宏開,可謂東方半壁。然以此而羈吾兄,使不克果決其行,所以遲西方後生之望、失友朋之信者猶其小,而坐使師門起蕭牆之禍,墮不拔之基,論世者推原禍始,不能不以吾兄爲叢矢之的,恐吾兄亦不能辭其咎也。伏冀篤念師門事機危迫,尅期決計,得便即來,無少疑阻,成就吾兄終身之是,則此間朋好所額手以祝者,當亦吾兄所心許也。

與李子慊

戊辰冬，聞雁行折翼，雪夜起坐，爲二絕傷之，饑荒中未知達否？今莫由尋覓，約略記其一二，别紙寄往。年來災祲特甚，道殣相望，而誅求靡已，日坐針氊。萇楚谷藿，詩人不圖，今日身見之也。珂鄉想亦不甚異。正切懸念，忽奉瑶函，驚喜之中備聞種種家變，爲之廢書三歎，何道否時！凡帶幾分正氣，人其遭際什九如是耶！所幸焚坑之禍不到仙鄉，尚得開館授徒，俾孔、孟、程、朱之言賴以不墜，此天壤間第一事業，亦今日第一急務，勝敝邑多矣。芸閣比年來者無幾，十數小童供灑掃、正句讀而已。然亦危然後安，幸而獲免。深怪開闢以來，暴秦而外罕有今匹，然秦雖無道，而三綱五常不至廢壞，如今日則又曠古未有之奇變也。

上梅素庵

丁巳初夏，晤勞玉老於顔巷，藉詢近履，方冀中江一遇，至則望塵莫及，徒增苑結。客歲小除夕，忽於張範卿函中見有旅況淒凉之語，爲之酸鼻，數日不能去懷。多年封疆，一旦至此。雖自古人言之則曰好消息，然相愛以德者究非所忍聞也。昔太公待清，抱丹書於東海；父師行遁，存洪範於朝鮮。古之人爭千秋，不爭一日。爲千仞之翔，自不能共鷄鶩之食，澤畔孤忠有同慨矣。急欲一簡奉瀆，藉表素心，而通郵無所，即函範卿，幸其指南。課讀餘暇，勉湊蕪詞，上攸起居，無限下懷。維冀心照舊，作小詩二章，附呈鈞誨，以發知己天涯一慨。

答張範卿第二書

奉讀惠教，勉望之厚，感極愧極。惟有自竭駑鈍，勉將餘日付殘編，未知稍能彷彿於萬一否耶？二曲操行極高，學主陸、王，無可回護。向者鄙論雖曰善善從長，要亦徐見未除故耳。幸承垂示，敢拜昌言。近思、類編之輯，遠在四十九年之前，知非已久，特以曾經一番苦心，故未能割愛而存之。亡友山西任安卿書來，曾以蛇足見規。當時已覆書謝過，而書已印行，無可追悔，至今耿耿逾三年矣。

兹承明諭，敬以弁之簡端，無使貽誤後學。尊箸曾否刊行，即希垂示一帙，用廣見聞。氣不用事即指喜怒哀樂而言，此番剖判大煞分明矣。謹佩卓識，并以函致茂陵共欣賞也。

答孫仲玉

得書欣悉尊體漸就痊可，兼字跡端楷逾恒，尤徵精力加進，深慰遠懷。果齋日前過此，云清麓學子已二十餘人，厚甫與幹卿、季龍同堂教授。門戶有託，至以爲慰。朝坂家變，經果齋此去料理一清。葛藤人返其家，書藏於祠，麥後姚生文茂即可授讀祠中，并於楊紀五處存寄百金生息，以備不時之需。於天荆地棘中單車往來，了許多難事，其才足以周事物，而氣足以配道義，足爲吾黨生色。對之赧然，愧無能也。劉生壁立千仞，深堪嘉尚。拙書數紙，用致敦勉來章。尊人訃狀，兵革中檢不可得，約記大端，揭之壁間，亦足昭示來許。擾攘之甚，實無暇秉筆爲文也。

答白壽庭

前承惠教，欣悉道履甫慶安集，陳編無恙，藉慰遠懷。惟逼處爲撓，何以聊賴。然百忙中能爲二楊先生了此不朽之業，可謂心有主而不動，集義所生，無所疑憚者，其所養可知矣。當時以此集未至，欲俟到日一併奉覆，不謂遲之又久，以至於今也。頃甫奉到全函，如獲拱璧。數年宿願，即欲竭數日之力通讀一過。略觀大意，志文之作即可刻日屬草，隨函奉報。上慰篤念師門之廑，下釋積年宿諾之責。不謂力不從心，欲速不達，一冊未竟，火動目酸，不免中道而廢。因而自念即使匆遽一涉，如何能盡人之言而詳究其藴？遲之累年，乃不能寬以旬月，急於踐言，而不惜狼疾以逃其責，無乃爲謀不忠之甚耶？於是别作計議，先此奉覆，以紓垂眷。一俟此編卒業，定當神摹力追，罄竭拙思，勉湊成篇，剋期報命，決不至復此悠悠，俾屬望者長懷耿耿也。

答趙汝篤

汝篤尊兄先生道鑒：兩奉來教，藥言彌切，相愛之深，銘感何極。弟子尊師未免過當，然自門下人視之，則不自知也。經一再示及，敢不敬謝失言之責。要之，先師學行在天壤自有定論耳。至區區廿餘年來，山居授徒，自謂此心無負朝廷，可以質鬼神而對天地矣。及一聞明教，則爽然自失，乃沈思數日夜，忽追憶昔年和議之行，論者多不以爲然。因自忖曰：「其在斯乎！其在斯乎！」濂當時則以居當孔道，日坐針氈，謂朝廷既以愛民下詔遜位已久，而生靈之塗炭訖無止息，乃憤激而出此。自謂有救民之心，略無求利之意。然昧遠嫌之義，而有助亂之疑，則無解於春秋之責備矣。知我罪我，以俟君子可也。然師友之間，究未有一人面攻吾過如尊兄者。此直諒之言，所以不聞於耳也。敢不北向端肅再拜，用答昌言！

此後仍望不時箴警，俾濂得有聞過之喜，則幸甚幸甚！正寒，維爲道珍攝，不盡所懷。

答孫仲玉

得報未及開緘，方自憂懼，謂如彤階所云，則二哥於此將不免於有所係而奪志矣。及奉讀未竟，乃自笑曰：「小人之腹，真不足以測君子之心。」向來謬自託於知心者，皆妄意也。蓋義、利、毁、譽四字，當此晦盲否塞之日，直是無從說起。枯守窮山，半菽不飽，何利之足云？生今反古，詬病蜂生，何名之可冀？惟是斯文一綫，自先師後，職大職小，亦止寥寥數人相與維持，以不墜於地。故清麓一局爲地極微，而所係至大。蓋講學以明先聖之統，守道以綿正學之傳，使天寒地凍之時，尚留此微陽呼吸之延，以待天心之來復，固不獨爲訓蒙課讀區區一村學究事也。夫所係之重，則其任不能輕。二哥不來，非不欲來也，是其心心念念固無頃刻而或忘清麓者，即此一念足以存清麓而有餘矣。至大不可限量，至剛不可撓屈。蓋天地之正氣，固無往而不浩然者，於二哥見之矣。此豈佔畢小儒所能窺觀萬一哉！師門當日聰明才辨之士何可勝數，今所賴以維持殘局者，乃僅得之迂直魯鈍、朋輩素所訕笑之人，則文詞智計之卒歸於無用可知已。

伊川晚得一彥明，朱子晚得一安卿，皆篤實君子也，吾於二哥亦云。幹卿前得書云已經開學授讀，以俟紫氣之東來。二哥且善自頤養，早晚道通，夙駕遄臻，直指顧問耳。東望引領，何日忘之。濂賦質脆弱，雖極力振拔，然隱微之地仍不自勝愧怍。二哥推獎過當，雖意存長善，竟似不深，相知亦緣。濂久爲虛聲所誤，二哥不察而輒信之，何邪？聞命之餘，徒增愧赧。藥石之誨，亟欲聞之，無爲愛而不知其惡也。

與薛粹學

前雨中匆匆辭去，病間惛憒，未得深論，使賢虛此往返，徒費脚力，此心常耿耿也。然能一謁兩張先生，拜清麓先師祠墓，想見其爲人，亦可謂天下之文章莫大乎是矣，則所以報吾友也。濂自量他無所長，惟能公天下之善。人有一長即我之長，不必功自我出，名自我立，故友朋間率以此相諒，辱與遊處。惟精力衰短，自是不善調養，；學不得力所致學不加進，年且日衰，斯則時切内愧耳。字說前屬草未就，尚須寬以時日。向來文字恒以三二年爲限，急就之章不數數也。期以九月會前畢之，當不甚遠，如何？嘗怪前人文字成之太易，則閱者不甚究心。最愛伊川集中所載詩僅三數首，横渠詩亦不甚多，不致讀者有望洋之歎。前閲所撰述，用力甚勤，而出筆太易，未免有蓄之未深而急於教人之弊。不如刊落枝葉，一意向身心本原所在下存養省察克治，擴充切實細密工夫，則有不暇及此者。講治之思固是窮理，若衍釋經義，恐久之流於詞章訓詁，有疲弊精神、遺失衣冠而不知者，又足爲累心之具也。賢既愛兩薛先生，試將讀書録及仁齋集深玩之，自當有悟入處矣。

答趙琢之

去冬來書，適以事外出。歸日，及門收諸夾袋，忘以見告。頃因料檢函件，忽覷得之。詳玩數四，深喜析理之精，擇途之正，年來進學不已，何慰如之！「氣昏理明」，本黄勉齋之說，居業録中頗疑之。蓋理氣本不相離，無氣則理無所寓，昏則俱昏，明則俱明。故謂理無滅絶之理則可，謂氣不能昏理則不可。程子云：「纔説性時便已不是性。」則以其墮在形氣而然也。須知理之與氣本不相雜，亦不相離。氣昏理明却是離而二之。故「未發以前，氣不用事」之說，雖出於朱子，然反覆思之，未敢以爲定論也。新安劉和卿著論未發之旨，亦主「氣不用事」之説，爲書數語其後。別紙抄閱。大抵此事一言可決，理無不善，而氣則有善有不善，所謂本同而末異，理一而分殊也。講中庸大本須就性之至善者言之，非聖人不能盡之。若加入衆人，則有等級。許多不同處，未可一概論也。故朱子以此言「性情之德」，一句括之，可見非聖人不能盡也。麥收，學子已歸，飽飯可望，想晉省亦不異也。同學中有可造者告及，便中可通問也。

與海珊論會費

得報備領一切。竊惟會講本吾輩友朋切磋之事，向來一粥一飯原由自備，初不仰給公家。自己未年，縣長李公始認爲地方長吏之責，以其有關風化，遂抄取所費帳目，而以公項開支列入報銷，歷年以來未有改也。吾邑師旅饑饉，財政困難百倍往昔，今兹同人會議，自應以撙節財力爲紓難息民之計，會之過否，惟力是視。記曰：「年不順成，八蜡不通。順成之方，其蜡乃通。」以彼例此，自宜暫爲停止。一俟民力稍蘇，本學舍息款足敷貼補，即當別涓吉日，補此缺典。後會有期，再行通告，刻下實無須多此勞費也。

覆趙寶珊

行色甫定，忽承惠簡並省中覆函及淄川來書，捧讀之餘，實深忻慰。於是歎諸公尊儒重道之心與力爲不可及，而當路維持風化之深衷，尤令人欽佩不置也。第所言署名一節但云附驥而已，今乃公然領銜，此豈區區所敢當者。不惟私義有所未安，亦非事實。此大不可，後勿復爾也。

既蒙允准，則入祠諸凡自須及時籌備。但鄉賢公事也，則自二曲以下，至損齋以上，中間未入祠者恐亦不乏其人。宜詳加審察，繼以詢訪，於此事舉行以前公議，呈請同時祔入，庶乎公理人情無復遺憾。否則跡涉徇私，無以饜鄉人之望，必將有議其後者，領銜人不得辭其責也。試以此意商我同人，如何可否，均請公裁示覆爲荷。

致王幼農廳長　癸酉夏

茲濂輒有私懇，仰干崇聽。頃接同人來函，内稱吾縣今年煙苗全境已無一莖。而省禁煙局忽與縣長密令，内云令不存科，亦不使紳知，立要煙款洋捌萬圓，急如星火。查吾縣此次剷除煙苗係奉令遵辦，乃突來此舉，駭人聽聞。茲經公衆會議，除派專員赴省而陳情形，懇請除免外，衆意又請濂一言代陳款曲，以達下情。事關地方利病，誼難緘默，祇得據情上聞。竊謂敝縣長此次奉令禁煙，業經再三慎重，屢奉實禁之令，乃敢親自下鄉宣言於民，云「不種一苗，即不派一文煙款」。信如丹青，言猶在耳。今此煙苗既無，所云煙款如何啓口告民？况不存科，則無案牘可稽，不告紳，則此項向何人收取？然則係縣長自身之報効乎？事出無名，信無可爽。可否仰懇鈞座轉以此意，婉商該局，凂其俯徇輿情，軫念民困，收回成命。極知時處萬難，經濟所關，所以爲此非分之請求者。抑以政體所在，未免爲盛德之累。叨在知愛，不敢作壁上觀故也。是否有當，伏候鈞裁。

與張縣長論撥夫事

前縣長李公甫下車，以撥夫擾累，怨讟繁興，曾奉芻言，過蒙采納，一解倒懸，頌聲載道。今此情形不異往者，倘避嫌坐視，不惟無以對隣里，亦非所以盡心於左右也。撥夫利害，一言盡之，曰前無擾、後無累而已。何以言之？凡所撥夫，不出十里，軍到則撥，叱咤立辦，當晚召集，詰旦啓行，無先時之拘禁，其便一也。用夫而外，親驗放歸，無令蠹役私押刁索，無後時之拖累，其便二也。各村列表，挨次派撥，周而復始，吏胥無得因緣爲奸，其便三也。每村人戶不盡，丁壯預爲計算，票有定數，不強以所不給，致老弱女戶並受拖累，其便四也。限時收票，以杜姦弊，其便五也。以上數條，倘有可采，則歡呼之聲不致李公專美於前，濂亦得所藉以報知己，地方幸甚，生靈幸甚。

與張縣長論撥夫事第二書

撥夫之舉，本勢所不得已，前陳請辦法五條，至今未蒙俯允施行。而附郭近火先焦之弊仍不減於往者，濂耳目所及，痛癢相關，有不忍坐視。以上負知愛之雅者，是用不避煩瀆，輒申前請。欲請一應兵差，有當日即行者，由十里以內各村指撥；次日起行者，由二十里以內各村指撥。須先將所有村名統同列表，約計每村戶口多少，以爲根據。遇有撥遣約需人夫若干，挨次輪撥，每次甯可多撥幾村，大村多不過十名，小者三五名，則無偏累之患，事亦輕而易舉。撥遣之時，簽票務須標明某村應支人數，以防奸欺。近見有一差持簽勾遣，上只標明夫役數目，每村不論大小，均令照數出夫，以爲索詐之計。更有屢支屢撥，或一日再撥，故爲刁難者。此等下情無從上達，竊懼爲德政之累，故不憚剴切言之。倘蒙垂督，立解倒懸，則地方幸甚。

再，近時軍書告警，伏莽乘機竊發，勢所不免。應請飭下保衛各團，認真巡防督捕，以與駐防軍士聯合一氣，則四境有金湯之固，百里無鷄犬之驚，皆仁慈保赤之誠所怙冒也。杜漸防微，濂不勝迫切翹企之至。

答張果齋論性及先天圖別紙

「氣質萬變，原未嘗不是性」一段乃晚村之說，是借氣質之性剔出義理之性，語自分明，原無認氣爲理之嫌。汝濱慮起後人之疑，特與剖別，語雖殊而指歸究無少異，則亦不害其爲同也。惟改語雖精，與原文語脈不貫，故須商量耳。晚村之論，原本程子「生之謂性」一段，説話就不離邊説起，而歸本於不雜，與汝濱「氣質萬變而性無不在」，一是主言氣質之性，故惡亦不可不謂之性；一是主言義理之性，不離於氣質，故曰性無不在。要之，不離者究不能雜也。但人於其中能分别得出，程、朱之分别是靠著聖人言語，陸、王之分别只是靠著「自心」二字，所以不同耳。不至認賊作子，方是自家著實受用，此則所當共勉者，久之須有化合之一日矣。對待流行，須各自爲圖，則兩不相妨，此先天横圖之所以不可少也。尊意必欲合而一之，遂致紛紜，至今不能休耳。細思一念之發，其起其滅，何嘗不是先天圓圖。若如所論，則須豎起圈子，使坤下居中而乾上在外，則豈紙筆之所能圖哉！今幸天牖其衷，有此一悟，誠思之思之，鬼神來，告之一候也。管見所及，未知是否，幸示及爲盼。

與長子清淵手帖

前於三原南關遇映斗，云不日歸家，即囑令寄語告平安，未知曾相見否？父母惟其疾之憂，汝能常體此意，吾何憂哉！但恐或因他故小有不順，以致間斷，則前功可惜，以後無望其接續矣。此惟存心慎獨，好學深思，久而後可以有得。汝向來意向所存，什九皆以讀書爲作文之資、足以取利名爲向學，仍是務外爲人，與以前科舉時文人積習略無或異。我所以深戒汝者，所以深望汝也！汝能盡心教此小僮，使一一各有成效，則汝之心可以無愧，汝之品從此可立，即此一節便是起脚第一緊要處。文字蒙求能做個課程，將來有多少受用，我自問他無片長。惟於説文留意，自覺讀書學問，頗有會心。如節飲食一事，吾習之已歷六七月，然工夫作輟不常。頃因玩「節」字，而思「節」字从「皀」，古「香」字；从「卩」，古「節」字。食到香時便即此節而止之。節有截音，即時截止，無復顧慮遲疑，便是一刀兩斷。有何等直截了當，此克己遏欲最得力妙法也。「色」字從「人」、「卩」，乃人所當節者。食色原於天性，聖人制字時，便處處令人顧名思義，從此做工夫。又如

「人」字，篆作𠆢，謙恭卑下乃人之本分，不爾則不像人。「大」字雖取象於人，而以頂天立地立義，又别一意，不可比而同也。人能盡得人理方謂之大，非侈肆自大之謂。侈肆則爲泰，古只以大字爲之，如大王、大子、大學，皆讀泰也。兄弟怡怡，道理當如此，只爲爲婦人言所間，遂爾參商。汝性情本自仁厚，人人共諒，却於此喫虧，終不能悟，久當自知。又有外人離間者，亦須防之。往事可鑒，宜深省也。心宜虚方能受善，汝常不喜聞過，故諛言日進，此便是一言喪邦之由，不可忽也。子慊、潤生，吾所敬畏，汝當虚懷諮訪，惟善是從，勿以小小異同妄生嫌隙。要知此二君者，求之同時誠不易數睹，於此不能處則天下更無可與之人矣。汝千萬愛身向學，克己從善，更能篤於兄弟，近法于氏，遠師重華，則吾雖老耄，可以瞑目泉下矣。此諭。

續卷三

藍田牛兆濂著　盧氏門人李銘誠子慊編輯　三原門人趙振燦古如校字

記

敬軒記

玉琴南子以「敬」名所居之軒，蓋深有意於敬，而虞其志之或懈也。凂濂一言以資策勵，濂辭不獲已，乃勉爲之銘，以塞其請。而其請益力，可謂篤志矣。夫敬者，天德王道之本，而千聖傳心之要也。濂雖頗嘗從事，而悠忽怠緩之病，痛懲之訖不能免，何足以知此而以所未至者自欺以欺人哉！此濂之所以遲回慎重，而不敢輕於一言者也。然重以下問之誠，義無虛辱，則有可得言者。蓋濂固未能敬而願學者也，竊自維念病痛所由來，一由於志之不立，一由於心之多忘。損齋楊先生曰：「無求爲聖人之志，無朝聞夕死之志，工夫所以常悠悠。」誠哉是言也！無源之水，宜乎其不繼也。至於心之多忘，則尤不可不深爲之計。程子曰：「祇是心生。」又曰：「祇是德孤。」夫欲其不生，則非「時習」不爲功；欲其不孤，則張子所云「古人欲得朋友與琴瑟簡編，常使心在於此」皆其要也。濂讀朱子四書，今年六十有五矣，自省毫無所得，因思朱子祇「學而時習之」一句，一生做不到之語。夫「時習」之要，謝氏「坐如尸」四語盡之矣。乃立志從「坐如尸」學起，已四閱月矣。雖作輟不時，而習得此心較前之所存則已多矣，信乎！朱子謂：「聖人之言雖有高下、大小之不同，然其切於學者之身，而皆爲入德之要，則又初不異也。」濂志道不篤，持敬不力，忽忽以至今日，時用內疚，故記夙昔所聞及身所經歷者，以爲主敬無功之鑒戒。玉琴勉之，無似濂之老大傷悲可也。

愛日堂記 有序

茂陵張仁齋先生值學絕道喪之日，慨然以孔、孟、程、朱之道與介弟果齋及一二同志結社講習，以起絕學、明斯道，一時學者翕然宗之。且遍交海內知名之士，相與偕力，以昌宗風。其識其力，誠有大過人者。一旦山頹木壞，遠邇聞之，靡不失聲悼歎，痛天下之不愛道也。其行事之實，既詳具於果齋之述與其門人之所紀錄，而褒稱文字見仁見智，各道所聞，言之不啻詳且盡矣，濂復何言？既而果齋與門下士以爲愛日精舍乃先生生平所最加意者，謂濂不可無言。濂時以會葬在此，情之所迫，乃揮涕而爲之記，以爲來者勸焉。

愛日堂者，仁齋先生講學地也。取「孝子愛日」之義，傳之先世，有歷年不改，先生志也。先生之志在於仁，故以仁名其齋，而行之自孝弟始。夫學者將以求道也，道莫大於明倫，不能盡倫則反身不誠，不順乎親矣。學而首篇言務本之義，首以時習，次以爲仁，繼以日省，可知非孝不足以言仁，非時習不足以成學，非愛身不足以愛親者也。本愛親之心以自愛其身，則由愛日之誠以踐時習、日省之實。由內及外，由小至大。力於己兼取於人，足於己並及於人，得於己不求於人。本之以誠，持之以敬，節之以禮，行之以義，庶幾乎學之正、習之熟、說之深而不已焉。成己者在此，成物者在此，則仁可得而言矣。吾於是服先生之智勇爲不可及也。夫「知人」、「知言」，知也。而能毅然從之，終身以之，非天下之大勇其孰能與於此！此先生之所以爲先生，而「愛日」名堂、「仁齋」名齋之本意所由，以終無愧也。學者其知所以學哉！

芸閣學舍記

天地之心，寄乎人者也，然必其人之學，有以深得乎天地之心。斯其人足重，即其人所居之地，亦與之俱重，天地之心且因是而傳之，此芸閣學舍所以至今存也。芸閣者，鄉賢宋呂與叔先生號也。呂氏昆仲，祀鄉賢者四人，而與叔光緒中且升祀孔庭，其學源淵程、張，深見許於朱子，不可謂非得天地之心者矣。明成化十九年，巡撫阮公勤奏建專祠，著爲令典祠後芸閣寺。弘治中，王提學雲鳳撤佛像建芸閣書院，以提倡正學，蓋特舉也。惜繼起無人，旋就傾圮，碑誌無考識者，憾焉。有清重道，列在祀典，繕葺罔替。官斯土者，展祠而後入視事，尊禮亦云至矣，而書院卒未復，猶闕典也。

政變後，吾友茂陵張君元際會講過此，謂此祠乃關學所係，不可緩。偕季弟元勳倡捐督修，即祠宇爲興學地，美哉！始基之矣。己未歲，兆濂伴讀其中，而李知事惟人涖止，慨然以興學爲先務，乃自捐廉俸。又請之上臺陳督軍樹藩，爲撥鉅款。未及興工，劉省長鎮華繼之，先後撥款數又倍焉。於是添建庠舍，式廓崇基，而芸閣學舍於焉托始。遜書院之名，謙也。又將大關門堂，爲謀經久，未及訖工而解組以去，今且十餘年矣。

時事變遷，孔子之言爲司教育者所不敢道。學舍一椽，賴先賢在天之靈，巋然如故。俾來學於此者有所藉，以誦法孔子而存天地之心，夫非其厚幸歟！則且進諸生而告之曰：「學者，所以學爲人也。人道，非聖人不能盡；爲聖，非孔子不能至其極。天生孔子以明人道，此天地之心也。今孔子之學爲世詬病，天地之心幾乎息矣。意者留此先賢讀書、講約尋丈之地，爲中原綿一綫人道之傳，慎勿謂一二書生無與于家國存亡之故也。尚其抱孔子之經，日夕熟誦而身體之，以淑諸身，以教諸人，期不失聖人立言之本意，庶經存斯道存，天地之心於是乎立焉。此呂氏之靈所默佑，亦肇事、增新諸賢達所禱祀而不敢必者爾，諸生勉乎哉！」

改新街鎮爲小咸陽村記

新街，鎮也，非村也。鎮統於鄉，而村統於鎮，若網在綱，居重馭輕，古之制也。制則何以有改？盛衰，時也；苦樂，境也；興廢，勢也。藍田八鎮，新街鎮居其一，省志已載之，固北鄉界首一重鎮也。方其盛也，商旅雲集，市肆日起，約保多正人，足以領袖鄉里。四鄉不平之鳴，咸取質焉，賴以息事甯人，則鎮之所以能統村也。

迨髮回迭更，屋宇焦土，市井蕭然，早有今昔之感。加以灞水衝崩，市經三徙，元氣之復，誠戛戛其難之矣。光緒甲申以後，休養生息，復業者衆，地方漸有起色。乃不數十年，而辛亥之兵氛又起，誅求供億，夫馬糧秣，爲鎮人者鷄犬之不寧廿有餘年，而隣村不知也。昔人以鎮集爲墟，今則真邱墟矣。以有名無實之重鎮，而日受有實無名之重累，其不能統村而不能不受統於村者，豈得已哉！

夫滕侯書子，鄭伯稱男，非必皆春秋所貶，亦以賦役之不支，故貶而自小。子產之爭，承其明證也。今油房街以村而爲勃興之鎮，而本鎮之商人次第歇業，所存者三數戶耳。其不能不變而爲村者，境也，勢也，究之時也。乃與父老約改爲小咸陽村，以爲息肩之計已矣。地居驪山之南，灞水之北，有咸陽之義，「小」之云者，避縣名也。易曰：「陽，君子之道也。陽善陰惡，陽大陰小。」小咸陽云者，欲村之人共爲君子也。共爲君子則人無不善，愈小而愈不小矣。卦之純陽者莫如乾，「大哉乾元，萬物資始」，充之則萬國咸甯矣。願我村人共以君子自勉，而相勸於善焉。綱常自此立，孔、孟、程、朱之道自此行，於以謝多年之永害，而爲此日更新之圖。塞翁失馬，安知其非福也？是爲記。

中秋後北行記

甲戌聖誕節後，以亡友卜葬已定，恰與清麓會日相值，勢難兼顧，乃以二十八日决意西行，過舍一視。傍晚入省，宿古如處，誠之病已減。厥明，至克興印字館，聞渭漲數日，内無車來者，乃至子年寓所，阴雨竟日夜。迨九月朔旦雨止，立志以車至。聞草灘可渡，出城十餘里，微雨時作時止。比至渭濱，則渡口東移十餘里地，名道口廟。時水不甚大，然一葉漁舟容車四五，雨後板滑，勢頗杌隉，因自忖曰：「若命當死，此即恐懼何益？是不受命也。若命尚未盡，則何害？」頃刻上岸，則行人無恙，離苦海矣。至永樂店已晚，車店無插脚處。執中向團局覓投宿處，遇團長羅萬有字海心，聞余至，導入小學校宿焉。校師劉錫疇，厚甫門人，一見如故。少刻，村衆有來者，與之言「自立求己之道，以孝弟勤儉爲先」。質明，車至乃行。早飯前，至党滋生處下車，飯後换車，午前至清麓，諸友迎於山下，果齋、仁安、大本咸在，樂山隨至。時初二日也。初三日，世兄來，虎臣、寶山、楊書田兄弟來，議定以大本任來年分教，以柏閣息款浼世兄催取，即以車馬費一圓付之。初四日，立志爲乃祖求表阡之文，爲備酒肴。午後車來，與世兄同車至三原北門外別去。下五鐘至南關，仍宿滋生處。初五日出行，飯後至涇干村，人爭舟，良久乃得濟舟。中遇許姓名新璋焦村人，抱小兒入省，子名慶，昔曾帶本處民團至草灘。午飯上燈後入城，至子年處，子年已先歸。初六日雨，過古如門外，寄語而別。至東關德太厚號少憩，乃連雨東行。中途雨甚，至毛家河灣，水不可渡。時已暮，至學友修善家再宿。越日，雨止日出，乃以二十六七人相送，而濟至舍下，一飯訖，啓行。至街東數十武車覆，石幾壓焉，急呼從者曰：「人來，石及我身矣！」人乃移石出余，余因中道而返。此次雖遇危險而心終泰然，至家，用童便白糖溫酒，又服七釐散乃寢。命取葱以備用，恐夜中散傷而痛也。及醒，起坐，亦復無恙。下牀散步，毫無所苦，殊天幸也。初九日，起謁家祠訖，即與雍兒上崖登高，既下，命煖酒和花，父子兄弟環坐飲之。飯後，子年以一馬一騾來迎，即時啓行。由小路行，過李家乃迤南至大路，過朱子橋。途中亦不甚淖，疑雨從西來，迤東漸小也。至宋親處，午飯乃行。至學舍，日尚早，知已改十一日，尚能從容一宿也。初十日，早飯後馬來，訂以午飯，後偕諸友入城，及至，則已黄昏矣。館於寓所北隣小息，即請入酹，子年以乃兄心不能安固辭乃已。諸友相禮，至夜分而禮畢，各就寢。此次禮始於祖奠。十一日辰刻，遣奠，乃發引，過門停柩，以魂帛朝祖，訖親賓路祭而後行。至墓所少待，俟下棺覆土將半，乃題主。本日天朗氣清，異常開爽，能書内外諸細字，如有神助。靈車既行，乃别子年。盡哀而歸學舍，將巳刻矣。

劉氏推惠倉記

推惠倉者，及門劉生守中因夢母而有此舉也。吾秦災祲積年，死亡不可勝記，渭北尤加甚焉，則儲蓄不豫之所爲也。近世習俗成風，事事倣效外人，一燕會婚喪之費，動至竭中人一家至十家之産。使稍知撙節，以其贏餘化無用爲有用，則如劉生一念仁孝之誠，推之即可爲隣里無窮之惠，一轉移間耳。劉生既成此倉，而自述其緣起，蓋由其母平生樂善好施，既没十餘年，一旦忽見夢，其子守中兄弟於是有追奠之舉。禮雖未見追奠之明文，然發於至性至情之所不能已，則追養繼孝亦君子之所許也。惟其節主客一日賻奠燕饗之費，化而爲一鄉賙窮卹匱之資，倉一日不廢，母之惠即一日不忘。更能擴而充之，其爲惠庸有窮乎？况倉之立，經理得其人，斂散得其法，則不患乎養無所出，雖有饑饉，民無菜色矣。原其初則一節省之所，化裁而推者也，節省之用大矣哉！由此興義學、講鄉約、聯保甲、練鄉團，不難次第相輔而行，庸非地方自治之基本，而富强之所由肇乎？有志謀國者，當不河漢斯言。

辯

神仙辯

神奇鬼怪，聖人所不語也。故學聖人之學者亦絕口所不道，而世顧以「神仙」傳予則甚矣。人心之好怪而竟以不怪者爲怪，遂加予以怪名而不知非其實也。予自少讀孔、孟、程、朱之書，及北謁清麓，始略識聖學門徑，於世俗紛華侈靡、背理傷教之爲決然去之。見者譁然，詫爲異類。其生平遇合多倖獲，禍患多倖免，其言議或有時而倖中，則羣然神之，始於里巷，而漸及於鄉人。吾藍本瘠土，生齒蕃滋，食不足則求食於外，故百里內外同鄉之人，幾乎無地無之。花晨月夕，羣居暢敍，侈談其鄉有神人，以爲山川生色，虛實所不計也。而江湖遊食之輩從而竊聽之，遂以爲此奇貨可居，乃於所至州郡號於衆曰：「秦某地某人乃神人也，吾嘗師之，故能知未來事。」聞者遂真以爲神人之徒，而金帛不難立致矣。由是輾轉相傳，而「神仙」之徒所在皆是，究之，皆素不識面者也。然其名可借以取財，則孰不樂得而借之哉？予之竊名仙籍，什九皆由於此，故來見者踵相接也。叩其來意，則多因事取決，不離乎神仙者近是。予正告之曰：「子來見神仙也，非見我也。子所見者非神仙，乃真我也。子所聞者神仙，乃遠方之傳聞，愈近則愈不聞矣。今所見者乃真我，所聞者非我也。自今以往，有言玉山、藍水之間有鬚眉皓然，日夜抱一編朱子四書誦習不倦，非此不言，非此不行，教人亦切切非此不可，雖自量才力就衰，無所肖似，而不忍見中國之淪於夷虜，自滅國教，而思與二三同人大聲疾呼，以提倡孔、孟、程、朱之教，爲天地存呼吸之正氣。此今日之我，非神奇鬼怪聞於遠方、爲人所掠賣之我也。我爲誰？藍田牛兆濂也。」

說

切實做工夫熟讀朱子書說

終日爲學而無所得者，由未嘗做工夫也。終日爲學而不能脚踏實地者，工夫不實也。實做矣，或不得要領，以致泛濫、悠忽則不切，不得爲實，做猶未做，或反不如不做。故曰欲學之有益，須切實做工夫也。然但知實做工夫，而切己以求，似乎無走作矣。吾獨不知其所學之事，與其所以學之之方果不謬於聖人乎？一或不慎而誤入他歧，則毫釐之差，千里之謬害，且有不可勝言者。故先問其所學者何人？所讀者何書？三代以上，折衷於孔子，顔、曾、思、孟皆學孔子而得其傳者也。而得孔子之心絲毫不爽，集諸儒之大成者，三代而下莫如朱子，故欲得孔子之心而學之不差，則朱子之書不可不讀，尤不可不熟讀也。朱子一生精力在於四書，其字字句句皆垂世立教之大法，見信好録王白田答朱宗洛書，雖主謂大學或問，實包章句集註而言，觀下陽明詆章句集註句可見。非止爲解經也。若以訓釋經文視之，則朱子之苦心不可見矣。故讀朱子之書，不可不以此書爲第一義。朱子竭畢生之力作之，學朱子者可不竭數年之力以讀之乎？曰：「然則其熟讀之也，奈何將止於此而已乎？」曰：「昔人之論學也，不有曰讀多於看，讀經多於讀史乎？今之學者往往急於看書，而不暇於讀書。其讀之也，亦鹵莽滅裂而不期於精熟，以故輒過輒忘，義理全不浹洽，且心緒紛擾，絕無沈潛反覆、優柔厭飫之味。其所得者，亦絕無精明的確、溫故知新、曲暢旁通之樂。則横渠成誦之說，朱子所以深取之者，正爲此也。章句集註訓詁既詳，徵引尤多，所示爲學之方最切至要，洵足發聾振聵。天德王道一以貫之，於此有得，則文義既通，義理亦熟，以之進讀他經，不難迎刃而解，勢如破竹矣，豈欲其止於此而已乎？此則熟讀朱子書之所以爲切要也。」

然此特以讀書言之耳，學問之道豈遂盡於此乎？則且爲正告之曰：「聖人教人明誠博約，不過知行兩大端齊頭並進已耳。讀書固窮理之要而致知之一事也。若徒知而不能行，則記誦已耳，辭章已耳，亦何貴乎？讀之熟，不亦尹氏所謂『不幾於誣聖言者』，而爲朱子之罪人乎？朱子特著此於論語之末，其喫緊爲人之意不昭然若揭也哉？是故欲所學之不差，則曰熟讀朱子書。欲所學之有成，則非切實做工夫不可。」吾友茂陵張子果齋以二語示劉生樹庸，可謂要言不煩，樹庸請究其說，爲詳言如此。

劉樹欽字虞初說

「敬」之一字，聖學之所以成始而成終者也。致知力行皆當於此做工夫，此千聖傳心之要也。朱子說：「堯是初頭第一個聖人，堯典是第一篇文字，開首第一便說『欽』字。」信斯言也。謝氏學務知要之言三千三百，一言蔽之，不確有明徵哉！朱子又說：「敬者德之聚，才不敬便散了。」孟子曰：「學問之道無他，求其放心而已矣。」孔子曰：「操則存，舍則亡。」程子曰：「操之之要，敬以直內而已。」論語第一「敬」字，朱子以「主一無適」訓之，蓋心不一則二三，有所適則不一，此程子說敬至要之言，自來無人說到此，故朱子取之。劉生樹欽以字請，爲字之曰「虞初」，此虞書開章第一義也。後人以虞初名其書，乃齊諧誌怪之類，懼聞者之疑於此也。爲之說以明之。

庸字說

說文：「庸，用也，从庚、用。庚，更事也。」易曰：「先更三日。」此以庚爲更事之義，故庸爲功也。然與平常之義則不類，且以意說之曰：「庚者，續也。」其用之接續可行者，必其至平而可常者也。以前之說，則啓人喜功之心。喜功必喜新，喜新則輕於改作，而凡舊之所有者皆糟粕煨燼，可去而不可留者也。近世新學之禍，其源倡之漢學，力與程、朱爲敵，因之以排斥孔、孟，皆「新」之一字爲之，實「功」之一字爲之也。然吾謂其不識功，並不識新。聖人之言新也，曰：「溫故而知新。」則舍故無以爲新也。曰德日新，曰日新，又新，言德之日進不已也。日進而不已，則作聖之功也。以之修己，則身修而德崇；以之治人，則家齊、國治、天下平，而業於是廣。豈尚利急功、好奇喜功，弁毛禮法、土苴故國而侈談功業與維新、革命，不至滅亡不止之謂哉？劉生樹庸請以名爲訓，爲之說如此。

存心說

天下國家之本在身，身之主則心也。欲修身而不用力於身之所主，則無主之身勢不可以獨存。欲存天下國家者不可不先存此身，而欲存其身者必自存心始。夫心之爲物，與生俱來，身存而謂其心之不存，不待智者而知其不可。然或謂之亡，或謂之放，或謂之不在，孔、孟之書每切切言之，抑又何說？況朱子固曰：「心一而已。」孟子言：「仁，人心也。」而舜之命禹，則曰：「人心道心。」又不免分別之，是必有不可不辨者。知其所以異，而後存心之功可得而言矣。蓋人之所以爲心者氣也，所以宰乎氣者理也。氣，人心也；理，道心也。氣之屬，耳目口鼻、四肢之欲是也。理之屬，仁義禮智之稟是也。必盡去飲食男女，而求所謂仁義禮智之天理，則離氣而言理，天下無無氣之理也。然則所謂存者，不過於飲食、男女、動靜、云爲一一處之，各當其理，而人欲之私，不得以一毫參焉。心之所在，即理之所在。夫是之謂在理而不在欲，在內而不在外。在則不亡，存則不放，心有不常存者乎？此修身之要，治平之本也。至其用力之處，不有曰「操則存」乎？夫存者心也，操之者誰乎？是必於此心之外，別有一心以操之，吾恐其互相攫拏，自爲紛擾，愈存則愈亡矣。又或屏棄外物，枯守此心，或寄寓形象，強制此心。又或專用心於內，把捉勉強，而不知制外養中之道，雖其用力之失深淺不同，其不能存心則一也。善乎伊川之言曰：「只外面整齊嚴肅，則心便一；一則自無非僻之干。」故欲存心者不由外莊入，決無有成之理。」朱子訓蒙詩「防欲當施禦寇功，及其未至立崇墉」是也。尹氏曰：「存者，聖人也；存之者，君子也。君子所存，存天理也。」可謂約而盡矣。子慊請問存心之要，爲述其説如此。

郭居貞字起元説

四德之「貞」，於時爲冬，於行爲水，於性爲知，於四端爲是非之心。朱子謂：「知是有分辨，蓋能分別是非，則成終成始，皆『貞』之所爲而『元』之所由起也。」天地之化，不專一則不能直遂，不翕聚則不能發散。故不貞則無以爲元，而萬善之長無所從出，何以爲體仁長人之本乎？居貞勉之。學所以求仁，而行之必以禮，持之必以敬。禮者，大中至正之道；敬者，成始成終之功。敬義夾持，明誠並進，則所學者正，而又固以守之，庶幾乎居業有本，而仁義禮智之德無不於是統焉。「居貞」之義大矣哉！

王振經字惟一説

王生振經以字請，予應之曰「惟一」。問所以，曰：「我教子惟一經，汝之所知也。經者，常也。中庸『大經』注以爲『五品之人倫』則所謂常道也。至道之凝在於至德，德所以行，則在乎一。舜之命禹，則曰：『惟精惟一。』伊尹告太甲，則曰：『德惟一。』又曰：『惟和惟一。』又曰：『終始惟一，時乃日新。』一之云者，不二之名也。朱子言：『一者，誠也。』又曰：『不貳，所以誠也。』周子曰：『一者，無欲也。』程子曰：『主一之謂敬，無適之謂一。』『一』之時義大矣哉！」

今欲振經常之道，必從讀聖人之經起，而治經之本必在專一。語曰：「不通一經，不能通六經。」故「一」爲要也。此其功在無欲，而以整齊嚴肅入手。程子謂：「祇整齊嚴肅則心便一，一則自無非僻之干。」何則制之於外以安其內？朱子謂：「防欲當施禦寇功」是也。然又須習程子謂：「習能專一時便好。不拘思慮與應事，皆要求一。」則惟一之法，非惟治經之要，乃存心持敬之本也。振經勉之。

壽山王君教子說

朱子說：「孟子有曰：『教子者，本爲愛其子也。』又曰：『樂有賢父兄者，樂其終能成己也。』」夫有子而不教，與教之而不知所以教，則將愛之，實害之，非所以爲愛也。然教子而不能終有以成之，則父兄亦未爲賢，亦甚非生人之所樂。有若壽山王君之教子，其知所愛，而終有以成之，不亦賢而可樂矣乎！

君有子大本，年二十餘矣。壬子夏五月，謁余於家。再拜，執弟子禮，意甚懇。至叩所讀書，則論、孟，集註類能上口通大義，且不雜於二氏之說。余心甚奇之，急叩其父師淵源，則云：「昔旅食長安酒肆，今老而歸農，非知學者也。生未嘗一日入鄉塾，但從父執武君受書數月，得聞爲學大要，且云己之學非所學，而指示程、朱門徑，令就學於先生。」余因叩武君所在，則已棄家爲道士矣。初君與武君交，誼如兄弟，武君以事出走，不知所在。君遍走四方，鬻拳技自給數年，然後得之，則已爲道流。因勸令還儒，爲之代營生理，俾爲大本授書，卒不安其室，竟爲道士以終。余甚壯君之忠於友，而異其爲子擇師之不偷也。並異武君之闇於謀己，而明於教人也。夫佛、老之不可謂訓，及俗師之誤人，盡人而知之矣。君不使子從俗師，而使之甘爲道士弟子，一異也。武君身爲道士，而自知其非中道，雖不能自拔，而所以示人則必以大中至正之歸，尤異也。大本既從余遊，因並遊茂陵二張先生之門，君亦時往來清麓、芸閣間，與一時賢士大夫預於講約觀禮之列，老而不倦，菽水自甘，晏如也。

長子大原，少失學營商，近亦讀書修行，授徒涇、渭之間，諸孫農士承家，今亦婚娶。大本商同伯兄，於冠婚之前邀集賓友舉行祭禮。三禮既備，藉以稱觴爲老人壽。辛復元有言：「己爲庸人，則父母爲庸人之父母。己爲聖賢，則父母爲聖賢之父母。子自愛其身，而令名及於父母，則愛親之孝也。父母善愛其子，而顯揚迄於無窮，則成身之賢也。」大本樂有賢父兄，尚知所以自成，以善體親心，則親心悅而高堂之壽且未艾也。故爲教子說，以爲君壽，兼以示世之愛其子者。君資稟甚厚，老而能健，壽七十有八，無疾而終，今九年矣。其介孫克睿録元文寄清麓，請正書一通，將以上石而示後也。余披覽三復，作而歎曰：「異哉！君之教子，有若或使之者，天殆欲廣清麓之傳，而假手於君也。」近年以來，老成凋謝，即僅存者亦奄奄待盡，而聖賢命脈早胚胎於六七十年刊板之中，此亦如夫子之删定贊修，所以爲萬世慮者至深遠也。先師之有功斯文，將以存教而存國者，此其最大者歟！

今禮義廉恥晦盲否塞廿四年矣，當事者思有以救之，而四子之書遍鄂、滬書局，求一刻本而不可得，他無論矣。然後知清麓當日校刻之勤，固早知有今日也。兹者叢書暢行天下，學風將由是丕變，使非年富力强而忠信公廉如大本者，招集門下，羣策羣力，衆撑易舉，即印書一事，且非老耄及貪墨之輩所能勝任而愉快者。吾故曰：「君之教子，有若或使之者，非偶然也。」大本勉之。轉移風化，昌明聖教，在此一舉，慎之慎之，且與門下共勉之。老夫雖耄，亦樂得坐觀其成，此可以告乃翁而傳及後世矣。第二乙亥，藍川居士濂書於清麓之嫏嬛福地。

贈崔生勉學

鄉曲一秀才，人之稱之，猶曰「累世積德也，各人福命也。」然求之者，千百得之者不一二焉，何則？其在外者，固不由我也。至於立身行道，求則得之，無所難也。不勞力，不廢財，無所待也。父母欲之，鄉人榮之，何所憚而不爲乎？然人恒有所不爲者，謂先世未有積德，吾雖不敢信，而有其可信者，此其必無福命者也。故有不知學而不學者矣，亦有知學而不終所學者矣。吾不意學絕道喪，而靈泉門下猶有崔生其人者願執羈靮，以從遊於清麓之門，吾即以大福命人爲斯人慶，因以卜其先世之多隱德也。

續卷四

藍田牛兆濂著　盧氏門人李銘誠子慊編輯　三原門人趙振燦古如校字

序

芮城重印小學淺解序

六經浩渺，朱子爲四書以會其歸，使人尊孔子也。又慮夫階梯之無由，而小學書作焉。蓋合六經、四書，兼綜而條貫之，與人以所從入者也。故學孔子而不讀朱子之書，則學非所學。學朱子而不先讀小學，猶欲升堂入室而不由戶也。故恪守朱子者，未有不由尊信小學書始。芮城仁齋薛先生學朱子之學，與朝邑、清麓並稱三先生，皆尊信小學，終身以之。獨先生於此熟讀至萬有八千遍，積十有八年，自有此書以來，未有用力如此其勤者也。薛文清公謂：「踐履盡小學書中之事，則天理爛熟，雖大成之聖不過如此。」誠不易之論也。先生於此書用力既久，故其所得最深，其淺解一書，實有非其他傳注所能比似者，此可爲知者道也。其印行之初，清麓先師既序而傳之，於今五十年矣。時異勢殊，孔子之言且爲司教育者所不敢道，何論朱子？況學朱子而爲之傳注者乎？然而天理之在人心者，終不可得而泯，究不敢謂起衰濟溺者之必無其人也。

今賢令尹貞如范公，生先生之鄉，宰先生之地，慕先生之學，欲傳先生之書，以化其民人，並欲達之天下。而幕下魏君六臣，與邑之賢士大夫蕭光漢、李觀賓、張艮、謝鴻恩、薛志州等，皆樂爲贊助，以速其成。異日者風俗美、人材出，莫不由此書以爲先路之導。而薄海內外，且將不脛而走，由朱子以尋孔子，吾中國之國教亦無遠而弗屆焉。慎勿謂五十年前之迂腐故儒，果無與於家國存亡之故也。或又疑此書所解止前三卷，爲未成之書者，非知言者也。先生解經，經止於此，則解終於此，餘三卷皆傳也。內外篇之别，特以古今而異耳。經待傳而解，傳則不必解矣。況其名物訓詁，諸家之說已詳，固無事蛇足爲也。茲先生文孫光祖不憚秦、晉之路而來，以序爲請，先生其有後矣。小子何人，得序先生之書，幸何如乎！故樂爲之序而歸之。壬申嘉平初四日，藍田後學牛兆濂序。

重印薛仁齋先生遺集序

芮城薛生光祖，仁齋先生孫也。奉其邑大夫范公命，搜訪先人著述，得小學淺解及文集刻本，乃鳩工摹印多部，將以歸而餉其鄉之人士，俾知吾學之有在，可以存孔教而保吾國也。謂濂不可無言，濂謂二書既有清麓先師序之於前，於先生之文學、德行精旨發揮無餘蘊矣，濂復何言？惟是事異於前，則言即不容已於後。淺解一編，既勉爲小引，以塞其責矣，至於文集，則竊嘗妄謂「人之重先生，重其人，非重其文也」。然不觀其文，則亦無以知其人之所爲何學，所行何事，與其心之所存，口之所言，筆之所述，其聚精會神之處究竟何在，謂之知人可乎？先生終身於小學，故所存所發，無非小學，如康節之事到面前，即成四片，則天理爛熟之故也。可知熟讀已久，理義充溢，且與之化而不自知矣。自正學不明，當時學者除舉業外，並不知讀書爲何事。先生以邁種之質，不由師傳，獨開聖學門庭於科名利祿之外，非有大過人之識與力，曷克有此？此以知堯、舜、禹益之遺澤，其所被者遠也。

今貴邑大夫之表章先賢以勉進後人，使人知吾國教之所存。歸求有餘，師資不遠。庶教由此行，即國以此保，斯固吾國人所拭目俟而馨香祝者也。而迂拙亦與有榮施焉，豈獨先生一家一人之慶幸已哉！

高陵白五齋先生九秩壽言

乙丑冬長至日，芸閣學者畢會，相與契闊談宴，而語及達尊之三。一人進曰：「明年丙寅爲五齋先生九十初度之辰，今之有其一，而因以兼其二者，非先生，其誰與歸？」洵哉！熙朝人瑞之憖遺者也。後生晚出，未獲親炙德範，忝在私淑之列。欽其受福之厚，究莫識其致福之由，當必有操之自我而天弗之違者。謂濂從遊有年，必有得之見聞而知其深者，願詳哉言之，庶斂時五福者之有以敷錫庶民也。濂感其誠意，不敢以不敏辭。

竊維莊生有言：「夏蟲不可語於冰者，篤於時也。」才老吳氏有言：「數其事而稱之者，猶有所未至也。」濂愚，何足以知先生？況不能於辭令乎無已，則請即管蠡所得而質言之，所謂鳳之一毛，豹之一斑也。濂自光緒庚寅奉贄先生之門，旬月中蒙薦，主講彭衙。越二年甲午，復以覆試限滿，例削名。先生乃言之學司及撫軍，浼其陳情乞養，并寓書知舊，備述曲折。雖格於部議，未奉俞允，而俾濂得遂其烏鳥之私，而獲免於絕裾之痛者，則先生之賜也。未幾，熙河[一]告警，先生以參贊戎幕功，備兵甘涼，洊陳臬事，爲制府升公所倚重。屬有詔求才，又蒙先容濫塵薦剡，濂自維淺劣，上書懇免，復蒙保全。俾濂不至隕越於末路，皆先生有以曲成之也。亡何而變法令行，升公言不用以去，先生亦引年歸里，時事遂不可問矣。已而神州陸沈，先生即以其年月日手書壙銘，自謂已死，飭巾待盡，從此杜門謝客。嗚呼！先生事君可謂不二心矣。癸丑歲，濂冒雪求教，則訓以括囊務實，以復社、東林爲鑒戒，則先生之蠖屈龍蟠，闇然自處，可想見矣。

先生年逾八十，清麓會祭，猶躬親拜跪，終事不怠。及會講，則以內多愧怍終辭，蓋以身教也。五鼓即起，校閱羣書達旦，至今不衰。燈下作細字，閱細書，能辨毫髮，然諾之微靡不精密詳審。自言每旦以溫水洗目百次，永無目眚。濂敬誌

[一]「河」：原誤作「何」，據文意改。

之，然未免間斷，正唯弟子不能學也。起居有常，日入輒就寢，既寤而興，兵革中無所改。武人亦相戒不敢犯，其德化如此。所著文集有告考妣文，讀者莫不揮涕。子思子述大德必推本於大孝，而位禄名壽即以是必之。先生以艱苦備嘗之身，而能永保令名，卒全臣節，以不愧顯揚之孝者，則天之玉成先生，而先生至善承天意也。末學何知，第言其可知者如此。同人聞而歎曰：「善哉！先生固自有不朽者，不可以莫之識也。」謂濂：「昔學執筆於先生，先生喜，謂能書屏。今盍揭斯語於清防，以答同人之請，而祈黄耇於先生，庶先生顧而樂之。」當滿引一大白，曰：「美意延年，多福之受，願與諸君共之。」既醻，乃獻近體長句爲慶詞，曰：

王官木拱幾經年，魯殿靈光尚巋然。
滿目河山秋不老，一心鐵石古來堅。
節旄舊歷三司重，壽相羣瞻陸地仙。
長願德如清渭水，遠從秦塞潤秦川。

維心録序

心不可以有所係也，見以爲不可係而至虚至靈、神妙不測之物，乃日汎汎焉，如不繫之舟悠悠焉，如不羈之馬馳騖，周流而靡所底止，夫亦非善治心者矣。蓋心本至動，雖不可以有所係，而不能使之無所用。用之所在，即係之所在也。用於正則正，用於邪則邪，顧所以用之者何如耳。孝悌謹信而行有餘力，則用之學文。志道、據德、依仁而用以遊藝，必使此心一出一入，或動或靜，而不越乎規矩法度之中。義理之爲主既深，則外物之所搖難動。一係於正，久而安焉，不且與之俱化矣乎！此亦如揚舟之有紼纚，白駒之有縶維也，尚何放心之足患哉？善乎！張子之言曰：「蓋書以維持此心，一時放下，則一時德性有懈。」此治心之要，學者所宜服膺而勿失也。庸苦此心之不存久矣。思有以維之，乃竊取張子之意，彙前古聖賢之至訓足以維持此心者，都爲一編，名之曰維心録而日誦習焉，以爲持心之一助。雖未敢遽期於無所係也，亦庶乎所係之得其正，而不失本心焉耳。

自封投櫃章程序

至仁者，天也。然天有時而殺人，且並生助天爲虐之人以殺人，而人終不敢謂天爲不仁者，以雖生殺人之人，而旋即生救人之人以擬其後，而民之生乃可望矣。夫財者，民之命也；賦税者，奉公之大宗也。藍田地瘠人滿，率求食四方，不幸連年大祲，哀鴻遍野，失業皆歸，食指頓增。往年之麥望及秋、秋望及麥者，已信乎其無望矣。謂天不殺人，得乎使早生一卹民長吏，爲之延喘息、謀振救，則民猶有望。而爲父母者，乃助天爲虐，急賦税以邀功賞，至治城之内一日自裁之糧總至五六人，而包納之戸遂得乘間抵隙，以助桀自肥。嗟嗟！昊天上帝，何多生殺人之人，使藍民求生無計至此極也！由是催科者倚糧鋪爲左右手，而緩急託命焉。此區區一邑，因災荒而加派愈多，征收愈急，由小縣而驟升大縣之所由來也。雖然，勿謂天之果不欲生民也。今歲四月，而蒲城王公以來，甫下車，即問民疾苦，既熟察糧鋪包納之姦。適上臺復有自封投櫃之通行，乃集思廣益，釐定辦法，刊石垂久，爲民永除此害。兼以地方苦況瀝披上陳，冀以後負擔少從末減，謂非實體天心、好生爲德之仁人矣乎！民之生也，公生之，實天使公生之也。吁，仁哉，天也！所有錢糧，自封投櫃，章程詳列如左。

荆布老人形短集序

老人以項城名門，所天非人，子亦才華自喜，非可語者，而能屈志安命，窮約終身。今讀其遺集，有訓子各書，反躬克己，粹然儒者。其詩亦風雅可誦。歎天之於斯人，何厚其德、深其學、豐其才，而獨吝其遇也！夫昭君之琵琶，班姬之團扇，蔡琰之胡笳，皆以才而不遇，故鬱而爲悲憤之詞，昔人所以有「紅顔薄命女，無才便是德」之論也。老人則獨以德著，可謂空前絶後矣。故石衡許氏著女小學書，即以老人終焉。今其鄉人韓生振歧復與諸友謀重印，以廣其傳，故題數語歸之。

題　跋

題孫靈泉先生太極通書答問

太極一圖乃周子手以授程子者，程子初不輕以示人，蓋難乎其人也。通書本名易通，究不外太極之旨。程子嘗謂：「語學者以所見未到之理，不惟所聞不深徹，反將理低看了。」濂賦性愚昧，多年於上達處不敢過問，故於易象、太極通書至今茫然，不敢強不知以爲知也。淄川孫靈泉先生學長學易數十年，熟讀逾數萬遍，用力亦綦勤矣。晚乃以學子之問，舉其生平辛苦所僅得者，歷歷然如數家珍，辨白黑而傾倒出之。然沖懷謙德，復不惜問道於盲。濂校閲之餘，竊喜其以淺近之言明奥妙之旨，以程子而下所不得聞者，一旦而後生小子乃等閒聞之，斯何如慶幸歟！然而傳之之廣，得之之易，則又懼其易視此圖與書，而啓其躐等凌節、妄意高遠之弊也。此則非先生著書立言之本意，而區區所不能無過慮者爾。

跋任靜軒先師遺墨

大學帝典曰：「克明峻德，皆自明也。」湯之盤銘曰：「苟日新，日日新，又日新。」論語：「雖曰未學，吾必謂之學矣。」「躬行君子，則吾未之有得」。孟子：「大人者，言不必信，行不必果。」「丈夫生而願爲之有室，女子生而願爲之有家。」

先師名自安，字勉如，號靜軒，直隸河間府吳橋縣人。同治癸酉科順天鄉試第四名，舉人大挑分發陝西，歷南鄭、宜君、鳳縣等處知縣。丁内艱，改山西神池等縣，致仕歸。光緒甲申，濂奉贄問舉子業，此其第一次課題也。時濂十八，急於科名，於所示第一義茫然無所領會。今詳玩大學二題，則示以帝王之學，明德爲本，此治平之業也。論語二題，則示以學哉盡倫文非所先，而以躬行爲重也。孟子二題，言行必比於義，出處必由其道，則修己立身之要也。先師不以講學名其所開示，規模之大，工夫之實，路途之正乃如此。深悔向者憒憒，熟視無睹，忽已四十餘年也。手澤如新，德容已渺，敬綴數語，用識憮然。

跋先師清麓先生遺墨

此清麓先生手書朱子白鹿洞賦文也。臨潼友人史樂田君於煨燼中得之，首尾不具，亦無款識。然望而知爲先生手筆，文字飛動，大類光緒十年前後所爲，誠可珍也。尤足異者，先生於朱子祠壁間曾大書深刻，揭此段以詔學者，則其用意蓋可見矣。今此幅前僅缺「請姑誦其昔」五字，以後便與壁間所揭無異，而又多「記曰」以下四語。辛未秋九月，濂至渭濱，樂田出以相示。手澤如新，琴書已渺，敬述顛末，可勝憮然。

跋楊君鐘軒手書

前輩筆札多謹嚴端楷，想見其爲人不似近人之草率，此亦世運升降之一端也。鐘軒府君以名宿教授鄉里，晚有子懋春，稍有知，即課讀經不少貸。比十二歲，五經已能上口。又六年，補弟子員。所以望於懋春者，未嘗不以科第爲急。又三年，而府君已棄諸孤。然則懋春之所以繼先志者，果無所餘於科第之外哉？薛仁齋先生少孤，以親之屬望也，汲汲以狀元自期。一旦知學，乃爲文告墓曰：「自此無望兒爲狀元矣。」清麓先師棄舉業，人或以親所屬望爲疑，曰：「親特以我之庸下，不敢有奢望耳。我能進而上之，顯揚之大，庸非吾親所甚願乎！」以二事觀之，則懋春之善體親心者，知必有在矣。此卷所書，每册寥寥數十字耳，而端嚴精密，絲毫不苟。手澤所在，固以挾心，晝而傳之，於不忍讀之中恒切切有不忍釋手者，此孝子仁人所孺慕終身者也。懋春勉之。並以昭示來許，其無忘此意矣夫。

張君興甲行狀跋

吾聞零川左右有畸人，親沒有年矣，而邱壟日見增益，其負土日有定程，無間寒暑，歷數年無少改，人莫知者。有所爲則白諸墓，反命亦如之。常以遺命書諸小簡，服膺佩之。予心敬其爲人，恨不一晤。及福德從予學，乃知即其父秀愷君也。今觀所述，雖亦家人日用恒言，而能曲體親心，不以久而或懈，其至性有足多者。至予所竄改，有一字過當，必請爲更正，雖再三不恤也。

嗚呼！不欺其心而誣其親，則君之孝殆非猶常人之孝也。反身不誠，不悅於親，尚可與人家國事哉？福德能率乃父志，更充之以學問之力，并能奉汝叔、父偕之大道，以顯汝高、曾於無窮，安見零川遺徽不由君家一光大之耶？是在紹述之者。

書後

書李品三先生遺集後

光緒末，河南盧氏郭葆堃海環過予芸閣精舍，爲道師友淵源，即以品三李君學術純正、踐履篤實，爲盧氏向來所僅見。如宋五子之有濂溪，蓋有開必先者也。昔黄曙軒先生祖述程、朱，講學明道書院，一時中州學風翕然丕變。楊仲唐先生從而昌大之，而純正如白壽庭，英挺如許石衡，皆同時蔚起。而品三則年最長，詣最深，盧氏學者至今尊信向仰，久而愈新。刊其著述，且表其阡，兼謀創建祠宇，俎豆而尸祝之，固盧境風氣之厚，亦先生之德之入人深也。同人以所爲文集郵致來秦，並請一言，以誌不朽。濂自問何人，庸足爲先生重！然反覆所爲言，則爲己務實、改過遷善，尤懇懇於夫婦兄弟之間。語語沁人心脾，外和而内剛，身否而道亨，德愈久而益著。恨未及一面，僅書問通候，而忽忽已千古也，悲夫！

劉君壽山行實書後

劉生錦堂述乃父行實，謁余芸閣，請一言以示子孫，垂久遠意至殷也。憶三十年前，余習禮羲母祠中，乃翁與觀禮，因得接談，隨以手製禮席爲饋。深味芮城家規之善，欲揭諸屏障而率由焉。時以他事未果，而闊别以歷數年。已而錦堂造訪，詢之，則翁已謝世矣，爲欷歔久之。錦堂乃心翁之心，數相過從，旋遣子侄學於張生克明。數年後，錦堂慨然脱身市井，立志讀書，力田教子。事與願違，乃遣子樹庸就學芸閣。又西謁果齋兄弟，逾一二年復歸芸閣。樹庸堂兄樹欽亦知自愛，以教爲學，皆錦堂之力，翁之教也。錦堂讀書不多，而頗識大體。念學絕道喪，饑荒中備極籌措，取清麓所刻，購而藏之，其志趣可知已。孝弟忠信孚於鄉人，余曾一再至其家，歎其家風近古，重本尚實。今去翁之歿已十餘年，而子孫猶不忘訓誡，則燕翼之詒遠矣。樹庸勉成所學，使孝子慈孫萃於一門，則吾學之光，不獨一家之幸也。

書新安劉和卿先生論未發說後

論性之說，程子三言盡之，曰：「論性不論氣不備，論氣不論性不明，二之則不是。」孟子發明性善，原本於孔子所謂「繼之者善也，成之者性也」，子思「中也者，天下之大本也」。朱子所謂「未是論聖人，衆人都一般」等語，此主理而言，言性之本然者然也。張子、程子發明氣質之性，原本於孟子「君子不謂性也」，孔子「性相近也」。朱子語類所答「未發而不中」等語，此主氣而言，言性之墮於氣質者然也。聖賢之書具在，早已大煞分明，如日月中天，無事再爲辨駁。雖曰學必講而後明，然膠執於語言文字之間，而不察其所指地頭之不同，入者主之，出者奴之，使學者茫然莫知所宗主，則不如不講之爲愈也。

新安劉和卿先生主言性善，原本朱子「未發以前，氣不用事」之說，援据諸家，折中一是是矣。然直謂「墮於氣質之性竟無所昏」，而謂敬齋、稼書之說爲誤，且以朱子「劈斫不開」爲未定之論，自謂明性，而不知其已說向王學「心即理也」甲裏。且以敬齋、稼書之恪守程、朱而一語抹煞，使後學蔑而視之，相率而趨於信心任氣之途，未始非吾道之大憂也，吾故不得不辨。

大學章句有曰：「但爲氣稟所拘，人欲所蔽，則有時而昏。」此不謂之不昏不可也。又曰：「然其本體之明，則有未嘗息者。」此主言性，雖有昏蔽之時，而終無滅絶之理，非氣昏而理自明、氣偏而理自正也。數語自是定論，可以息無窮之紛紜矣。

曙軒黄先生語録書後　癸酉冬

湘潭黄曙軒先生於科舉盛行，倡明聖賢爲己之學，其學一本程、朱而兼取諸家之長，以「仁」、「敬」、「誠」三字爲爲學之要。著有聖功圖，天德王道一以貫之，尤致謹於動靜之間。其論學三篇無非發明此旨，而要其歸於格天，則全體大用之所在也。其論漢學之害，謂其「詆毁程、朱，使後生小子日就浮薄，無所忌憚，清譚誤國，罪浮王、何，宜伏兩觀之誅」，則今日末流之弊，先生早見及之，而不謂其一至此極也。語録若干卷，則及門李君品三所録。語語警切，使學者言下有省，即時有著手處。其誘掖後進，使人人有手舞足蹈之樂。濂披覽之餘，愛不忍釋，每欲摘録要語，以資誦習。然反覆數過，則無一語非緊要者，無可節也，誠學者入道積德所不可須臾離者也。先生主講明道書院，中州士習翕然丕變。項城楊仲唐先生實得其傳，而吾友白君壽庭則粹然程、朱，爲海内純儒，學者宗之。品三雖早世，而盧氏學者日衆，至今不衰。而此外之卓然樹立，且不一其人焉，則先生教澤之所被，其來也有所自矣。敬識數語，用誌欽仰。

墓誌

項城楊遯庵先生墓誌銘　并序

遯庵先生之沒逾十年矣，洛中學者守其師説不少變。甲子春，及門白椿齡壽庭以所爲行狀請補誌銘。自惟淺陋，無足爲先生重，然得銘先生，以重其文，未始非淺陋之幸也。乃諾之，而請寬其歲月，冀少有進而爲焉。又寄著述各種，潛玩既久，慨然想見其爲人。兵革擾攘，無瑕秉筆，歷五六年，懼有辜隆師重道之雅意也，謹次狀語而著之。

先生姓楊氏，諱凌閣，〔二〕字仲唐，遯庵其晚號也，河南項城人。考諱某某，篤嗜先儒書，著有體驗録、訓子語。妣氏胡，有二子，長凌霄，字伯漢，以學行著邑乘，入儒林傳。次即先生。先生生而穎悟，有大志。夙承庭訓，甫冠，補弟子員，得孫夏峯理學宗傳，愛之甚，作自訟録以自勵。先生知有正學，蓋自此始。與兄伯漢交奮互勉，毅然以道德自任，而學旨則以陸、王爲依歸。光緒甲申，館陳州，與王柳圃、曹次楩友，二君皆恪守程、朱者。又得羅忠節公姚江學辨讀之，乃恍然知學不宗程、朱，皆旁門曲徑，不堪著足，豁然一變，醇如也。

父病，喘不能臥，先生以身支背，恒至終宵。藥必親嘗，疾革則焚香告天，乞以身代。親歿，喪葬一遵朱子家禮，待賓以蔬素，佛事鼓樂皆絶之。負土成墳，與兄廬於墓所，不脱經帶，見者莫不痛心。先生哭泣之餘，動心忍性，學以加進。服闋，舉於鄉，學使邵重其學行，調肄業明道書院。時主講黄曙軒先生以正學爲教，一見深加重焉。屬以母病歸侍，迫切中至嘗糞不辭，其至性如此。母歿，守禮如初，兄伯漢以哀毁卒於墓次。先生痛甚，毁其廬，葬焉。伯漢性和厚，先生性嚴毅，所志所學則同，互相師友，學者稱楊氏兩先生，以比二程兄弟云。

丁酉，充明道書院助教兼監院，學約外，復仿藍田呂氏鄉約、泌陽竇氏學規，立勸善規過約。取薛仁齋學則雜儀酌量變通，期舉諸生認真遵守。並刊發所輯共學譜、敬勝編，確示學者入聖途轍。每晨率諸生謁程子祠，退講諸先儒書。至痛切處，聞者多泣下，一時興起甚衆，歎洛學殆將復興焉。辛丑，主講許州聚星書院，刊勿自欺齋日程，令諸生按日填寫，以憑稽核勤惰。壬寅，主許州文社，以薦授固始縣學教諭，信徒益衆，所例入悉以捐修文廟。明年，以薦充理學館顧問，未行。又被選諮議局副議長，先生出。公推少冀有所建白，首建議籌設存古學校一案，略謂：「中州爲名儒會萃之邦，自國初八君子以來，流風未艾。邇來人情厭故喜新，變本加厲，而大聖大賢所留貽之精粹，將自此而遂失其傳。一髮千鈞，不可不極力

〔二〕「凌閣」，原作「某某」，據李銘誠（字子慊，號穆軒）嫡孫李勁民先生家藏資料，「某某」爲「凌閣」，據補。

保存之也。」事雖未行，識者韙之。

辛亥八月，武昌難作，四方響應，河南亦謀獨立。以先生夙負物望，謀劫以兵，而擁立之爲首領，以號召各省。先生已預尋仰天窩、二龍潭去矣，衆失所望，議遂寢。先生與人書，有「恐爲戎首，塗炭生靈，非爲一身之計」之語。自是益自韜晦，號曰遯庵，以示不可復用於世。丁巳冬十二月，遘疾垂危。戊午元日，猶於家祠扶掖行禮，囑子侄以讀書立身、治家處事之道，夕遂不語。翌日瞑目，端坐如平時。神清氣定，坦然而逝，其所養可知矣。春秋六十有三。狀之言如此，茲剟其落落大端，系以銘而納諸幽，俾來者有所考焉。至其家世學行之詳，則有行狀在，例不備書。

銘曰：粵惟洛學，自孫鍾元，祖述姚江，派別龍門。先生有作，藉以興起，一變至道，掃其穅秕。先生之學，根於至性，密密篤行，克誠克敬。洛、閩恪守，醇乎其醇，正氣秋肅，德容春溫。一時學者，雲集響應，宗主粹然，一歸于正。身任綱常，心存名教，「嘉遯貞吉」，冥鴻霧豹。聖殂道喪，舉世皆濁，虧蔽日月，安問河嶽？先生著述，有德有言，廓清之功，足障狂瀾。昏迷開先，康衢啓後，傳薪得人，先生不朽。

清廩膳生王生海珊墓誌銘 并序

嗚呼！海珊竟先我矣，吾竟銘海珊矣。吾銘海珊，吾自悲矣。今正月下，既喪吾屏侯，甫逾兩月，又喪吾海珊。二君皆以忠信孝友宣力芸閣，而海珊又夙著賢勞，深所倚仗，一旦至此，吾道傷哉！天之禍我，何若是酷耶！予仲春過省，屏侯兩弟即泣涕以誌銘拜請。茲海珊介弟子年又來芸閣，謂日月有時，將葬矣，請銘諸幽，聲淚俱下。予烏可以無言？乃取所述行狀，並益以所及知者而誌之。

按狀，生姓王氏，諱福壽，字海珊，藍田人。居縣東關，本東鄉焦王村祖居，康熙中始遷此，因著籍焉。父君亭有隱德，母李氏亦以婦德稱。生少穎異，既冠，以府第一人入庠，人方以大器期之。旋補廩膳生。光緒辛丑，予習禮四獻祠，生心悅之，納拜焉。始知世有聖賢之學，於是棄舉子業，意豁如也。生至性過人，篤於孝友，居父喪盡哀盡禮。吾邑自秦關以鄉約正俗，禮教之不明者且四百餘年，生獨一本家禮，毅然行之。人頗不謂然，弗卹也。且廬墓百日，母喪亦如之，可謂尊親之至矣。與弟子年友愛尤篤，一切家冗以身任之，不使分讀書務學之心。及子年奉檄蒲城，猶切切以「節用愛人，無墜家聲」爲囑。子年卒以廉見稱。

生之殁也，子年哭之痛，視諸子有過之無不及也。女弟歸李氏，家本素封，早喪所天，生計日資給，無使失所身後，教養遺孤、兄弟輩，均於子侄，患難同之。每以宗族貧，春秋祭享未能如禮，爲捐常款，以期永久。後以錢幣折閡，數加增益。又以屬有親疏，不忍過爲區别，推祖宗之意，一視同仁。爲謀經久之費，其饑荒中，量給升斗，尤不計其數。於鋪夥有夙著勞績者，則親視其病，殁爲給其喪葬之費，兼存卹其子孫。有違犯，薄示責罰，令其知改，其忠厚如此。

生生平辦公如築城、文廟支應，學務、議會、賑務等凡關於公益者，靡不任勞任怨，盡心盡力，以官事爲家事卒之。薪水一無所受，即辭不獲已，則推爲公用。如爲本里糧正之津貼及親友補助之用，絲毫不自私也。其於人猶重孝子。里人張文進，孝子也，有心疾，人以風子輕之，生獨加禮敬。其殁也，公舉入孝子祠。既又卹其子孫，饑荒中餉以米粟，曰「無使孝子之後失所」，所以勸也。同學程升臣有孝行，生重之，資遣其子南北數千里外就學，卒成其業。升臣之殁也，親爲治喪，助其不給，曰：「無令以荒年廢禮。」至修志一役，始終身任。開局伊始，什物之用，皆使人自家運往。同人不許，乃稍稍購置。比撤局時，志未成編，而事以中止，生於所應得薪水盡數捐入公用，與生平辦公一例。又不欲形人之短，均有用路，人以爲難。病革時，口不能言，然修志事未始頃刻忘也。至於芸閣學事，則自辛丑以來，建築、集會，無役不從，四方講學，名宿靡不致敬盡禮。又以的款無出，非經久計，又添入歲修、祭費各本金，著在自著年譜，以示子孫。其於濟貧卹孤、曲體人情無微不至。故其殁也，無問識與不識，咸痛惜之。嗚呼！生之善行，美不勝書，兹特剟其大者以銘幽室，俾來者有所考焉。

生生於清同治癸酉三月吉日，卒於第二甲戌夏正四月十日，春秋六十有二。昆仲二，生居長。弟延壽，字子年，倜儻有時名，前蒲城等處縣長。配朱氏，今稱未亡人。子三，宗武，北京內務部警察學校畢業；宗輿，中央陸軍軍官學校畢業；

宗關，肄業北平育英高中學校。女二，長適劉；次適楊大乾，北京大學畢業。孫二，長自立，肄業縣高小學校；次自端，尚幼。粵以其年夏正九月八日卜葬於城東新阡，寅首申趾，禮也，法當銘。

銘曰：珪璋之品，育於藍田。蚤蜚聲於橫序，中混跡於市廛。不爭不黨兮同而能異，不緇不磷兮白而能堅。誠所謂污泥不染兮，如芙蕖之出清漣。高誼則堯夫之麥，推恩則文正之田。其動物也，潰卒且聞名而起敬；其感神也，回祿且返風而熄煙。愧予修之不敏，乃北面而加虔，相箴以白圭之玷，相期以太璞之完。非愛我之厚，何以能然？夫以生之卓識強力，況重之以華年，使其一意聖途，志致心專，洵吾黨之斐然，何不可希聖而希賢？而天不假年，使其所就僅止於斯焉？生之命也，而實予之愆，能不爲之撫膺痛哭而長歎！

長安于君屏侯壙記

君姓于氏，諱宗藩，屏侯，字也，長安縣之麋鹿村人。先世詳予所爲其母壙記中。君生於同治七年冬十月十七日，歿於本年甲戌春正月廿七日卯時，春秋六十有七。粵以其明年乙亥春正月廿一日，祔葬於村東母壙之次，癸首丁趾，從遺命也。

君以甲子上元後從予涉渭，拜白悟齋先師，明日赴清麓，謁山東孫靈泉同學，流連數日而返，至魯齋書院。語次言其先是誤入旁門，歷有年所，數日以來，言下有省，乃幡然再拜，乞代爲文。悔其既往之失，即以其日破戒，無少難色，何其勇也。旋以商事委諸羣季，從予芸閣，朝夕執弟子禮，不自知老之將至也。

母沒，守禮維謹，多年陋習，至君一變。聞其居父喪時，戒酒肉者已三年，蓋其天性然也。遇諸弟恩誼兼盡。弟以商販失利，君恐傷其意，召與共語，一笑而罷。兄弟子侄遵其教誨，庭無間言。君賦性強忍，方其被傷也，右手舉箸不及口，乃用力矯之，數月後乃復如故，及來年收穫即能裝車。病中染嗜好，及瘳，則毅然去之。子振邦歿，遺孤重賢，未滿二歲，冢婦劉氏方廿許，君委曲調護，譬以大義，使卒全其節。君十六七時尚從人習氈工，今則兄弟同心，商業日見起色，富且甲於閭里。

天之報施善人庸有極乎？當爲表其門，曰「孝友于家」。

墓表

賀復齋先生墓表

先師復齋先生之歿垂四十年，學者之嚮仰且久而彌光也。其學行載在國史及私家著述，與夫志、狀、年譜，凡諸門人之所記録不啻詳矣。獨表阡之文爲甯河高太常公所撰。雖極意推崇，而於先生之爲先生則有似未深悉者。一則素非相識，二則學派各别。高公蓋不分門戶者，故先生極力嚴辨之處，皆高公所以爲未足之處。懼後之覽者不惟不足以知先生，且或因以隘先生，非細故也，是不可以不辯。同人謀取及門所記得之聞、見之實者，續刻諸石，以存先生之真。而拙稿謬備采擇，極知管蠡之見無當高深，然一得之愚論，世者或有考焉。

先生姓賀氏，諱瑞麟，號復齋，三原人。當科舉盛行之日，從李桐閣先生聞程、朱之學，屏棄榮利，鋭志聖賢，以立志居敬、窮理、反身爲綱要，與朝邑楊損齋、芮城薛仁齋往來講切，有「三先生」之稱。信小學、四書如神明，遵横渠熟讀成誦之説，嚴爲己爲人之辨，於心術隱微之際，反躬克己，學如不及。其日用倫常自灑掃應對以至冠昏喪祭，造次必以禮法。俾先王遺教，彬彬見諸實行，平居惓惓，無一念不在天下後世。於古聖賢爲學爲治之要，靡不究極原委，務可措之事業，傳之無窮。而出處之義，守之綦嚴，不肯輕身干進。其論學也，於陽儒陰釋之辨剖析微芒，不少假借。嘗謂：「論人宜寬，論學宜嚴。三代以上折中於孔子，三代以下折中於朱子。」又言：「程、朱是孔、孟嫡派。合於程、朱，即合於孔、孟；不合於程、朱，即不合於孔、孟。朱子之學明，然後孔子之道尊。」慮程、朱以來，講學精要之書，北方學者多所未見，乃旁搜善本，手自校訂，各爲序說，發明要義，俾讀者知所向往，兼致勉進之意。於是傳經堂所刻宋五子以下許、薛、胡、陸之書風行海內，四方學者藉知讀書之將以何爲，與正學程途之所在，且不難家有其書而讀之。其沾丐後學，干城斯道，厥功顧不偉歟！

兵荒之際，凡城防、籌賑、均田、清徭、善後各役，靡不身任勞怨。民間疾苦所在，每爲上書當事，所全甚衆，鄉人賴之。教人不尚詞華，聖賢經訓必使實體諸身，不徒爲章句之習。出其門者，率通經修行，循循雅飭，稽古愛民，有安定之風。大吏先後敦請主講關中、蘭山各書院，均謝不往。然倡行鄉約及古鄉飲酒禮，到處講學，俾橫渠遺教暢然行乎三輔。海內有志之士聞其風者，不遠數千里來稟學焉。先生晚歲特建朱子祠於三原北城，大其規模，使學者知所宗主，其不得已之苦心昭然若揭矣。惜乎未竟厥施，僅以講學終老，庸非命耶？明道行狀有曰：「胸懷洞然，澈視無間。測其藴，則浩乎若滄溟之無際；極其德，美言蓋不足以形容。」先生有焉。

先生篤信朱子性命，以之於朱子之學用力既深，故其所得有非他人所及，知其德業所就，亦非末學所敢妄議。生平著述，一言一字無不與朱子相發明。有志朱子之學者，於先生考之可也。方今異學爭鳴，綱常掃地，遊其門者猶能守其師說，歷三十餘年不少變。方議以先生學行上之當事，公請從祀先聖廟庭，則盛德之入人者深也。先生從子伯鑛實奉祀事，以公議書來徵文，謹述其所及知者如此，知德君子當無疑於阿好云。

項城烈女韓牛氏墓表　甲戌十一月

禮義廉恥，生人之大防，故節婦烈女，有坊表以旌之。而犯姦之律，斬絞有差，所以使守貞者無不白之冤，而兇暴者無倖生之望，法至嚴也。今項城韓牛氏童年被強，登時雉經以殉，可謂烈矣。而無力昭雪，竟致首兇漏網，大海沈冤，所遭之不幸，百世下猶爲之椎心而扼腕。歎白圭之不可玷，而節義之不可磨也。今雖代遠年湮，而通省志所載，義烈如生，令人起敬，足以爲族姓之光，而不貽門戶之羞矣。故特著之，庶死者可以瞑目泉下，即爲之後者，亦有以對尊親而無愧色也。其繼配某氏，有子振岐，不忘先烈，求表其墓，故爲之說如此。

寶豐王君夔賡墓表

君諱雍舜，字夔賡，世居寶豐之翟集鎮，吾友壽庭同志友也。壽庭誌其墓，略云：「君軀幹雄偉，性豪邁。幼志功名，得史記、兩漢書，晝夜攻讀，睥睨流輩，謂無足語此者。因天官書究心天文，徹夜乘高觀象緯。積歲餘，於列宿類能測其行度。亦自負謂世無知我者，間讀莊、騷，以自攄幽憤。」光緒戊戌，壽庭兄延齋教讀其家，壽庭省兄，數與君晤。語聞項城楊仲唐先生學宗洛、閩，教人以身心性命爲本。因詳詢端委，娓娓歷晝夜不倦。已而歎曰：「吾乃今知天地間有此學，向之自負，直童觀耳！」遂與延齋共讀近思録，一詞一義，或數日研切不置。後取程、朱遺書潛心玩索，務求實義以驗諸身心。素不戒於煙，一日驚曰：「此非道也。」絕之。素豪飲，數十杯不醉，至是亦以斷煙例止之。平時怒詈僕夫，力戒之不能止，語左右曰：「我盛怒時，即告曰『君忘之耶？』，吾即知省。」至是或經歲不呵一人。深悔少年不知事親、事長爲何事，痛自撙節，修弟子之職，嘗有詩曰：「才知敬兄兄已故，才知孝親親遲暮。幼兒不知孝與弟，知孝弟時空悔悟。」居父憂，一遵朱子家禮，於俗用鼓樂娱尸、酒食延賓、浮屠齋醮，悉屏絕之。既葬，居中門外三年，酒肉不御。人或譏議，不恤也。生平尤重師友，嘗徒步走項城謁仲唐先生，並延淮陽魏肇峙以教諸子嗣。聞孟津許士衡風範，乃遣諸子往受學焉。其與盧君子安居尤近，質經析理，未嘗越信宿，不過從。其教諸子，一遵所聞，先小學、近思録而後及經史。少越幼儀，糾繩不稍貸。於後進誘掖鼓舞，務使毅力守道，不爲時風所動。聞者畏其嚴正，或痛詆爲頑固，君初不爲意也。弱冠時有盜數十，操械乘夜鼓噪，踰垣而入。家人悉奔竄，君不知父所在，既免，聞父被執，急入見賊，抗聲曰：「釋吾父，願以身代。」賊釋其父，而拷掠之至體無完膚。見盧子安所述，蓋其天性如此。

壬戌秋八月，病中以書寄濂。略謂「天意茫茫，人心胥溺，海内講此道者，幾於音沈響絕。雖有拒平等、闢自由以守先待後自任，乃或陷於平等，自由而不自知，其他不入於流俗，則入於佛老，而與吾孔、孟、程、朱之道，則概乎其未有聞。某以山野鄙人退而自修，知過不能改，又苦不知；見道不能行，又苦未見。所幸密邇壽庭、子安，時共砥礪，尚冀聞斯道之萬一。」君之所存概可知矣。

發書後三月竟至不起，比濂作書問疾，君已不及見。濂深悲君之志，而自恨其艱於緣遇，固不忍辭也。今春，介子季友不遠千四百餘里跋涉入關，從壽庭。以子安來書，奉幣芸閣，復以表文爲請，謹比次誌狀，揭其大端表於阡。知德君子，必有取焉。

清授五品銜和翁楊君墓表

君諱文平，晚號和翁，藍田人，世居北鄉北楊村。考諱世模，善書工文，尤精馬醫，决死生如神，所治應手取効。然語無伸縮，一旦輟所業，雖至戚不能強也。爲人不侵然諾，而性耿介，雖貧無立錐，不以錙銖累人。妣氏劉實生君，君未半歲而母歿，鞠於外祖妣。七歲就塾，穎悟絕人，以貧不獲卒業。改習割烹，因遨遊公卿間。同治初，軍興多宴會，當事者每倚君以辦。所費恒不貲，久之積不能償，乃謀諸君，欲以白米三百石爲請冠戴之賞，所負實不止此也。君曰：「是亦足以榮吾親矣。」許之，以例獲獎藍翎五品銜。

光緒丁丑戊寅間，秦大饑，君僑居三原，預儲小米若干石，里中稗販者請貸，無弗與約。以歲稔取償，不能償者弗責也。嗣以逐末非計，乃歸農務本。自奉極儉約，而於周卹事無所吝。庚子之饑及丙寅東軍圍城時，雖極乏匱，猶不忘補助。自戊辰迄庚午，比歲不登，君猶切切以民命爲念，於戚鄙貧乏者，輒爲資濟。及子仁天司陝省賑務，每見必重囑，蓋其天性然也。

君篤念本源，重祭祀，以所應得山場地公諸族人，爲拜掃費，因建家祠。恒以地處湫隘，爲畢生之慊，遺言謂子孫必擴充之。君自以受鞠於外祖妣，其殁也，爲之立祠置祭田，刻石紀其事。言及則悲不自勝，雖耄老不異。異母弟文鳳以亂失所在，君四方探訪，不避艱險，卒偕以歸。其於族姻，或爲之立後繼嗣，或返其喪，不可殫述，而修橋開路等義舉猶其細也。君少雖未學，而樂於與人爲善，喜談因果。嗣聞濂講學芸閣，先後遣其子仁天昆弟從予遊，雖謗者蜂起，弗顧也。君自是脱屣舊習，於先正格言輒誦説不去口。家中冠昏喪祭一衷家禮，雖寓省垣，猶違俗爲之屬纊。時殷殷以薄葬守禮爲囑，非有過人之識，曷克臻此！

君胸懷曠然，無嗜好，勤儉終日。老益健爽，年逾八十，無惰容。己巳歲八十七，初度江南，毛俊臣贈以語，比之明代文衡山，且跋其後，論者榮之。而當代之褒揚，猶未爲重也。明年庚午春三月二十九日，考終省垣，春秋八十有八。配閻氏，以慈惠聞。有鄰村之婦雪中斷炊，聞其賢，造之。以素無一面不敢啓口，察其形色，留與共飯，隨分所有與之。今鄰媪有及見者，語及猶爲泣下，其感人如此。先君卒，是生仁天。繼室王氏，稱未亡人。丈夫子二：仁天、中天。女子子三：長先逝。孫五：大乾、永乾、遠乾、篤乾、振乾。孫女四，曾孫女一。以八月一日葬君於先賢呂氏墓東北百廿步，丑首未趾。仁天急於顯親，以表阡之文爲請，並泣述其梗概，爲撮其端如此。

系曰：「楊氏郡望出弘農，而薛綜西京賦注云：『藍田，弘農縣也。』則三國以前，縣固屬弘農矣。吾秦人以洞洪〔二〕爲老家，即叔向所食之楊，子孫氏焉。今雖華胄，遙不可稽，然爲楊氏子孫者，獨不可忝清白之風乎？君之志行純篤，重義輕財，好古崇禮，而泯泯以没世，則昌大而顯揚之，非子孫之責歟？予之文誠不足重君也，即望重山斗如韓、歐諸公，生平所撰述不爲少矣，然除德業彪炳在人耳目數人外，姓名能舉者幾人？可知顯揚之實，亦在自爲之而已。仁天勉之，以無虚予言，是即所以重乃翁也歟！」

〔二〕「洞洪」：依文意疑當作「洪洞」。

景山謝先生墓表

先生姓謝氏，諱化南，字季誠，號景山，郃陽人。父同升孝友，質行清麓先師，有小傳。母某氏生子四，先生其季也。生有至性，少學於損齋楊先生，先師主學古講時即受學焉，由是往來二先生之門，而於清麓從遊最久，鮮有出其右者。論者稱清麓門下四先生，先生其一也。在學古，同舍某病癘，先生身任服事，諸無所避忌，既瘳而後乃已。先師稱其性情篤摯可敬，可以知其學之所由成矣。事兄色養備至，藹然和氣，溫公之於伯康殆庶幾乎！

淹貫諸經，尤邃易、禮，敦行不怠。家庭之間，內外斬斬。學者遊處，始終不聞婦女聲。祠祭之所，整潔異常，見者肅然起敬。其居喪哀戚甚，朝夕之哭，久而不懈，至誠感人。友人張季龍，故門下士，曾爲余述之。余夙讀清麓文集及答問，中及於先生者最多，即心醉其爲人，而久未得見。光緒甲辰，渭宰張侯集四方耆宿士友，講行古飲射禮，余得以觀禮之餘，遂願見之。私幸被容接，相見恨晚，自是晨夕過從，逾七八日而後别。瀕行，以砭身集爲贈。後又奉書請教，先生覆書勉望，甚至書載文集，乃未再見，而先生已謝賓客矣。先生善說經，聽者忘倦，人樂就之。屨常滿戶外，有明道之風。其生平學行本於一誠，不愧所字。朝邑楊克齋先生爲作行述，於先生全體大用詳哉言之，茲不再及。惟記其所見聞，揭之於阡。

系曰：「郃陽古多賢哲，蓋西河教澤之所流貽也。而清麓門下則以郃陽爲最多，然皆不如先生所得深而所就大也。余昔曾與張友果齋謀選刻景山集，校閱之餘，深服先生學之富、行之實，爲清麓諸同門所僅見。今先生身後三十餘年，郃之人且爲立三先生祠，以與石城厚庵同祀，及門何君介石復手克齋所述，以請表阡之文。其教澤所被，皆德之所感也。而何君之篤於師門，不又有可以淬礪薄俗者歟！余之淺劣，得與於撰述之役，未始非此生之厚幸已。」

盧堇溪先生墓表

中州學派自夏峯祖述姚江，而伊、洛之淵源一變而不可返。又二百餘年，而遯庵先生出，乃卒悟其失而悉反之，而一時學者粹然一軌於正。白椿齡壽庭，其入室高弟也，爲余言共學同志，則以王夔賡、盧子安爲稱首。夔賡之沒，濂既銘其壙矣。已而壽庭書來，又以所爲子安行狀請爲表阡之文，蓋距子安之沒已□□年矣。掩卷憮然，爲揭其大端書之。

先生姓盧氏，諱廣居，字子安，號堇溪，寶豐人。廩貢生，代有令德。考諱脩，太學生。妣氏張生先生。先生成童喪母，哭泣如成人。太學公嗜讀書，先生學或少怠，太學公輒不食，先生恐懼曰：「父第食，兒不敢怠矣。」由是益以奮勉。弱冠入邑庠，旋食餼，每試輒冠其曹。以父命出嗣伯父，事繼母，甚得歡心。太學公晚多病，先生教讀於外，數日必歸省，愈則色喜，稍重則憂不能釋。親調湯藥，疾止乃復初。父卒，哀毀幾不能支。撫卹諸弟，督令讀書，愛之甚篤，而責之甚嚴。羣從弟輩或議事不合，先生和色婉辭，數言立決，莫不心悅。其公諸從子，或就傅於外，歸則呼與說書，勉以立身爲人之道。五叔父儀創建家祠，捐地設學，先生爲立條規，並請記於洛陽許石衡君，垂不朽焉。鄉族有事，輒請先生爲之處理，莫不心服，即暴黠子弟亦雅敬先生也。

先生天資渾厚，最爲近道。幼從諸師若甯良臣、胡鼎臣輩，皆一時名宿，故先生殫見洽聞，文辭雄厚，而書法古勁，直入魯公之室。又交許君石衡，於歸、方古文義法蓋亦得其窔奥。及聞楊仲唐先生主講許州聚星書院，乃從學焉。先生爲講「天人合一」之旨，而讀書入門當自小學、近思録始。歸而研思，得其門徑，因肆力於朱子之書，充然有得而實踐焉。嘗以「識仁大旨」請問楊先生，答以「惻隱之心充溢於中，而孝親弟長、忠君信友無非此心之流露，在識其端而推廣之耳」。又問：「無事讀書時覺有道理，一動紛亂，如何？」先生曰：「此爲習所移，祇是道理孤單。惟主敬窮理功深時，覺此重彼輕，使牽動不得。」由是益有所得，沛然見於日用。氣貌渾厚，言語溫和，遠近推爲長者。其教後進循循有法，賢愚皆有所得。近鄉碑誌多其手筆，咸寶貴之，在先生特餘事耳。廿餘年不入邑城，邑中推正人君子，必以先生爲首稱，淮陽魏肇峙少所許可，獨心折焉。嘗曰：「生平知交，某某外又得子安矣。」

系曰：「壽庭昔年西來，言寶豐三十里内外得晏然讀孔、孟之經者，子安君力也。今觀所述，想見爲人，壽庭不妄許人，故於原稿多用其説，以存其真，俾覽者無疑於晚近無古人也。」

清歲貢生王君輯庵墓表

選舉之壞也，國家以財產爲資格，而鄉評不問焉。爲士者率以辦公爲利藪，以自便其私圖。論者至以辦公爲相訴病，稍知自愛者即去之若浼，此廉静之士所以不至也。夫閭閻之休戚利病，長吏豈能備知？惟鄉之一二父老樂與贊襄之，廉静之士不至，生民何賴焉？然不敢謂潔己奉公，宣上德而抒下情者之必無其人也，乃今得之輯庵王君。君諱某某，字輯庵，郟之石井村人也。以歲貢被推舉清釐財政，倉儲糧賦，並辦理城防支應諸繁要，事豫民悦。凡過軍及催科吏入境，率斂迹相戒。以郟政理，民氣固無重擾，以是保全綦衆，邑人賴之。

君少有至性。年十二時，父彦智公養痾山寺，君誦讀之餘，必投閒往返數里外躬親省視，數年如一日。與同邑南君久安友善。久安，艱苦卓絶之士也，家治城，日以負薪自給，不求仕進，酷嗜程、朱講學之書。余曾於愛日堂遇之，一見如故。客歲春初，踏雪跋涉百數十里，攜一學子來，即君孫振經也。云奉其王父遺命，介南君躬送以來。比又手其王父行狀及墓誌再拜，求表阡之文。予謂不知其人，視其友南君少所許可，而君能得而友之，君之爲人可知已。又囑以乃孫從余學孔、孟、程、朱之道，使知功利之絶不可爲，而仁義之必不容已。處可以教家，出可以澤鄉國及天下，則所以紹乃祖而善繼述之也。振經勉乎哉！餘詳志狀，不具述。

龐君仲一墓表

君姓龐氏，諱純修，字仲一，陝西西安府藍田縣東鄉霹靂村人，曾祖夫良，祖益泰，父振書。君昆仲二人，君其長也。從張竹軒聞程、朱之學，予之居芸閣也，君長予一歲，乃忘年而奉摯焉。後又從予清麓，力耕自給者數年，既而授徒魯齋書院，晚乃佐予芸閣，分任教事。性耿介，疾惡過嚴，人畏其直，然其心無他，則鮮不共諒，久且畏而愛之也。一弟早亡，弟婦求分異，力不能止，聽之，時以爲憾。已而其從子悔悟，前嫌頓釋，則積誠之所感也。教人甚嚴，學者憚之，然以愛人之實心將之，故從之游者久而益親。其歿也，莫不哀慕不忘，且爲伐石表墓，固秉彝之良心不容泯滅，抑以君之教澤在人，有感動於不自知者耳。君讀書老而不倦，於音學尤所究心。中年喪偶，終身不娶。不以貧窶累心，其固窮自守有足多者。生於同治丙寅六月廿日，卒於辛未九月望日，壽六十有六。配劉氏，子章麟，女一，孫岐鳳。葬村東新塋，寅山申向。晚號東峯，學者稱東峯先生。

楊君竹亭墓表

蓋聞惟父母之孝與賢而後有以成其子，而爲之子者能不忍沒其父母之孝與賢，而汲汲思有以表章之，則子之孝與賢亦自有足多者。此予所以有取於克敏兄弟，而表章其父母也。克敏以八月南來，遂偕至清麓，先後旬餘，執弟子禮維謹。已而道渭濱，延至其家，集兄弟子侄相見，鄰里嘖嘖稱道。其母之賢，兼追及其父之孝，與其兄弟之友，因出所述行狀，羅拜請表其阡，謹按狀書之。

狀稱：君姓楊氏，諱茂林，字竹亭，渭南人，世居靈陽里張楹村。曾祖諱可羡，妣氏鄭。祖諱習經，妣氏趙、氏潘。父諱士清，字波臣，妣氏王。昆仲二，君其次也。生有至性。母病目，艱於行履，每出入必扶持之。同治初元之亂，君負母而逃，被掠去，賊哀其誠孝，遂釋之。貧無以養，嘗借得黑豆一斗，數口食之至月餘。母歿，稱貸以葬，不數歲不能償也。爲人輕財重義，族人謀建宗祠，君力贊成之，限於地，慨然以宅東尺許益之。春酒羔羊，致孝享焉。家漸裕，於隣里貧乏多所補助。光緒辛丑，以疾終。疾革時，猶以克敏讀書爲囑，此克敏所極不忘者也。距生於咸豐辛亥，春秋五十有一。配李氏，即所稱賢母者也。生貧苦，以童養成，禮事堂上，甚得其歡心。凡事識大體，治家教子，條理秩然，鬚眉丈夫弗如也。勤儉過人，年八十猶紡績不輟。性嚴有法，諸子雖年長，一錢尺帛不敢自專，必咨稟而後行。敬禮師儒，聞其至則喜而爲之具。戊辰秋，克敏奉命謁予，至今言及，猶悲不自勝。子四：克讓、克勤、克敏、克恭。女一，適韋氏。孫十二，孫女四：長適周，餘未字。曾孫耕莘，曾孫女四，俱幼。母生於道光庚戌，卒於己巳，壽八十，葬村北祖塋，亥山巳向。

系曰：「合葬，古也不標題，統於夫也。表墓文也，顯楊之實，是在爲之子者。」

劉君尊爵墓表

歲戊辰季春之望，好古劉君以疾終於正寢。疾革時以手書先考行狀，授其子受祿，曰：「爾祖辛苦，終身未有表墓之文，爾能了此，則吾死不恨矣。」受祿泣諾之，言訖而逝。越三月，受祿求介紹於仁安、銘三等，謁予芸閣，匄文以終先志，予以病未之許也。既而兵荒連年，受祿以遺命未行，不敢營葬。今歲稍有所收，即以八月南來，復申前請，而情詞愈迫。嗚呼！此何時耶，而乃有不忘所生如受祿者，斯可以厲薄俗矣。昔鄠縣主政王仙洲求清麓先師表其父墓，不可得，積誠五年而後得之。予雖不敢望先師之萬一，而受祿之誠不亞於仙洲，可弗慰其孝思耶？

按狀：君諱世魁，字大元，尊爵其號也。父學孟，以孝聞，母周氏。君生而貧窘，僦屋而居，歷二十年，十易其主。道光中歲大饑，君有女子子未嫁，不得已童養其夫家。已而舅姑亦以不能養也，酷遇之。君有老母在堂，日以爲憂，君恐傷親心，即時迎歸，誓同生死。日負薪百斤爲養，至是日加重二十斤不爲苦，遂得俱全於難。其善體親心類如此。同治初，花門之難，君身隸戎行，爲多忠勇公所獎拔，以功賞五品軍功銜，旋以親老歸農。里人以君端方成性，公推鄉約，里中賴之，數十年無興訟者。凡於義舉必身先之，以直戇見稱。鄉約例，三年一代，而君二十餘年不得謝，非公正素孚，曷克臻此！君生於嘉慶戊寅，卒於光緒庚子，春秋八十有三。子二：長福慶，次福庚，受禄父也。餘詳其元配閔氏墓表，不具述。君繼配留氏，能盡婦道，治家教子有過人者，後君一年卒，壽七十有三，祔葬穆穴。受禄兄弟在里鄙中以長厚稱，此次往返數百里迎予北來，以成親志，其誠孝有足多者。故撮其大端，而爲表如此。

續卷五

藍田牛兆濂著　盧氏門人李銘誠子慊編輯　三原門人趙振燦古如校字

札記

朱子論知

中庸章句「顏子蓋真知之」。孟子註「然但謂之仁，則人不知其切於己」。論語註「則知之明而無所事守矣」。又曰：「則知極其精。」又曰：「知之之至。」按：「真」、「切」、「明」、「精」、「至」五字，各有次第。未行之前，知之真矣，未必其切於己也。切於己則無不行之矣。既行以後，則知愈明，然容有未精者。極其精則明不足言矣。以云至，猶未也。至於知至，則無以加矣。

一家則廳非中而堂爲中

程子言：「一家，則廳非中而堂爲中。」按：「廳」古止謂之「聽事」，李文公「聽事前僅容旋馬」是也。後加「广」爲「廳」，蓋近門之堂爲平日治事之所，公明宣所謂「居庭則事親之所，朝廷則臨下治事處也」。家禮喪事啓殯、朝祖，而後遂遷於廳事。蓋殯在堂，祖在堂下之東，後乃出而至廳事也。向直以廳事爲堂，緣「公庭」一名「堂皇」而誤耳。讀程子此言，始恍然矣。

釋權字

共學章註釋「權」字云：「所以稱物而知輕重者也。」此主用權，故重在「知」字。嫂溺章云：「稱物輕重，而往來以取中者也。」此釋「權」字義，極詳盡。執中章云：「所以稱物之輕重而取中也。」此對「無」字立言，無此則無由取中矣。

九思之序

「九思」之序，視聽由中以應乎外也，色貌誠中而形於外也。雖皆屬發用，仍是動中之靜。言則發於口，事則行於身，純乎動矣。疑則心之未明，視聽言動皆有之，格物致知事也。忿則心之所怒見，得則心之所欲，誠意正心事也。疑不思問，則無必明之心，非切於爲己者也。無取善之誠，非真能下人者也。快其忿之洩而不卹其他，則所傷實多，後不可悔，此性情上事，克己之所以治怒也。利其物之來，而急不暇擇，則取之非分，何以自安？此交際上事，一介之所以不苟也。

苦哉樂也

昔年與友人登太華，既下至迴心石，友人疲極臥地，歎曰：「苦哉，樂也。」余笑曰：「樂哉，苦也。」語類說顔苦孔子之卓，云：「然兹苦也，兹其所以爲樂也。」意正相類。

答賈端甫問目

退之以博愛爲仁，是以情爲性，故程子非之。子貢不知爲仁之方，而求之遠且難，故夫子使反求之近。呂氏云「雖博施濟衆，亦由此進」是也。二處言各有當，須分別觀之。蓋仁之量本無所不包，故曰：「仁者以天地萬物爲一體。」博施濟衆，乃聖人之功用，欲立欲達，仁者之心。狀仁之體，莫切於此。能近取譬，爲仁之方也。熟玩集註，自豁然矣。

橫渠云：「一物兩體，氣也。」此語自分明，兼動靜而言。以「一」屬靜，恐未然；以「一」爲誠，亦未的。此只是對「兩」之詞，俟再酌。

魯之君臣若有意留孔子，則事猶可爲。「遲遲吾行」，正孟子「王庶幾改之，予日望之」之意也。聖人之心，何嘗一日忘天下哉！

橫渠問定性，本是問定心，故明道答書，皆以心言。玩本文自明。

智之實

天下真聰明人，未有不好學者，故人之智不智，即以其好學不好學斷之。孟子曰：「智之實，知斯二者弗去是也。」可知，守之不固，仍是見之不明，如小兒知糖之味後，雖禁之不能止，況切切然勸之乎！故性敏而不好學，非真性敏者也。

曾點鼓瑟

向疑四子進見時皆不聞有所攜，點之瑟從何而來？因思「先生書策琴瑟在前」之語，或點見夫子席前有瑟，當坐遷時，因其便而撫之耶。此無關緊要，緣昔曾用心，及此故存之。

學以至聖人之道

「之道」字輕學，所以學聖人，但學之而不至，則未得其道也。此與「大學之道」「道」字同義，觀下云「學之道奈何」句可見。程子言：「讀書者，當觀聖人，所以至聖人。而吾之所以未至者，所以未得者。」朱子言：「後覺者必效先覺之所爲，乃可以明善而復其初也。」余向因臨帖悟及此，因思古人不知如何用功，費許多經歷，乃臻此境。吾以初學即欲效其已成之字，正程子所謂「覰却堯，便學他行事。無堯許多聰明睿智，怎生得如他動容周旋中禮者？」故須從聖人，所以至聖人處。循其序而加勉，積久而不懈焉，則庶乎有所進矣。

侗而不愿二句

聰明人多巧詐，愚者則一味老實，故三疾章以詐屬愚一邊；才長者多不安分，無能者祇得一味謹厚，故馬不善走者必馴。此章以不謹厚屬知邊，以不信屬能邊。交互言之，未詳其義。

繁簡動靜衆寡

以一心對萬事，則有繁簡之別。以一誠應萬變，則有動靜之別。以一人對天下，則有衆寡之別。「守」字從「以」字來，「處」字從「居」字來，「務」字從「爲」字來。爲政章范氏語。

内外遠近精粗

「仁者心無内外、遠近、精粗之間」。以心對境，則有内外。以暫對久，則有遠近。以事對理，以生對熟，則有精粗。「仁者安仁」外註，謝氏語。

難易先後淺深

「大學終身所得之難易、先後、淺深」。按：三層皆以效驗言，隨學隨得者易而先，故淺；積久乃得者難而後，故深。事有難易，序有先後，效有淺深，此專以所得言，則上二層均統於效驗中矣。興於詩章外註。

五不孝

孟子言「五不孝」，一層重似一層。其不顧父母之養，一也。罪有公私，害有大小，其序絲毫不可移易，聖賢經義何以細密如是？孟子匡章章。

害政害事

養氣、好辨二章「害政」、「害事」互有不同，朱子以大體訓政所行訓事嘗細分之。心者，出治之本。心既有差，則大綱已不正，所行節目如何能正？此言害政由本及末之説也。心者，一身之主宰，而萬事之綱領也。存諸中者有失，則行於身者安能無失？一端有失，全體隨之，此言害事泝流窮源之説也。有父母、天下之實心，則安得有寡恩假名之事？爲寡恩假名之事，安得行堯、舜之政？本一意而所從，言者不同故也。

君田及所食人數

孟子集註班爵禄章君田及所食人數，止記大夫之數，則上下皆有準則。蓋田八百畝，四之則三千二百畝也。三之、二之仿此所食，七十二人四之則二百八十八人。餘仿此。

讀書明理淑身

讀書本爲明理淑身，非爲作文，然未有真讀書而不通於文者。

讀四書不讀註

讀四書而不讀註，與不讀等。且須有定程，挨次讀之，否則終身不能通一卷矣。

不壞心不害人

居今時世而欲不壞心、不害人、能自給者，捨讀書、力田，萬無可爲之事。

詩文字

詩、文、字三者皆日用不可闕。然學者一用心於文，便氣象飛揚，不可控制。故學中不開文課，蓋有鑒而然。其札記疑問，不在此例。

讀書專一

讀書須專一，不可雜然並進。然不向身上、心上做工夫，則於己無益，徒資口耳。爲文字作料，雖多亦奚以爲？所以不令人作文，恐分心也。

行道有得於心

道是公共的，必人去行之。有得於心，方爲自家德行。五倫外無道，五常外無德。言道德者，尚知所從事哉？

蛟興水

蛟能興水，蛟固水之精也。雉與蛇交，精淪於地，及成卵形，每聞雷則下，及泉而止。後因雷而上，及出地，必因雷雨，故能挾水而上。蛟所到則水隨之，然亦有不因雷而出者。前年省中井水湧出，有物如牛頭而上，被居人以穢物投之乃止。竊意蛟之出乘水而上，水高則高，蛟趁水，非水隨蛟也。姑記所疑，以俟知者。

天一生水

「天一生水」，何以言「地六成之」？蓋一行必備五行之氣而後成也，如水之水、水之火等皆是。

龍興雲

龍能興雲，此物恐純稟水氣而生水。陰中有陽，故龍能飛騰。乾六陽象之。易曰：「雲從龍，風從虎，聖人作而萬物睹。」若真有聖人出世，定然無人不服。如太陽出地，天下萬國無不光明燦爛，那得如等閒寂寞，以智力角逐而後得也。天下無統，人人有帝王之想。噫！何其愚也。夫才過百人，乃能爲百夫之長，過千人，乃能爲千夫之長。今漫不自量而覬覦非分，使誠身履其境，能無倉皇失措？况有以服人乎？若天亶之聰明，則夐乎遠矣。

理會氣象

浮躁淺露，豈享爵禄之器？此語實觀人之要，以此求之，百不失一。呂滎公言「氣象」即此意。故後生初學，宜以此爲第一義而下學焉。

隧

左僖二十五：「晉文公請隧，弗許。」疏：「天子之葬，棺重禮大。大〔二〕須謹慎，去壙遠，而闕地通路，從遠地而邪下之。諸侯以下，棺輕禮小，臨壙上而直縣下之。故隧爲王之葬禮，諸侯皆縣柩而下。」

亦終必亡終亦必亡二句

按：「終亦」，「亦」字對天爵言。蓋棄天爵者，意以所亡者特天爵耳，不知目前之人爵終亦必與天爵而并亡之矣。蓋人爵由天爵而得，天爵亡則人爵不能獨存故也。「亦終」，「亦」字對不仁者言。自身雖暫時爲仁，終亦不能自存，仍與人之

〔二〕「大」：據十三經注疏杜預注，當作「尤」。

不仁者同其亡耳。註於「終亦」言「并其所得之人爵而亡之」，於「亦終」言「此人之心亦且自怠於爲仁，終必并與其所爲而亡之」，意極明。

奚其爲爲政

註以「何必居位」解「奚其」，則「其」字正指「居位」，俗多誤會。

夫如是故遠人不服

「夫如是」總承上節，「故」字、二「則」字緊相呼應，「均無貧」三句言内治之修，則遠人自無不服，必然之理也。故遠人有不服，則惟修其内治而已，此服遠之要道也。勤兵於遠，胡爲者？

無他達之天下也

註意甚明，言「親親」、「敬長」，何足言仁義？而孟子直以「仁義」許之者，豈有他哉？以其一人之私達之天下，而無不同故也。重讀「二也」字，是直以「仁義」許之也。註中「此所以」三字即回繳無他意。

南北刻本不同

北人於「已止」之「已」加圈，南人則於「人己」之「己」加圈，故讀書者須知其刻自何所，庶不致誤。又如：惟爲南音無別，故孟子萬章下註引：「予弗克畀厥后惟堯、舜」，以「惟」爲「爲」。小學集解於「哲人知幾」下云：「幾者，動之危」，亦以「微」爲「危」也。

避諱字

正朔因避秦諱讀征，昭穆以晉諱讀韶，故中庸章句「序昭、穆」註讀如字是也。餘如戊本音茂，廿本音□。近日而「戊」讀「務」、「廿」讀「念」之類，不可殫述。集註中「桓」之爲「威」，「愼」之爲「謹」，「匡」之爲「正」，「敬」之爲「欽」，「讓」之爲「遜」，「玄」之爲「元」，亦多類此。禮曰：「詩書不諱，臨文不諱。」後世如此，則經文本字後人無從識矣。此其不可不正者矣。

小學正誤

小學「箕子諫紂，不聽而囚之」。下云「人或曰，可以去矣」。夫既囚，何以得去？今按微子世家，無「而囚之」三字，此當爲衍文。

莊姜下刪去「厲嬀」，則戴嬀似莊姜之娣，而姓不同。

公父文伯之母，於康子爲從祖祖叔母。此少一「祖」字，則差一世。

佾舞列也

佾，舞列也，謂舞者之行列也。余鄉謂舞者運手足、上下取勢曰「舞列」，蓋誤解「列」字也。

八佾確據

每佾人數如其佾數，此杜預之説也。每佾八人，此服虔之説也。朱子兩存之。嘗疑左氏昭公二十五年「禘於襄公，萬者二人，其衆萬於季氏」。夫二人如何成列？則不如無舞之愈矣。且季氏既欲備禮，則舞者何慮不給，何藉於公家之舞人乎？若以服氏之説計之，則季氏所自有者四佾，則三十二人也。以魯侯之六佾四十八人去其三十二，所餘十六人正合二八之數也。故二人之「人」當爲「八」字之誤，而季氏之舞八佾乃有確據矣。後檢阮刻註疏校勘記，傅氏之説已如此，周氏理裒四書典故辨正亦有此説，可知人有同心也。

學改覺之誤

「故學者約其情，使合於中。」論語集註好學章。今按：「學者」，二程文集作「覺者」，此與「愚者」對，故下又言「然學之道」云云。朱子删去「覺者」、「愚者」二層，移「學」字於此，則上下脈絡承接一氣，文省而意足，此化裁之妙，所以不可及也。若改依元文，以「學」爲「覺」，則遺卻「愚」者一層，又須補點「學」字，反費周折，此惟深心人知之。傳經堂本誤，宜正之。

此一如公山章「無不可有爲之人，亦無不可改過之人」。本無可議，乃据下佛肸章，改爲「無不可爲之事」，使「事」字無所歸著，何不思之甚也。

水火

衛靈「民之於仁也」章，註「民之於水火，所賴以生，不可一日無」，對下「其於仁也亦然」而言，其意固已切矣。至盡心「民非水火不生活」，註則曰：「水火，民之所急，蓋頃刻非此，則有性命之憂，所謂急也。」此對「非此不生活」言，故曰「急」。不但不可一日無也。移步換形，體貼之精如此。

淡簡溫

中庸衣錦章，淡對濃，色與味皆有；簡對繁，事與物皆有；溫對涼，氣與體皆有。「淡」「簡」不待言，「溫」字有和厚寬緩意，無甚新奇，故均在闇然之列。「溫」與「直」字、「厲」字、「理」字相對。書言「直而溫」，蓋「直」則近冷而寡情，「厲」則無和平氣象，「理」則文理秩然，有縝密以栗之義。「直」之不足於「溫」，猶「寬」之不足於「栗」也。此亦如「弘」之與「毅」，「仁」之與「義」，皆相須而成。

知遠之近三句

章句以彼此內外立文，是先從彼說到此，皆是外面事。然後從外說向內，已乃由內說向外也。感應之理，三言盡矣。

矩法度之器

朱子釋「矩」字，惟論語不踰矩章爲備。云：「矩，法度之器，所以爲方者也。」大學絜矩章云：「矩，所以爲方也。」省「法度之器」及「者」字。孟子離婁章云：「矩所以爲方之器也。」省「法度」及「者」字。告子上云：「規矩，匠之法也。」盡心下云：「規矩，法度可告者也。」或詳或略，而義無不足，隨文讀之，可知其從等子上稱過也。

晁氏因以道

「近世故家，惟晁氏因以道申誡子弟」。「因」字諸本多不得其解，乃疑爲衍字。竊以上下文義詳之，似照下「當時皆不能若是」立文，言世家皆不能，而晁氏子弟獨異者，因以道申誡之故也。未知是否。

伯俞

伯俞，漢人，當入善行。今入稽古，似三代上人。柳省齋先生語。

體用

顧亭林與二曲論體用，云：「十三經注疏中無言體用者。」二曲集載其問答甚詳。今按：易「乾，元亨利貞」。正義云：「天者，定體之名。乾者，體用之稱。」故說卦云：「乾，健也。」言天之體以健爲用。據此，則「體用」二字注疏第一條即言之。亭林號爲熟讀注疏，何不引此？而二曲答書亦未及之，則未免千慮之一失也。

順

「順」從「川」得聲，故凡以「川」爲聲者，皆有「順」義，如「巡」、「訓」、「馴」之類是也。猶「祥」以「羊」得聲，故從「羊」之字，皆有「善」意，如「美」、「善」、「義」、「養」等是也。

厭然

大學章句云：「厭然，消沮閉藏之意。」竊意：江淹別賦有「黯然銷魂」之語，此訓「消沮」，蓋讀「厭」如「黯」也。孟子「閹然媚於世」，注云：「『閹』，讀如『奄人』之『奄』，閉藏之意。」此又讀「厭」如「奄」也。一字訓義，不苟如此。

的然

「的」從「勺」，與「灼」音義相近。「灼」，光明之義，亦通「卓」聲，如「有倬」、「倬彼」，均有明大之義。今人以「的皪」爲明顯，猶「灼爍」、「芍藥」，亦爲明顯之義也。

詩言志節

學者讀小學，多致疑於此，爲之一一證明，則了然矣。在心爲志，發言爲詩。人之心不可見，作而爲詩，則情見乎詞，故曰「詩言志」也。歌者，取詩之原句而詠歎出之，則一句之中便生出許多閒字餘音來，故永有長義。歌也者，所以永其所言也。「聲依永」者，既詠歎而歌，則須有清濁、高下、長短、緩急之節。所謂聲者，宫、商、角、徵、羽之五聲，所以離此不成歌也。故曰「聲依永」。律則六律，今以工尺代之。若無此，則五聲無所取正，猶方員之於規矩也。聲因律而和，非播之金石管絃，則聲只是人聲，不足言樂。徒歌曰謠，詩言「我歌且謠」是也。此章言樂本末，無所不備，可作一篇樂經讀。

子語魯太師章

此章言作樂之始終最爲詳備。「翕」訓合，言合聚也。衆音於此同時並起，便如文章起筆，全體皆振也。衆音作於一時，則難於和平，故清濁高下必如五味之相濟而後和，故曰「純如也」。和則渾同一體，嫌於無別，故欲其一一分明，不相混淆而皦如也。太分明，或失之不相聯貫，便不成節奏，故曰「不相反而相連，如貫珠可也，所謂繹如也，以成也」。樂至此則首尾完備，條理分明，自然太和之音。昔人以此章爲聖人言作文之法，蓋理本相通故耳。

深造之以道章

如人欲穿一井，先須講求如何穿法，所謂道也。既得其法，便須依此做去，今日如此，明日如此，破下工夫，積以歲月，不問幾時得水，所謂深造之也。蓋不以其道，必不能得水。即以其道而入之不深，急迫求之，亦無得水之望。惟循序漸進，真積力久，水忽然湧出，便滔滔不絕，所謂自得之也。初下手時，便以此爲的，而等閒得之，此所謂原也。既水爲己有，則定志居此，而所以保護之者，無所不至，決無去而之他之心，所謂所以處之者，安固而不搖也。所居既爲我所藉，水之資益於我自深遠而無盡，而日用之間左右取用，皆源泉混混矣。故君子只欲淘見水出，出而有原，總不著一毫速效之心也。

毀瓦畫墁

舊牆壁以新磚末和泥，塗之以石灰界之，則與新修者無異。然亦因磚瓦之破碎，化無用爲有用可也。今乃壞有用之物，爲此無益之事，豈不可惜！是無功而有害也。

杇鏝

「宰予晝寢」，注：「杇，鏝也。」「鏝」从「金」，所以飾壁者，俗曰「泥匙」，亦曰「泥䉼」是也。

少當作坐

「子見齊衰者」。注「或曰：『少當作坐。』」謹按：此言未詳所出，若邢疏所解，則似謂「少」下當有「坐」字。意謂此三等之人雖甚少，夫子之見之也。坐則必作，過之必趨。

論反切

古人反切，以上字定位，不論開口合口，只取同母，以開合屬下一字也。故德紅切東，是以開口之德切合口，故讀去似登之濁聲。若轉德爲都則得矣。然猶疑於紅字之以濁切清也。須知古人以下字定韻，韻定則呼之開合可見，而字之平仄四聲可見。不分清濁者，以清濁已定於上一字也。故余爲二語口訣以括之，曰：「上字定母，不論開合。下字定韻，不問清濁。」

尊德性章

「德性者，吾所受於天之正理」。謹按：此從尊字立説，蓋理爲正理，則不可不尊。爲吾所受之正理，則不能不尊。吾所受於天之正理，則不敢不尊也。天以此理賦之吾，吾受之以爲德性，敢不恭敬而奉持之乎！

性與天道章

「性者，人所受之天理」。謹按：此對天道説。天道爲天理自然之本體，故性爲人所受之天理，人字兼夫子、學者在内。

言性章

「性者，人、物所得以生之理也」。　謹按：「物」字從下行「水」、「天」、「星」等看出，「所得以生之理」言自然也。故省於「天」字，不用正字。

杞柳章

「性者，人生所稟之天理」。　謹按：「天理」乃人生所稟，則仁義之本於性，生可知矣，何用戕賊以爲之乎？

生之謂性章

「性者，人之所得於天之理也」。　謹按：天之生人，氣以成形，理即賦焉。其所得於天之理則性也，專對氣言，故不用正。

汙不至阿其所好

「汙」字屬三子說，言智足以知聖人者，即使所見錯了，亦決不至阿所好而空譽之也。

内省録

覆試逾限

光緒乙未春，予以覆試限滿例削名，愛我者皆爲惋惜。予應之曰：「濂之不能入京，勢也。即不削名，亦不能以此干進，則不削猶削也。若棄親之任，則罪莫大焉。」五齋師贈聯，以溫太真爲戒，意可見矣。良師益友，顧可少乎哉！

窮則獨善其身

「窮則獨善其身」，此「窮」字須著眼，到得無一人相信，無一事可爲，不成自身，都不能自主，一向放倒乎？處今之世，任他人各行其是，我如何管束得？惟我一身，須由我管束，此窮之日，即獨善之日也。

同而異

不絕人逃世易，不同流合汙難。君子所以同而異也。

遠慮

光緒中特科之薦，親友中多慫恿北上，獨張孝蒸屏人謂予曰：「太后春秋高，一旦不諱，必有變動。此際自是難處，吳柳門侍御之言可念也。」孝蒸村人，其遠慮如此。

二友箴言

往在師範學堂，侯銘珮箴予曰：「先生在此，乃一時之事，不可誤卻生平。」潼關郭造唐亦言：「他日非遇大有爲之人，不可輕易出山。」語甚切至。惜二人早死，每一念及，輒爲愴然。

人貴自立

史册及名人集中傳、記、表、志多矣，究竟人人稱道者，不過寥寥數人，必其生平真有足以不朽、爲人稱道者也。世之欲表揚其親而借重於名賢者，可以自反矣。

人心之靈

朱子謂：「自家心有不安處，便被他人指出。」甚矣，人心之靈而可畏也！

論氣質是否害性

主持性善而謂氣質不能汩性，遂謂程、朱後無人識性，充其所謂不至於「心即理也」不止。且不務操存，不加涵養，只管口給禦人，豈爲己之學乎？況恪守程、朱如敬齋諸賢，直詆之不遺餘力，使後生輩蔑視前賢，自闢門戶，其爲禍豈淺尠哉？故欲知其人學術純疵如何，秖看能守程、朱家法與否。

好名

好名之念一起，便事事欲突過前人，自來干名犯義之人，其初念却秖從此處差起。

恪守程朱

能一生向程、朱脚下盤旋，便使跳崖落井，終是得正而斃，況吾見闢程、朱而自投陷阱者矣！曾見有恪守程、朱者之失足入井乎？有之，則必不守程、朱者也。

忿思難

「忿思難」一語，在今日猶宜念念不忘，保身保家，莫要於此。幾見任性之人能自免於難乎！書此以示子孫，其念之哉！

粗疏

「粗疏」二字，與「細密」相反，生平誤事坐此者十居八九。前輩作事多周詳，後輩作事多闕略，此何以故？不可不深思而自省也。顏子不及聖人處，只是心粗。力改之。

相似不同處當明辨

沈靜之與因循，果決之與躁妄，相似而大不同。亦猶仁之與姑息，義之與殘忍，豈可不辨？學者救得一邊，倒了一邊，如車之兩輪，鳥之兩翼，偏則爲害。當明辨而審取之，獲其益，無蹈其弊可也。

勿忘勿助

只是忘、助兩病，出乎此則入乎彼，欲學顏子，此便是高堅前後所在。

窒慾之法

門人問窒慾之法。曰：「須是扎硬寨做去，則易爲力矣。又當常以義理涵養此心，義理勝則邪僻不生，然非持敬得力，使心不外馳，如何存得義理？故曰：『敬』之一字，聖學之所以成始而成終也。」

敬義

存心致知是敬義用功切實處。義則所學之事，敬乃其工夫入手握要處也。

養心

程子言：「敬勝百邪。」克齋先生言：「敬勝百病。」知養身之要，不外乎養心也。

養生二條

養生者，養其德，養其體，不使戕賊，以終天年而已。若有意延年，便是貪生畏死，利欲之私，聖賢所不道也。

以直養而無害，便能得其養。夭壽不貳，修身以俟之。何嘗有如許神怪來？異端借修養之術，以煽愚民，自有識者視之，直是兒戲。然聖學不明，鮮有不爲所動者，故反經之説，乃息邪距詖之第一義也。

異端不可與辨二條

見異端人，與其費詞無益，不如自立界限，不與之辨。少間，彼自敗漏，蓋是真難滅，是假易消，不易之理也。

有同善社社長求見，不得已見之。語次但謝以尊聞行知，各行其是，所有高論，非所願聞也。

享受太過

自省日間所爲，能值幾何？恒有不足償所養之懼。即此平常衣食，已自享受太過，未免干造物之忌，況加厚焉？能無内愧於心乎？

虚名之由

名浮於實，恥辱隨之，吾滋懼焉。宜深思其所以然，一是末俗易高，一是好人承奉。驕吝之源，多由於此。此不知省，不知孰甚焉。

無恒

鷄鳴而起，自戊午九月病後勉力爲之，而只朞年而止。無恒之病如此。

溫水洗目

悟齋師每旦以溫水洗目，至老不衰。宜其壽登耄期，猶能察秋毫於燈下也。

清麓言氣質

清麓答問卷四郝伯緝問「朱子謂『氣質不害性之本善』。」答曰：「氣質害不了性，所以學以變化氣質爲要。若害著，聖人可無事於學矣。」按：此即所謂「然其本體之明，則有未嘗息者」。蓋雖有昏昧之時，而終無滅絶之理也。「中和原於性情，人人皆有，但惟聖人爲能盡之，下此須待致耳」。按：數語剖析極明，偶見昧根，録所引會解，不煩言而解，亟録之。

事繼母之道

昔年韓晉臣言：「薛仁齋先生爲全其繼母之節，受盡艱苦。任是如何爲難，終不爲動，只是順受。到日久後，便感動得其心，終爲慈母。」此是何等力量！今人不能自盡得萬一之誠，便謂不可挽回，不能感化，其天性之薄可知。

胡文定手帖

胡文定公與其外大父尚書手帖云：「兒曹外甥輩比過治宇，在寅，爲同年，宜盡切磋之義；在宏，宜提耳誨導之；在范甥，宜勉進其所未聞者。而一一以重言題品褒借之，豈所望也？昔事定夫先生，未嘗以言色相假。後與民瞻、叔夏遊，苟有過在安國，則二公必面折之，不令貳其過。在二公，即安國亦正色規之，不但已也。數十年來，俗習頹靡，此風日以替矣。安老器識過人，當今之望津途軌，則當以往哲自期，庶幾此風之復見也。」朱子文集卷八十一

兼祧庶母之服

光緒十年十一月廿九日，刑部議覆御史汪鑑東請釐正例案一摺。原摺稱：「同治十年，直隸民人王必儉毆死兼祧小宗庶母王趙氏一案，辦理疏舛」等語。查王必儉以長房子兼祧叔父次房，王趙氏係伊兼祧叔父、生有一女之妾，兼祧者以本支兼承旁支，若照嫡子衆子之例爲兼祧庶母服期，則嫌與本支無別。如照侄之例爲兼祧庶母無服，則又無解於兼祧之義。按照孫爲庶祖母服小功之例，爲兼祧小宗庶母持服小功。見趙慎齋司寇文集卷四。

溫氏母訓說色難

溫寶忠母訓言：「性急人烈烈轟轟，凡事無不敏捷，只在父母前一片自張自主氣質，令父母難當。性慢人落落托托，凡事討便宜，只在父母前一副不痛不癢面孔，亦令父母難當。」此言粗淺有味，凡自以爲其心無他而徑遂出之，所傷實多。右見四書匯參子夏問孝章。所引事親者，宜書置座右，以自觀省。

所欲不在大

天不滿西北，地不滿東南。人而事事求遂，所欲衹增煩惱而已。古人云：「所欲不在大，得歡常有餘。」况瘡痍滿目，公私人己交困，尚敢萌此念乎？

長傲之不智

東銘「不知戒其出汝者」，以爲長傲統歸於不智，此砭愚之所由作也。

戲謔博雜

朱子答劉子澄書曰：「所喻戲謔，本欲詞之巧而然，此固有之，然亦是自家有此玩侮之意以爲之根，而日用之間流轉運用，機械活熟，致得臨事不覺出來。又自以爲情信詞巧主於愛人，可以無害於義理，故不復更加防遏，以至於此。蓋不惟害事，而所以害於心術者尤深，昔横渠先生嘗言之矣。此當痛改，不可緩也。」又曰：「博雜之病，亦是把做小事忽略了，以爲不足以喪人之志，又不自知是自家病痛，却以應付人情爲解。此亦是大病，非小病，須痛斬截也。吾人未老先衰，餘日幾何，而費日力於此，却於自家身心上都不著力，豈不是顛倒迷惑之甚耶？」

論時論六條

吾不解中國自開闢以來，何以未出一個明白底聖人？

吾不知此身立在這輪子上轉到幾時才了？

自有新學以來，一切衆生都隨這輪子轉，不惟不辨東西南北，並尋不著上下，可歎也。

西人智識一日勝似一日，故以前日爲幼稚，此如望前之月，日進於圓滿也。觀西人之議論，宜取其最後最新者。吾中土至三代隆盛已極，列聖之制作到此無以復加，此如既望之月，大盛之下難爲繼也。故中土之學說，必曰則古稱先。守舊者不勝時流之訕笑，乃變吾說以從之，自謂能趨時也。又安保日新月異之學說不以目今爲幼稚，且將進而從古乎？是未可知也。

世界之學說千途萬轍，我止認定一個孔子。講孔子之學者亦千途萬轍，我止認定一個朱子。清麓先生恪守程、朱，其合於程、朱與否，深於程、朱者自能辨之。吾不敢謂天下古今竟無真是非也。

人道大義録

靈峯人道大義録矯色荒之弊，斥以禽獸之行，意則善矣。然竟無以處堯、舜、文王、周公，且無子者不得置妾，亦不許再娶，則孔子且無出世之日矣。故言不可不慎也。

志宜遠大

果齋答趙寶三書：「人生患所志不遠且大耳。以前千古、後萬年之目光觀之，眼前所遭，真蠛蠓耳。」

裴延齡姦蠹

陸宣公論裴延齡姦蠹書有云：「度支舊管牛驢三千餘頭，車八百餘乘，循環載負，供餽邊軍。既有番遞之倫，永無科配之擾。延齡苟逞近效，不務遠圖，廢其葺修，減其芻秣，車破畜耗，略無孑遺。每須載運軍資，則令府縣差雇。或有卒承別旨，須赴促期，遂於街市之間虜奪公私雜畜，披猖頗甚，費損尤多。吏因生姦，人不堪命。所減者則奏以爲利，所費者則隱而不論。破實徇虚，多如此類。」　謹按：　本邑自咸、同軍興以來，舊有里衛公所及騾櫃，以闔邑之力供支夫馬。其款則民集民用，不假官吏之手，以故事易集而民不擾。今則前規盡廢，一切聽吏胥之所爲，所謂「吏因生姦，人不堪命」，與宣公所論若合符節，可勝歎哉。

死者愛人哭

慎齋謂：「新死之人，骨肉分離，至性至情，如何割捨。自必愛人哭己，以慰幽靈。如人到苦患中，有來慰問，必所甚願也。」此言頗有至理，渠喪中體貼得如此，亦誠孝而知也。

小懲大戒

壬戌五月望日，試坐小車，失足墜地，幸未有大傷損。然眼痛頭眩，幾於危殆。易曰：「小懲而大戒。」此小人之福也，可不兢兢哉！

表暴之害

何商隱序楊園先生備忘録云：「不厭知希，切切懼隣於表暴，真實學也。」　謹按：　此可想見闇修爲己氣象。薛文清公見人自言所長，則以爲恥，不惟器小，抑且招人之忌。宜深戒之。

論文詞二條

好文詞者，一向沈溺於此，畢生精力便止成就得者個。矯其弊者，又全不理會讀書，應務間遂致多少窒碍，此因噎而廢食也。此亦如習字，日間平平作一平常事，爲之修省言詞，正爲立己誠意，不可有求工勝人之心，便不至奪志，此爲己爲人之分也。初學爲文，且從時藝入手。一則義理精，根本不差；二則法律嚴，規矩可守；三則體格近，摹仿不難。有明以來，爲古文者不能脱時文氣習，是其短也。然不爲時义之人，其古文義法，血脈必多生疏隔閡。王新城曾有是言，試驗之今人，無不如此。世之雄於文者，什九科目中人，而以言時文爲諱，無乃用其實而避其名乎？

曲阜雨雹

頃得經世報云：「壬戌五月三日，曲阜雨雹，大者如拳，聖林栝柏，摧傷實甚。」此陰邪恣横、正道災殃之先機也。天地到此，亦自主張不得，非所以示警也。君子知微，敢不恐懼修省，以扶正氣而消災變乎？

不敬之弊

悠忽因循，粗疏簡率，皆不敬之所致。

兩端竭盡

文卿以「吾有知乎哉」注尹氏謂「如答樊遲之問仁知，兩端竭盡，無餘藴矣」發問予。按居處恭章注引程子曰：「此是徹上徹下語，聖人初無二語。」愛人知人章注引程子曰：「聖人之語，因人而變化。雖若有淺近者，而其包含無所不盡。」觀於此章可見矣。「非若他人之言，語近則遺遠，語遠則不知近也」。又引尹氏「如樊遲之問仁智也，夫子告之盡矣」。合數說觀之，兩端之義，衹是徹上徹下無所不包之意。以尹氏此節上下文證之，均無不合，時軒所見亦同。

義理之爭

慎齋說君子無所爭章，云：「君子固是無爭，然到合爭處亦須是爭。」名教綱常之大，是非邪正之辨，古今多少大關繫處，全賴一二君子盡力去爭，才夠存得這些子。武王伐暴救民，應天順人，此時不是一個夷齊出來去爭，則從此君臣之義更誰去理會？自有此叩馬一諫，太公直以義人許之，使萬世亂臣賊子懔乎不敢生，心所繫豈淺鮮哉！至如孟子之辨邪說，朱子之辨雜學，以及近代辨陸、王漢學諸君子，向非有此番辨論，則孔孟且不成爲孔孟矣。故曰「所當爭者，自不能不爭」也。文卿云：「前賢謂血氣之爭不可有，義理之爭不可無。」此之謂也。

坱然太虛

語類「義剛問：『氣坱然太虛，升降飛揚，未嘗止息。此是言一氣混沌之初，天地未判之時，爲是亘古今如此？』曰：

『只是統説，只今便如此。』」竊詳朱子之意，所謂統説者，混混未判時固如此，即今仍是如此。可知前答道夫「天在四畔」一段話説，乃是就目今説，只今便如此也。但仍是指「升降飛揚」處説，故下言「此是未成形者」。混沌未判一層，由此推之可知矣。

暴怒之戒

心有所忿懥，則不得其正。蓋怒蓄於中，方有不可遏抑之勢，而未及發洩。稍一觸發，則奔騰潰決，而不可制矣。頃以事怒及門，顛倒錯亂數日，深以爲悔。暴怒之戒，何竟忘之。克己之難如此，豈務養情性之學哉！

灑掃

夙興督學子灑掃，使人人有振刷精神、爭自修潔之意，亦作新之一事也。

養精力

愛養精力，須事事有一定之限制，便不至耗費日力。

戒無爲之考查

日間好查考不甚緊要之疑，所謂無用之辨，不及之察也。戒之。

書多誤會

看書多誤會處，久乃知之，不知前此尚有幾多不省處，可不懼哉？

學子爭競

學子中有不相能者，爲發愛衆親仁之旨，及程子「認得爲己，何所不至」等語，並爲説西銘大義。因思身爲師表，而學徒有此，得毋吾隱微中或未能免於物我之間而致然歟！時用自省，以清化原。

兄弟爭田

里有兄弟爭田者，以其父手書遺囑到官。時余方兼管里局事，官委局紳處和，余爲書數語，曰：「天下無不是底父母，世間最難得者兄弟。伯夷祇知以父命爲尊，叔齊自當以天倫爲重」云云，案遂定。自後十數年中永絶爭端。

祠堂神位

祠堂四龕神位，有平時在廟之位，有祫祭合食之位。在廟各全其尊，考東妣西，一定而不亂。合食則高祖與曾祖並坐，殊有未安。且祫祭禮重，亦非諸侯以下所宜有。不得已即以高祖居中，曾祖以下，東西配食，似與昭、穆之義相當。且時異勢殊，窮則無嫌於同，或亦亡於禮者之禮。妣位合食須别作一處，亦如考位。先師復齋先生家妣位别祭，此可爲法。竊意平時四龕各居其考東妣西之位，食物則每位量設。若有合食之祭，則盛饌牲醴勢難遍及，祇得四代並設，高祖居中，昭左穆右列坐，未知如何。

饋物親視

人所饋食物分以饋人，須親自開視，防有朽敗或兒童竊取等弊，皆足開罪於人。午前仁齋先生及幹卿方言及此，夜來匆忙中乃躬蹈，此失「心不在腔子」可知已。何不長進，若此爲之？終夜不能成寢，因書以自警。

募土人勦匪

李固駁遣將發兵而請任祝良、張喬事理最爲透徹，今之治土匪者不可不知。蓋徵兵遠方，勞費百倍，而風土道里非所習知，不如委任州郡，招募土人，爲力甚易而成效立睹也。

移民避寇之害

虞詡言：「棄活壤之饒，捐自然之財，不可謂利。離山河之阻，守無險之處，難以爲固。」亦切中事勢，移民避寇，計未有失於此者。

小人反覆

御批謂：「馬融之竄謫，必非梁冀爲之。」謂融曾代冀草奏以陷李固，何至以小忤冀意而即不免竄謫？因疑史册記載之失實，然小人之喜怒真反覆手耳。謂其能念舊德而保其不遭斥訶，殆未敢必矣。

責己

許文正公言：「責己者可以成人之善，責人者適以長己之惡。」

按：上文言責得人深者必自恕，所謂適以長己之惡也。下云責得己深者必薄責於人，又云「以衆人望人則易從」，所謂可以成人之善也。

兄弟勿較量是非

清麓日記云：「兄弟之間，斷不可較量是非。」凡親屬皆然，只自盡其道而已。一有較量，便是骨肉而路人矣。吾見人於路人多不較量，而反不能自克於骨肉之間者，何也？

續卷六

雜記

藍田牛兆濂著　盧氏門人李銘誠子慊編輯　三原門人趙振燦古如校字

特牲四觶注疏考誤

鄭注：「四觶，一酌奠，其三，長兄弟酬賓，卒受者與賓弟子，兄弟弟子舉觶于其長，禮殺，事相接。」按：注謂「長兄弟酬賓」時爲時已久，行禮欲速。其卒受者與賓弟子，兄弟弟子洗觶事相接，故多備一觶，使篚中自有二觶以待用。故疏云：「卒受者未實觶於篚。」時兩弟子各洗酌，舉觶于其長，即用其篚二觶。卒受者未奠之，故三觶並用也。注意本明，疏亦不誤。惟「長兄弟洗觶爲加爵」一段有缺文誤字，餘無可疑。梁本附按謂：「遺兄弟弟子舉觶」一項誠是，至云「長兄弟」疑是主人之誤，下「卒受者」亦疑有脫誤。經文「四觶」，「四」當爲「三」。又疏解「四觶既非次第，且誤以加爵爲舉觶」云云，則皆未是，蓋不知疏中有此缺文故也。注云：「禮殺事相接。」正言不待卒受者奠觶，而此二人已洗觶而酌之，故須多備一觶，乃不致停頓需時。梁氏疑多一觶，殆未喻注「禮殺」之義也。

室中尸主席位

梁廣庵謂：「室中尸當南面。」王氏讀禮條考云：「據任氏肆獻祼饋食禮，堂上室中皆太祖主東面，其尸南面，尸皆席於主左。」記云：「室主爲主，尸在其左。堂尸爲主，主在其右。總皆主在尸右。」按：此説别無所見，俟再詳考。

李思齊

元信陽羅山人，初與庫庫特穆爾同起義兵，後降于明太祖，使招諭庫庫。臨行，庫庫使騎送至塞下，斷其一臂，還未幾，卒。今邑東鄉焦莊村有李公祠，蓋其後人所建，不知何時遷此。又，李齊字公平，廣平人，順帝至正三年死張士誠之難，别一人。

沙州

本漢燉煌地，唐天寶末陷於西戎。宣宗大中五年，張義潮以州歸順，詔建沙州，爲歸義軍。文獻通考

澄酒在下

禮運疏「澄」謂「沈」，「齊酒」謂「三酒」，二者幷在堂下也。按：周禮疏，「酒是三酒」，無「澄」字。蓋五齊以祀神，

三酒人所飲，故齊不在下也。

奠升自阼階

始死奠，升自阼階，小歛奠同。唯云降自西階，則始死奠當亦降自西階，可知徹小歛奠升降同前。

奠設于奧

乃奠，席設於奧。注：「自是不復奠于尸。」

紞

「緇衾無紞。」注：「紞，被識也。」疏：「本無首尾，生時有紞，爲記識前後，恐於互换。」按：紞今謂之檔，頭檔，紞音轉。

功布

「冪奠用功布。」注：「功布，鍛濯灰治之布也。」按：冪酒、拂柩、御柩皆用功布。爲布則同，所用則異。俗所用之功布，則御柩者也。

四鬄

「四鬄去蹄。」注：「鬄，解也。四解之，殊肩髀而已。喪事略。」按：今庖人謂解肉，若七推之音，即此鬄也。又：牲有體解、豚解之名，七推與體豚音轉，亦未可知。

拜靈座

義疏案：尸柩所在，維朝夕設奠，從無拜禮。不但弔賓不拜，即主人、主婦、子姓亦未嘗拜。蓋事之如生，禮如是也。後世如開元、政和，諸禮皆然。今世弔賓無不拜靈座者，甚有高年尊長而下拜於卑幼，豈情之所安乎？

膞膊

「膞」從專，不從尃，諸本多誤，當以聲求之。从尃者，與胉同，脅也。从專者與腨同，髀下爲膞，猶前足之臂。

酒先升後錯

「執醴酒」注：「執醴酒者先升，尊也。立而俟後錯，要成也。」

䊵

「䊵裳于衣。」䊵，劉：「左南反。」注：「連也。」按：今以鍼綴連，亦讀䊵音。

帷堂

按：今喪家謂所施帳若帷。壇之音蓋堂之轉也。

緶

喪服傳曰：「齊者何？緝也。」疏曰：「緝則今人謂之緶也。」

餘閣

注：「閣，庋藏食物。」疏：「閣，架橙之屬。」按：今云架閣，又以藏食物者爲立櫃，即庋音之近似。

尸南首

鄭注「校在南」，云「尸南首」。又「即牀而奠，當腢」，疏云：「尸南首，則在牀東，當尸肩腢也。」又「商祝執巾從入」，注「如商祝之事位，則尸南首明矣」，疏「未葬以前，不異於生，皆南首。唯朝廟時北首，順死者之孝心故也」。

顯考

按祭法，王立七廟，曰考廟，曰王考廟，曰皇考廟，曰顯考廟，曰祖考廟。今以世次求之，則皇考爲曾祖，顯考爲高祖，祖考爲始祖。唐、宋以來，謂考爲皇考，明則謂之顯考。今因之，古今稱謂不同如此。

造于西階下

士喪禮注：「造，次[一]也，猶饌也。以造言之，喪事遽。」疏：「造是造次。」按：米之粗者曰糙，義亦近是。

〔一〕「次」：十三經注疏儀禮注疏卷十二，作「至」。

袂屬幅

疏謂：「繚使相著。」按：今以緘綴連謂之繚。

拒用巾

釋文「拒，之慎反。」疏：「拭也。」按：今呼拭巾爲展布，即拒之轉音。

盝水便

「袒簀去席，盝水便。」按：俗謂「乾漉」即此，盝水令乾也。漉、盝字通。

綦結于跗連絇

注：「以餘組連之，止足坼也。」按：今以繩絆死者之足本此。

爲庶母服

父妾有子爲庶母。　按律，三父八母圖明言：「有子女，則子字包男女言。」喪服緦麻章：「士爲庶母。」傳曰：「以名服也。」蓋此妾有子女，於己爲兄弟姊妹，則兄弟姊妹之母也，故曰「以名服也」。喪服小記：「士妾有子而爲之緦，無則已。」鄭云：「士卑妾，無男女則不服。」此子包男女之證也。今制嫡子、衆子爲庶母齊衰杖朞，因明孝慈，録所改定也。

辛卯

小雅「十月之交，朔日辛卯」。大全言：「日爲君，辰爲臣，以卯侵辛，故爲甚惡。」　今按：以卯侵辛之説，久未知所謂。竊詳十干爲日，辛日也。十二辰爲月，卯月也。日食以月揜日，是卯侵辛也。未知是否？

檍

檍木可爲弓材，沙苑有之，俗名牛筋木。土人以爲杆，比之白蠟木、釋木之杻檍，考工之「檍次之」即此。

饐

「饐，飯傷熱濕也。」此當是餘閣之飯，熱氣方盛，遽以器覆之，以致蒸汽下溜，浸飯成濕，是傷熱而濕，故曰「傷熱濕也。」因此而味變，故曰「食饐而餲」。若以傷火傷水解，則在失飪以内，與味變不相應。

合巹

昏禮合巹贊「自酢入戶西北面」，「戶西」當逗，猶上「尊西南面」也。

奠雁

士昏禮疏云：「奠雁再拜，當在房外，當楣北面。」按：禮云：「母南面于房外，女出于母左。」疏云：「母初立房西。」則奠雁時主人阼階上，西面。母房戶西，南面。婿房外，當楣北面。拜訖，乃立西階上以俟也。

衡

鄉黨圖考「衡即笄也」。按：追師注「衡、笄爲二物」，然他經言笄不言衡，則維持冠者惟在於笄，故江氏斷以爲笄也。

讓夷

國語臧文仲曰：「賢者急病而讓夷。」夷，平也。苦者自爲平者，讓他人爲之。春秋莊廿八年胡傳引此。

洛邑下都

河南府城西偏，故河南縣爲周王城，即周公所營洛邑，平王東遷居此。府城東二十里，洛陽故城爲成周，即周公所營下都，敬王遷都于此。

十五升抽其半

梁广庵解「十五升而抽其半。」緦麻三月。謂：「抽一升之半，爲十四升半，義可從。否則十五升之半爲七升半，是其服之粗，反在八升之上矣，何以爲至輕之服乎？」

懸纊爲充耳

今喪冠省垣有懸纊爲充耳者。按：檀弓「練角瑱」疏曰：「初喪無瑱，至小祥微飾，以角爲之。」今初喪用此，殊非所宜，或因瑱用白纊之文而誤耶？出士喪禮「陳襲事」節，彼主死者而言。

韠

「韠」，訓蔽膝，繫於帶下，前掩兩膝，以辨等威、明貴賤，後世公服前後補服之制，蓋昉於此。惟移置帶上，蓋尊之也。

疏但言存古，陳氏禮書又有備汙之説。

踊

凡言踊，每一哭有三踊，三哭共九踊，乃謂之成也。

凡袒者於位，襲於序東。奔喪注。

凡拜賓者就其位，既拜，反位哭踊。同上。

襲絰堂上

小斂絰帶，皆饌于東坫之南。見士喪禮注。陳氏集説：「於奔喪襲絰于序東，以爲在堂下，誤也。」喪服小記疏明言：「既踊畢升堂，襲絰于東序東。」陳亦云：「踊畢而升堂，著要絰於東方。」東方者，東序東也。亦自不誤，何自相矛盾乎？須知絰在堂上，東坫之南，故必升堂，然後著之，不得在堂下也。

立者尊右

少儀：「詔辭自右。」注：「立者尊右。」玉藻：「聽鄉任左。」疏：「立者尊右，則坐者尊左也。」侍君坐，故侍者在右，此謂臣右耳近君。

重左衽

士喪禮：「重木，北面左衽，結於後。」疏：「據人北面以席，先於重北，面南掩之，然後以東端爲下向西，西端爲上向東，是爲辟屈而反，兩端交於後，爲左衽。」敖氏云：「左衽者，右端在上而西向。」今按：疏以西端爲上而向東，與敖氏右端在上之說不殊。惟敖氏以爲西向，似與疏不同，其實敖仍是申疏之意。蓋以其向東者稍掩之，向後則西向矣，所謂交於後也。義疏：「以疏之『西端爲上而向東』，爲是右衽，恐未然。」如今人衣皆左衽，試北向而立，則西端爲上而向東，與疏說正同，非右衽也。

三亳

四書典故辨正云：「商有三亳。蒙爲北亳，在河南歸德府商邱縣北。穀熟爲南亳，在商邱縣東南四十里。偃師爲西亳，屬河南府伊陽縣。」但與葛爲鄰，則居南亳時事。若是，偃師必不能越八百里而爲之耕耳。

更名田

「更名」二字，見食貨志「王莽更名田，使不得買賣」。名田，占田也。莽更之，使不得買賣也。

泰半之賦

亦見食貨志。注：「三分取二爲泰半。」

櫧州

朱子訪南軒，及歸，南軒送至櫧州而别。今按：櫧州未知所在。考南嶽遊山後記，自癸未至丙戌凡四日，自嶽宫至櫧州凡百有八十里，姑記於此，俟更詳。今醴陵之洙州爲火車所經，以地望準之，疑即此州。一作洲。

曹沫

「曹沫劫齊桓公，求〔一〕魯侵地。」在公羊莊公十三年。穀梁作曹劌。

李愿

「口將言而囁嚅」，出韓文公送李愿序，据古文雅正考，此是别一李愿，非西平王之子，蓋同時同姓名者，以貞元十七年

〔一〕「求」：原作「歸」，據唐張守節史記正義卷三三、宋裴駰史記集解卷三三改。

西平王之子方貴顯故也。

人字避諱

唐元結春陵行詩序：「授道州刺史，州經賊，戶不滿四千，大半不勝賦稅。到官未五十日，承諸使徵求符牒二百餘封，皆曰『失其限者，罪至貶削。』嗚呼！若悉應其命，則州縣破亂，刺史欲焉逃罪。若不應命，又即獲罪，必不免也。吾將守官，靜以安人，待罪而已。」又賊退示官吏詩曰：「城小賊不屠，人貧傷可憐。使臣將王命，豈不如賊焉。今彼征斂者，迫之如火煎。誰能絕人命，以作時世賢。思欲委符節，引竿自刺船。將家就魚麥，歸老江湖邊。」按：「安人」及「人貧」、「人命」，「人」字皆本「民」，避諱故也。

禮先一飯

越語上吳王夫差語，猶云一日之長也。

襚者以褶

士喪禮：「襚者以褶」。疏：「褶所以襚，主人未必用之斂耳。」按：「用之斂」，各本「斂」皆誤「襚」，茲據義疏改正。

衡石程書

秦始皇本紀：「天下之事，事無大小，皆決於上。上至以衡石量書，日夜有程，不中程不得休息。」集解：「石，百二十斤。」正義「衡，稱衡也。」表牋奏請稱：「取一石，日夜有程，期不滿不休息。」

衞士傳餐

唐鑑貞觀四年房玄齡〔一〕對太宗語，舊唐本、紀互有異同。

八座

文獻通考輯要：「隋以六尚書、左右僕射及令爲八座。」謹按：隋志「尚書省事無不總，置令、左右僕射各一人，總吏部等六曹事，是爲八座」云云。是以二僕射及六尚書爲八座，別無所謂令。蓋「置令」云者，即指尚書而言，輯要誤也。

〔一〕「房玄齡」：原作「房元齡」，爲避清聖祖玄燁諱改，徑改，下文同。

都開封者四朝

開封，古之大梁，一曰汴梁。朱温篡唐都此，晉及漢、周因之。通志都邑考：「四朝謂梁、晉、漢、周也。」

掩耳盜鐘

出呂氏春秋卷二十四「自知」條。

任坐

「任坐之言直」。同上。

漚鳥

漚鳥從之遊。列子黄帝二。李白詩「海客無心隨白鷗」即此。

效官

文侯之命。蔡傳：「宣王有志，而後效官」。出左昭二十六。

子游顯道祠

子游祠在蘇州府常熟縣，朱子有記，見文集。謝顯道祠在德安府應城縣，胡文定以弟子禮見，即此。

齊威朝周

菀柳，詩集傳引「齊威朝周而後反爲所辱」語，見趙策三魯仲連語，互見史記仲連傳。

主爵都尉

汲黯爲主爵都尉。漢書百官表：「掌列侯，後改右扶風。」

練服

檀弓曰：「練練衣，黄裏縓緣。」儀禮經傳通解案：「崔氏變除云：『其斬衰，至十三月，練而除首絰。練冠素纓，中衣黄裏，縓爲領袖緣，布帶，繩屨無絇。』」今案：小祥後又有受服，經傳本無文，惟喪服斬衰章賈疏云：「斬衰裳三升，冠六升。既葬，後以其冠爲受。衰裳六升，冠七升。小祥又以其冠爲受，衰裳七升，冠八升。自餘齊衰以下，受服之服差降可知。」

設由上徹由下

祭祀之禮，設由上，徹由下。見昭公二十八年。左氏正義「叔向知鬷蔑一言而善」即此。

張邴

朱子詩謂：「張良、邴漢也。」杜渼陂西南臺詩：「外物慕張邴。」謝靈運詩：「偶與張邴合。」漢書：「瑯琊邴漢以清行徵用，兄子曼容亦養志自修。」

祝宗祈死

「范文子使其祝宗祈死」，見成十七年左氏傳。文子，士燮。鄢陵戰在十六年。

議遠邇

「左昭三十二年士彌牟營成周，議遠邇」。註：「遠邇之宜。」按：宣十一年：「蔿艾獵城沂，議遠邇。」註云：「均勞逸。」此正所謂宜也。緣此文與「物土方」註連，文易混看，以二註比例觀之，可知指諸侯去京遠邇，以爲役之先後，使無不均也。

大順城

大順城在慶州安化縣西北，宋英宗治平三年，夏主李諒祚聲言圍此，在今甘肅慶陽府安化縣。

五等公服

魏定五等公服，在丙寅太和十年。註謂「朱紫緋緑青」也。

繁纓

「繁」一作「樊」，讀爲盤，馬腹帶也。「纓」，鞅也，馬胸帶。

左袒

覲禮：「乃右肉袒於廟內之東。」注：「右肉袒者，刑宜施於右也。凡以禮事者，左袒。」鄉射禮註：「袒，左免衣也。」士喪禮：「主人左袒，扱於面之右。」疏謂：「袒左袖，扱於右腋之下，帶之內，取便也。」

徒字

小學：「君子居是邦，不非其大夫。」句讀記引荀子云：「夫子徒有所不知」，下云「夫子徒無所不知」。「徒」字以文義推之，當爲「固」字之義。俟更詳。

蘇桓公

世說補：「蘇桓公性強切而持毀譽，士友咸憚之。至相語曰：『見蘇桓公，患其教責人，不見，又思之。』」按：後漢書：「蘇章，祖父純，字桓公。」

青蠅爲弔客

虞翻別傳：「翻自恨疏斥，犯上獲罪，當長沒海隅，生無可與語，死以青蠅爲弔客。使天下有一知己者，可以不恨。」

記益上九程傳語

利者，衆人所同欲也。專欲利己，其害大矣。欲之甚則昏蔽而忘義禮，求之極則侵奪而致仇怨。故夫子曰：「放於利而行多怨。」孟子謂：「先利則不奪不饜。」聖賢之深戒也。

以刑餘爲周召

下云「以法律爲詩書」，出漢書蓋寬饒封事。

蘭摧玉折

「甯爲蘭摧玉折，不作蕭敷艾榮」，世說毛伯成語。伯成名元，穎川人。

霍諝

「范滂往候霍諝而不謝。或讓之，滂曰：『昔叔向不見祁奚，吾何謝焉！』」叔向事在襄二十二。

白龍魚服

「白龍魚服，見困豫且」，見張衡東京賦。按說苑九伍子胥諫吳王語。

一命而呂鉅

見莊子列傳禦寇篇。

築室反耕者

見左傳宣十五年。

萊公定策

宋太宗淳化五年九月，以襄王元侃尹開封，寇準自青州召還入見。帝曰：「朕諸子孰可以體神器者？」準曰：「陛下爲天下擇君，謀及婦人、中官不可也。惟陛下擇所以副天下望者。」帝俯首久之，屏左右，曰：「襄王可乎？」準曰：「知子莫若父。聖意既以爲可，願即決定。」遂定議。按：萊公一言定策，而語極得體。

吕后罷配享

後漢光武紀下：「建武中元元年冬十月甲申，使司空告祠高廟曰：『高皇帝與羣臣約，非劉氏不王。吕太后賊害三趙，專王吕氏，賴社稷之靈，禄、産伏誅，天命幾墜，危朝更安。吕太后不宜配食高廟，同祧至尊。今其上薄太后尊號曰高皇后，配食地祇，遷吕太后主於園，四時上祭。』」注：園謂塋域也。於中置寢。

甘泉

通鑑漢文帝三年「夏五月，帝入甘泉」。輯覽注：「甘泉，宫名，在西安府涇陽縣西北。」今按：涇陽西北即淳化縣。北九十里有山，名磨石嶺，即甘泉山。山有漢宫舊址。淳化今屬邠州，本雲陽縣地。

五陵

謂漢高、惠、景、武、昭之陵，皆在咸陽，長陵、安陵、陽陵、茂陵、平陵也。

三蒼

隋書經籍志：「三蒼三卷。」郭璞註：「秦相李斯作倉頡篇，漢楊雄作訓纂篇，後漢賈魴作滂喜篇。故曰三蒼。」

柹

芳吠切。字典：「削下木片也。」晉書王濬傳：「造船木柹，蔽江而下。」按：此字從木，普吠切，孛字從此。俗作柿，與柹混。

洛水

同州洛水，桐閣文鈔云：「源出今延安定邊縣坑璃廟。流十里爲白河，逕慶陽安化乃迤入保安鄜州地，定邊新置縣在昔即番中。」漢志謂「出北蠻夷中者，洛之始源，而歸德乃其著見處也」。又曰：「洛未始與漆合，而曾與沮合。蓋沮出子午嶺，分爲二支，一南行合漆，一東南行二十里合洛。則洛可謂之沮，獨不可謂之漆乎？」按：此乃得之實驗，可以息一切聚訟矣。劉古愚先生謂：「禹貢不應舍洛水之大，而但取漆、沮，則漆、沮即洛無疑。」此亦可證。

清風來故人

「大暑去酷吏，清風來故人」，出聞見録范質事。

魯下邑

「郿，魯下邑」，左莊二十八年：「冬築郿。」疏曰：「國都爲下。」〔一〕論語：「武城」，包曰：「魯下邑。」

藁砧

古樂府藁砧今何在。按：此隱語，以藁砧爲夫也，此即鈇鉞之鈇，中庸章句所云「莝斫刀」者。今俗所用以剉草飼馬者，謂之钃墩，钃即鈇墩，即砧，亦作椹質之椹。

〔一〕「國都爲下」：晉杜預注、唐孔穎達疏春秋左傳注疏卷九作「國都爲上，邑爲下」。

函丈 曲禮上

陳氏集說引疏云：「兩席幷，中間空地共一丈。」按：此所引與疏不同，蓋疏明言「三席共一丈」。據文王世子「遠近間三席」，則中間空地須有三席，乃足一丈之數。如陳說，則中間止容一席，僅三尺三寸有奇，何言容丈耶？江氏四書典林尚沿其誤，至鄉黨圖考則不主此說。

掞

蜀都賦「摛藻掞天庭」，朱光庭名掞以此。

劉孝標

名峻，梁書卷五十有傳。又南史卷四十九附劉懷珍傳云：「峻著辨命論，中山劉沼致書難之。凡再反，峻並爲申析以答之。會沼卒，不見峻後報者，峻乃爲書以序其事。」文見梁書。沼字明信，終秣陵令，今江甯府地。

師言

周書畢命：「罔不祗師言。」

書贊

周禮天官宰夫：「六曰史，掌官書以贊治。」

玄冠

燕禮記注：「今郡國十月行此燕禮，玄冠而衣皮弁服，與禮異也。」今按：鄉飲酒禮記注：「玄冠而衣皮弁服，冠或作端誤也。」

龜知生數蓍知成數

特牲〔二〕「筮日」疏云：「龜知生數，一二三四五之神。蓍知成數，七八九六之神。」今按：龜以五行定吉凶。一二三四五者，五行之生數也。蓍以陰陽定吉凶，七八九六者，陰陽老少之數，五行之成數也。不言十者，十，土之成數，分配四方者也。左傳僖四「筮短龜長」疏：「龜以本象金木水火土之兆以示人，故爲長。筮以末數七八九六之策以示人，故爲短。」又，本即生數，末即成數。詳見周禮夏官校人疏。

〔二〕「牲」：原作「牲」，據漢鄭玄注、賈公彥疏儀禮注疏特牲饋食禮改。

答張雅健問中月而禫何以爲二十七月

如本年五月一日大祥，則以前滿二十四月矣。此大祥之日，即爲二十五月之首。至此月底，不計中間，又隔一月，所謂間一月也。至七月一日乃禫，則二十七月也。必滿此月至八月一日，方爲合禮，非以禫之日截止也。記禮家某氏說如此。若朝廷除服期限，則自遭喪之日，扣足二十七月而已。

又按，此以初一日計算，故日月適足。若以二十九或三十日大祥，則須差少一月，故與律不同。

林放問禮章

詳朱子本意，只就爲禮上說本末，故「與其」字、「甯」字，皆就不中處立論。蓋禮貴得中，對林放之意，只是救弊。但以用禮而言，未要說到大本大原處。以三代言之，夏之忠便是大本大原，無文質可言。商則已就文矣，較之周則質也。商之質與周之文比較來，固有過不及。然其初制禮時則皆斟酌，盡善而無不中矣。後來行者或過或不及，故有失中之弊，非真周不如商也。然以此章語意觀之，則「質乃禮之本」一句乃用禮之準則也。

五美四惡

爲政不能不與則惠。宜然惠而費，則不惟不可繼，且不能遍，未爲美也。不能不使人，則勞不可少；不能不取民，則欲不能無。然或怨或貪，豈善乎？至「寬」、「猛」二字，操縱所在，稍偏則弊不可言。今曰「因」，曰「擇」，曰「仁」，尚何

「費」、「怨」、「貪」之足言？或寬或猛，一本於敬，則驕猛非所慮矣。

若夫「四惡」，則「不教而殺」固不待言，「不戒視成」則非全無所知，全然不教，但不肯經管。但一向悠悠，忽然到考功時無所奏效。在常人每犯此病，古人所以三令五申，日省月試，正爲此也。慢令致期則非全不經管，只是前此不曾認真，到緊急時便風行雷厲，絲毫不少寬假，此三句皆用刑之不當。末句則賞之不信，故以爲惡也。

不知命章

知命之在天，則妄念不起，此不由我者也。有其由得我者，則學禮爲急。聖人教人，除學禮外别無所教，其言之是者必其合理者也，不合理則非矣。故曰：「知斯三者，則君子之事備矣。」外註又引尹氏之言，則朱子「吃緊爲人處」也。

經總制錢

宋史食貨志：經制錢始於陳亨伯，宣和末以發運兼經制使，因以爲名。當時以東南用兵，取量添酒錢及增一分税錢、頭子、税契等錢爲之。紹興五年，參政孟庾請以總制司馬爲名，又因經制之額而爲總制錢。

朱子戊申封事疑義

「簷事」，文獻通考：「秦官。」應劭曰：「簷，省也，給也。」漢因之。唐置簷事府簷事一人，掌内外衆務，糾彈非違，總判府事。宋東宫官有簷事。

「庶子」，古者天子有庶子之官。周官謂之諸子。漢有庶子員。梁庶子四人，掌侍從左右，獻納得失。

「左右春坊」，唐各二人，分掌左右春坊事，左擬侍中，右擬中書令。今按：本文言東宮有師傅、賓客，以輔導爲職。今既不復置，而左右春坊又不領於庶子，乃直以使臣掌之，故無以防其戲嫚媟狎而發其隆師親友之心也。

「王府」，則置賓友咨議，以司訓導。某君函云：「『屑友咨議』，『屑』本『賓』字，王府賓友，猶太子之賓客。乃傳寫之誤。」

「鞠治未竟」四句，言正按問贜汙之罪，而已補以郡守，及臺臣有言則不得已，而與以祠禄。宋時優禮大臣，故罷官猶與以祠禄，理爲自陳，言令其分辯也。

「窠坐資級」，「窠坐」，職位也；「資級」，官品也。以求不失其官位而已。

「兩皆與祠」，「與祠」仍是罷免。言不問曲直，兩人皆免職也。

「山陵諸使」二句，凡使臣以下，所有官屬皆由本官取用。今不問賢否而藉以斂財，故曰「鬻賣辟闕」也。

「排連儹補」，言並無建白，而依例補闕，有若功足受賞者。排連，猶挨次也。

「版曹」，即戶部也。

「窠名之必可指擬者」，「窠名」是歲入中某一款某一項也。「必可指擬者，」是決能收起，不至落空。故假爲羨餘而獻之主上，而以其全不可靠之項撥歸戶部云。歲入之數原自充足，此裴延齡等聚斂欺君之貫計也。

「易敵人首」，初藝祖嘗欲積縑帛二百萬易胡人首。胡本作敵。元豐元年，帝乃更景福殿庫名，自製詩曰：「五季失圖，玁狁孔熾。藝祖肇邦，思有懲艾。奚[一]設內府，基以募士。曾孫保之，敢忘厥志。」

「破分」，見本注，蓋催科及九分以上即行住催也。

[一]「奚」：文献通考卷二四作「爰」；明邱濬撰大學衍義補卷二四亦作「爰」。

「比較監司、郡守殿最之法」，言朝廷比較監司，監司比較郡守，郡守比較屬縣，不問其他，惟以能剋日得財，數多者爲最，少者爲殿。吾輩今日患正坐此。

「和買」，范蜀公東齋記事：「太宗時馬元方建言，方春乏絕時，預以庫錢貸民，至夏秋輸絹於官，謂之和買。」蓋預買紬絹之名。

「折帛」，高宗建炎三年，兩浙運副王琮言，本路和買紬絹，每疋折納錢緡，以助國用。東南折帛自此始。

「科罰」，當是入錢贖罪之項。

「月樁」，乃每月上貢之常數，皆稅外無名之賦，而巧立名色，以剥民奉上者。宋史：「月樁錢始於紹興二年。」玉海：「蓋朱勝非當國時取之。」

「譜價」，言行賄之人約有成言，而後乃得官也。

「債帥」，言借債以謀主帥之任，既爲帥而債未償也。

「尺籍」，出漢書，書軍令之籍也。尺籍嚴，則軍無浮支冗費，故儲畜自足。此借引以爲軍士之名。

「占護軍人」，言祖護私人不令往，而強其不願者以去也。

藍川文鈔續跋

濂溪先生曰：「文所以載道也。輪轅飾而人弗庸，徒飾也。」蓋飾者腓諸外而無内充之實，誠腐物耳，人奚庸焉！吾師藍川先生養深學富，慨末世文勝之弊，生平不以此教人。文鈔之編何自有於前而復續於後？誠以潛德本無欲發之光，而英華自有呈露之效。其平居講道論學，本自得之趣，立雅言之教，非文烏足以見？意文鈔之有良由是耳，與世之茫渺曬庶、敷衍陳言者不可同日語也。夫三代後，四書、六經皆經世大文，士大夫自課者以此，課人者以此。攄胸中之精蘊，寄道脈於無窮，舍文辭何資哉？誠於追隨之餘，見其有關世道人心之作，即時録存，日積月累，遂成巨帙。同人等羡慕靡已，鈔胥弗遑。因醵金續印，公諸同好，藉闡師道之傳，以慰學士之望。俾讀者因文見道，感發興起，是爲至教。若夫徒悦其言辭，而第以末藝爲務，不惟負吾師崇本抑末之至意，則買櫝還珠，自棄珍寶，其讀也如不讀，即誠之欲推師意以益人者，而反有害於人，其自罪又當何如耶！乙亥歲初秋望日，河南盧氏門人李銘誠拜跋於芸閣學舍之克復堂。

附編

官柳　庚子三月

東風一望綠柳新，煙雨長留灞上春。遺愛他年棠比蔭，莫教攀折送行人。

注：藍田縣令周之濟有愛民之舉，又遍植綠柳於灞河，兆濂題詩記之。

次韻劉古愚先生題畫菜二絕　乙巳四月

冒冷黄芽簇雪團，蕭蕭敗葉退餘干。天然風味原清淡，且喜不因變後酸。

洗盡塵埃傍雪瀾，瓜壺隙地老來寬。禦冬剩有松筠操，不怕西風透骨寒。

牧馬吟

比鄰和好千萬金，底事恩深怨更深。幾度臨風念竹葦，恐防積漸失人心。

遊鳳翔東湖

辛亥二月，余以公事過鳳翔，謁橫渠祠。出城至東湖，遊眺亭臺，花木極爲幽勝，名人題詠甚多，美不勝收。旁爲蘇公祠，遂成一律，以示已雪泥鴻爪之感。

盈盈湖水接城闉，積翠亭臺畫罨新。爲有風流賢太守，憑教春色醉遊人。多情似我空懷古，好句伊誰敢效顰。回首鷄山正迢遞，綠柳郊外幾逡巡。

贈別靳仲木

所讀先小學，相約在鄉約。珍重臨歧言，夙夜勤切琢。

和白壽庭先生三多碑元韻

鳳輦鑾旂不再逢，斜陽立馬看從容。三多賸有殘碑在，從此何人祝華封。

庭中臘梅未發別友人

梅花故遲遲，應爲惜別離。頻看殘雪後，不放隔年枝。

欣賞定何日，含情正此時。歸途感芳訊，寄我夢中詩。

藏雕扇感賦

羽毛挾得九秋霜，曾爲朱明效片長。篋笥投間能幾日，葭灰忽已動微陽。

兄弟情

同氣連枝各有榮，皆皆言語莫傷情。一回相見一回老，能得幾時爲弟兄。

鬩牆詩

呼籲國、共兩黨和各民主黨派消除政見，共同抗日。

兄兄弟弟偉兒郎，贏得門庭作戰場。金液大江流不盡，和煙和雨過重洋。
本是同根一體親，朝朝煮豆餉東鄰。卻愁枝葉凋零甚，顧影誰爲禦侮人。
鬩牆兄弟本非他，外侮急時願止戈。萬事到頭須自悟，算來畢竟不如和。
撤去藩籬即一家，同心悔禍福無涯。眼看巨浪滔天起，況復中原盡散沙。

喜雨詩

盼到中秋月上弦，覺來人傍雨聲眠。等閒乞得蒼生命，挨過愁人甲子年。

我明告你

今日中國，惟你與我。今日中國，非你即我。
外人藉口，亦惟你我。外人利用，還是你我。
你認得你，我認得我。我不管你，你不管我。
我想并你，你想并我。同一中國，何分你我？
你也非你，我也非我。有我有你，無你無我。
我能愛你，你能愛我。我不謀你，你不謀我。
以我保你，以你保我。你爲了你，我爲了我。
你我不分，中國一人。中國有人，中國其存！

灞川秋

鎮日辛苦在農耕，一雨人間萬事通。借問先生何所樂，晴川新稻豆花風。

一九二六年軍閥混戰

大禍中原小禍秦，至微亦足禍鄉鄰。蒼天若念黎民苦，莫教攀闕生偉人。

揭露預征田賦和富豪兼并

人道歲星今在丑，預征已過戊辰年。催科未動先封卯，坐爲豪家孕子錢。

甲子除夕書懷

靜對深更數歲陽，虚名厚福愧難量。祖孫父子人三世，兄弟妻孥慶一堂。
異地兒郎懷遠道，同時姑侄念東方。任他此夜雲間雪，添我明朝鏡裏霜。

正卿任君以二子西來受學一年訖無所就爲詩以道悔恨兼用解嘲

路窮河華見終南，只道心傳得晦庵。那識青青傷挑達，子衿畢竟出於藍。
春風兩度歲仍寒，舊病經年未改寬。一向誤人原自誤，别君無那摧心肝。

臘八後一日

曾記千錢水上過，征鞍一步悔蹉跎。早知有用歸無用，爭似當年不渡河。
夙夜何由告所生，汾陽秋雁總關情。莫言未得他山助，有子還能誦鶴鳴。

思鄉

清川一曲搶山莊，行入新街思故鄉。黃葉幾家村店晚，至今喚作小咸陽。

酬張鴻山詩

茲聞果齋仁仲激於義憤，有抗敵之壯舉，誠堪啓我國仇之慨。但恨鄙人年邁體弱，耳目昏聵，不克同赴疆場殺賊，以身殉國，爲愧多矣。聊以救國俚句十二章抄出呈奉，以示見志，且餞其行，還祈斧正爲禱。

洪荒開闢幾千年，前有神靈沒有賢，茫茫天意知何許，哪能一旦化腥膻！
誓死萬一得生路，貪生卻與死相尋，王歜一死何輕重，感得全齊忠義心。
天外飛機勢莫當，兵船密佈滿江鄉，中原倘有人爲歜，也算國亡心未亡。
覆轍三韓恨未休，老翁七十更何求，神州誓與相終始，屈志倭奴死亦羞！
各教綱常亘古馨，千秋義烈秉丹青，要留正氣還真宰，不染東洋半點腥。

莫道從容就義難，死能得所亦心甘，九原含笑飄然去，不怕風瀟雪海寒。
破釜沉舟盡向東，車麟駟鐵有遺風，縱無毅力降禽獸，死後猶能作鬼雄。
血濺飛花死亦香，縱横萬里臥沙場，任它一炬摧殘盡，始信倭奴真道強。
慘報遼陽未忍聽，鋼條貫口上非刑，哪能更與黿蛇種，共載長空一道青。
覆巢旦夕死相連，一死只爭後與先，莫道爲奴須倖免，古來賣國幾人全？
歎息中原盡散沙，更將性命換身家，散沙此日成團體，龍虎憑教試爪牙。
鬩牆誰肯念同胞，氣到東洋更不豪，一旦捐軀能衛國，泰山哪得比鴻毛！

讀李母張孺人傳有懷洛中賢母[一]

其一　上谷郡君

緜緜琴韻洛陽城，父教於今有令名。内助若無賢轉運，也難應啓二先生。

其二　申國夫人

正獻居家重且沈，向來事物鮮經心。賢哉申國嚴相助，奕世東萊有嗣音。

[一]　輯自民國三十三年李雍睦堂印李氏宗譜。

菊頌

樂草木之先樂，黄草木之後黄。不以歲寒而改節，不以無人而不芳。

送子慊東歸

别酒杯盤此日排，風霜恨不遠相偕。迢迢長路難攀柳，寂寂閒門自掩柴。山近盧敖當戶牖，人隨朱子上庭階。洛陽朋好如相問，治事通經共此齋。

此昔年惜别之作，今又隔年矣，别猶昔而人已老於昔也。匆匆不及構思，仍書前詩爲贈。

無題詩

比鄰和好千萬金，底事思深怨更深。幾度臨風念竹葦，恐防積漸失人心。

與牛清淵書十六封〔一〕

一

字示淵兒知之：　前由慶餘合寄一片，不知至否？　前所批示來稟洎詩，是否收訖？　內有言季、知季之語，我已作書答其意。又言年內錢文，不可妄行破用，歸來須作正用。再，不日我令伯農來此，與爾同至白太老師處，求書楹聯匾額。今建德來，草此諭，知清麓來函，約我到彼處，歲須過年後，可到北一遊也，再無別囑。

父字示　十三日

二

字示淵兒知之：　移家一事，萬不可行。以後若提此語，即與善緒是一路人品，吾何望哉？　爾獨不思，爾每月得錢幾何？　外間每月一人費用幾何？　爾能不用一使令之人否乎？　道路往返車馬之費能許久？　不歸寧乎？　家中所賴之入項究竟何在？　本年僅收數石之租，亦不問滿年食用能否敷用乎？　尚有麥麵送省中乎？　在家之食與在省之食，其比例同乎？　否乎？　吾不知勸爾移家者，銘三乎？　寶三乎？　二君均在省辦公、在省住家者，令其作書與我，看如何乎？　若一移

〔一〕　書信原無標題，此爲點校者所加，下同。

家，勢不至流落失所、辱身敗名不止，尚欲光宗耀祖乎？ 爾自不愛讀書，誰令爾舍爾學業，教書求事，逐目前之利，而不爲久遠之計？ 兩隻俗眼睛，一副俗肚腸。 吾萬不敢望清麓先生，爾何竟與大賢之後如出一轍乎？ 見字急宜猛省，收爾放心，盡力供職，得暇溫習經史，則吾猶有望，倘再胡思亂想，立與叫回，不令爾在外喪體面也。

兀親疾甚危篤，爾妻到彼已月餘，頃方請健齋診治。 官路上子娃之地一畝與咱毗連，已立約，壹佰貳拾串買到，以後公費到，可將此項寄回。 家內買柴是一大出項，別項皆不及，以外即是供軍之攤派，爾不在家，都不知此項從何而出。 爾之病只是不通人情，不知世務，一味從自己心中設想，似此如何行得去？ 無怪其日夜不自安也，汝知之乎？ 緣骨肉之恩，不能不繫念於爾，爾能知我言語是真實愛爾，是真過來人語，則不至終於墮落矣。 勉之勉之，予日望之。〔一〕

七月十八日　父字示

三

字諭淵兒知之：　前與爾一信，郵寄椿樹村，今接爾稟，知前信未之見也。 仁山再三勸我，故遣爾出去，爾只要能染不上毛病，便是能體我心，況允時先生如此厚意，敢不敬承！ 倘日後能少有進長，便不枉此一番提拔也。 勉之勉之。 爲我致謝李公可也。

炳兒聞有疾，得暇一過問，并致謝楊洲吉先生，爲此子費心醫治也。 公餘能不廢書册尤善，不可一向束之高閣，便俗氣入骨，無出頭之日矣。 餘無別囑。

四月抄　父示

〔一〕 書信中原有夾行小字，爲牛兆濂書信所附內容，點校者整理時特以小號字體以示區別。

四

字諭清淵知之： 前接爾來禀，具悉一切。惟照應學生一節，不成事體。月一再往，所益何在？兼使受代者責任不專，受教者視聽不一，此無以處人也。已膺公事，而牽擾外事，志慮如何能專？且令人有壟斷之譏，此失己之尤也。立身如此，進退失據，此必不可者，急宜猛省。

再聞李侯有別薦他所之語，此尤不可，因爾少不更事，故使受教李侯，親炙大雅，且學爲政，若別處，則雖月溢多金，非吾本願，寧令爾歸耕，決不遣爾他往也。

再李侯新購經史多種，公餘即當請問，以次綜覽，以擴見聞。呂氏有大易圖象在通志堂經解中，試一考之。此外，歷代名臣奏議及皇宋文鑑中有呂汲公微仲奏議，能搜得抄回爲要。

黑李村事，我處力則不敵，財則坐困，將來惟有浩歎。生此黑暗世界，直是無可奈何。該村此次用全力運動，我無一錢，如何能敵？故知其終無下稍也。伊極力運動，推翻前案，將我所存證據，一概作爲故紙，所佔我處之地，從此永斷葛藤。處心積慮，要點在此，故此次發難在渠口，其歸宿在界畔。麥前因我處墾荒，伊恐牽動界畔交涉，欲令各立管業合同，免致門訟。蓋欲我親手將所佔之地斷送與伊，以圖永遠，我雖不才，豈能昏憒至此？回言合同必做不到，各管各案，相安無事則可。此令此實在情形也，雖不能保存舊土，窮於勢力，然先人土地，決不敢拱手送人。看到如何時，作如何計畫耳。

張縣長囑令奉懇

李侯已作書，未知达否？

敬致我意

虔叩公綏

五月十八日　父字

五

字諭淵兒知之：許久不見爾安禀，不知何故？公署雖忙，何至無空隙若此，見字速來一禀，以紓懸盼。我身體如常，家中漸次病出全愈，頗見起色。爾專心從公，夙夜黽勉，無少恣佚，以寬我心。得間須親書册，至要至要。我日讀無逸、蔡傳，殊有味也。

李公教誨務須敬謹聽受，稍存一毫自是心，便是不孝。

父藍田山人手示　冬至後二日

六

字諭淵兒：祭事過，即日與二小弟前來爲要。家中門戶謐兒務須小心，此間諸幸平平，不必罣心。學内照應無人，我一刻不能回也。

七

字諭清淵知之：得報具悉，爾自量有何知能，乃荷李公如是栽培，古人受寵若驚，不可不兢兢日夕淬厲，以勉勤職事，爲感淑圖報地也。敬致我意，申謝爲要。

大學衍義帶往後四本，言行録若看訖，來一稟即寄去也。

長安查糧事如何？請一詢李公即可知。刻下張縣長在長安，亦能面商也。水利局已會勘，惟案情膠葛，非旦夕可了，亦無可如何，第聽之耳。

清順此次又來省聽候，幸事體已有確切下落，不至走作，不必過慮也。我暑中不日須到家避暑數日。家中悉安好。樂得閒好用心看書，勿染外事、接外人，至囑至囑。

初九日燈下　父字

八

字諭淵兒知之，得稟備悉，不走高山，不顯平地，到困苦艱難時，便良心發見。知爾所言種種，無非出於孺慕之本心，能擴而充之，則孝友之心油然而生，豈非爾此生一大轉關，何慰如之！不知命無以爲君子，乃父生平只是認得命字定一，故多年所處，不過隨分聽天，然亦未必竟至一步不可行也。爾自是不知命，故心心念念，惟恐到窮困田地，此便是利欲病根，常此做主，便生出無限不好底見象也。在密電處只爲人情不好，不能少留。細想爭權爭利場中，甚相傾相軋，自其本分，因求生忮，無足怪也。歷盡天下，不爲密電處者幾希，況殆有甚焉在耶。爾若不信，他日須有明白之一日。爾既有回心轉意，此是天牖其衷，即當棄此機會，作速還家，從此脫離苦海。否則少少連類，便私意蘖生，卻不由自家矣。弄到不前不後地步，真是無可奈何，我亦不能爲爾謀也。醒來醒來！

爾只怕弟兄們受窮你只愁你，我只怕爾不願受窮。能受得窮，不愧是我兒子矣。虧體辱親，究竟爲著何事？讀「墦間」一章，能無惕然慚懼乎？此間人士聞爾悔過之言，深爲我賀，我惟恐爾之良心如電光石火旋生旋滅也。家中諸幸平平，除夜雪中有書懷詩，別録于左：

靜對殘更數歲陽，虛名厚福愧難量。祖孫父子人三世，兄弟妻孥慶一堂。
異地兒郎懷遠道，同時姑侄念東方。任他此夜雲間雪，添我明朝鏡裏霜。

諸友均致我意

千萬早回，再無別語。否則贏得滿身富貴，免不得一個不孝之子。

上元後　父示

九

嗜好一節，不惟爾一生成敗所關，亦一生性命所係。爾既能發憤，即當從此立定界限，任人如何勉強，總是不肯破戒，方能望其改而自新。稍一悠悠，看順人情，便無望其能改矣。爾能自愛，但體我心，吾死亦瞑目無他望矣。總以遠此等人爲要。至囑至囑。

戊辰三月九日　父示

十

字示山、潭知之：　前信已到，爾能在家照常讀書，兼能課弟妹、新婦按日讀講，即潭兒不來，亦不要緊。所可慮者，爾性情無常，進時太鋭，退時太速乎！太鋭則人不堪其苦，太速則前功盡棄，於人終無所益，敬敷在寬，此不易之訓也。潭兒性傲，見爾兄嫂，須學大氣，有話說在當面，一過後便丟開，不可有說不出之話，懷在心中，久之便生起嫌隙來。要看桂津兄弟及溫公事兄之道，最是做兄弟的樣子。總之，以愛子之心愛弟，天下無不友之兄；以事父之道事兄，天下無不恭之弟矣。中女今年頗能知得好歹，我心甚喜。前帶回青布，是與爾做馬褂的。今又帶藍單袴一條，是與爾穿的。女小學爾嫂能每日與爾同講同讀，此最是家中不易得之事，較之移家學中許多不便，倒不如在家如此。夫婦、兄弟、女兄弟日日能讀書修行，便是宇宙中有禮教人家，不惟我心欣慰，便是祖宗在天之靈，更不知如何欣慰也。雖然，聞在學堂代看學生亦好。但地方破壞特甚，往往被竊，所有器物晚間須令學生帶去，萬勿大意。倘有失遺，豈不惹人笑訕？那時便是悔之無及。至囑至囑！

爾平日有大意之病，故切切言之。兀氏婦及中女每日講讀習字，千萬不可間斷。女小學，帶回即令按日講讀，日月方長，不可畏難而苟安。令遣潭兒回家一看，兼助汝薪水之勞。兄弟怡怡之訓須三復之，恐長舌離間，使爾兄弟嫂叔間起參商也。椒山家訓「不使親鄰婦女往來」，正爲此耳。應料理之。

十一

樹勤澆灌，鷄子如前法包好寄來十餘枚。前車中碰磕，僅一枚有傷，亦不礙事。緣我處鷄子有黄，抵此間二枚不止。此間鷄無食，故子帶腥臭，不可用。世魁錢能夠否？不足，早來信作準備也。去年命爾等秋間收穀，不怕受虧，正爲備荒之用，今無及矣，以爲後日殷鑑可也。

前言動工可緩，直以不動爲是，我麥口回時再作區處。千萬不可聽人言語，輕易動作，囷內糧空，便要大受忙迫也。古人年穀不登，百官布而不修，言無所作爲，意亦如此。

爲〔二〕犬別以粗糧飼之，至要至要。每日婦女講讀不可缺。

乙卯示清淵

十二

衣服寄往，并與爾錢帖五串。又過糧事李公云何？家內平安，能讀書謹身，勤於職事，其他不敢不慎，吾所甚願。靡不有初，鮮克有終，戒之戒之。公費所得，除公用外，須好生存儲，爲爾兄弟久遠之計，不可輕易付之奸憸小人，究歸烏有。至今回思以前，悟乎？否乎？爾自思之。言皆爲爾，利害不到我身也。

十五日

〔二〕「爲」，依文意，當作「喂」。

十三

潭兒到，備悉一切。惟言爾與二小兒在彼未有熱炕，我心嘗以爲念。見字速覓人盤就，我回時亦可在彼留客也。寶兒賬一二串，羣三四串，木匠、钁頭、長孫□等項先開銷之。年內傳經堂賣板事若成，恐須查點，便須多遲幾日，不成即能回也。餘靳師能言之。

丙辰冬十九日早父字示山兒

十四

字諭淵兒知之：聞爾欲扎垒園牆、開土門，爲圖緊便，此大不可。此時何時，豈可輕動？以無多之糧，值此艱難之頃，而爲此不急之務耶？爾自思之。而今二弟婚娶正急，地方之修理，均費錢費糧，今費之於無用，及正用則無以應之，豈非急所緩而緩所急耶？目下封卻園牆，一則使外來之人或兵或匪，望而知爲大家，非打門不可，則誨盜之具，不可一也；二則使外套磨面之人畜及小兒，出入大門，不勝騷擾，不可二也；三則不日修理兩窑，其□土之路不開門則太遠，開則翻手合手，三不可也；四則此話我去年說過，不許妄動，今爾回家幾天，便如許更張，不聽我言，四不可也。見字及早停止，免我生氣，否則所讀之書全無所用處，良心便是天理，念我就衰之年，須聽我說，天須保佑爾也。

二月朔日　父示

有小生不日上學，及早來此爲要。

十五

來稟面寫「呈」，「弟」下不用「家大人」字，緣託帶者係至親之人，不用分別，直稱「父親大人」可也。再，「家大人」與

「父親大人」重複，不可用。「稟」下不可用「啓」字，宜云「安稟」。執迷不悟，書作「悮」，非。揆之時勢，誤用「窺」。渠事我亦不欲深究。李公與竹亭來此，云爲遊歷，不久須往天津，在此少坐。赴縣數日未來。既入此場，即當安心供職，不可胡思亂想。我以前如何向爾説，爾全不入耳，今只管説此何耶？便是不安命耳。爾父所爲，只是不怕餓死，爾自無膽，所以動見狼狽。

前言父子兄弟，讀書耕田，一堂歡聚，就貧困也不妨。此豈他人所得而賤之哉？今日搬去，今日預備撤差，明日不回，不流落得乎？咥其笑矣誤作嘻。書記更不易得，資格遠不及，即得亦與此何别？到底仰人鼻息之事，終鬧不成，久當自知，勝此梗頑。勝誤盛。〔二〕

十六

前與爾二書，想已到，宜興姑才來，知爾與長丁有約，我早有此意，既已付託，即可專以委之，如不勝任，聽人家别擇高明可也。爾既應公事，務須一意辦公，不可又牽絆學事，令人厭己之好攬外事，頻頻往返，又惡爾之有私就影也。再，既請人代理，即宜正其名分，上學之後即是正式教員，不可留代理名目，使人難處。兼亦使學生信從不專，大不可也。此皆爾年少未嘗更事，故沾泥帶水，做得如此。將來兩面落下不去，豈非自誤之甚乎？所有該學一切，以後不許再行干預，侵人權限，曠己職務，惹人嫌怨，壞己考成。至要至要。

端午後父示

長丁即以此言告之。

〔二〕依文意，當爲與清淵書，姑置於此。

若用錢不足，來稟敘明，即與寄去，不可向人開口。〔一〕

與牛清謐書二〇封

一

謐兒見知：雍來具悉一切。宋氏妹近頗好，腹疾如常，據秦先生言，尚未敢定是病與否，過一兩月再看。爾近來須努力改過，前見爾面目憔悴，深以爲憂，爾獨不知自憂乎？兩媳婦須教令早起，一味懶惰，將來何以度日？現在青黄不接，家家食用困難，厨中時爲料理，不可漠不經心，任外人主持抛費也。此關係各人終身成敗，不是小事，戒之戒之！蓁壽認字千萬在心，瑤田勿常提抱，便放不下。先帶回銀幣拾枚，以作買樹之用，以後再寄。爾嫂無事，帶回洋布丈五餘，與我做衫袴。此間房工廿以後須立木，餘如常。種花要緊。此諭。

十二日　父字

二

字示謐兒：納糧事此次各總已經注卯，此間不能上納，速向現年總處去問。又前已出公債者，納糧即與扣留。雍須令早來，至要。

小米及蕎麵能帶少許亦好，無則不必帶也。爾在家常以早起早眠、少出入爲第一義。每日所溫四書、小學不可間斷，

〔一〕依文意，當爲與清淵書，姑置於此。

少看閑雜之書，徒費光陰，至爲可惜，戒之。
皮衣不要，以後緩寄。

十七日　父示

三

字示謐兒知之：廿六日令爾兄回帶祭肉，爾可先買雜菜備用，收租、晒麥軍糧查票至要、鋤花、積柴四事早了爲要。回種之地，催令勿誤時日。先種之穀及豆務須早鋤尤要。雍、穆能早來，即不必待，恐爲日太多，有誤學業也。

初晴，尚不甚熱，前養性東歸，已令致書張、楊二先生，約其早來也。外，膏藥少許並收。

十九日　父示

四

字示謐兒知之：此間無人，我一身朝夕勞神焦思，爾兄一去，今日整整一月，不知爲何要事牽絆，可謂全無人心。見字即日前來，以寬我憂。我亦可脫身回來，一看爾等也。

早晚張、楊二君須到，到即回矣。爾陳兄亦未來，門戶無可託。雍子初到，坐當未穩。我回家不遠，有事回時再說。聞鄧旅有二營來縣之語，不知如何？

此諭

廿五日　父示

五

字示謐兒：　節近，往返不易，我過初一日即還。爾妹來時，住在中窯，待我數日，拾花要緊。前見爾宋世伯，云已與郭先生寄信，進省即可與萬興同去也。爾兄另有字示，總是勸令早來。爾嫂聰明，能知利害，必能善相夫子，勸其不足也。

七月廿五日示

六

謐兒見知：　數日不見來人，爾夫婦之疥及小兒不知如何？前宋二先生到此，云申妹亦強健，一半日須遣一人去看也。黄鎖昨日來，聞莜麥得雨大穫，可知功没枉用。社近，及時種麥。學生聞已散，門戶留心。拾花多少、如何？紅薯刻不能出，照看爲要。日間少出門，見閒人、管閒事，説閒話、看閒書最是不好，我時常恐懼，爲爾擔心，爾宜切記。小學、四書每日須加力溫讀，此養命之源也，可不勉哉！

爾嫂想如常，如覺期近，可與服保產無憂湯也。我初一日回家，爲孫先生欲東歸，日會近，須一往看，不多及。

八月廿五日　父示

七

字示謐兒：　頃聞省中內情，並無他事，胡軍既謀大事，必不與桑梓二次流毒也。家中一切謹慎，既上學，不可隨意出入，致誤學生功課，到底天命有定，非人謀所能及也。此時立定脚跟，千萬不可忙亂，至囑至囑。

廿三日，我看時下能一回即回矣。

騾子既不能賣，只可聽天由命，作有中無之想，切記不可因他受拖累也。

爾兄在彼處，傳聞之語不可信，世間亦無此昏愚之人，不必在心，久之看如何耳？父子兄弟，本是一體，天性之恩，千萬勿聽外人閒言語，生起意見也。

十月十六日　父字

八

字諭謐兒：宋親來，聞爾兄妹大有起色，爲之欣慰無已，以後尤須加意調養，「病加於小愈」之言，須三復之。前寄回之圓，暫作買柴之用，後有便再寄，不至使事不行也。楚家之柴藉便取回。上糞要緊。喫饃之麪可添入雜糧少許，緣不止家內數人食用而已也。我疥已好，精神如常，不必置心。雍、穆多住幾日無妨，惟讀書常催促也。

冬月朔　父字

九

雍來，知錢未到手，此極不要緊，就當沒有此一項進入，卻有何妨？究竟是財物上的關係，難道說兄弟就不勝財物了麼？想是爾一時話沒說成，惹起忿爭，也或有之。要知此錢到底少不下的，何以知之？他前此對我當面應承，我又託付李公，令與他說知，他若真個不與，獨不怕我責備他？我責備他，倘若上面知道，他者不孝不友的惡名如何當得起？又如何洗得淨呢？爾且安心養病，爾身體要緊，我以後自有道理。中庸言：「思事親，不可以不知人也」，只爲者小人輩他一則爲騙錢，二則爲藉勢，那管得天理良心，鬧得人家父子兄弟至於如此，爾兄將來豈無醒悟之一日？況且他豈能無天良邪？將此帖存好，不久便可知此言不虛。

雍兒回，俟爾平後再來此也。爾陳兄得子，天佑吉人，不虛也。

初七日燈下　父字

十

字示潭兒知之：前言換饃，及早料理。夾麥擀麵尚可，況於吃饃，此時人人缺食，务須用心經理，不可漫不留意，一切委之他人也。

蓄糞是第一緊要，勤拆勤墊勤啓，能多蓄些糞土，田苗便可望也。

今送回麥六斗，專爲擀麵之用，不日即到。務要仔細，勿令浪費，至要至要。

兩兒換季衫袴，我已做好，不必作難，並使爾嫂知之。爾總要節勞，愛養精力，少出外，少管閑事。俟村之事，清琦之帳，趙家窯之委曲，究竟何爲也哉？戒之戒之。

服藥要緊，有了精神，百事可做，利害所在，千萬留心。

十一

房租信已知，油已磨，甚好。棉花目下不必賣，有開銷，可寄信來，我自料理。但燈火仍須愛惜，不可以油多而浪費也，不可忘卻平日無油之艱難。來年欲令爾偕二小子在呂祠讀書，于親亦欲令銅章在彼共學，以脱教學之累。潭兒可在家侍奉我，且耕且讀，我亦藉以脱教學之苦，時而出遊，時而家居。際此時世，便是羲皇上人。前已有信與爾三舅，勸以不如及早還家。外間真住足不得，不知能早回否？初十前後便能回，潭兒不必來，有衣物，開春來時再取，徒費往返。今令存福回取車子，將風帽帶來，外棉花、魯齋集四、屏紙、柿餅、核桃糖，又雜書一束。

丁巳冬廿六日

十二

字示謐兒：我足疾已不礙事。日内疥疾復發，行步不易，正在療治，不日須輕解耳。開賬及納糧要緊。今寄回大洋廿枚，即日開銷爲要。雍、穆早來，至要。申妹服藥要緊。林萬興著及早來此，此間動工在即。如瘡未好，來此再看。棉花早拔，用钁剜下亦可。爾兄何以又不肯來？能同赴清麓尤善。家中不可久居，須爲長久之計。至要至要。小米貳升送禮。

初五日父字示

十三

潭兒知之，爾稟内言所遺物件已爲收檢。拾花正急，千萬不可怠慢。至要至要。前言摘殼一法頗爲省工，此間多是如此。刻下能仿行之否？爾兄來時帶新小米貳升，以外不用。爾嫂及爾妻病愈否？雍疾近如何？前稟内云有消脫之恙恐是筆下之誤，「恙」是病患之意。申妹勤教以勤苦，此次交謝便能常年在家，父女相聚也。金城回，不久須來，與爾兄同行，甚好。爾三舅信并寄回，一看外間甚不平靖，不如在家也。餘爾兄回再爲詳之，我近來精神比在家強數倍，緣克齋……〔二〕

十四

前帶回板七塊，昨被褥各一，單子二，小棉襖二。我與穆的。今捎來錢帖拾貫，以爲買柴及貼補農器之用，不可遲緩，以致錢已風化，事尚未行。麥中所收，必不能多，人工不能甚大，惟糧食顆粒擔錢，早晚照應，必不可少。我處窮人太多，往年尚爾，況今年乎。拆洗被褥、單子，不可遲，有便寄來爲要。前訓爾之詩，勤三復無忘，以體我心。爾終身之計在此時，不可

〔二〕原信殘缺，僅存此。

視爲不甚要緊也。

夢回欲海煙波渺，望絕迷樓燭影殘。二語尤切要，日觸目警心可也。

四月三日　父示謐兒

十五

字示謐兒：　日内郝海容進城，向清和説，若用錢時，此項我已問好；　再向清順説，光麥一項，有便到學面議，此間好設法。此外，建智塾項及緊要開銷，速來一清單，可預先作準備也。單姓去否？長孫母無事即令回去。粗糧年内須早糴，我處市上能買尤便。來稟敘明，冬玉待學生事，不可舉動，至要至要。年歲至此，百凡爲難，日間食用，要思長久之計。及早節儉，愛養此身，千萬留意。

冬至前四日　父示

十六

父字示潭兒知之：　此間後洞住持身故，同人謀，令商之爾表叔。滿林來此，信到專人去問，至要至要，千萬勿誤。此處與精舍相連，有地足以自養，儘能供其兄弟二人讀書之用；　兼能與本學一氣，相爲補助，實不易得之機會也。無論如何，教他見字即來一看，過三日即不候也。

初九日早　燈下

十七

字示謐、穆兩兒：　李二來，知爾弟兄之病已減，惟昨午所發之信竟未收到，是以爾兄昨晚放心不下，再三催促專人去問，今早已遣培深北去矣。穆在家休息一日，明日及早東來，以免懸盼。李二取麥三斗，餘無别囑。諸生告歸者多，所餘外處數人而已。

十五日　父示

十八

字示謐兒：　麥收太薄，收租大不易。此亦無可奈何，不可只顧自家，不體恤族鄰，再爲難不至餓到我家，便是天賜福也。李家事，只要能彼此受屈，終是和平下場爲是。爲我致謝。林排長前此多賴彈壓保護，受益多矣，以後仍望調處息事，先令上水澆種爲要。勿致再起爭端，則尤切禱也。雍不必急來，我節前須到家，將應種之地先時乾種，以待時雨。至要至要。

廿九日　父示

十九

字示謐兒知之：　雍來備悉一切。西溝事事受虧，真爲可恨，蓋日久弊生。語云「磨子月月鍛」，此之謂也。人情薄極，老鴉到處皆黑。别换一人，仍是如此，又恐不勝此人，不可輕易也。雇人自做算來有多少好處，然到咱家，決行不去。第一，爾自不能日日早起，不能晌晌在家，不能時時照料，自家已不可靠；第二，凡是有成就之人，十幾歲時，已經自謀生理。若到四五十歲，仍然與人傭工，非帶幾分毛病不可，到來淘氣，種種爲難，家家雇人，都是如此，那得一可靠之人？第三，左右鄰引進不好調唆接手，就是平常好人幾天須得轉向。想來想去，不如暫受委屈，從容料理，一俟我確有把握，然後更動，不至貽笑於人。爾再思之。

十六日　父字示

二〇

宋家我不日去看，爾不必來。爾嫂藥要緊。爾極力學，勤學儉省，得一分，便使我解轻一分，念之念之。爾將來成就全在此時。老泉發憤之年，不可錯過。爾嫂架閣上有紙一束，紅紙約。乃久娃的，捎來。爾舅信內有問之話，即速去答。要緊要緊。〔二〕

十三日父字

與牛清璋書二封

一

字示雍兒，得稟喜甚，即以元函送家中，令放心矣。本日令人去藴三處換藥，膏藥此間無有，亦令向省中買矣。飲食勞動不可不慎，至要至要。令培深送食物少許，此間一切自能面詳。我心寬，便不慮其餘也。好好將息將息。

廿九日　父示

爾兄弟及同學均問好。仁安、壽卿同致問，以次均平安。仿格寄往，到即分致。大小十份，各有名識。正娃閒時不可廢書。建臣先生千萬道意。崇德、貞泰仍在洞否？振遠、大經見時致問。

〔二〕　依文意，當爲與清謐書，姑置於此。

二

字諭雍兒：　爾前讀大學章句已十餘葉，遠道聞之，喜可知已。所慮爾向來性情不常，無一事能堅持到底。此無恒病根實起於不誠，故湯盤首句開口便説「苟」字，章句即以「誠」釋之。爾自問即此一句一字便做不到，安問其他？見字即當猛省，接續做去，便是日新之要，就此便是工夫所在也。此功若能上心，以至於上身，則一切皆可得力矣，他不足問也。

爾兄來此，氣質變化甚是可喜，惟不能讀集注，便於學問無益也。今遣穆兒回問上地及鋤麥事，坑土多換，此時搶去即不太早。澆過之麥，藉濕早鋤。諸婦能勤儉和睦則善矣。

暮春望日　父手書

保赤吟

淒清風露小離别，臨行話，再四丁寗説。兒小太嬌怯，正是劬勞，娘性兒全要自磨折，躁性須防嚇，大意須防跌。更檢點飢和飽，冷和熱，把「耐煩謹慎」四字在心頭常體貼。惜兒如惜命，磨性比磨鐵，才能夠兒身精爽母歡悦，如此命便好，不然命便劣。天命人事，原來非兩截，莫效愚夫，不自求福自作孽，語無别，記切切。

右保赤吟，潭兒在襁褓時，吾爲爾母作者，今録回。今新婦及申女誦之，他日可知爲人父母之道，不爲無所益也。

牛清淵致父書

三斗之俸耳，未見其多也。兒意欲此事仍須暫緩一酌，若有餘錢，不如作修葺之用，如祖宗之墳園、田中有麥不能動之，正在青黄不接，萬不敢輕動。家中之屋宇、諸弟之婚娶，尚無合宜者，凡此皆有關於局面，且爲居家之急務。田畝以後不患不能多也。昨與二弟相商，欲來年木料賤時，買數間廈房木料，久旱歲饑，安得不賤？惟免死爲幸！屆時恐無力及此也。況舊有大木亦復不少，更易爲力，其錢多少，兒滿年束金已自足用，大人與二弟不過督其成耳。祈裁示。

兒前偶步元韻，習作四首，祈示以法律。

七言律詩，中二聯，平仄對偶，最爲緊要。四首無平仄，無對偶，大不合法。試將元詩平仄畫出看如何？看中二對偶如何？再前後二韻，雖不用對偶，須有平仄，今所作全不講究，不可也。作詩平仄第一緊要，有平仄，然後有古風響，故五言、七言絕句及五、七言律，皆謂之近體，作詩先學得有平仄，有法律，然後敢學古風。勿謂不論平仄，便好作也。

肅此

敬請福安

兒清淵再拜　十三日燈下

答高鳳臨

問：中國財政，現在爲上下交困之秋，若賢人在位，亦將從事於大學「生衆食寡，爲疾用舒」之道乎？

答：呂氏之言，千古不可移易。朱子言務本節用，開源節流，足用之道，全在乎此。舍此則量出爲入，非剝民不可，聖人之所鳴鼓而攻者也。

侈費一也，冗員二也，苛斂三也，貪污四也。人不知學，習爲奢惰，人人皆待食之人，以百姓爲魚肉。生之者一，而食之者千百不止，民力其能堪乎。

問：若外患方棘，内復饑饉，君子臨之，殆將節衣嗇食，自身家始。裁省冗費以犒軍，以爲僚佐倡；敦聘天民以爲師，賢人以爲輔。將帥取知勇而忠誠者以練兵，官吏取仁愛而賢明者以治民。勸富者樂於賑濟，親友善於救助。庶幾外患可免，民無啼飢。然後興學校，端所尊，明教化，定制度，勤農桑，通工商，而新學有關實用者亦取之。而其所以處己接人者，皆以實心爲之。如此五年可能有成乎？

答：所言皆以身先之，只此一步，已得要領，別人便做不到，下面任賢、愛民、練兵等事，又能一一以實心做實事，則立見功效，可一言決矣。五年七年，亦視乎其時勢如何耳。吾恐做時不似説時，言之甚易而行之實難也。

問：鳳臨細察一日之間，或能有一刻爲己之心，於其所發，力爲擴充。然呼吸之明，轉瞬即昏，已而察其原委，或因雜念所間，或爲形氣惰乏，或爲俗事所牽，殆皆敬功疏略之故否？

答：固由莊敬功淺，無以爲持養之地；亦以義理孤單，故不能勝利欲之私故耳。此非不下工夫與下工夫不深者所能襲取萬一也。

問：坐如尸，立如齊，覺心廣體胖，有物我同春意。

答：才收斂心便在此，天理便從此存得，而人欲亦退去矣。所云心廣體胖云云，初間乍看即有幾分仿佛，若用力久便不同。

問：人之才質靈敏者，讀書易記亦易忘，遲鈍者不易記亦不易忘。殆敏者善使巧，鈍者苦用力。譬如均赴長安城，敏者走馬以至，鈍者頃步以至，雖先後不同，而其至則一也。究其路中平陂直曲、店棧村落、山清水綠以及凡百情景，走馬者必不若步趨者所記之詳也。

答：確有此理，是真體驗過來人語。

問：遇艱難困苦之事，處之以鎮靜，出之以公心，徐察其曲折，以義裁之，若何？

答：急來緩受，則不至倉皇失措。且靜則生明，平心觀理，力求是處，而勇以爲之，可也。

問：鳳臨於利欲之私，亦覺其非禮，復捨不得，而曲意徇之。師友責善，心不能喜，亦不甚怒，物而不化，有且試行之之意。此是臨之兩大沉痾，肯祈夫子痛下一鍼。

答：無如惡惡臭之心，無聞過則喜之心，此皆不切實爲己之病。朱子曰：「自治不勇，則惡日長。」程子曰：「學問之道無他，知其不善，則速改以從善而已。」聖人言：「聞義不能徙，不善不能改，是吾憂也。」近思録引「晉其角」傳曰：「嚴厲非安和之道，而於自治則有功也。」此無可商量，惟勉力爲之而已。

問：灑掃應對進退之間，是否有高堅前後境界、卓爾之理？

答：吴氏曰：「所謂卓爾，亦在乎日用行事之間。」雖極細極粗之事中，皆有至理，不可以爲粗淺而忽之也。少有不謹，便至蹉跌，時省之乃見。

問：喜怒是人之致損處，亦是人之得益處。喜之益者，謂心安意悅、身泰體舒也。而一向熾盛洋溢，周身不檢，隱慝不察，是其損也。怒以讎人僨事，其損不待言矣。然因此懲創以反求身心，而究其所以致激而進於善，不亦益乎？是故學者約其情使合於中正，去其損而取其益，積累既久，庶可入於君子之域矣。

答：困之進人也，爲德辨，爲感速，意正如此。

問：臨於內念外感之私累，如悍將困於重圍之中，左衝右突，百費周折，間使避，易轉瞬圍，如何？臨滋懼矣，然此志不少懈也。

答：此雖係不勇之過，然總由知之不透。倘有真知灼見，則惡臭之不可近，湯之不可探，鈎吻之不可食，皆有不待禁防而決不肯犯者，且向知解上求之可也。世間亦有一等有識無力、明知明昧之人，則又須責其不勇。蓋因循苟且，誤却生平，此直是無志，故不可救藥也。

問：出而辦交涉，入而待賓朋。視人之服色時尚古樸，以定其大概；察容貌莊重輕惰，以測其邪正。然後顧人己之情分與地位，靜聽發言而斟酌答之。如此應對，失之者鮮矣。如或聰明不足以知人，與其失之驕泰而開罪於人也，寧失之卑屈，庶幾免於罪戾而已。

答：「內主忠信，而所行合宜，審於接物而卑以自牧。」此夫子告子張問「達」之語，而朱子說之如此。常存此意，自不敢爲高遠之行矣。

問：細察學所以不進，過所以不改，是否由急與粗橫於心胸者也？

答：粗由心不細，故不詳審，此懶病也。急由氣不定，故不從容，此躁病也。懶之見證，則因仍苟且，全不用心，而無精明的確之效。躁之流弊，則張皇急迫，一向任氣，而無凝靜收斂之功。

問：問「篤信」節。

答：「三代而上折衷於孔子，三代而下折衷於朱子。」學者能篤信此語，則路途不差；能死守此語，則功力不枉。蓋孔子決不會錯，朱子亦決不會錯。學者但當篤信，而不必致疑，死守而不可躲閃也。既有此信好之誠心，確守之定力，依此做去，所至何可限量。然不加以好學，則規模狹隘，義理孤單，恐或有任己自是之偏，而不能得天理之正。故好學則日新不已，可以無遠不至矣。守死所以能善其道，然道有未盡，則其守雖可嘉，而不能無毫髮之遺憾，亦未免於徒死之可惜也。故聖人言語，字字著力，學者正當時時檢點，處處省察，以期深造其極，不可稍有所偏，少有所欠，則庶乎其近之矣。

問：臨自九月來，學坐，學立，學走；視思明，聽思聰，常驗心地。初如窗櫺縮小而間有斷者，今則當中白紙，無格而有透孔者，如何？

答：能做工夫，則須有效驗，否則決無向上之理，願繼續不忘，久自有收效處。

問：人欲赴吉避凶，多不知其方。禍福之來，均由於漸。若能處處經心，不肯放過，必求理義之精，則吉凶眹兆，能前知矣否？

答：幾者動之微，吉凶之先見者也。見乎蓍龜，動乎四體，粗心者不能察，必待徵色發聲而後喻者多矣。然非誠之至極，而無一毫私僞留於心目之間者，則亦察他不得。至誠如神，未易言也，用力處只在慎獨。

問：世人均以機械變詐爲有才，如何？

答：才者，德之用也。「如周公之才之美」，「舜有臣五人，而天下治」。武王曰：「予有亂臣十人。」孔子曰：「才難，不其然乎？」古人所謂才如此。「八元八愷」，所以並稱才子也。

問：藍田縣志不曰重修，而曰續修者何？

答：春秋，孔子作者也。朱子著綱目，而起於威烈王二十三年，迄宋太祖建隆元年以前，豈非續修乎？即續綱目及三編之修，亦如此耳。司馬公之史，終於漢武帝，班孟堅雖斷代爲史，然武帝以前亦仍舊而附益之。餘如通志之於通典，通考之於通志，亦皆因其故而增益之，而續三通之因踵成之無論矣。余何人，斯敢薄前人而炫所長哉？重修云乎，亦續而已矣。夫三代之禮，皆相因而損益之。孔子行夏之時，乘殷之輅，亦因前代而折中之。孟子爲高必因邱陵，爲下必因川澤，皆以因爲貴者也，豈非模範之昭垂乎？況呂志圖、表、志、傳四綱，不載詩文，別爲文徵録以附其後，於史法較爲符合，非他志可比也。余於其間，誤者正之，遺者補之，外別補所未備勉終此事。前志云道光十九年以前，則謹遵前志，所修則始十九年以後，竊步先民之後塵而已矣。

問：近知不學便老而衰。

答：少年不學，精神即不團聚。坐則頹惰，言失條理，豈但老人。

問：凡人讀書當以身做，徒勤口耳則左矣。

答：書而以人體之，則道在我矣。孟子言：「合而言之，道也。」注引程子曰：「中庸言『率性之謂道』，亦此意。」

問：喜怒在物而不在己？

答：善哉問，聖人祇是至誠。不然，則如優人，到喜處亦有喜狀，到怒處亦有怒態，而各人全不關切，豈聖賢誠喜誠怒之謂哉？聖賢惟是「發皆中節」，故不至有過不及之弊。王學便是不關己底意思，所以與聖賢不同。

問：天一生人，天即無權。善體天者，常思將自己置在第一等地位？

答：天一生人，便將責任付之於人，此所謂命也。不能盡爲人之道，則是放棄天職。故聖賢教人，曰「爲仁由己」，曰「進吾往也」，曰「自成自道」，全是責成一「己」字。

問：世亂國危，豺狼當道，身屬草莽，欲撥亂反正者，養精蓄鋭，相時而舉，志存天經地義者，修德明道與時宜之。若何？

答：人倫不明，是無人道。存人道，即所以存中國也。此須以孔孟之經，身任其重，深思實體，絲毫不可放過，則人道自我而存，成己成物，只是一事。未有己不正而能正人者，己正則身修之謂也，修其身則天下國家之本立矣。倘一旦天心悔禍，安知聖道無昌明之一日乎！

訓語録

余於訓詁得力處多，蓋義理不出字句之外。字句研究清楚，義理方可透徹。程子易傳序所謂「未有不得於詞而能通其義者也。」

吾人居今之世，最急而最先者，有四大端：第一要認得自己是中國人。第二要知中國是行孔教之國。與夫讀書以明理，耕田以養生，則其第三、第四者也。

你能向是路上來，即有你；不來，即沒你。

劉生文源嘗言：「有新知，無新理。」天理之節文謂之禮。三綱五常，禮之大體，百世不能改，乃以新言之，可乎？如以新而言也，則父子之親，君臣之義，夫婦之别，古今之忠孝節義，有舍生殺身而不顧者，果何爲而然耶？惟其義有所止，而有其絲毫不可犯者，此人類之所以長存，而人心之所以不死也。今則反面事讎，寡廉鮮恥，人人習爲固然，而不知其詫異，得非新之一字有以啓之歟？誠知理之不可言新，則孔孟程朱之言字字皆玉律金科，瞭無可疑。若稍信不及，則與聖人之「信而好古」異矣。

今之所謂知巧者，皆極愚者也。

在位可以行其志，有財可以利其用，有力可以進吾學，有壽可以補吾過，則貴可也，富可也，强可也，生可也。然在下而少危險之憂，無財而免劫掠之苦，衰病可以延年，死亡可以遠恥辱而脱禍患，則賤貧病死亦可也。

問衰病何以延年？曰：「操作勞苦，飲食情欲，一切可以傷生之事，皆可因此而免，因此而知慎，豈不可以延年乎？」死亡之遠恥辱、脱禍患，何也？曰：「就一身論，可以無憾矣。然到無可奈何時，惟有求此心之所安，致命遂志，此處困之道，非愛身忘世，懷寶迷邦之謂也。」

喜吃虧致富，愛佔便宜受禍。

以實心體實理。

所貴前知者，以其有救助匡正之法也，不然與老、釋何異？

嘗謂教學不正己，何以爲人之法？不明理，何以開道人？成己即所以成物也。

誠兼實理實心而言。凡物皆實理之所爲，心亦一物也，獨非實理之所爲乎？故實理中即兼實心在內。知此，則「誠以心言」一句，可無疑矣。

德有二解：一是理得於天而具於心，「明明德」之德是也。一是行道而有得於心，「據於德」之德是也。

天下國家可均，知也；爵禄可辭，仁也；白刃可蹈，勇也。三者難而易，中庸易而難，非義精仁熟、無一毫人欲之私者不能也。然義精由知，仁熟即仁，無欲則剛，然則及乎中庸，亦三者造其極而已。

答趙古如

問：蘧伯玉身仕衛國，不救孫甯之亂，自近關出，聖人稱爲君子；集注謂其出處合於聖人之道，請示其義。昔皇甫子輝問克齋先生，以異姓之主、同姓之親解之，克齋答稱不爲無見，但稱集注未盡釋然，謹將原文列後，並請指示。

子輝問蘧伯玉當孫甯之亂不救而出，義似難安，意馮道所事者異姓之主，伯玉所事者同姓之親，此聖人所以稱爲君子，集注所以謂其「合於聖人之道」也歟？

楊克齋先生答曰：「所疑伯玉出頗近情，轉到『同姓之親』一段，雖未必精當，不爲無見。但君子之稱，亦有淺深大小不同，而朱注便謂其合於聖人之道，愚意亦有未盡釋然者。或者左氏之傳未可盡信也。論語之言，雖係弟子所記，當不至有誤，俟質之當世之有道者。」

答：衛獻無道，禍雖倡於孫甯，而出奔之舉，究係咎由自取，準以孟子貴戚易位之義，則二子所言於伯玉者，未爲無理，伯玉不對，難於對也。其出，則亡也。古人亡與死並言，則一去國，便宗廟墳墓與一切田產全不能顧，特此身未死耳。觀晏子言：「君爲社稷死則死之，爲社稷亡則亡之。若爲己死，而爲己亡，非其私暱，誰敢任之？」則伯玉所處，無可厚非，未便責以不死也。況伯玉此時雖從大夫，而未有孫甯之權力，千載而下，決難確知其曲折。朱子謂其合於聖人之道，且就此截止，其不釋然處，姑且從闕如可也。

孫甯係同姓，伯玉則世系無考，謂爲同姓，不知何據？至以馮道爲比，則尤可疑。豈可凡在位者可罪，而在同姓，則不妨苟全性命耶？未敢臆斷，以俟知者。

問：傳云：「百乘之家，不畜聚斂之臣。與其有聚斂之臣，寧有盜臣。」又云：「長國家而務財用者，必自小人矣。」所謂「務財用」，恐亦不出聚斂之類，而冉求爲季氏聚斂，聖人且鳴鼓而攻之矣，猶列爲十二哲，何故？

答：罪以聚斂，而鳴鼓以攻，則所以責之者至矣。朱子云：「故已絕之，而猶使門人正之，又見其愛人之無已也。」可見聖人仍只是教訓他，豈可因此而遂蓋其終身，而擯之俎豆宮墻之外哉？哲位之列，亦只因論語原文而已。

問：訓蒙詩「性外初非更有心，只於理内別虛靈」，似心即性之虛靈，而非人身有形之心，未知是否？

答：性字從心從生，蓋有生之初，此理即具於心。張子「心統性情」之説最確，朱子常稱之。心只是血氣有形之心，其能統性情者，即其虛靈者也。實的是理，虛靈的是心，恐人誤以虛靈爲性，故於理内別其虛靈者爲心，蓋虛靈屬氣故也。

問：「人能弘道」章，集注：「人外無道」，夫道無物不有，無時不然，不知註意何在？

答：「人外無道」，乃道不遠人之意。如父子外無孝，君臣外無義之類，謂無物不有，無時不然，乃指道體而言。人能行道，則人在道中，否則便在道外，所謂非道遠人，人自遠爾是也。

問：賀太夫子答林宗洛書論生生之妙，以水爲喻。顧化學家欲用純粹之蒸溜水，即以平常之水注於銅器，其下加火，便蒸發成汽，復以管導此汽於他銅器，外加冷仍可成水。空中天雨亦然，則林氏「聚則爲水，散仍爲氣」之説，似亦有理，敢請指示。

答：不是全無此理，但專主此説，則造化滯於有形，非生生不息之本然。故程子諸賢力闢之也，即如「鼻」字從自從畀，乃鼻引氣自畀，則既呼之氣，豈必全無可吸之理。然試思此鼻息之生生不已者，豈真仰藉於此而後能哉？知程朱立言本意，則諸説無不可通矣。

答趙寶珊

問：孔子大管仲之功，並極許其仁，孟子却極鄙管仲之功，當從何説以爲去取？

答：須知大管仲處在功，而仁即在是；卑管仲者在功，而仁遂無可言。程子王霸一疏，早已大煞分明矣。公則大，私則小，初看則大，實按則小。聖人取其長，未始不言其短，孟子探其本，故不取其功，衹是一事而已。

問：朱子「正心」章總註「蓋意誠則真無惡而實有善矣，所以能存是心以檢其身」。所謂是心，是否指善心言，即程子言心本善者否？

答：一語破的，此外更有何善？不善之心，君子有弗心者矣。

問：「喜怒哀樂，情也，其未發則性也。」此性是否爲仁義禮智之性？而惻隱、羞惡、恭敬、是非之情，是否即見於喜怒哀樂中也？

答：情發爲端，未發則端何由見？此只可以性之本然者言。至發而爲情，則緒見於外，即可知其有物在中矣。

答張鼎臣問氣質之性

孟子以論者因氣質之雜，混却了性，特地發明性善之旨。斷之曰：「人無有不善，水無有不下。」又曰：「若夫爲不善，非才之罪也。」可見天之降材，不惟性無不善，即氣質亦無不善，此自拔本塞源之論，特未分明說到氣質一邊，使聞者終不能解於有善有不善之疑。所謂論性不論氣不備者此也。至程子補出氣質一層，使人知不善非性之本然，乃氣質駁雜之所爲，然後孟子性善之旨，乃昭然如日月中天矣，此程子之有功於孟子者然也。至論氣質，則雖有昏明純駁之不齊，然陰陽一太極，氣本於理，理無不善，則不善之氣，豈得爲氣之本然？可知氣之本善，如水之本清，特一落行跡，則有時而失其本然，如水之有時而濁，不得謂水之本然也。程子「凡言善惡，皆先善而後惡」一段說話，即是說此，試更詳之。

答張鼎臣論性第二問

程子論才，與孟子微小異。朱子以程子爲密，蓋孟子主言性善，故發於才者亦本無不善，雖至昏愚之人，到孩提知愛、稍長知敬、孺子入井、狐狸食親時，皆不免天良發現。其爲不善，皆物欲陷溺，人自不能思省察識，操存擴充，所以不能盡才，即程子論下愚自不肯移，亦同此意。不如此則性不明，此孟子之意也。然氣質中竟有真不能移、牢不可開者，則不得不歸咎於氣稟之駁雜。所謂「論性不論氣不備」者，程子所以有「生之謂性」及「才出於氣」等論，蓋一落形氣，則便不免夾雜，須補此一層，使人知性無不善，才則有善有不善，其不善者，只可責氣，只可責人，於性固無與也。故曰程子之說爲密也。

問：　未發之中與性字同異

答：情之未發即性也，性之德所謂中也。此是此節正解，章句云云即是定論。所云「中」也，非「性」也，此亦本於程子之説，蓋以「中」字所以狀性之德，性之中猶火之明，不可便以明爲火也。然明即指火而言，故言明則火在其中，如離本爲火，爲日，而象只言明也。此處子思言「中」，確是指性而言，故曰「天下之大本」，章句云「此言性情之德」，便已融會程子之説而言矣。

問：答伯夷若無中子，宗社爲重，因叔齊之固讓，似不妨先自即位，將來傳之叔齊，庶可兩全問目。

答：此時恰好有一中子，使二子皆能得其本心之所安，蓋到此時，須得如此處，便是道理恰好也。若如所疑，則傳位尚屬將來不敢必之事，目下已顯違父命，伯夷如何能安？知其必不肯也。語類中有「大夫請於天子，别立宗族之賢者」一節，亦是充類至盡之説，然亦可見伯夷之必不肯矣。

藍川牛先生教子語

潭兒以紙請書極好極要之語，麥收少暇，爲次第書之：

第一，先要認得自家是個人。

第二，需要認得自家是個中國人。人之所以異於禽獸，中國人之所以異於夷狄，只是禮義而已。有禮義，則人也，則中國人也；居中國，去禮義，則夷狄禽獸而已。

第三，要認得中國是行孔教之國。孔子是中國集大成之聖人，欲明禮義，不可不讀孔子之書。五經、四書皆以發明聖教，其要先須讀大學以定其規模。

第四，要認得程朱是孔孟嫡派。合於程朱即合於孔孟，不合於程朱，即不合於孔孟。三代而上折中於孔子，三代而下折中於朱子。四書集註章句與小學、近思録當與五經、四書并垂不朽，於此三書熟讀深體而有得焉，他書不讀無憾也。

第五，要認得小學書是做人樣子。聖人不可見，其存心、制行、處事、接物散在經、史、子、集中者，朱子悉取而次第譜之，活畫出一個渾全的聖人，使人則而象之。若能踐履盡小學中道理，則天理爛熟，雖大成之聖不過如是。

第六，要認得薛、楊、賀三先生是恪守程朱，躬行實踐的理學純儒。芮城薛仁齋先生，朝邑楊損齋先生，三原賀復齋先生，倡明絕學，力行聖道，屏去異端雜霸、記誦詞章、科名利禄之習，有功於孔孟程朱。跟著他走，決不至跳崖落井。過則聖，及則賢，不及則亦不失於令名。

第七，要認得天生我身，不是單爲享福，是要做頂天立地的事業呢。行道以濟時，明道以教人，守道以傳後，皆事業也。此是天地間第一等事業，我若不做，恐終無第二人去做。果爾，則大負天地生我之本心矣，可不懼哉！

此乃父之志也，汝兄弟其亦有意焉否？

癸丑歲夏五月廿二日雨中藍川書

乙卯中秋前二日古奉先楊純録

牛藍川先生講學要略[一]

藍川先生，師事清麓，講學芸閣，恪守程朱，以至孔孟。嘗語人曰：「程朱為孔孟嫡派，合於程朱，即合於孔孟；不合於程朱，即不合於孔孟。孔子集群賢之大成，三代以前，必折中於孔子；朱子集群聖之大成，三代以後，必折中於朱子。故言道而不衷朱孔，亂道也；言孔道而求異於朱，妄言也。故欲學孔孟，非由程朱之門入不可。」是以門戶之辯綦嚴，稍有

[一] 講學要略於1964年由邵澤南口述，於1985年由牛新田供稿，被收録于政協藍田縣委員會文史資料研究委員會編藍田文史資料第五輯中。

差謬，絶不少近。曰：「論人宜寬，辯學宜嚴，差之毫釐，謬以千里。為害滋大，不可不慎。」故讀書首重小學、四書集注，以小學為朱子所編，亦四書之階梯也。四書集注為孔孟程朱合一之書，蓋孔孟之經，而朱子注之，字字句句皆垂世立教之大法，非止解經已也。欲得孔子之心，而學之不差，非由此書熟讀精思不可。先生熟讀矣，而又每夜必屢披衣起坐溫讀，至老病不輟。所讀必躬行實踐，專用力於身心。冀達聖賢，不近名利。以此自課，亦以此教人。有問學者，亦告以此。

長於詩文，而不以詩文教。有請求，亦拒絶。蓋所期者大，在於聖賢，不在稍末。且學須專一，用力於詩文，必疏於身心，慮其奪志而害道也。故又主講清麓多年，迄無一人學詩文者。

又慮朱子以來，講學精要之書，人不易見，乃將清麓先生手序校刊之洛閩全書六十九種，鍵閉於劉氏二十年者，籌金二千贖回印行，使學者人人得見孔孟程朱之書，以端趨向。而清麓先生之遺澤，絶而復續。非清麓第一功臣哉！

又手輯呂與叔芸閣禮記傳、呂氏遺書輯略、秦關先生拾遺録以明關學。自横渠先生宣導關中，呂氏昆季纘續而光大之，故少墟關學編，即次三呂與二張之後。豐川之續關學，托始於伏羲，終於秦關，皆藍產也。伏羲實開千古文字之祖，是先生恪守程朱，不惟繼承洛閩，亦繼承關學，亦繼承藍田之學也！茫茫墜緒，時斷時續，今統集于先生一身，其任顧不重歟！

先生生平辭受取與，出處進退，必准於義，一毫不苟。初事舉子業，鄉薦後，以親疾違覆試期，例削名。陝西巡撫端方以孝奏請，免削；又加「内閣中書」銜，以名不符實辭；又舉經濟特科，亦辭。孝子之名，由是大著。

陝西師範學堂初成，巡撫升允，聘為總教，堅辭不就。公文往返至六七次，卒令總辦毓俊以肩輿強之至。居數日，見學生不可教，決然辭歸。後存古學堂成，總教高賡恩又聘先生及興平張果齋先生。後見高不滿清麓，先生又決然同去。其持身之嚴，出處不苟，難進易退如此。

惟講學習禮之請，則不問遠近，不憚跋涉，無不止者。如孔廟及魯齋、清麓、宏仁、零川、宗銘、宗聖諸書院之會講，則風雨莫阻。至山西守謙書院，必數旬方返。又至山東，躬謁孔孟廟林，以伸平日仰止之誠。渭南縣令張世英，臨潼縣令張瑞璣等，請行鄉約飲酒等禮，亦莫不備至。

某歲，省孔廟會講畢，某軍長邀飲，數次皆謝。後軍長躬謁曰：「非請先生飲酒，請為軍士講書，使知大義，克盡保國為民之責。」先生欣然往。民政廳長王幼農，先生關中書院同學也，邀飲，先生于未明潛歸。此後雖親友不敢以酒席邀者。

若人民福利疾苦事，更不避艱險，不辭勞瘁，必匍匐往任。清光緒庚子歲大饑，先生任本邑賑務，勉同志詩有「十萬突黎齊待汝，曉寒霜露敢躊躇」之句，可以見先生視民如傷之心。又有呼賑詩數首，江南義賑會見之，立捐數千金，全活甚眾。乙酉被選為陝西諮議局議員。時禁煙令嚴，局以官禁不力，派員密查，先生毅然往鳳翔一帶，查有煙苗，立報法究不少待，多年煙害始熄。辛亥革命，陝甘總督升允抵抗，帥師攻西安甚急，生靈塗炭，人心惶恐。先生不忍坐視，欲聯合有力者為弭兵之會，曾至省垣，無可與謀者，越宿而返。後省垣亦有和意，以郭希仁、劉守中來懇先生往說，先生乃與張仁齋先生冒槍林彈雨至乾陵，與升一見，即日罷兵息戰，民得以安。清室遜位，民國以成。甲子在藍軍隊與紳團衝突，陝督劉鎮華怒，發兵屠藍。先生急以書請免，禍遂解，藍民得無恙。

抗日軍興，先生激于義憤，與興平張果齋先生糾合五百義勇，出兵抗日，已通訊全國，待命出發。及問楊仁天，以私出兵，無所聯屬，何能達於前線。且糧糈由何供給？勸阻遂止。又有抗日詩數首，激勵人心及將士，前防聞之，莫不奮勇爭先，萬眾一心，有進無退，血戰八年，卒降日寇，國以保存。出兵雖未成，而此詩不啻雄獅百萬哉！人恒議宋儒迂腐，空談性理，而無實用，獨善而忘世，視先生為何如耶？

由是先生德惠深入人心，莫不敬仰，爭欲一見為快。每行旌所至，途為之塞，止於所宿，門庭擁擠，不能出入。某次由清麓返，已升車矣，一友急來懇曰：「某軍長願見，請少待。」軍長即就車前瞻仰，良久乃去。一次在省孔廟會講，有二白髮老人，方至廟門前，聞已講罷，頓足歎曰：「一步來遲！」其令人之景慕，競竟如是也。是以信從者眾，凡列門牆，則秦、晉、豫、魯、冀、皖、隴、鄂、蘇、滇，以至朝鮮，莫不有人。且有滇之佛徒，蜀之老衲，亦棄其學而來學焉。更有年長於先生，亦循循執弟子禮，先生之善誘人可想！

某幸生同鄉，而牽於俗務，未克親炙，惟以襄修邑志事，得隨班聽講，未及窺其門徑，僅就見聞所知如此。其他講論辯學，見於書劄中。如答張鴻山、夏靈峰、夏貞立、高太常、賈端甫、南孝九、白壽庭、孫仲玉、李薈堂、趙汝篤、張靈甫、趙琢之、汪純夫等書，及孔廟講詞與志學文社論學等，具在文鈔中，人人可見，不難推見一斑。若鄉人傳頌以為神，能前知，則非其真。先生已有神仙辯，可以知其為人矣。歿後，中央及省、縣，均有喪葬費。青島張范卿先生為志墓，淄川孫靈川先生為表墓，地方呈請入鄉賢祠，並於每歲9月20日，公祭先生于芸閣專祠，垂為令典。先生學行之高可見。

甲辰四月望日同邑門人邵澤南述

文録

禮節録要序[一]

禮節録要一册，皆廿餘年來學舍諸生所嘗講習且用之鄉人者，意取簡便易行，節文所在，未免過爲疏略，然寧儉寧戚，務存大體，蘄不失先王制作之本意而已。千里之行，始於頃步。值禮壞樂崩之日，使鄉曲中多一人講行，則三代猶或可復，未始非風俗人心之厚幸，僭妄固陋之譏所不辭也。至經義所關，如鄉飲、投壺之類，則意主明經節文，自當從古，蓋習禮與行禮之不同，分别觀之可也。草定之册，本無損益可言，及門苦傳抄之不易而多誤也，於是以印行爲請，蓋庶幾愛禮存羊之意。予故不之拒，爲書其篇端如此。癸亥臘月，藍田山人牛兆濂識於芸閣學舍之東窗下。

[一] 據民國十二年芸閣學舍諸生排印（克復堂）本移録。

續修藍田縣志序〔一〕

「續修」云者，續呂志而修也。呂志起道光十九年，訖同治末。造則同治以前所宜志者，悉具於其中而無遺憾矣。欲考古者，第質之呂志可也。若並呂志而修之，則有新志而呂可廢矣。故續之自光緒以來，訖宣統三年而止，一省通志館例也。惜呂志存本殊不易得，且板遭焚燬，重刻爲難。兹雖續自呂志以後，非並呂志而重修之，無以存呂志也。故光緒以前，一以呂志爲本，而稍加芟潤，闕者補之，略者詳之，誤者正之。其名稱不能循用，體例亦不無變更，故引用舊志亦不更識別，以從省便，不敢妄擬古人，班之於馬，通考之於通志、通典也。濂耄年昏瞶，動多遺忘，承諸友之公推，謬膺總纂，賴同事諸君不憚險遠，四境所及，幾乎無所不到，非徒侈參稽之勤矜，搜訪之富也。共繪圖若干幅，新增山名若干，水若干，又境外之水發源縣境者若干，又續增山內村名若干，物産若干，山脈水道均犁然可指，足補前人所未至，則諸友之力也。惜一簣功虧，奉文中止。今縣長以功敗垂成慨撥公費，招集抄胥，諸友惟潤生、茂珊身任贊助，竭日夜之力，編纂校閱，諸生亦皆踴躍效力，剋期蕆事，夫而後吾邑之掌故、疆域、建置、田賦、戶口、土地、山川、風俗、物産，凡關於考據者，均不難展卷而尋，按圖而索。而教化所施，賦斂所出，丁中之徭役，控扼之險要，皆瞭然於中，不難取懷而予也，所謂一勞永逸之一事歟！疎漏訛謬之失，知所不免，惟有心人不憚煩頤而一一賜教焉，則不勝幸甚。

〔一〕輯自續修藍田縣志卷首，民國二十五年排印本。

玉山考〔一〕

元和郡縣志云：「周割藍田，置玉山、白鹿二縣，後旋廢。唐又置玉山、寧民二縣，亦旋廢。」蓋以山出美玉，故名其山，因以名其縣也。舊志以爲即藍田，山在縣東南三十里。此次采訪，徧詢土人，皆不能確指其地。今據測量局實測，王順、覆車二山之東，有山最高，不知名。高出縣城一千八百二十公尺。竊意縣以玉山名，則當以其最高者爲望。此山既高出羣山，其爲望無疑，一也。且白石壁立，望之如積雪，朗朗照人，正符玉山之名，二也。兩峯高并，始信工部所詠之確。盍目擊所得諸家多誤引他山，近據以正杜詩之誤解，三也。册云：「去縣四十五里，與東南三十里之地望，僅差十里，未甚懸絕」，四也。附進相對有古玉山寺，前人題署不爲無因，五也。向以此山爲玉山，苦無確據，今得此五證，以定玉山之名。山靈有知，當亦幸知己有人也。

穿井說〔二〕

湯旱七年而民無捐瘠者，以其有備也。畎、會〔三〕、溝、洫，舜禹周公早盡力而經畫之。夫曰盡力，則不徒恃河渠通流自然之利可知矣。故歷代水利皆爲備荒設，鄭白之沃，增修罔替，擴而充之，則水不可勝用矣。興安張補山先生關中水利議

〔一〕輯自續修藍田縣志卷二〇，民國二十五年排印本。
〔二〕輯自續修藍田縣志卷二〇，民國二十五年排印本。
〔三〕「會」：宋蘇軾撰書傳卷四及馬端臨文獻通考卷一作「遂」。

至詳矣，然爭水之案層見疊出，使享其利者子子孫孫恒有性命之憂、縲絏之苦，利未得而害隨之，則養人之適以害人也。余家濱灞水，不三十年必以爭水兇毆致訟，其他或釀命案無處無之。乃遍告鄉人各於地內穿井，沙石之壤一旦盡變膏腴，資深居安，左右逢源，永杜爭端。遺子孫以安，令子孫抱甕終身，聊以免死，則苦且樂矣。頃閱報章，於秦省鑿井之調查表中所列，幾乎無地不有，皆以重價覓技師於外洋而後得利者也。惟吾藍不與焉，則以地方貧瘠所致然。而利權在我，壞則修之易易耳。若仰給外人，一壞而不可用，則前功盡棄，吾安得如許之金錢爲外人之吸取哉？故曰「求人不如求己」。爲子孫計久遠者，可不作民勞，則思「機事」「機心」之想哉！

時在癸酉牛兆濂

輞川志序〔一〕

輞川名勝，李唐以來騷人韻士咸艷稱之，爲尋幽覽古者所首屈一指。顧輞川之在藍田以摩詰著，摩詰則以其詩畫著。跡其名字，歸依維摩，兄弟不娶，施居第爲佛寺，其與捨身同泰之梁武相去幾何！佛法之陷溺人心千餘年矣。語及摩詰，第震其才名，慕其高致，而忘其爲傍門弟子。至其生平大節，亦無可師法，則輞川之有志直文人結習未忘，而爲稼書、荆峴諸先達之所擯斥者耳。今欲正綱常、明禮教，則崇正黜邪之要意，不惜舌敝唇焦而反復薰聒，以庶幾子規之喚東風矣。故吾謂不誌名勝則索然寡味，闇然無色，閱者不數板而思臥者，勢也。不得已而於前人之著録依舊存之，以不沒其苦心，而論列其得失如此，俾讀者不迷於嚮往云。

〔一〕輯自續修藍田縣志卷二二，民國二十五年排印本。

楊健齋先生墓誌銘[一]

君諱昌年，字紀五，號健齋，系出弘農楊氏。元、明中，遠祖伯川公自閿鄉遷富平著籍焉，十八世至於君。曾祖興德，妣劉氏。祖清彥，妣惠氏、賀氏。考立時，妣田氏。君兄弟二人，君居長。生而穎異，好讀書，至忘寢食。年十三，六經略能上口。光緒丁丑，秦大饑，避地隴上，流離中讀書不輟，嘗曰：「昔赴隴道中讀得一二部書，今猶在口。」其嗜學如此。

年二十一，以貧赴西域習吏事，出入戎行，綜核事宜，悉身任之，勤敏周詳。公餘即讀書，或至達旦。事無巨細，靡不究心。上臺或有問，對輒如流。以故爲當道所重，累以功保奏，補用主簿，歷十二年乃得歸。是行也，於吏事兵謀、邊防險要、時局安危、民生利病，在在皆得之身歷目睹，證以平日所讀經史，確有以見其利害得失之所由，將以爲他日設施之地者，胥於是基之矣！君方有志斯世，猶自以爲未足，乃東見楊克齋先生於朝坂，得聞程朱之學，銳然有求道之志，遂執贄門下，精思實體，刻苦逾常。克齋稱其穎悟過人，篤行可畏，至是所學粹然一軌於正，則平生一大轉機也。

宣統辛亥，督建損齋祠。九月朔日之變，盜賊蠭起，人人自危，君乃與父老約，結團自保。衆推君爲首，君慨然曰：「此吾事也！」倉卒之際，因事制宜。竭數十日之力，悉心部署。鄉里子弟，皆爲精兵，緩急可恃，此東四團之第一團所由肇也。於是遠邇響風，四團共議推君總司其事。君辭不獲已，乃於癸丑冬定期集衆，告本方社神，立誓死守，衆皆感奮用命。有不率者，譬以大義，許其自新；其怙終不悛，殲其一二渠魁，離其黨與，風浪頓息。明年甲寅，暴兵過境，肆行劫掠，

[一] 節選自富平楊健齋先生志傳録，陝西師範大學圖書館藏本。

民團莫敢誰何，勢甚岌岌。君憤甚，訴之當道，當道亦稔知君，事獲申理，民賴以安。丙辰，某部萬衆出北山，地方大震，內部不逞之徒，方乘機煽亂，內外危迫，勢甚累卵。君扶病督團，朝巡夜守，內則固人心、作士氣，外則多方備預爲防守計。心力交瘁，徹夜不一安枕，歷數十日乃免，其勤厲如此。外侮既寧，乃修內治，務安輯，勸農課桑，通商惠工，詢問疾苦，平息爭訟，一切煙、賭害民諸事悉禁絕之。黜莠安良，務軌於正。遵朱子「社倉法」，所在積粟累數百石。備災賑，贍貧乏，民知任卹，澆俗爲之一變。乃謀善後，興學校，厚風俗，子弟稍有知識，悉令就學。又沿鄉專人講演孝經、小學及訓俗各書，使人知孝悌忠信、禮義廉恥之道。春秋暇日，集同志諸友，率子弟習禮説經，講行呂氏鄉約。其節孝素著未及闡揚者，爲文以表其墓，一時守義死節者踵相接也。丙寅十月，省城圍解，君首輸粟數十石，以賑災民。鄉人慕義輸粟者相繼，其感人如此。時天下騷然，寇擾兵劫，誅求無藝，民不堪命，吾秦尤甚。君所爲團，屹然爲渭北重鎮。民不畏兵寇，不見官吏；安居樂業，外戶不閉，宴然如遊華胥國，居桃花源。誰之力與？

餘嘗一至君所，周歷城寨、儲蓄，閱所訓練團民，歎其措置有法，純乎儒者。舉而措之，天下治安可待矣，孰謂王道之迂遠而不可行哉！而天不憖遺，遽爾賫志以歿，君之不幸，斯民之不幸也。嗚呼惜哉！他細行詳載君所爲鄉團紀要，其規模大抵皆克齋先生所定。著有健齋文集若干卷。君於去冬病中，猶力疾勸賑息爭。彌留時，切切以團務賑務爲囑，無一語及家私，其所存可知矣！

以己巳歲二月初三日未時疾終正寢，距生於同治乙丑八月二十二日未時，春秋六十有五。國變後笄髪古服，歿時以深衣殮，君志也。即以其年四月十六日巳時，葬君於堡北新塋，子首午趾。元配氏呂，繼室氏康，稱未亡人。子二，汝摶、汝據；女一，適蒲城齊氏。孫一，芸蓀。法當銘，銘曰：

學本洛閩，惠及桑梓。胞與之懷，佐以經史。

獨立不懼，衆志成城。兵出於農，食足於耕。

吏不敢侵，軍不敢擾。屹然重鎮，室家相保。

危然後安，戰以爲守。學道愛人，是謂不朽。

李銘誠先妣生子遇難記批〔二〕

處人倫之不幸，歷如許艱苦以有今日，造物於斯人，不可謂無意矣。尚宜體玉成之意，念鞠育之恩，專意於聖賢之門而不爲他岐之所惑，則此記非無爲而作也。

論語散記〔三〕

子曰：「君子上達，小人下達。」

君子循天理，故日進乎高明；小人徇人欲，故日究乎汙下。

子曰：「古之學者爲己，今之學者爲人。」

程子曰：「爲己，欲得之於己也；爲人，欲見知於人也。」程子曰：「古之學者爲己，其終至於成物；今之學者爲人，其終至於喪己。」

愚按：聖賢論學者用心得失之際，其說多矣，然未有如此言之切而要者也。於此明辨而日省之，則庶乎其不昧於所從矣。

蘧伯玉使人於孔子。

蘧伯玉，衛大夫，名瑗。孔子在衛，嘗主於其家，既而反魯，故伯玉使人來也。

〔二〕輯自民國三十三年李雍睦堂印李氏宗譜，題目爲點校者所加。

〔三〕題目爲點校者所加。

孔子與之坐而問焉，曰：「夫子何爲？」對曰：「夫子欲寡其過而未能也。」使者出。子曰：「使乎！使乎！」

與之坐，敬其主以及其使也。夫子，指伯玉也。言其但欲寡過而猶未能，則其省身克己常若不及之意可見矣。使者之言，愈自卑約，而其主之賢益彰，亦可謂深知君子之心而善於辭令者矣。故夫子再言「使乎」，以重美之。按，莊周稱：「伯玉行年五十，而知四十九年之非。」又曰：「伯玉行年六十而六十化，」蓋其進德之功老而不倦，故是以踐履篤實，光輝宣著，不惟使者知之，而夫子亦信之也。」

壬申上元前一日　藍川居士默經

牛兆濂鄉試硃卷

陝西鄉試硃卷　光緒戊子科

中式第二十八名舉人牛兆濂，陝西西安府學廩生，民籍。

同考試官賞戴花翎署乾州直隸州知州前翰林院庶吉士、刑部廣東司主事加四級杜即用知縣顧閱：

薦

大主考翰林院編修周批：

取

大主考翰林院編修、國史館協修又批：　斂才就範，騰茂蜚英。

戴批：

中

又批：　筆情軒翥，氣度春容。

本房原薦批：

嘉肴停俎，芳旨必甘。養邃功深，乃臻斯詣。次三亦别具鑪鞲，不爲苟同。詩工穩，經藝取材淵富，結采璘彬，策條對明碻。

衡鑑堂原中批

位山置壑，雅淨清舒。一切大石粗沙，磨治殆盡，是簡鍊以爲揣摩者。詩潔。統觀二三場知根柢，詞華均能搯注，亟爲拔之。

子謂仲弓曰：「犁牛之子騂且角，雖欲勿用，山川其舍諸？」

可用者終必用，類不得而拘也。夫牛而騂角，必用者也，乃以犁牛之子少之耶？明山川之不能舍，爲仲弓辯乎？爲用人者告耳。且非常之材，必有非常之用，而論者顧以家世疑之，豈知潛德有必發之光？門第之單微難掩奇傑，無終窮之理，冥漠中眷念良殷。賢豪不擇地而生，君上當因材而使，慎毋以遭家不造，遂謂哲嗣篤生，無當於帝心簡在也。吾黨有仲弓，寬洪簡重，南面可使，固用世材也，當事者每以其父不肖舍之，子用是慨然曰：「宮寢意切旁求，何必問倫常之缺陷？君公時殷汲引，何至祕鐘毓之靈奇？試以犁牛之子譬之，推除惡務去之懷，縱其子色中犧牲，不難黜之而勿用，乃何以興朝隆祀事，僅傳尚赤之文？」祭義著宏規，特具卜牲之典，知馨香遠格，惟恃此純一不雜者，邀賞鑑於神靈，而所生不必問也。廣執邕告虔之義，縱其子體極完備，無妨舍此而他求，乃何以郊禘有經，繭栗特詳於王制？蒸嘗有頌，楅衡載詠於閟宮？知肸蠁潛通，惟恃此粹美無疵者，答聲靈於河嶽，而小節不必拘也。其騂而且角也，亦何害爲犁牛子哉？是牛也，固賢君相所寤寐求之，旦夕期之，而急欲其用，且惟恐用之不速者也，尚安有勿用之念哉？雖然，吾竊思之，萬不至純駁莫辨，使抱異質者終老泥塗，顧即際遇無期。而堂陛或靳夫升聞，幽冥豈忘其困頓？河靈嶽秀屬望果何？曰虚也，而猥曰舍也。萬不至推薦無人，使負奇材者莫登廊廟。即使遭逢莫卜，而聚訟或生夫訾議，鑑觀難已於纏綿，列俎升馨，此事非異人任也，而漫云舍也！「雖欲勿用，山川其舍諸？」昭質本無虧耳。被繡膺文章之選，升中備饗祀之儀，以牛之出類超羣而顧令湮沒蓬蒿，莫獲薦苾芬於鼎鼐，亦時之無如何者也。顧反身既具超特之資，造物豈無愛憐之意？此念固默默可徵矣，重華之協也。慶瓜綿於瞽瞍而山封川濬，即大啓雷雨之經綸，其維繫不有深焉者哉？美材終難掩耳。物色昭純備之文，形象協正中之矩。以牛之純修具體，而忍令沈淪草莽，莫能告封禪於河山，是理之必不有者也。況天地之生成非偶，岳瀆之靈爽式憑，此意固微微可會矣。文命之敷也，繼苗裔於熊淵，而高山大川遂永奠平成之宇宙，其結契不有真焉者哉！

本房加批

聲韻鏗鏘，文情斐亹，每下一語，如鐵鑄成知，於此道三折肱矣。

天地位焉，萬物育焉。

即位育以徵所致，中和之極功也。夫天地萬物本位育也，特中和未致，不足言位育耳。中庸故爲致之者推其效歟。且王者勵精圖治，而兩間徵奠定之休，百族著蕃昌之象，論治者抗懷隆盛，幾疑別有治功矣，豈知參兩、列三才存養深斯？陰陽合撰，包涵周庶，類推曁博，斯品彙咸亨，有交盡之功能，即有分呈之運量，一俯仰焉，而後歎致平成、徵昌煦者非偶然也。試爲致中和者思之。

今夫中也者，天地之所以立心；和也者，萬物之所以得所也。宥密之操存，何關兩大？而覘主術者，每即兩大以驗純疵。我觀執中，有聖神握符而七政無愆，垂裳而九州底定，詎得謂外著之端，不足見中藏之蘊也？則大本立也，泛應之曲，當何與羣倫？而考王猷者，每合羣倫以徵性量，試觀誠、和，有令主布惠而澤周草木，推誠而信格豚魚，詎得謂化光有象，不足見因應咸宜也？則達道行也，位也育也。謂非中和之極致哉！幽明雖隔，不隔者顧諟之神，主宰所存，呼吸潛通於宇宙，故聖主不言功化，而崇卑定位即由一心之參贊而成。形氣雖殊，不殊者降衷之理。性情所至，分量早遍乎寰區。

故聖朝不事驩虞，而暢茂徵祥。即由片念之擴充而見養不厚，則動靜非宜。致之者以一心握萬化之原，即以一心之妙百爲之用，其涵養有獨厚矣。懋敬在神明變理，因以彌其憾；渾涵宏度量倫類，即以愜其天。縱使氣數難回，幾若有無可如何之勢，而中和既裕於內念，即位育可驗於寸衷，神化而獨臻也。夫豈待嘉瑞迭呈，始足見隱微之感召哉！蘊不深，則推行亦隘。致之者於一心化偏頗之迹，即於一心見正大之規，其蘊蓄爲最深矣。德心通帝，謂不言而自妙行生；隱念裕慈，祥順時而自深茂對。迨至嘉祥畢萃，幾若有不能自喻之情，而中和不敢懈其功，即位育終莫窮其量，純一而不已也。不可即修爲所積，以極推功效之昭著哉！

本房加批

藻密慮周，氣充詞沛，俯拾即是，熟極而流，是文人妙來之候。

爲巨室，則必使工師求大木。工師得大木，則王喜，以爲能勝其任也。

爲室必先求木，得之而任可勝矣。夫巨室之爲，非大木難勝任也。求而得之，王之喜不可知哉！若曰王今者撫有青齊，一時華屋居安，雕梁觀美，所爲勝任愉快者，夫固一朝盛事也。顧肅觀望於明堂，隆棟有資，原藉口搜羅於衆技，啓規模於大厦，良材既獲，彌切鼓舞於宸衷，搜求備至而壯麗堪嘉，其能用夫材而遂得盡材之用者，初不待宮功告竣，早知其大快王心也。今夫營室宜備物，非大木則負荷難勝，求木貴得人，非工師則仔肩誰任？王之使工師求木也，不可於爲巨室必之哉！侈霸圖以增壯盛，千萬間之廣厦氣象維新，一藝成名，斯九重受命，此意何如鄭重也。故專其任，無分其任，必欲使搜巖採幹，偕高桐文梓以同歸，擴爽塏以耀，觀瞻于百世之宏基。經營大定，片長録用，斯王事馳驅，此意烏容鹵莽也。故任以職，并任以心，必欲使斬棘披荆，獲榱桷輪囷而并至，其使工師也，蓋急求其得而惟恐其不得，且恐所得之未必勝任也，則甚矣，王喜之難也。如其得之，則王且瞿然驚矣。以爲山川鐘毓，不乏楨幹之材，乃不謂甫柏徠松，早已效靈於寢廟，期之在意中，償之如出意外，深宫高拱，寡人將快睹宏規也，喜何如也？則王且欣然慰矣。以爲造物篤生，絕少棟梁之選，茲何幸盤根錯節，直將比壽於河山。獲之在一日，樹之實在百年。夏屋可成，寡人將坐觀創制也，喜何如也。蓋以爲能勝其任也，遭逢之不偶也。設大木挺秀舒翹，未獲邀良工之賞鑒，縱藩垣屏翰，素儲其材，亦僅與盛世桑麻共荷沾濡於雨露，今而得自工師也。繩墨可中，出世則廟社增輝，柱石能當，立朝則宗祊永奠。磨鍊深則堅貞愈甚，王之所馨香祝者，不過如是也，其喜也，豈僅在笑貌間哉？遇合之難定也。設大木懷其負異，不得遇物色於風塵，縱大澤名山獨鐘其秀，亦祇與中林草木同歸剝蝕於冰霜，今而得之工師也。酬知遇之深恩，累王之所寤寐期者，當不外此也。其喜也不誠在神明内哉！觀王之所怒，而王之不小，夫木已如此。

本房加批

興會飈舉，氣象崢嶸，其用筆之超脱，如龍蛇捉不住，文似看山不喜平，洵然。

賦得華嶽峯尖見秋隼　得秋字五言八韻

華嶽登臨日，清高見魏侯。奇峯尖似削，孤隼健淩秋。矗兀層霄出，迴翔片影浮。振翬爭一瞥，絕頂豁雙眸。電閃金天肅，霜威玉并遒。翰林曾集未，帝座想通不。程共搏鵬問，蹤看落雁留。載賡工部句，聯步待瀛洲。

本房加批

風華典贍，藻耀高翔。

附録

牛藍川先生遺囑　乙亥夏五月十一日

我生平疚心太多，千萬勿請入鄉賢，以重我之恥。

我生平只不敢爲非，不可鋪張太過，以爲吾之羞。

我一生重力行而未有實得，不可自欺欺人。

此先父藍川先生乙亥夏五月感勞疾篤，既而復蘇，以左手略書數語，聊志生平事業之大清白，相傳之嚴，謙己虛懷之誠也。男清璋泣讀。

仰見先父身任之重，事業之大，斯文之傳，其在兹乎！生平以清高自守，不事田財，爲子孫貽之以德，不令求人，恐污家聲。其造道之高，躬行之實，尤虛己下懷，自謙不足，使門人子弟有所遵守云。嗚呼痛哉！

男清璋謹志

牛藍川先生訃告

同學弟王典章署簽

牛藍川先生於本年夏曆六月二十一日辰時壽終芸閣學舍，距生於清同治六年九月二十七日戌時，享年七十有一。謹擇於國(夏)曆十一(十)月初五(三)日巳時，詣學舍後岡新塋安葬，丑山未向。肅此奉聞。

孤哀子牛清璋、淵、謐、德泣血稽顙

齊衰期服孫新田、瑤田、寶田泣血稽首

小功服侄清溪、藻、源、泉、淮拭淚稽首

緦麻服孫新地、大地抆淚稽首

治喪處

劉守中　趙玉璽　黃維翰　趙振燦　牟文卿　穆含英　任忠恕　孫汝鈞

王延壽　任希洛　楊茂春　劉　仁　楊仁天　李銘誠　張維浚　王大本

張義智　李養初　畢士衡　張維涵　趙又新　胡敬明　韓象離　韓法孟

張廷玉　王萬治　白復隆　邵澤南　王宗武　楊中天　田伯農　閻儒林

陳敬修　張應考　劉樹欽　劉樹庸　王執中　王元中　樊興漢　雷在乾

韓振虎　楊大乾

先父藍川先生事略約目

家世事略　名重關隴　先父之學　先父之德
設教本末　接引後生　以身表率　忠誠待人
祭祀誠敬　禮教化俗　尊崇師門　嚴於取與
胸懷空闊　隨遇而安　憂道恨國　拯溺救死
實惠及民　至德物格　感勞逝世　以資采擇

先父藍川先生事略

先父藍川先生諱兆濂，字夢周，號藍川，世居藍田北區新街鎮。先祖父約齋公爲人沉重，不輕言動，自少略涉經史，而臨事頗識大義，鄉里皆欽敬之。居恒生計淡薄，而救難卹貧慨然弗恤。早失所怙，事伯叔如高堂，孑然獨身，與衆兄弟如骨肉。詳見墓誌。先祖妣氏周，奉養繼母，善承其志，曾祖母愛如所生。時祖父客於外，曾祖母病革，以所蓄盡付之。既而曾祖母不起，乃以所付金爲營殯葬，一無所恨，歲時哭奠，鄰里以爲難。性慈惠，於貧匱親戚，每賙卹無少吝。有夫婦不和、兄弟乖離者，聞先祖母數言即解，其人感泣終身。先父早獲科名，祖母嘗曰：「吾安於菽水，若不義禄養，非所願也。」又謂：「欲成好人，須得賢師。」先父北謁清麓，實先祖母之訓也。先父之生，先祖父年已耆艾，雖無姑姊兄弟，鍾愛特甚，然教必以義方。先父年四、五齡，即岐嶷不倫，而先祖父即令之識字，雖饔飧不繼，而勤讀之功，不令少輟。先祖父棄養，先祖母痛悲失明，宜先母張氏又病不起，而服勞奉養，先父一身獨任，罔有遺漏。故詔命三至，願以没籍，而盡菽水之歡。況值科名時代，功名富貴，他人終身求之不得，先父未嘗介意，其孝養之篤，富貴之淡，出於性成，決非權勢窘迫所能奪也。及先母支氏，代爲營置，從事周旋，而奉養之餘，略可以出入，以資生計。稍有窘迫，先母即白於外祖母，暗中布置，非惟他人不知，即先父亦不爲覺，特恐誤其事而傷其志。其智力之遠，成人之德，非等閒所能及也。先父告先祖母文有曰：「母已遘疾，兒賴有賢助，湯藥飲食以至便溺，兩月之外，日夜相伴，則母之克見也。尤可嘉者，氏雖富家，頗知節儉，不慕榮利，兒之得安居田野，教授終身，皆氏之力有以成之」云云。

先父自幼以文名關隴，而爲當道諸公所器許，縣尹周侶宣聞先父之賢且孝，遂聞上憲，撫台岑公春宣以奏請，令其赴京，賜會費三百銀。先父不拜見，亦不致候，並返其賜。周台使人諷之再三，先父毫不爲意。周台又恐上憲核，焦心如灼，就其友張竹軒謀爲上書巡撫岑公，以答栽培之意。周台對竹軒云：「某意欲先生爲道養而出，大人已上奏，又賜費若干，其待先生，至矣盡矣。而伊不見，亦不申候，吾甚恐之，祈代爲設法。」竹軒遂爲先父陳明周台原委，先父有與周台一書，語以不見之意。周台得書，即呈上憲，春宣得書，語在座曰：「吾嘗謂古之三徵七辟具文爾，當世竟有斯人！況國家求賢曠典誠不易得，而牛某人視之若敝屣。」時蘊生先生在側，以「夢周才華早爲關中所重，十八九歲時翰林早爲所奪，今已年近三十，猶于進取空負大人盛意」。又光緒歲饑，先父家貧，赴省購倉米，路爲推車者挽車，時值過軍，以推車阻於路，遂翻其車。傳聞至省，人人談之，不絶於口。爲巡撫端公所聞，上折兩宮，賜孝養費五十金，先父不受，自覺不克當孝子之名。端公又以孝聞，兩宮嘉其賢孝，賜內閣中書銜，先父則向闕遥拜，堅辭不受。又端方奏准於兩宮召見，又不受。及升帥蒞任，即以求賢爲急，特薦經濟特科，又不受。又以師範學堂總辦見委，辭之再三。樊雲門在側，謂先生曰：「公卿不下士久矣。」先生答曰：「公卿以下士爲賢，士以不自失爲貴。」又高太常再三聘請，以存古學校見委。「先生慨然肩斯道之任，允以講學會垣，共培後進，是豈惟弟與諸官長之幸，實關中人士所望而額慶者也。弟與中丞及存古學校兩總理許公、余公，提調仲錫太守，並所派協理興觀察商訂禮聘，悉懽然同聲，幸安輿之將至。又僉謂得先生而關學大振，實由夢公爲之倡也。已屬邑宰如禮□□致送，以重師道」云云。又「先生以道德坐鎮其間，無不可也。若先生仍不許，則弟與諸當事俱在藍田間。高賡恩頓啓」。先父感其誠意，允之，又囑其敦請興平二張。後不數月，因張仁齋先生與學子有違言辭去，先生時返里，聞之，亦不告而去。

有與高太常書，見文鈔。其去就之決，友誼之篤，有如此者。又先父辦賑，痌瘝切念，籌畫無遺，上因勞績，晉加六品銜。

先父之學，近師清麓，遠紹程朱。值異學爭鳴之時，愈守愈嚴。「自清麓歸道山而後，關中縷縷不絕，繼關中之絶者，其惟公乎！」友人白遇道。嘗訓學者曰：「立志要堅，守道要嚴。不合於清麓，即不合程朱；不合於程朱，即不合於孔孟。」先父雖博覽羣書，而開口必本於程、朱、清麓。然於朱陸界限，絲毫不假，除辨道示途而外，亦未嘗言及先儒之偏，蓋深恐啓末學妄非前人之端也。「先生承清麓之學，光大師傳，非尋常講學者比，己心儀之」。浙江夏靈峯。「仰見學術純正，操履端確，文字雅秀，對之起敬」。中州白壽庭。

先父之德，藹然可親，寬嚴並濟，溫和出於自然。故稍列其門墻者，輒不忍去，旬日拜別，即興三秋之感，其德之符於人者，有不能自已。「先生敦厚質實，望之儼然，雍容和洽，即之也溫」。朝鮮韓成龍。士無賢愚、富貴、貧賤，而先父待遇一體，致使富貴者忘其富貴氣，貧賤者不自知其爲何等人也。由校返里，鄉邦之中婦孺女子，願得一瞻顔色爲萬幸。每有會講，所過西京沿途各村，輒爲人民雍擠不前。先父有「慚愧鄉鄰遠相問，相逢但說孝爲先」之句。未及瞻望者，深以爲憾。鄉黨學子，無論遠近，每有行爲稍未正者，皆自誦曰「何顔以見先生乎？」其自愧仰慕有如此者，天理民彝，不能泯沒，實先父之高風使然也。

先父之設教也，本於程朱，根據清麓，以鹿洞規則，正誼訓詞，遵守無遺。課程以小學、近思録、四書集注視爲命脈，終而復始，其他經、史、子、集，隨其性之高下，分別施讀。著手做工夫，由灑掃應對以至窮理盡性。學子初來者，先令其住門下半載，待其心悅誠服，然後始納門墻。「先生以道高德邵之身，肩範世立教之任，多士景從，羣賢趨附，遠近聞之，爭一見顔色，一聆清譚爲快。華以事業集，不獲時躋高賢之堂，側聽雅教，悵惘奚如」。劉鎮華。故近悅遠來，庠舍不能容。

先父之接引後生也，一動一靜，必示學者以法，有所取則，由小及大，由淺入深。初到者雖其年高，猶須令其按步就班，以至入聖。雖最小之蒙童，字義初識，諄諄誨以倫常大義。朱王之分，門人以過勞見請，先父正色曰：「今爲蒙士，他日入聖之基。待稍有知，誤入歧途，深爲可惜。」故小子有造，成人有德，皆先父之賜也。

先父生平尤所最重者，躬行實踐，以身表率，言論次之。嘗謂：「知之易，行之難。」雖酷暑炎熱、燕居之際，必冠帶，非夜寢不脱去大衣大帶。每書一字，必方正勻停。精於草法，學者每以爲請，曰：「字之不正，心術因之而偏。」每見學子臨時人帖，必戒之曰：「書見心畫，品格攸關。時帖雖善，然品格遠不逮古，何所取法？吾嘗愛魯公字雄健端方。」綜此末節，深含寓教之意。每遇夜半，必披衣起坐，溫讀集注、小學、近思録三書，終而復始，定爲終身常課。外而十三經傳流誦讀，曰：「日間不能暢讀此清明之氣，誦此天地不絕之經。」數十年來如一日，誠末學不可及也。

先父忠誠待人，與人所言，稍有許可，即爲處置，不令時日失爽。曰：「人或不知，吾心安可欺乎？」學子問答，以及各方文函等件，雖論理全無可取，必詳示答覆，經手檢點。「竊見以韓歐之筆，發程朱之理，布帛菽粟之文，切於人倫日用，斯爲至文，至其精微要妙之處，則如瘖者享太牢，心知其美，而不能言其所以然也。」白五齋。案牘盈尺，而看讀各書集、劄記、日記，仍須按自課卷頁定數，親手經過，曰：「道之存亡，在於吾人。討論應酬各件不得不答，而吾之正課劄記、日記，安可一時廢棄？」嘗云：「當聖學盛行之時，辨道不得不嚴。值今衰微之世，能言拒楊墨者，應須從寬接引，胸懷坦然，物我無間。」

先父之祭祀，朔望拜聖不得謂之祀。每逢朔望，先祀孔孟程朱呂賀之位於正座，後祀先祖於西座，尤兢兢業業沐浴、致敬，更衣於前一日，遵爲常儀。雖雜亂出外，未嘗缺乏。聖誕生辰、忌日、薦新之祭，齋戒沐浴，不會客，不親筆墨，素食變容，凡三日。羹饌購新，親爲洗具陳設，如所祭之在上。音容笑貌，聽於無聲，視於無形，宛然如生，哀痛悲切。禮訖退寢，下午爲子弟諸生詳述先聖先祖之事跡，俾聽者有所感發而後已。雖患病兵馬中，弗敢或置。每有遠出，則必展拜而後去，及還亦如之。

先父之化俗，首重禮教。張公於渭請行鄉飲酒禮，周令侶宣請行鄉約於里衛局，又行於玉山書院，又學行於儒學宮。每月朔望，相與演行，觀者如堵。先父會祭即景，有「人向尼山爭下拜，會如曲水集羣賢」之句。王零川配享橫渠祠禮訖，習冠禮，升制來觀焉。至於冠婚喪祭各禮，鄉間舉行不一而足。

先父之尊崇師門也，嘗爲撥款以裕經費，爲之接濟以救困難，爲之倡率同人，爲看守門戶，其維持師門之功心，可謂無微不至。而籌款贖板一事，尤爲一巨功也。劉允臣、陳良策於芸閣捐款五千元，先父以師門爲重，以三千元分卜。又贖版一事，先父以先師精力所萃，謀及同人，約二千元，共爲負擔，不意事寢，先父獨以身任。陳生明初以書遺楊仁天、劉允臣，而其事遂解。「先大夫講學清麓，沒後已數十年，熙熙世宙，誰則踵其後塵者？曠觀師門，惟我哥可能獨樹一幟，弟雖期期不名其妙，而心嘗識之。」賀伯箴。「煒師事仲玉，得知關中諸老宿，但未晤面，徒深想像。仲師言及清麓門下，品行高潔，心術純正，莫如先生；能守清麓，始終不變，亦莫如先生。仲師不輕譽人，於先生之學行，直道其實，故煒益信而久景仰也。淄川後學陳錫煒頓首拜。」

先父嚴於取與，清高自守。光緒二六年大饑，先父未舉火三日，而爲民呼籲，有詩廣傳江南。賑濟某公奉省台命，暗中私至家，以客禮見，先父談笑不減。曰：「真賢人也。」臨時出白金伍百，語以來意。決不受分文，慨捐區賑，而自以身應民夫轉米，略資升合。

先父之風韻幽雅，態度天然。從容乎規矩之中，優游乎仁義之場，無如而不自得。天闊地空之胸，民胞物與之懷，坦然無間。春風歸詠，鳶飛魚躍。先父有「爲問先生何處樂，晴川新稻豆花風」之句。陋巷之樂，殊難想像，其神色之清，服冠之秀，隨時隨事，靡不出於自然，無絲毫之勉強。「我哥之兩袖清風，一塵不染，此上界神仙福，非庸夫俗子所能得也」。賀伯箴。

先父生平，隨遇而安。黃道慕其賢，謀及升帥，欲建書院於輞川，先父以國爲家堅辭。後置魯齋祠，爲先父會講處，捐款以作常年經費。又李公維人亦復此舉。先父曰：「得與先賢朝夕相依，爲願足矣。」乃建芸閣房舍，陳、劉二督軍並捐款增修，命其弟從游。其意未盡，在省建立書院，欲請先父移講帳於青門，先父固辭，因命名曰關洛講舍。

先父晚年常憂道之不行，感慨國難多端，或發之於筆墨，或遊行各處，大聲疾呼，使國人知我神州所以能數千年而不絕者，以孔教在也。欲平國難，先正人心，人心正，則何患國之不安不存哉。是以東謁孔林，北至山西，南至滬上，遍至西輔各縣，諄諄告戒。

先父拯溺救死，未嘗或後。國變，升督戰西府，誓不生還，以報朝廷。陝軍死者，何止千萬，當局以爲憂。先父聞變，焦灼生民塗炭。會郭希仁奉當局之請，徒步來懇，先父早已暗約張仁齋先生偕行。兩軍相搏，殺人易於草芥，聞先父至，各開戰路。先父易白服冠，見升帥於轅門，陳以大義，即日退去。非惟他人不知，家屬亦不與聞，後由傳聞，方知先父臨事。當局不知起至，聞軍退，乃大開歡迎會，大老羣集，派軍樂於十里之外，以待先父之歸，而先父早已返里，深以爲難。又民十三年，藍邑被困，劉督派兵肅清，大事屠戮。先父特約李惟人於督署，爲陳治安策十二條，未傷一民一兵。又十五年，秦豫之戰，相持十月之久，生民不堪，起而紛爭，以寡不敵衆失敗，傷人甚多。豫方派軍剿滅，房屋爲毀，先父適由校返里，來軍聞先父之德，以軍禮見，敬述匪情，奉命之嚴，盡出前後公文。先父泫然痛曰：「吾民何辜，罹此奇災。」該軍爲之感動，願以先父之命爲遵，惟上峰怒甚，先父慨然以請命自任，即日手諭縣區，令各具保。父老婦孺，莫不口頌遥拜，數十里絡繹不絶。該軍帥又招集全部，請先父訓話。先父以禮儀綱常、中國何分你我詳示，聞者莫不感動，秩序肅然，願執弟子禮。先父以實惠濟民，鄙人已足感德婉謝，以友生見許。如此之類，全活甚衆，各大老謂藍川先生真福星也。自國變以來，凡兵凡匪，凡入藍境，即特訓諭，此地有老夫子焉，我輩應嚴守秩序，如驚動者，即以軍法從事。或便衣來見者，有派兵遥護者，不通姓名者，並以得見爲榮。居民常賴之如父母，至今猶稱頌不已。

先父生平凡事以實惠及民，位微言重，所舉得當。藍田糧賦自國朝以來爲害甚鉅，先父詳述民苦，立自封投櫃，並擬簡章十二條，王文伯縣尹經手實行。又沿河一帶，灞水湮沒田地，何止千頃，民因之賣子鬻妻，傾家不知幾數百戶，而先父詳詢民情，自出金費，派專人往返數年，時楊仁天在省，多方周旋，以成先生之志。而事克竣，免糧三十餘石，里人無以爲報，欲立碑廣傳，先生堅拒，只令備食品四件，送縣尹以表微忱。如此類者，難以枚舉。

精誠格物，片言可以動鬼神，先父有之。改革後，主講清麓，假道渭上，有巡河團總，慕德護送，據述渭上，帆甫傍岸，老崖下崩，落水死者百餘人，每晚號呼。陰霧迷途，以致死者不可勝數，行人絶跡，今已二年，居民患之。先生爲文以告，鬼魅從此絶蹤。又宜舅氏家患妖甚力，先父命宜轉告，竟爾遠去。下如告妖狼文，命虎遠居等事，人所共知。

乙亥之春，先父以尊孔之請，有二曲、鄠上之行，愛日、清麓往返數月，遂感勞疾，右半不仁。然神氣清明，眠食尚能如常。至丁丑季夏，日寇侵華，北平失守，先父蒿目時艱，悲忿以卒，距生於同治六年九月二十七日戌時，享壽七十有一，時丁丑六月二十一日辰時也。宜等親視含斂，遵禮成服，喪居芸閣，嗚乎痛哉！

不孝奉親無狀，以致家嚴見棄，數旬以來，悲痛曷極！自愧不肖，而於家嚴不能道其萬一，茲就宜一人所見所聞，不過一事之末、一節之餘者，略爲數端，以資採擇。至於家嚴造道之深，入德之奧，品格之高，操守之嚴，誠非不孝之所能窺也，尚望當代仁人君子、同門諸先生大事闡揚，以期家嚴之實學、道德見聞於世，宜不勝拜禱之至！

棘人牛子宜泣述

牛藍川先生行狀

先生姓牛氏，諱兆濂，字夢周，號藍川，陝西藍田縣新街鎮人。係出宋司寇牛父。曾祖諱明傑，號過亭；妣氏孟，敕旌節孝。祖諱必道，字正夫；妣氏王、氏李。考諱文博，號約齋。少讀，以貧改業商。少有得，于窮戚多所周恤。妣氏周，相夫教子，以紡織助堂上甘旨。先生於同治六年丁卯九月廿七日生，時約齋公已四十餘矣。幼穎異，教之讀，數過輒成誦。九歲入鄉塾，讀唐詩，曾欲爲詩人。十歲讀大學、孝經、論語，塾師爲講解，多有領悟。十一歲讀四書集注及詩經，漸及書、禮、易經。十七補郡庠博士弟子員，甲申肄業關中書院。時巡撫馮公譽驥設立志學齋以經義課士，所拔皆三輔英俊，先生被選，因得讀近思録及欽定各經，深有默契，而詩文延譽關輔，有「才子」之名。

丙戌，補廩膳生。丁亥，柏灃西先生主講關中書院，始得聞濂、洛、關、閩之學。灃西恒道賀復齋先生不去口。同時李菊圃爲方伯黄觀察小魯關魯齋書院，延復齋會講，先生聞其講論，遥瞻德輝，獨心慕焉。戊子登賢書，以親老承歡膝下，不赴公車。己丑臘月，丁外艱，哀毁逾恒，自復殮以至祥禫，一本家禮，孝子之名由此大著。

庚寅，高陵白悟齋先生[一]主關中書院講席，稔先生賢，薦充白水彭衙書院山長。歷二年，諸生多循循雅飭，有蘇湖安定

[一]「白悟齋」，據藍川文鈔卷四高陵白五齋先生九秩壽言，疑當作「白五齋」。

之風。癸巳春三月之望，謁復齋先生，於三原朱子祠會祭行禮。翌日，謁於家，問爲學大要。復齋曰：「程朱是孔孟嫡派，合於程朱即合於孔孟，不合於程朱即不合於孔孟。能熟讀近思録，則自見得。」又問：「居常動念，非全無所知，往往明知明昧，不能自克，如之何？」曰：「既是自欺，便不要自欺。」問學規，曰：「有學規七種在。」談次，復齋問：「何以不赴公車？」對曰：「慈親之命，但欲某學爲好人，他非所望。」復齋喟然曰：「賢哉，母也！」因舉先生名字訓曰：「大莫大於太極一圖，精莫精於通書四十章，子其勖諸！」先生再拜，受教以歸。由此專心於聖賢爲己之學，熟讀精思，身體力行，毅然以道自任。

丁酉冬十月，丁周孺人憂，一切禮節，與前喪悉同。己亥，館薛氏，常約友會講。庚子歲荒，家居邑中，官紳以賑務孔急，非先生不可，堅約襄辦，先生痌瘝在抱，遂允焉。有呼賑詩數首，江南義賑得詩，登時付數千金，全活甚衆。仁人之言，其利溥哉。

辛丑，講學芸閣精舍，精舍爲孫真人祠，係芸閣書院故址，名學舍爲芸閣以此。慨然以聖道爲己任，遐邇從遊者多，一時知名之士，至庠舍不能容。朔望講約習禮，觀者如堵，有攜去禮籍以各演行於本校者，横渠禮教之風暢然滿三輔矣。巡撫端公方以先生孝行可風，奏加内閣中書銜，先生以書堅辭，迄未邀准。

壬寅，遷學舍於犧母廟。巡撫升公允創辦師範學堂，請任總教，具書固辭，公牘往返至六七次。後學堂總辦毓俊奉命造門，親賫書幣，迎以肩輿，且謂：「省中大憲，同心一志，力尊程朱，先生以正學之明拭目可俟。」乃允一行。不及三月，諸生中少有違言，即日解館辭歸。先生難進易退之節，於斯概可見矣。

甲辰，受黄小魯先生之托，主講魯齋書院。未幾，咸寧舒令欲借書院改辦學堂，並聘先生爲教習，先生力持不可，曰：「彼若以官力來，則且奪之矣，吾如彼何哉？若利誘貨取，則不能。」乃卻其聘，且具書當道力爭。小魯由鄂來書，勸先生不必與爭，易地講學。乃率諸生仍歸芸閣。以書報小魯，有「道之興廢在天而不在人，學之存亡在人而不在地」之語。

丙午，游太華，從者數人，登南峯仰天池，有詩曰：「踏破白雲千萬重，仰天池上水溶溶。横空大氣排山去，砥柱人間是此峯。」不啻自寫照也。可以見先生砥柱狂瀾之概。

丁未，任本邑勸學總董，兼縣高小學堂堂長。本孟子「謹庠序之教，申之以孝悌之義」，默化潛移，學風丕變，成德達材，他邑莫之及也。芸閣春秋會講，歷久彌盛，費亦浩繁，邑人士爲集養正倉以補不足。

戊申，先生手輯呂與叔芸閣禮記傳，根據朱子臨漳本，又借得通志堂及衛氏集說，以至義疏、雲莊各本，爰集同志，竭數月之力，繕寫成帙。臨潼張令瑞璣捐資付印。時詔開經濟特科，陜甘總督升允以先生「志慮忠純，規模宏遠，學問淹通，洞達時務」聞於朝，並餽贐促行。先生具函力辭。

己酉，應存古學堂高總教賡恩之聘，兼約勛與雷立夫分掌教事。官場講學，趨重文字，且以高不滿清麓，與勛力辭解館。高有「精一」辨與紫垣不合，先生云：「聖經言簡意賅，一個『精』字，一個『一』字，用力處在此，究竟處亦在此。察者所以精之，守者所以一之。朱子戊申封事言『精之一之』是也，此就用力言者也。精之而至於不雜，方到精字地頭；一之而至於不離，方到一字地頭。此以究竟言者也。高就用力邊說，故有「精而益精」之語。紫垣就究竟處說，故以訓擇守者爲不然，實各說得一邊，必如朱子察夫二者之間而不雜，守其本心之正而不離，方爲完備。」先生窮理精密，類如此。

解館後率諸生共學愛日堂。時先兄仁齋辭邑事亦歸，兼約馬楊村聚講一堂，共治論語。時勛於「巧笑」章、「人之過」章、「宰我問仁」、「民之於仁」諸章注語有疑，質諸先生，先生告以尊朱子自不會錯。凡論學到疑難處，咸折中於先生，先生每與人曰：「會講之樂，千載一時，曠代難逢。」秋九月被選爲諮議局議員，事事認真，恒懔尸素之戒。

辛亥春正月，臨令張公瑞璣以王零川配享横渠，特請先生主持禮節，兼習飲冠各禮。是禮也，倡之於渭令張世英，繼之以興令朱藩甫。化民成俗，莫善於禮。先後諸賢令之舉此曠典，必首推先生。秋七月，重修魯齋祠享殿五間，八月下旬落成，以賀徵君復齋、黄觀察小魯祔祀。會祭會講，名公鉅卿、通儒賢士翩然蒞止。勛亦得與其盛，俎豆干戈，恒相倚伏。九月朔，陜變起矣。壬子，清室遜位，下詔停戰。時升公允帥兵攻咸陽甚急，生民塗炭，人心惶恐。先生不忍人民空遭蹂躪，省中亦欲爲弭兵之計，門下郭希仁、劉守中東至藍、西至興，請先生及先兄仁齋同詣乾陵，爲衣裳之會，即日罷兵息戰。此一行也，救億萬生靈於水火，人咸多其功，而先生從未道及。

癸丑，主講清麓，連任五年，力維先師門戶，遠接紫陽之緒，近恢清麓之傳。凡先師手序校刊之全書六十九種，鍵閉于劉氏者已廿餘年，先生商諸同門，籌二千金取還，使先師遺澤絕而復續，而傳經堂剞劂之功，亦不至永歿於天壤。孔孟程朱之學日再中天，先生洵清麓後第一功臣也。

甲寅，遷芸閣學舍於四皭祠。先生祖述孔孟，憲章程朱，即以此二語鐫爲名章，常以自勵。丁巳春，赴山東，謁孔孟廟、林，以償平日仰止之忱。戊午，歸講芸閣。己未以還，賡續增修講堂五間，顔曰克復堂。後東西厢厦十間，門房五間，曾泐石記其顛末。自先生講學芸閣，來學之士與年俱增，秦、晉、豫、魯、冀、皖、隴、鄂、蘇、滇以及朝鮮，靡不有人。可欽者，有年高於先生者，猶循循執弟子禮。先生晚年不喜遠出，惟各方會講之請，則忻然前往。所過之地，老幼婦孺，爭瞻丰彩，途爲之塞。先生德教之盛，有如此者。

甲子，藍田紳團與軍隊衝突，劉督派兵，意在屠戮，經先生一言，禍乃得解。己巳，與浙江夏靈峯辨「未發」不合，朋友中有代申辨者，皆立止之，慮操同室之戈，而學術所關，又不得不剖判分明，先後致書孫靈泉、張範卿、白壽庭、李習齋，大意謂：聖凡所同，人皆知之，自不待言。惟聖凡所異，亦須提及。蓋氣質能昏性，不能滅性，此理確不可易。既不能滅性，則雖昏蔽之極，而介然之頃一有覺焉，則性之本善即此可見，而孟子之言信矣。雖謂之未發無不中可也，若第執此一語，遂謂言氣質者皆不識性，則非平情之論。先生此等辨論，完密周備，爲朱子以後所僅見，惜靈峯莫之省也。

甲戌，山西任君正卿建守謙精舍落成，延會講。歷秋徂冬，有講語彙集。先生雖居林下，而無一念不在斯世斯民。己巳，歲大饑，先生每飯，藜藿充飢而已，門人勸加餐，曰：「餓莩載塗，吾忍飽乎？」終身不服用外貨。聞東三省失陷，泫然流涕，並減膳數月，時用「攘夷」之説啓發諸生，又成爲篇什，播之遐邇，以激勵國人，其「民胞物與」之懷，迥非高臥林泉、隱維風化者所得比擬。

先生教人遵守鹿洞揭示、正誼訓辭，以小學、近思録、四書集注爲根柢，其他經、史、子、集，隨其性之高下分別施讀。以身作則，動静語默，學者皆有所取法。乙亥春，以講學，有二曲之行，感勞成疾，夏五月右半不仁，雖起居維艱，猶手不釋卷。平津危急，先生以憂國病劇，竟於丁丑夏曆六月二十一日辰時，壽終芸閣學舍，享年七十有一。

嗟呼！少微星隕，太華峯摧。同人更不能不爲關學痛也。竊維關學自横渠而後，代不乏人，綜其本末，惟藍爲盛。自伏羲肇娠華胥，進伯、微仲、和叔、與叔諸先生繼起，而少墟之編，豐川之續，獨以羲聖、秦關爲經始，然則集關學之大成，其惟先生乎！凶問所傳，識與不識，莫不震悼。省府主席孫蔚如致送奠儀五佰元，並由省庫籌贈治喪費二千元，葬禮有賴以成。兹擇於夏曆十月初三日巳時，卜葬芸閣後岡，丑山未向。嗚呼慟已！

先生所著有呂氏遺書輯略四卷，芸閣禮記傳十六卷，近思録類編〔一〕十四卷，芸閣禮節録要、秦關拾遺録、藍田新志各若干卷。藍川文鈔十二卷，續鈔六卷。

先生元配張孺人，早歿。繼配支孺人，歿亦二十餘年矣。子四：長清淵，張孺人出；次清謐，早卒；次清璋、清德，支孺人出；女一，適宋繼昌，支出也。孫三：瑶田、新田，清謐出；寶田，清璋出。孫女六，長適吴，次字安，三字張，餘幼。

嗚呼！勛與先生交四十餘年，誼雖朋友，情如兄弟，一旦木壞山頹，是乃斯世斯文之不幸，豈僅予一二人悲悼於不已耶！惟先生一生志事，不可不聞於時而垂諸後，謹就平日見聞隨筆書出，至先生造道之深，精微之藴，非淺學所及，尚賴當代大人君子鉅製鴻篇，以傳盛德於無既焉！

同學弟興平張元勛謹撰

〔一〕「近思録類編」，據文鈔卷九讀近思録類編凡例及文鈔附卷讀近思録類編序，當作讀近思録類編。

先師牛藍川先生行狀〔一〕

先生資稟粹美，而學養兼充，藏聰明於渾厚，寓嚴厲於和平。明誠並進，功切於下學，而不騖夫高遠；恪守程、朱，道契其純正，而不雜乎異說。闇然潛修，身粹而盎背爲實效；踐履篤實，以主敬行恕爲依歸。和而有節，恭而能溫。其坐如尸也，整齊嚴肅，涵養於未發之前；其接物也，惠風和暢，藹然春陽之溫。事親務養志，以善養不以禄養；教子弗責善，以德化不以言化。親戚故舊，雖極疏遠而不失其愛敬；諸生問難，雖極困頓而不厭其訓誨。平居布衣糲食不改其樂，研精殫思不辭其苦。

清末，當道延聘都教青門，爲三秦士子端學術之本。既而退講芸閣，爲四獻祠宇擴未有之局。小知似才疏，而大受頗能任重；沉潛若魯鈍，而精明不昧於毫芒。休休之量，激之不濁；淵淵之度，澄之不清。雖曰天資之美，亦以學力之至也。先生不講事功，銜恩者不啻感再造之德。是以識與不識，聞其名，莫不起敬起愛；聆其言，莫不首肯心服。親炙之士，受甄陶之教，潛移默化而不自覺；被化雨之澤，發榮滋長而莫名其妙。王公大人造其廬者，先生肅敬對之，未嘗見往拜於公庭；窮鄉僻壤來受學者，先生諄諄告誡，未嘗見厭倦於容色。凡此數者，非盛德之至，何克臻此！

其他藝事，若音韻、訓詁、考據、詩文、書法，無不精通。故往往誦其詩，觀其字，皆疑有專門之功，蓋不知先生天資高，功修敏，不經心而一見能喻，稍著手則可法可傳。其窮居坐誦，慨時局之不振，常以爲憂。當廢經滅倫之日，大聲疾呼，遵孔道以爲保教存國之基；值遼陽被噬之時，痛心疾首，明人倫以爲恢復失地之資。感時諸什，以忠義勵人心；我明告你數言，以公恕激民族。五十年聖學不絕，古道猶存，先生維持之力居多也。況有清講學之風，清獻、楊園、儀封而後，薛、賀、

〔一〕輯自李銘誠庇蔭軒存稿，民國三十五年孟秋鳳寶諸生排印本。

楊三先生崛起西北，清麓博大精深，獨得其宗。先生則師承清麓，德純學粹，其克集諸先生之大成而未墜也。

銘誠從遊日久，伏念無行不與之教，備述盛德難忘之忱，私以先生德澤可與河嶽並壽。惜言之不文，不足狀先生於萬一也。愧痛曷極！茲適國難當頭，葬期在即，謹書其犖犖大端，以敬求誌於大君子而表彰之，無任感戴之至！

丁丑秋七月望日，受業盧氏李銘誠揮淚拜狀

祭藍川牛夫子文

維丁丑〔一〕年七月二十四日，韓城學生高鳳臨，謹以香燭、酒、果食、米飯儀，致祭於

藍川夫子之神，曰：臨初見夫子，夫子即以「三代以上折中於孔子，三代以下折中于朱子之語」告之。臨讀其書，體之於身，准諸古今，確信本朱子所示教法，可見孔子。孔子所示教法，可得天地萬物之歡心，太和元氣，可以充塞宇宙。故臨不避艱險，不戀富貴，不畏疾病，不怕饑寒，顛沛必於是，造次必於是。以此勸勉學友，開發學子，而正路榛蕪，聖門閉塞，斬除不遺餘力，盤結依然，似固欲以此意，請正于夫子。

而謝世訃文，竟至學舍，臨泣涕命學子設位祭拜，敬告尊孔學舍摧殘風潮事已平息。舍下家人幸有野菜、緑豆充饑，臨病日見痊。可夫子教臨，殷憂啟聖，大任將降，保教保國之命，中心一刻不忘。只是舍中熱心實心向學者，固不乏人。而真好學，照如見善如不及，見不善如探湯者，尚未見其人。我夫子在日，人多稱為有形體之神靈，歿後依然是無形體之聖賢。在世謝世，胞民物與，依然在懷。臨閱歷世事，細心考察，每於紛亂危機之大義小節，茫無主意，懇祈默佑，潛運指示，相當大人，得為依賴，同心協力，共襄盛舉。如夫子所云：「休哉大道行，民物蕃昌，一尊自茲定，聖澤方靈長。」我夫子望之儼

〔一〕本文由韓城藍川先生門生高鳳臨于丁丑年（1937）撰寫，藍川先生之孫牛象坤提供。

然，即之也溫，聽其言也厲，孰謂夫子謝世哉？反顧臨身著白衣白履，對鏡淚眼白冠。孰謂夫子在世哉？確也否也，何以祭也？臨必到藍田芸閣，夫子依然清明在躬，志氣如神的與臨告語。臨今迷也，發訃人迷也，設祭人迷也。嗚呼哀哉！尚饗！

牛兆濂簡明年譜〔一〕

丁卯（一八六七），皇清同治六年九月廿七日戌時生。

乙亥（一八七五），光緒元年，九歲，始上學。

丙子（一八七六），二年，十歲，從潘雲章夫子受讀。孝經、大學由此讀起。

丁丑（一八七七），三年，十一歲，災荒中讀如故。

壬午（一八八二），八年，十六歲，應縣考。

癸未（一八八三），九年，十七歲，補郡庠博士弟子員。

甲申（一八八四），十年，十八歲，居關中書院，習舉業。

乙酉（一八八五），十一年，十九歲，始教讀省中，補廩膳生，八月後辭館。

丙戌（一八八六），十二年，廿歲，自去年秋至今仍居書院。

丁亥（一八八七），十三年，廿一歲，柏灃西先生主講關中書院，始得聞濂、洛、關、閩之學。

戊子（一八八八），十四年，廿二歲，中式第二十八名舉人。

〔一〕本年譜之繫年一依古人年譜之慣例，採用干支紀年，圓括號內標示公元年份，並附王朝紀年。

己丑（一八八九），十五年，廿三歲，館錢氏。臘月十七日，父約齋公見背。

庚寅（一八九〇），十六年，廿四歲，主講白水彭衙書院二年。

壬辰（一八九二），十八年，廿六歲，館東關王氏。

癸巳（一八九三），十九年，廿七歲，三月，謁清麓先生。九月五日清麓卒。

甲午（一八九四），廿年，廿八歲，仍館王氏。

乙未（一八九五），廿一年，廿九歲，館黃老師家，移位魯齋書院。九月，長子清淵名山，字伯時生。

丁酉（一八九七），廿二年，卅一歲，仍居魯齋書院。妻張氏四月卒。十月廿三日先母周孺人卒。

戊戌（一八九八），廿四年，卅二歲，管里衛局。八月，次子清謐名潭生。

己亥（一八九九），廿五年，卅三歲，館薛家河。

庚子（一九〇〇），廿六年，卅四歲，仍館薛氏。九月後籌賑。。

辛丑（一九〇一），廿七年，卅五歲，春勸捐。三月辭歸，九月與諸友共學四獻祠。巡撫端方奏加內閣中書銜，堅辭。

壬寅（一九〇二），廿八年，卅六歲，移學舍於犧母廟。

癸卯（一九〇三），廿九年，卅七歲，應師範學堂之聘，四月告歸。仍住犧母廟。

甲辰（一九〇四），卅年，卅八歲，主講魯齋書院，旋以改學堂東歸。

乙巳（一九〇五），卅一年，卅九歲，居藥王洞。八月至清麓，居五月而歸。

丙午（一九〇六），卅二年四十歲，遊太華。仍居藥王洞。

丁未（一九〇七），卅三年，四十一歲，籌本邑學務。

戊申（一九〇八），卅四年，四十二歲，八月目疾作，三子清璋名雍，字子宜生。

己酉（一九〇九），宣統元年，四十三歲，五月，應存古學堂之聘。六月，辭去。因至愛日學堂。十一月，四子清德名穆，字子敬生。

庚戌（一九一〇），二年，四十四歲，九月膺咨議局常住議員。

辛亥（一九一一），三年，四十五歲，八月辭咨議局，修魯齋祠，九月一日常備軍變。

壬子（一九一二），中華民國元年，四十六歲，四月至清麓，與果齋共學。升允率兵攻咸陽，與張仁齋詣乾陵勸罷兵息戰。

癸丑（一九一三），二年，四十七歲，主講正誼書院，連任五年。籌二千金，贖回清麓傳經堂所刊諸書刻版六十九種，清麓叢書得以廣布。

甲寅（一九一四），三年，四十八歲，閏五月廿七日繼室支氏殂。仍在清麓。仁齋修芸閣。

乙卯（一九一五），四年，四十九歲，自此至丁巳皆在清麓。

丁巳（一九一七），六年，五十一歲，三月與果齋諸友謁孔林，遂南遊至上海，過漢口而還。

戊午（一九一八），七年，五十二歲，歸講芸閣。

己未（一九一九），八年，五十三歲，稍靖，始居芸閣。楊克齋、劉時軒先後卒。

庚申（一九二〇），九年，五十四歲，一返清麓，劉吉六、張藩臣相繼卒。

癸亥（一九二三），十二年，五十七歲，孫仲玉來。

甲子（一九二四），十三年，五十八歲，藍田紳團與劉鎮華軍衝突，先生勸，禍解。正月至清麓。十四日夜，孫瑤田名雲橋生。

丙寅（一九二六），十五年，六十歲，東軍圍省城。

戊辰（一九二八），十七年，六十二歲，六月大病。七月八日，孫新田名心田生。

己巳（一九二九），十八年，六十三歲。

庚午（一九三〇），十九年，六十四歲，冬十月廿三日，次子清謐殂。
辛未（一九三一），廿年，六十五歲，張仁齋卒。二月至興平，四月還，葬仁齋也。
壬申（一九三二），廿一年，六十六歲，四月十四日入省醫耳目，五月七日還，九月至清麓即歸。
癸酉（一九三三），廿二年，六十七歲，秋赴晉，謁堯廟、伯益廟，作望嶽懷古四絕、文公祠啓告文。
甲戌（一九三四），廿三年，六十八歲，山西任正卿建守謙精舍，延會講，歷秋徂冬，有講語彙集。王海珊、李銘三先後卒。
乙亥（一九三五），廿四年，六十九歲。春，以尊孔之請，有二曲、鄠上之行，愛日、清麓往返數月，遂感勞疾，右半不仁。
丙子（一九三六），廿五年，七十歲。
丁丑（一九三七），廿六年，七十一歲，六月廿一日辰時卒於芸閣學舍，十月初三葬。

牛兆濂家譜圖表

- 牛明傑，號遇亭，配孟氏
  - 牛必道，字正夫，配王氏、李氏
    - 牛文博，號約齋，配周氏
      - 牛兆濂，字夢周，號藍川，配張氏、支氏
        - 長子　牛清淵（山），伯時，配兀良僕
          - 女　牛明華
          - 侄　牛新田　承門
            - 長子　牛隆典
            - 次子　牛奉典
            - 三子　牛躍典
            - 長女　牛秀芳
            - 次女　牛春芳
            - 三女　牛秋芳
        - 次子　牛清謐（渾），配于氏
          - 長子　牛瑶田
            - 子　牛忠謙
            - 長女　牛維芳
            - 次女　牛幼芳
            - 三女　牛盈芳
          - 次子　牛新田
          - 長女　牛蓁卿
          - 次女　牛怡來
        - 三子　牛清璋（雍），子宜，配李從賢
          - 長子　牛實田
            - 長子　牛　弘
            - 次子　牛　韜
            - 三子　牛　釗
          - 次子　牛蔚田
            - 長子　牛　銳
            - 次子　牛　剛
          - 長女　牛同壽
          - 次女　牛福壽
          - 三女　牛多壽
        - 四子　牛清德（穆），子敬，配張氏、李毓貞
          - 長子　牛象坤
            - 長子　牛君實
            - 次子　牛君毅
            - 三子　牛君挺
          - 次子　牛裕坤
            - 長子　牛君行
            - 次子　牛君邁
            - 三子　牛君遠
          - 長女　牛長壽
          - 次女　牛觴壽
        - 女　牛佩申

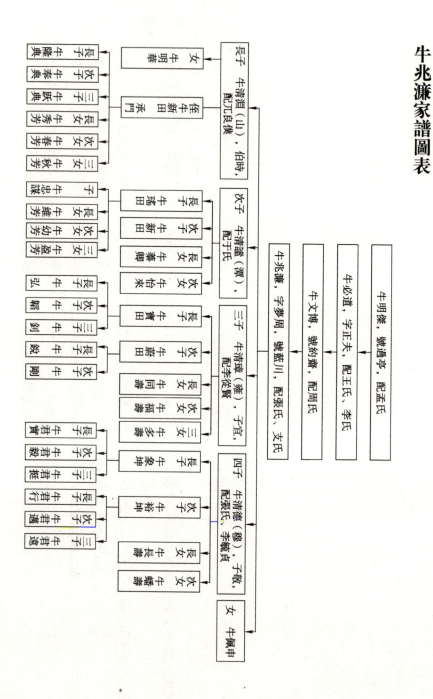

圖書在版編目(CIP)數據

牛兆濂集/［清］牛兆濂著．王美鳳，高華夏，牛銳點校整理．—西安：西北大學出版社，2014. 10

（關學文庫/劉學智，方光華主編）

ISBN 978-7-5604-3552-7

Ⅰ. ①牛…　Ⅱ. ①牛…②王…③高…④牛…　Ⅲ. ①牛兆濂（1824～1893）—理學—文集　Ⅳ. ①B259. 95－53

中國版本圖書館 CIP 數據核字(2014)第 313482 號

國家社會科學基金項目“清末民初關學重要文獻及其思想研究”(批準號:13BZX051)

出品人　徐　曄　馬　來

篆　刻　路毓賢

出版統籌　張　萍　何惠昂

牛兆濂集　［清］牛兆濂 著　王美鳳　高華夏　牛銳 點校整理

審定專家　淡懿誠　　**責任編輯**　黃偉敏　王學群

裝幀設計　澤　海　　**版式統籌**　劉　爭

出版發行　西北大學出版社

地　址　西安市太白北路 229 號　　郵　編　710069

網　址　http://nwupress. nwu. edu. cn　　E － mail　xdpress@ nwu. edu. cn

電　話　029-88303593　88302590

經　銷　全國新華書店

印　裝　西安華新彩印有限責任公司

開　本　720 毫米×1020 毫米　1/16

印　張　28. 5

字　數　442 千字

版　次　2015 年 1 月第 1 版　2015 年 1 月第 1 次印刷

書　號　ISBN 978-7-5604-3552-7

定　價　100. 00 圓